Einmal um die Welt beten
Infos und Geschichten zu Ländern und Völkern

Text copyright © 2018 by Operation World, a ministry of WEC International
Originally published in the U.S.A under the title **Window on the World** by InterVarsity Press,
430 Plaza Dr. Westmont IL 60559, U.S.A

This translation edition published by permission of InterVarsity Press

1. Auflage 2019
Christliche Verlagsgesellschaft Dillenburg, www.cv-dillenburg.de
Best.-Nr. 271 654
ISBN 978-3-86353-654-1

Die meisten Geschichten in diesem Buch basieren auf wahren Begebenheiten, dennoch wurden zum Schutz der betreffenden Personen manche Namen und personenbezogenen Daten verändert.

Titelgestaltung: CV Dillenburg auf Grundlage einer Illustration von David Fassett
Innengestaltung: Tim Dowley Associates, Ltd.
Übersetzung: Johannes Böker und Dierk Evers

Quellenangaben Kartenmaterial:
Weltkarten und Karten mit Völkergruppen: Joshua Project (Mark L. Reichel)
Kartografische Beratung: Bryan Nicholson of cartoMission

Quellenangaben Cover:
David Fassett: Kompass, Pfeil
iStock: afrikanisches Kind: © Bartosz Hadyniak/istockphoto.com; balinesische Tänzerin: © Cahaya_Images/istockphoto.com; blauer Himmel: © czekma13/istockphoto.com; Erdkugel: © cundra/istockphoto.com; Flugzeuge: © Supphawat Satchob/istockphoto.com; indisches Mädchen: © VikramRaghuvanshi/istockphoto.com; Glühbirne: © ihorzigor/ istockphoto.com; Berge und Wolken: © filizbbr/istockphoto.com; Palme: © alenaohneva/istockphoto.com; vietnamesische Landschaft: © Chaiyaporn11441144/ istockphoto.com; pakistanisches Mädchen: © Mr_Khan/istockphoto.com; Palast Thailand: © AleksandarGeorgiev/istockphoto.com; Weltkarte: © tampatra/istockphoto.com

Printed and bound in Serbia, Oktober 2019

Einmal um die Welt
Welt
beten

Herausgegeben von JASON MANDRYK und MOLLY WALL

INHALT

Hier geht's los 4

Weltkarte 6

Ägypten 44

Äthiopien 46

Afghanistan 8

Albanien 10

Aserbaidschaner 12

Balinesen 14

Bangladesch 18

Bedscha 20

Belutschen 16

Bhutan 22

Bijagos 24

Brasilien 26

Bulgarien 28

Burjaten 30

China 34

Dogon 40

Drittkulturkinder 160

Drusen 42

Dschibuti 38

Fidschi 48

Flüchtlinge 128

Garifuna 50

Gond 52

Griechenland 54

Grönland 56

Guinea 58

Haiti 60

Hazara 62

Hui 64

Indien 68

Indonesien 72

Irak 74

Island 66

Israel 76

Iu-Mien 78

Japan 80

Jesiden 188

Jemen 190

Kabylen 82

Katar 124

Kasachstan 84

Kuba 36

Kurden 86

Lesotho 88

Lobi 90

Madagascar 92

Malediven 94

Mandinka 96

Mexiko 98

Minangkabau 100

Mongolei 102

Navajo 104

Nepal 106

Neuseeland 108

Nordkaukasus 110

Nordkorea................. 112

Oman................. 114

Pakistan 116

Papua-Neuguinea 118

Perser 120

Pygmäen................. 122

Quechua 126

Rohingya................. 130

Roma 132

Russland 134

Samoaner 136

San................. 138

Saudi-Arabien 140

Simbabwe 192

Somalis 142

Spanien................. 148

Sri Lanka 150

Straßenkinder................. 152

Südafrika................. 144

Südsudan 146

Sundanesen 154

Syrien................. 156

Tai Lü 158

Tibeter 162

Trinidad................. 164

Tschad................. 32

Tuareg................. 166

Türkei 168

Ukraine 170

Uruguay 174

Usbekistan................. 176

Venezuela 178

Vereinigte Arabische Emirate 172

Vietnam 180

Wodaabe 182

Xinjiang................. 184

Yanomami................. 186

Animismus................. 194

Buddhismus................. 196

Christentum................. 198

Hinduismus................. 200

Islam................. 202

Judentum................. 204

Wie geht es weiter?................. 206

Worterklärungen 208

Danksagung 213

Quellenangaben 214

HIER GEHT'S LOS

Wusstest du schon, dass es ca. 230 verschiedene Länder auf der Welt gibt? Deren Einwohner gehören zu vielen Tausend kleinen Gruppen mit unterschiedlichen Sprachen und Gebräuchen. Manche mussten aus verschiedenen Gründen ihre Heimat verlassen, sind lange umhergezogen und haben sich dann an einem neuen Ort niedergelassen, den sie jetzt ihr Zuhause nennen.

Man nennt sie Volksgruppen, und es gibt etwa 16 000 davon. Vielleicht hast du schon einmal von der Volksgruppe der Kurden gehört. Sie besitzen kein eigenes Land (siehe S. 86), haben aber ihre eigene Sprache und ihre eigenen Sitten, die ganz anders sind als die der Völker in ihrer Nachbarschaft.

ÜBER DIESES BUCH

In diesem Buch geht es um Länder und Volksgruppen. Es gibt noch weite Landstriche, in denen die Leute kaum etwas von Gottes Liebe, die er uns in Jesus gezeigt hat, wissen. Das Buch will dir beim Beten helfen, damit alle Menschen von Gottes Liebe erfahren.

Es ist in 92 Abschnitte eingeteilt: 52 Länder, 34 Volksgruppen und ein paar besondere Themen und Gebiete. Alles ist alphabetisch sortiert, damit du es schnell finden kannst. (Allerdings richtet sich die Reihenfolge nach den englischen Originalnamen, sodass im Deutschen einige Länder an einer für uns falschen Stelle stehen.)

Du kannst die Abschnitte allein, mit deinen Freunden oder deiner Familie lesen. Du könntest sogar eine „Verändere die Welt"-Gebetsgruppe starten. Die Kinder, die an der ersten Ausgabe dieses Buches mithalfen, haben genau das gemacht.

Am Ende jedes Abschnitts stehen Gebetsanliegen. Es sind Dinge, für die du Gott danken und um die du bitten kannst, entweder alle auf einmal oder über die Woche verteilt. Und jetzt kommt es: Alle Geschichten und Informationen, Landkarten, Flaggen, Bilder und Gebete haben ein großes Ziel – dass du durch Gebet Weltveränderer wirst. Wie das wohl gehen soll, fragst du dich?

WERDE WELTVERÄNDERER

In den Alpen fällt im Winter viel Schnee. Und im Frühling herrscht oft Lawinen-gefahr. Manchmal wurden Lawinen schon durch das laute Rufen eines Skifahrers ausgelöst. Dann kommt zuerst ein bisschen Schnee in Bewegung, und kurz darauf donnern plötzlich Tausende Tonnen Schnee ins Tal hinab.

Die gleiche Wirkung können ein paar Worte haben, die wir unserem himmlischen Vater sagen. Sie können irgendwo auf der Welt eine „Lawine" seiner Macht auslösen, auch wenn wir unsere Gebete für klein und unbedeutend halten. Wenn wir ihm glauben, hört Gott diese Gebete, weil er unglaublich mächtig ist.

Die Missionarin Jill Johnstone hat Kinder auf der ganzen Welt getroffen. Viele von ihnen kannten Jesus noch nicht. Also startete Jill eine Gebetsgruppe mit Kindern, die Jesus schon kannten. Sie schrieb die erste Ausgabe dieses Buches mit dem englischen Titel „You can change the world" (Du kannst die Welt verändern), weil sie wusste, dass Gott Gebete von euch Kindern hört und beantwortet. Und sie hatte recht.

VERÄNDERT DURCH GEBET

Jill begann mit Albanien. Die Kinder der Gebetsgruppe waren schockiert, dass die Albaner damals nicht zu Gott beten, ihn loben oder auch nur Bücher über ihn besitzen durften. Die Kinder in der Gebets-gruppe beteten kräftig für Veränderung. Und weißt du was? Kurze Zeit später wurden die Herrscher abgesetzt. Heute können die Menschen in Albanien Jesus frei nachfolgen. Es waren die Gebete der Kinder und anderer Christen rund um den Globus, die Albanien so stark veränderten, dass Jill das Kapitel neu schreiben musste.

Seit der ersten Ausgabe dieses Buches hat Gott auch andere, ähnliche Gebete erhört. Jill stellte andere Länder und Volksgruppen zusammen, die dringend Gebet brauchten. Sie wusste auch, dass sie nicht mehr lange leben würde. Deshalb bat sie ihre Freundin Daphne Spraggett, das zweite Buch mit diesem Material fertigzustellen. Später schrieb Daphne dann ein weiteres Gebetsbuch für die Völker der Welt.

gearbeitet haben. Also, los geht's! Lass uns die Welt verändern – durch Gebet.

Durch das jahrelange Gebet von Familien hat Gott in manchen Ländern wirklich Veränderung bewirkt oder ist noch dabei. Albanien, China, Russland und Vietnam sind einige Beispiele dafür.

Machst du auch mit? Schau dir die Länder und Volksgruppen hier im Buch und in anderen Büchern und Zeitschriften an und sieh Nachrichten über andere Länder. Du wirst eine Entdeckung machen: Gott erhört Gebet. Vielleicht kommt Gottes Antwort nicht sofort, aber wir sollen nicht aufhören, für gute Sachen, die Gott tun möchte, zu beten.

BETEN – ABER WIE?

Egal, ob du für Anliegen aus diesem Buch oder für Familie und Freunde betest, es gibt ein paar einfache, aber wichtige Hilfen. Wenn du einen Bibelvers nicht verstehst, frag einfach einen älteren Christen.

* Beten ist: einfach mit Gott reden. Beim Beten lernen wir ihn näher kennen, verstehen ihn besser, lieben ihn mehr und werden seine Freunde. Gott will die Welt verändern, und im Gebet werden wir seine Mitarbeiter.
* Wir müssen zum Gebet nicht unbedingt die Augen schließen und die Hände falten, aber manchmal werden wir dann weniger abgelenkt. Wir können zu jeder Tages- und Nachtzeit und an jedem Ort beten: beim Fahrradfahren, im Schulbus oder

wenn wir mitten in der Nacht mal aufwachen.

* Gott weiß alles, wir aber nicht. Wenn wir ihm im Gebet sagen, was uns belastet, dann werden wir seine Partner in dem, was er tun will. Jesus hat mit seinen Nachfolgern darüber geredet. Lies es mal nach in Johannes 15,14-15.
* Es gibt böse Kräfte, die Gottes Handeln mit aller Macht verhindern wollen. Deswegen dauert es manchmal ganz schön lange, bis Gott unser Gebet erhört. Auch der Prophet Daniel musste das feststellen. Du findest die Stelle in Daniel 10,10-14. Also gib nicht auf.
* Gott will, dass wir mit reinen Herzen beten (Psalm 24,3-4). Unsere Gebete können durch folgende Dinge behindert werden:
  * Wenn wir selbstsüchtig sind (Jakobus 4,3).
  * Wenn wir nicht bereit sind, Gott und andere um Vergebung zu bitten (Psalm 66,18, Matthäus 5,23-24).
  * Wenn uns die Nöte anderer kalt lassen (Sprüche 21,13).

Denk daran, dass du am meisten über das Beten lernst, indem du betest. Wir hoffen sehr, dass dieses Buch dir hilft und dir genauso gut gefällt wie uns. Wir, das sind Jill, Daphne und jetzt Jason und Molly, die in den letzten 25 Jahren an den verschiedenen Ausgaben

EIN PAAR NÜTZLICHE INFOS

* Auf den Seiten 194-205 werden Begriffe wie Animismus, Buddhismus, Christentum, Hinduismus, Islam und Judentum erklärt.
* Schwierige Wörter werden auf den Seiten 208 bis 212 erläutert.
* Auf S. 6-7 findest du eine Weltkarte.
* Und auf S. 206-207 gibt es noch einige Tipps, wie du zusammen mit deiner Familie, deinen Freunden und deiner Gemeinde in Gottes Arbeit rund um den Globus einsteigen kannst.

WELTKARTE

In diesem Buch vorgestellte Länder und Regionen sind orange markiert, Volksgruppen grün.

GRÖNLAND

ISLAND

SPAN

NAVAJO

MEXIKO

KUBA

HAITI

GARIFUNA

ATLANTIK

MANDINKA

DOGON

BIJAGOS

GUINEA

LOBI

PAZIFIK

TRINIDAD

VENEZUELA

YANOMAMI

SAMOANER

BRASILIEN

QUECHUA

URUGUAY

ARKTISCHER OZEAN

RUSSLAND

UKRAINE

BULGARIEN

ALBANIEN

GRIECHENLAND

TÜRKEI

ISRAEL

SYRIEN

IRAK

DRUSEN

ÄGYPTEN

KATAR

VAE

SAUDI-
ARABIEN

OMAN

JEMEN

DJIBOUTI

TSCHAD

SÜDSUDAN

ÄTHIOPIEN

SOMALIS

PYGMÄEN

ODAABE

JAREG

BYLEN

NORDKAUKASUS

KURDEN

JESIDEN

ASERBAIDSCHANER

HAZARA

AFGHANISTAN

PERSER

BELUTSCHEN

PAKISTAN

KASACHSTAN

USBEKISTAN

MONGOLEI

CHINA

HUI

XINJIANG

HUI

HUI

TIBETER

NEPAL

BHUTAN

BANGLADESCH

GOND

INDIEN

ROHINGYA

IU MIEN

TAI LÜ

NORDKOREA

JAPAN

PAZIFIK

VIETNAM

SRI LANKA

MALEDIVEN

MINANGKABAU

SUNDANESEN

BALINESEN

INDONESIEN

PAPUA-NEUGUINEA

FIDSCHI

INDISCHER OZEAN

SIMBABWE

MADAGASKAR

SAN

LESOTHO

SÜDAFRIKA

NEUSEELAND

AFGHANISTAN
Ein Land sehnt sich nach Frieden

USBEKISTAN
TADSCHIKISTAN
TURKMENISTAN
Masar-e Scharif
KABUL
AFGHANISTAN
IRAN
Kandahar
PAKISTAN

GEBIRGE UND WÜSTEN

Afghanistan ist ein Land mit hohen Bergen und sengenden Wüsten im Herzen Zentralasiens. Das Klima ist hart – mit heißen, trockenen Sommern und kalten Wintern. Aber die Menschen sind herzlich und sehnen sich nach einer besseren Zukunft für ihr geliebtes Land.

Seit Tausenden von Jahren toben in Afghanistan Kriege. Schon die alten Perser, Griechen und Mongolen kämpften hier. In jüngerer Zeit waren es die Briten, Russen und Amerikaner. Und dazu bekriegten sich die vielen verschiedenen Stämme und Volksgruppen auch noch gegenseitig. Die Hauptvölker sind die Paschtunen, Tadschiken, Hazara (siehe Seite 62), Usbeken und Turkmenen.

KEIN FRIEDEN

1978 fiel die Sowjetunion in Afghanistan ein, woraufhin viele Afghanen in den Iran und nach Pakistan flohen. Als sich die Kommunisten dann 1989 zurückzogen, hörte der Krieg nicht auf, sodass weitere Afghanen ins Ausland flohen. Einige kamen zwar zurück ins Land, viele aber blieben in Pakistan.

„Papa, warum gibt es hier keinen Frieden? Wie sieht ein Leben ohne Krieg aus?", fragte Samir seinen Vater.

„Junge, ich weiß es auch nicht", antwortete er. „Als ich Kind war, führten wir den heiligen Krieg – Dschihad – gegen die Kommunisten, bis sie schließlich gingen. Aber immer wieder bekämpften sich die Afghanen gegenseitig, um das Land unter Kontrolle zu bringen.

Am Ende regierten die Taliban. Jetzt gab es weniger Kämpfe, dafür mussten wir ihren strengen islamischen Regeln folgen. Deine Mutter durfte nicht mehr arbeiten und nicht aus dem Haus gehen, ohne sich vollständig zu verschleiern. Und es musste immer ein Mann aus unserer Familie bei ihr sein. Mädchen konnten überhaupt keine Schule besuchen. Das Leben hatte sich für uns alle hier in Masar-e Scharif stark verändert."

„Schicken deshalb heute manche Familien ihre Mädchen nicht zur Schule?", fragte Samir.

„Ja, viele Menschen fürchten Anschläge auf Mädchenschulen, was gelegentlich auch passiert. Wenn wir alle Regeln der Taliban befolgen würden, dürften wir weder Fernsehen gucken noch Musik hören. Alle Männer müssten sich Bärte wachsen lassen und dürften nur traditionelle, lange Hemden und weit geschnittene Hosen – die Salwar Kamiz – tragen", sagte Samirs Vater. „Langsam wird das Leben wieder freier, aber der Einfluss der Taliban ist immer noch sehr stark.

AFGHANISTAN

ZAHLEN + FAKTEN

FLÄCHE: 652 900 km²

EINWOHNERZAHL: 36 Mio.

HAUPTSTADT: Kabul

HAUPTSPRACHEN: Dari, Paschtunisch

HAUPTRELIGION: Islam

WICHTIGSTE EXPORTGÜTER: Teppiche, Obst, Edelsteine, Opium

Westliche Truppen halfen damals, die Taliban zu stürzen und eine neue Verfassung und Regierung für unser Land einzusetzen.

Jetzt durften wir über Politiker und Gesetze abstimmen. Aber die Taliban haben immer noch großen Einfluss, besonders nach Abzug der ausländischen Truppen. Und in den letzten Jahren hat der sogenannte Islamische Staat viele Probleme verursacht. Junge, ich hoffe, dass du und deine Freunde einmal in einem friedlichen Afghanistan leben können."

GEWALT OHNE ENDE

Die ständigen Kriege haben dem Land schwer zugesetzt. Vielerorts gibt es kein sauberes Wasser, keine funktionierende Kanalisation und nicht genug zu essen. Krankenhäuser wurden schwer beschädigt, und viele Ärzte haben das Land verlassen. Besonders häufig sterben Kinder auf dem Land. Dabei sind ihre Krankheiten wie Durchfall und Lungenentzündung eigentlich gut heilbar.

Bauern halten zwar Vieh und bauen Getreide an, aber das ist sehr gefährlich, denn überall auf den Feldern liegen noch Landminen, die jederzeit explodieren können, wenn man drauftritt.

Sehr viel Geld lässt sich mit der Mohnblume verdienen. Aus ihr werden gefährliche Drogen gemacht. Obwohl das meiste Opium in andere Länder verkauft wird, gibt es über eine Million Drogensüchtige in Afghanistan.

TRÄUME VON JESUS

Vor 50 Jahren gab es vielleicht 50 an Jesus gläubige Afghanen. Heute sind es einige Hundert, von denen viele ihren Glauben geheim halten, um

sich vor der Gewalt der eigenen Familie oder anderer Menschen zu schützen. Afghanen hören durch christliche Radiosendungen, heimkehrende Flüchtlinge und manchmal auch durch Träume oder Visionen von Jesus. Mittlerweile gibt es die ganze Bibel in der einheimischen Sprache Dari, und Teile wurden ins Hazaragi und Paschtunische übersetzt. Keine der anderen Sprachgruppen hat die ganze Bibel. Nur 20 % der Frauen können lesen, und auch viele Männer können es nicht. Deswegen brauchen die Afghanen eine Bibel, die sie lesen und hören können.

Christen aus dem Ausland bezeugen die Liebe von Jesus, indem sie blinden, kranken, behinderten und bedürftigen Menschen helfen. Andere verkündigen die gute Botschaft durch Filme, Radiosendungen, Apps, Webseiten usw.

SO KANNST DU FÜR AFGHANISTAN BETEN

DANKE GOTT FÜR:

* heimliche Christen in Afghanistan und für Afghanen, die Jesus auf der Flucht in andere Länder kennenlernen.

* die Bibel in Dari und Bibelteile in anderen Sprachen.

* Entwicklungshelfer, die sich um Kranke, Verletzte, Blinde, Arme und Bedürftige kümmern. Viele riskieren dabei ihr Leben.

BITTE GOTT:

* um Frieden im Land. Die Menschen haben den Krieg und seine Auswirkungen so satt, aber die Kämpfe gehen weiter.

* dass die Bibel in alle Sprachen des Landes übersetzt wird und dass es Hörbibeln gibt, sodass auch Leute, die nicht lesen können, etwas vom Wort Gottes haben.

* dass Menschen, die heimlich christliches Radio hören, Jesus finden und anderen seine Hoffnung und seinen Frieden bringen.

ALBANIEN
Land des Adlers

Die Albaner nennen ihr Land „Land des Adlers" oder *Shqipëri*. Auf der Nationalflagge siehst du einen Adler mit zwei Köpfen. Das überrascht nicht, denn mehr als zwei Drittel des Landes sind bergig, und Adler lieben die Berge. Der Transport und Verkehr durch die Gebirge ist schwierig, auch weil die Straßen schlecht sind. Darum leben die meisten Albaner an der Küste. Weil das Land so bergig ist, eignet sich nur ein Viertel der Fläche zum Anbau von Getreide.

Albanien besitzt viele Bodenschätze wie Chrom, Erdöl, Gas, Kupfer und Eisen und könnte eigentlich ein reiches Land sein. Aber es ist eines der ärmsten Länder Europas. Warum?

DUNKLE TAGE

1944 wurde Albanien kommunistisch. Die nächsten 41 Jahre regierte Enver Hoxha das Land. Unter seiner Herrschaft war es streng verboten, ins Ausland zu reisen oder Autos und Kühlschränke zu kaufen. Es gab nur wenig zu essen und keinen Luxus. 1967 wurde das Land offiziell zum ersten atheistischen Staat der Welt erklärt, und es wurde sogar ein atheistisches Museum gebaut. Muslime und Christen durften nicht mehr beten, eine Bibel oder einen Koran besitzen oder in die Kirche oder Moschee gehen. Eltern durften ihren Kindern keine christlichen oder musli-

mischen Namen mehr geben. Es war sehr schwierig, in das Land einzureisen. Es war vollständig von der Außenwelt und vom Evangelium abgeschottet.

In dieser Zeit beteten viele Christen auf der ganzen Welt für Albanien. 1991 wurde die kommunistische Regierung von Enver Hoxha gestürzt. Als Folge öffnete sich das Land. Seine Bürger konnten ausreisen und Ausländer einreisen.

Das Land befand sich in einem schlimmen Zustand. Krankenhäuser waren schlecht ausgestattet, und viele Leute hatten nicht genug zu essen. Auch Kinder hungerten. Viele von ihnen

ZAHLEN + FAKTEN

FLÄCHE: 28 700 km²

EINWOHNERZAHL: 3 Mio.

HAUPTSTADT: Tirana

SPRACHE: Albanisch

HAUPTRELIGIONEN: Muslimische Mehrheit, christliche Minderheit, einige Religionslose

WICHTIGSTE EXPORTGÜTER: Eisenerz, elektrischer Strom

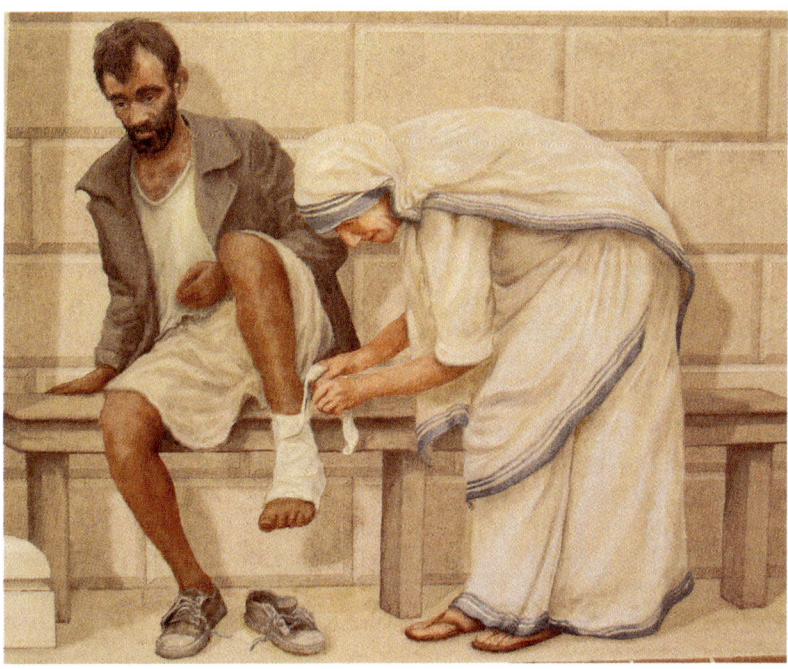

lebten im Waisenhaus und hatten viel zu wenig Betreuer. Damals gab es in der Hauptstadt Tirana mehr Eselskarren und Fahrräder als Autos. Auf dem Land gab es weder Strom noch fließendes Wasser.

LICHT IN DER DUNKELHEIT

Christen aus dem Ausland wollten den Albanern zeigen, dass Jesus sie liebt, und brachten Lebensmittel und Medikamente ins Land. Die neue Regierung erlaubte es Christen und Muslimen, ihren Gott anzubeten und ihren Glauben zu bekennen. Das ist jetzt schon mehr als 25 Jahre her, und die Zahl der albanischen Christen hat zugenommen. Heute gibt es in den großen Städten viele Kirchen und Gemeinden mit einheimischen Pastoren. Aber auf dem Land sind es deutlich weniger. Es könnte daran liegen, dass Gemeindeleiter und Mitglieder weggezogen sind. Albanische Evangelisten und ausländische Missionare wollen das Evangelium im ganzen Land bekannt machen, aber das braucht noch viel Arbeit und Gebet.

Weil die Bibel lange verboten war, sind biblische Geschichten vielen Christen unbekannt. Deshalb wurde viel Energie in neue Übersetzungen gesteckt, damit die Menschen die Bibel endlich lesen und verstehen können. Und weil die Armut im Land so groß ist, erzählen Christen nicht nur von Jesus, sondern helfen den Menschen auch ganz praktisch, indem sie sich z. B. um Kinder in Waisenhäusern kümmern.

Zurzeit sind einige Tausend Albaner Christen, viele davon Jugendliche.

WEIT WEG VON ZU HAUSE

„Wann kommt Mama endlich zurück, Tante Marjeta?", fragte der kleine Dritan. Voller Mitleid sah Marjeta auf den Nachbarsjungen, der vor drei Monaten bei ihr eingezogen war. Seine Mutter war nach Italien gefahren, um dort Arbeit zu finden. Hier in ihrem Ort gab es keine Arbeit für sie. Und sie brauchte ja dringend Geld für sich und ihren Sohn.

„Sie fehlt mir so sehr." Dritan fing an zu weinen. Marjeta umarmte den Kleinen und tröstete ihn. „Deine Mama vermisst dich auch ganz schrecklich. Sie hat dich sehr lieb. Sobald sie in Italien etwas Geeignetes gefunden hat, kannst du nachkommen. Hier sieht es mit Arbeit schlecht aus. Komm, wir beten zusammen, dass sie etwas Gutes findet."

Über die Hälfte der Albaner lebt im Ausland, viele von ihnen in den Nachbarländern Kosovo und Mazedonien. Die meisten von ihnen kennen Jesus nicht. Viele Albaner haben versucht, in Italien, Griechenland und anderen Ländern Arbeit zu finden. Einige Frauen arbeiten wie Dritans Mutter als Reinigungskräfte, Kellnerinnen und Altenpfleger und schicken das Geld dann an ihre Familien.

ASERBAIDSCHANER
Die Feuerwächter

Farzali wohnt in Baku, der Hauptstadt Aserbaidschans, am Kaspischen Meer. Die meisten Aserbaidschaner sind Muslime. Sie haben sich auch im Irak, in der Türkei, Russland und anderen Ländern angesiedelt. Erstaunlicherweise leben heute mehr Aserbaidschaner im Iran als in ihrem Heimatland.

Neben den Muslimen gibt es auch einige Christen im Land. Auf einen Teil des Landes – die Grenzregion Bergkarabach – erhebt auch das Nachbarland Armenien Anspruch. Die Armenier sind von je her orthodoxe Christen. Sie liefern sich seit 1990 erbitterte Kämpfe mit den Aserbaidschanern um diesen Landstrich. Deshalb haben viele Menschen das Land verlassen.

SIND WIR MUSLIME?

Farzali freute sich, dass sein Freund Babek ihn nach der Schule zu sich nach Hause eingeladen hat. „Ich frage meine Mutter, aber bestimmt erlaubt sie es", sagte er.

„Ich habe immer gerne bei Johan gespielt", sagte Babek, „aber dann hat meine Mutter es mir verboten, weil alle aus seiner Familie Christen sind. Sie sind Holländer, und sein Papa ist Pastor einer internationalen Gemeinde. Meine Mutter hat Angst, dass die mich bekehren wollen. Aber Johan ist ein toller Freund. Meinst du, es ist wirklich so schlimm, wenn man Christ ist?" Farzali runzelte die Stirn. „Mein Urgroßvater sagte, dass es für einen Aserbaidschaner eine Todsünde ist, wenn man Christ wird." „Warum das denn?", fragte Babek, „alle aus unserer Familie sind Muslime, aber wir gehen nie in die Moschee."

Farzali war sich nicht sicher, ob sie selbst Muslime waren oder nicht. Sein Großvater war bestimmt einer, das wusste er genau, der las jeden Abend den Koran. Aber sein Vater sprach nur über Politik und Geld und fast nie über seinen Glauben. „Das Öl hat nur ein paar Aserbaidschaner in Baku steinreich gemacht, während die große Mehrheit arm blieb", war sein Vater überzeugt.

Am nächsten Tag besuchte Farzali zusammen mit seinem Vater und Uropa den Bauernhof seines Onkels. Sein Uropa war schon über 100 Jahre alt, aber immer noch fit.

„Heute ist ein ganz besonderer Tag, denn wenn wir dreimal über das Lagerfeuer springen, fallen unsere Krankheiten in die Flammen, und wir bekommen die Kraft für das ganze nächste Jahr", erklärte Farzalis Onkel. „Bevor wir Aserbaidschaner Muslime wurden, beteten wir das Feuer und die Ahnen an. Darum nannten uns die alten Griechen Feuerwächter. Und noch heute praktizieren wir diese alten Bräuche."

Farzali nahm Anlauf und sprang über das kleine Feuer. Sogar sein Uropa

ZAHLEN + FAKTEN

ASERBAIDSCHANER: ca. 40 Mio.

LÄNDER: Iran (über 20 Mio.), Aserbaidschan, Irak, Türkei, Russland und Georgien

HAUPTSPRACHE: Aserbaidschanisch

HAUPTRELIGION: Islam

GRÖSSTE EINNAHMEQUELLE: Öl- und Gasvorkommen

Baku

SCHON GEWUSST?

Außerhalb Bakus in den Bergen brennt schon seit über 65 Jahren eine Feuerwand. Hier strömt ununterbrochen Gas aus der Erde, sodass das Feuer nicht verlischt.

schaffte den Sprung. Aber der Zweifel blieb: Konnten die Flammen wirklich Krankheit und Schmerzen wegbrennen?

REIN

Farzalis Kusine trug das übliche feuerrote Hochzeitskleid. Er war sich immer noch unsicher. War es besser, dem Islam zu folgen, wie es in Aserbaidschan üblich war, oder Christ zu werden? Nur eines von beiden konnte die Wahrheit sein.

Die Aserbaidschaner wollen reine Seelen haben. Aber das kann nur Jesus machen. Nur ganz wenige von ihnen haben überhaupt von Jesus gehört. Zum Glück gibt es jetzt die Bibel in ihrer Sprache, als Buch und online. Man kann christliche Radiosendungen hören, und Aserbaidschaner haben christliche Musik, Literatur und Gedichte geschrieben, sodass sie Jesus auf Aserbaidschanisch anbeten können.

In den letzten 30 Jahren hat die Zahl der Christen im Land zugenommen. Die meisten leben in Baku. Sie treffen sich überwiegend in Hausgemeinden und hoffen, dass es eines Tages in jeder Stadt und jedem Ort eine Gemeinde gibt. Auch im Irak und Iran gibt es aserbaidschanische Christen. Aber es ist sehr schwierig, eine amtliche Genehmigung für eine Gemeinde zu bekommen und sich in der Öffentlichkeit oder in Kirchen zu treffen. Wenn Aserbaidschaner Jesus nachfolgen, werden sie häufig verfolgt.

SO KANNST DU FÜR ASERBAIDSCHAN BETEN

DANKE GOTT FÜR:

* die aserbaidschanischen Christen und Gemeinden. Sie treffen sich häufig in Privatwohnungen.
* die Bibel und andere Medien in der Landessprache.
* die Möglichkeit, dass die Menschen etwas von Jesus hören können.

BITTE GOTT, DASS:

* er mehr Christen, die von Jesus erzählen, nach Aserbaidschan schickt.
* die Einwohner Jesus begegnen und ihm nachfolgen.
* die Menschen erkennen, dass nur Jesus sie wirklich rein machen kann.
* die Christen ihre Musik, Literatur und Gedichte mit vielen Menschen teilen.

Schlammvulkane, Aserbaidschan

BALINESEN
Auf der Insel der Götter

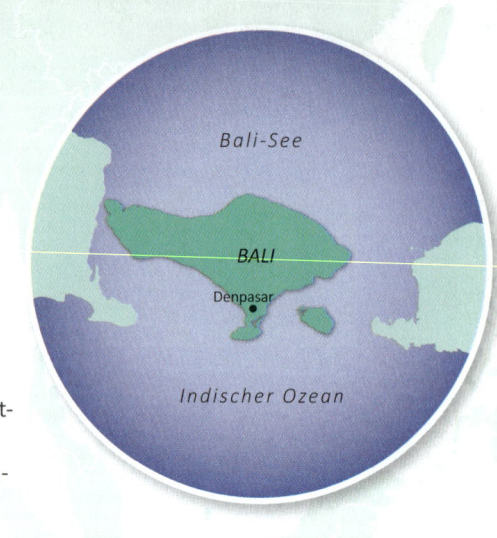

Bali-See

BALI

Denpasar

Indischer Ozean

EINE TRAUMHAFTE INSEL

Anne war sich sicher: Bali war die schönste Insel, die sie je gesehen hatte – feine Sandstrände, Blumen in grellen Farben, grüne und goldene Reisfelder und Tausende von Tempeln. Von ferne konnte man die Berge erkennen, darunter sogar einige Vulkane.

Sie hatte einer *Legong*-Tanzaufführung zugesehen, bei der Geschichten von Göttern, Dämonen, Hexen und gestohlenen Prinzessinnen erzählt wurden. Die Tänzer hatten goldene, rote und grüne Gewänder an. In ihrem seidenschwarz schimmernden Haar glitzerte goldener Schmuck und leuchteten tropische Blüten. Und alle Balinesen, die sie trafen, hatten so sanfte, lächelnde Gesichter.

Da wundert es niemanden, dass jedes Jahr vier Millionen Touristen dieses Kleinod in der langen Kette der indonesischen Inseln besuchen. Bali wird häufig „die Insel der Götter" oder „die Insel der Tausend Tempel" genannt.

INDONESIEN

VIELE GÖTTER

Auf Bali gibt es Tausende Hindu-Tempel. Bevor die Balinesen Hindus wurden, beteten sie viele Götter an. Heute sagen sie, sie beten den einen Gott Brahman an, der viele Erscheinungsformen hat.

Einmal im Jahr feiern die Balinesen das *Nyepi*-Fest, welches mit Stille, Fasten und Meditation begangen wird. Dann tragen sie die Götterstatuen in das heilige Meerwasser, um sie darin zu reinigen. Sie stellen auch Bambusstatuen mit dem Namen *Ogoh-Ogoh* her, die wie böse Geister aussehen. Sie führen sie herum und verbrennen sie anschließend, um böse Einflüsse auszuschalten.

DIE GEISTER DER AHNEN

Die Balinesen glauben, dass die Geister der Götter und Verstorbenen in den Bergen leben. Jede Familie hat einen kleinen Tempel. Jeden Tag werden den Geistern der Ahnen kleine Opfer gebracht, um sie gnädig zu stimmen.

Balinesen glauben an ein Leben nach dem Tod. Darum sparen Familien manchmal jahrelang für einen stattlichen Beerdigungsturm und halten ein ausgefeiltes Verbrennungsritual ab, wenn der Verstorbene eingeäschert wird. Gemäß ihrem Glauben wird der Verstorbene nur dann wiedergeboren, wenn diese Zeremonie stattgefunden hat.

ZAHLEN + FAKTEN

BALI GEHÖRT ZU: Indonesien

LEBENSRAUM: Die meisten leben auf Bali, östlich von Java

BALINESEN: ca. 4 Mio.

HAUPTSPRACHEN: Balinesisch, Indonesisch

HAUPTRELIGIONEN: Hinduismus, (Animismus), Geisterglaube

EINKOMMENSQUELLEN: Tourismus, Landwirtschaft (Reis und Kaffee), Fischerei, Kunsthandwerk (Weberei, Holzschnitzerei)

Kleiner balinesischer Junge in Uhud

Reis, Balis Hauptgetreide

Tempeltänzerin auf Bali

JESUS IST STÄRKER

Noch gibt es nur ganz wenige balinesische Christen. Manchmal werden sie von ihren hinduistischen Familienangehörigen oder Nachbarn gemobbt, denn jeder, der sich von den Göttern abwendet und Jesus nachfolgt, muss ihren Zorn fürchten.

Der achtjährige Nyoman hatte Angst. Die Leute aus seinem Dorf hatten seiner Familie Schlimmes angetan, weil sie Christen geworden waren. „Warum nehmen sie uns das Wasser für unsere Felder weg? Was haben wir verbrochen?", fragte er seine Eltern. „Die anderen Kinder meinten, dass die Götter eines Nachts kommen und mich bestrafen, weil ich ihnen nicht mehr nachfolge."

„Hab keine Angst Nyoman", meinte sein Vater, „Jesus hat versprochen, immer bei uns zu sein. Er ist stärker als jeder Angreifer. Die Leute im Dorf denken, dass die Götter ärgerlich sind, weil wir Christen geworden sind. Sie wollen, dass wir zu unserem alten Glauben zurückkehren. Aber mit Jesus haben wir keine Angst. Er passt auf uns auf, auch wenn wir schlafen. Komm, wir bitten, dass Jesus uns unsere Angst wegnimmt."

Häufig zeigen die Christen ihren hinduistischen Nachbarn durch praktische Hilfe, dass Jesus sie liebt. Sie erzählen ihnen biblische Geschichten mit Tanz und *Gamelan*-Musik, damit sie erkennen, dass das Christentum keine westliche Religion ist. Manchmal benehmen sich Touristen aus sogenannten christlichen Ländern sehr schlecht und hinterlassen so ein falsches Bild vom Christentum.

Ganz langsam lernen immer mehr Balinesen Jesus als einen Freund kennen, der immer bei ihnen ist. Und sie entdecken, dass der Heilige Geist Heilung schenken kann, wenn ihre Geister versagen. Die balinesischen Christen beten dafür, dass ihre Landsleute erkennen, dass Jesus größer und mächtiger ist als all die vielen Götter in ihren Schreinen.

Hindu-Statue in Ubud, Bali

15

BELUTSCHEN
Teppichweber in Pakistan

HARTE ARBEIT

Abdullah warf den frisch geschnittenen Weizen auf den Ochsenkarren. „Keine schlechte Ernte dieses Jahr", dachte er. Er sah seinen alten Großvater an mit seinem runzligen Gesicht und seinem weißen Bart. Er trug einen Turban auf dem Kopf, ein langärmliges, selbstgesponnenes weißes Hemd und lange, weite Hosen. Der Großvater freute sich über Abdullahs Hilfe, weil er die Landwirtschaft nicht mehr alleine bewältigen konnte.

Abdullahs Vater und sein Bruder Ghaus waren nach Karachi gezogen, um dort Arbeit zu finden. Als Zwölfjähriger musste er jetzt fast alles auf dem Bauernhof machen. Das war ziemlich hart. Die Sommer waren glühend heiß und die Winter bitterkalt.

Der alte Ochse trottete in einen von hohen Mauern umgebenen Hof. Hier wohnten sie. Sein Vater hatte das Haus selbst gebaut. Es war wesentlich stabiler und schöner als die Strohdachhütte, in der sie vorher gewohnt hatten, oder gar das Zelt aus Ziegenhaar, in dem sein Opa aufgewachsen war.

Abdullahs Schwestern saßen den ganzen Tag an den Webstühlen und arbeiteten. Mit flinken Finger stellten sie wunderschöne Teppiche her. Die Muster wurden innerhalb der Familie von einer Generation zur nächsten weitergereicht. Nun stieg ihm aber der Geruch von Weizenbrot und Curryreis in die Nase. Seine Mutter hatte das Abendessen gekocht, und plötzlich hatte er richtig Hunger.

Im viele Kilometer entfernten Karachi war sein Vater gerade dabei, seinen Kebabstand auf der Straße zuzuschließen. Er machte sich nun wie jeden Abend auf die Suche nach seinem Sohn Ghaus, den er schon seit Monaten nicht mehr gesehen hatte. Das durfte die Familie aber nicht wissen.

Map labels: TURKMENISTAN, AFGHANISTAN, IRAN, PAKISTAN, BELUTSCHISTAN, Persischer Golf, KATAR, Golf von Oman, Karachi, SAUDI-ARABIEN, VAE, OMAN, Arabisches Meer

Wie Tausende andere junge Leute lebte Ghaus wahrscheinlich irgendwo auf der Straße. Mit ein paar anderen jungen Männern hatte er angefangen, Drogen zu nehmen. Sein Vater wollte ihn unbedingt finden und wieder nach Hause bringen.

EINE WOHLHABENDE PROVINZ

Abdullahs Bauernhof liegt in Belutschistan, der größten von vier Provinzen Pakistans. Hier gibt es Erdgas, Kupfer, Eisenerz, Kohle und jede Menge Meeresfische. Die Bodenschätze machen Belutschistan zur reichsten Provinz des Landes, aber leider sind die meisten Einwohner bitterarm. Wasser ist knapp und Arbeit kaum zu finden. Die Belutschen haben den Eindruck, dass die Regierung sich nicht um sie kümmert. „Das meiste Gas geht in die anderen Provinzen", beschweren sie sich. Die Provinz braucht bessere Straßen und Eisenbahnen, sauberes Wasser, modernere Krankenhäuser und Schulen. Einige Belutschen wollen, dass ihre Provinz gemeinsam mit anderen Belutschengebieten im Iran und Afghanistan ein unabhängiges Land wird.

Viele sind vom Land in die Hauptstadt Karachi oder ins Ausland gezogen, um Arbeit zu finden. Auf dem Land gibt es kaum Schulen, daher können viele Kinder nicht lesen.

DIE GUTE NACHRICHT

Es gab Missionsarbeit unter den Belutschen, aber sie war immer gefährlich. Krieg, Gewalt und Verfolgung zwangen die Missionare, das Land zu verlassen.

Die Belutschen hören gerne Radio- und Internetsendungen in ihrer eigenen Sprache. Es gibt sogar einige christliche Programme, und das Neue Testament kann man online lesen und hören. Leider gibt es nur ein paar Hundert Christen in dieser Volksgruppe, aber immer mehr wollen etwas über Jesus erfahren.

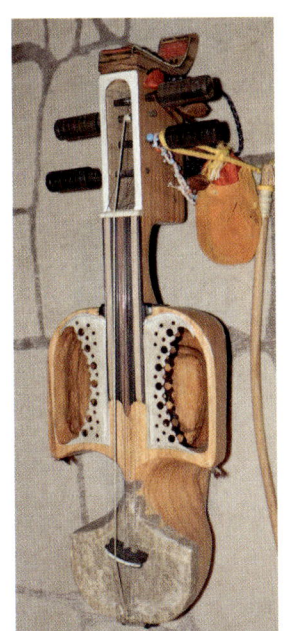

Suroz, Saiteninstrument der Belutschen

SO KANNST DU FÜR DIE BELUTSCHEN BETEN

DANKE GOTT FÜR:

* das Neue Testament auf Belutschi.
* Hunderte Belutschen, die Jesus schon kennen.

BITTE GOTT:

* dass er Leute beauftragt, zu den Belutschen zu gehen, die ihnen die gute Nachricht von Jesus weitersagen und für sie beten.
* dass er Christen zu den Drogensüchtigen in Karachi schickt und sie frei werden.
* dass einheimische Christen Mut haben, Jesus zu bekennen, und Kirchen und Gemeinden im Land wachsen.
* dass viele Belutschen christliche Radiosendungen hören und so Jesus kennenlernen.
* für eine bessere Zukunft der Belutschen mit sauberem Trinkwasser, Arbeitsplätzen, Schulbildung, dauerhaftem politischen Frieden und dass sie Jesus finden.

BANGLADESCH
Land der gigantischen Flüsse und Fluten

INDIEN

BANGLADESCH
DHAKA

INDIEN

Chittagong MYANMAR

Golf von Bengalen

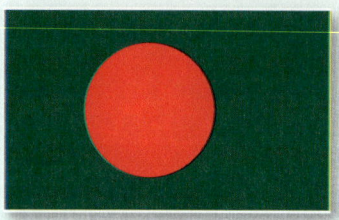

OBDACHLOS

„Und was jetzt?", weinte Ali. Er hatte Angst und hielt sich an seinem Vater fest. Wo bis vor Kurzem ihr Haus gestanden hatte, war jetzt nur noch ein Haufen Schlamm mit ein paar Brettern zu sehen. Mit der linken Hand umklammerte er ein flatterndes, quiekendes Hühnchen. Sein Vater Aziz hielt einen kleinen Korb mit Reis in der Hand. Das war alles, was sie retten konnten. Alles andere hatten der starke Regen, die Stürme und die Fluten des großen Flusses Brahmaputra zerstört.

„Wir werden irgendwie wieder neu anfangen", meinte Aziz. „Mit den Fluten kommt auch neuer Humus auf die Felder. Dann gibt es eine gute Ernte. Aber diesmal haben der Wind und der Regen wirklich alles zerstört: Menschen wurden dahingerafft, Häuser und Vieh fortgeschwemmt. Wenn wir bloß wüssten, wo sich deine Mutter und deine kleine Schwester befinden. Hoffen wir, dass sie in Sicherheit sind." Azis versuchte, Ali zu trösten, und konnte dabei seine eigenen Tränen kaum zurückhalten.

ZAHLEN + FAKTEN

FLÄCHE: 147 600 km²
EINWOHNER: 166 Mio.
HAUPTSTADT: Dhaka
HAUPTSPRACHEN: Bengalisch (Bengali), Englisch
HAUPTRELIGIONEN: große muslimische Mehrheit, hinduistische Minderheit
WICHTIGSTE EXPORTGÜTER: Kleidung ist mit großem Abstand das wichtigste Exportgut; Stoffe, Jute und Tee.

BANGLADESCH

ÜBERFLUTUNGEN UND WIRBELSTÜRME

Jedes Jahr von Juni bis August schwellen die Flüsse Ganges, Brahmaputra und Meghna gewaltig an und ergießen sich in die bengalische Bucht. Die Schneeschmelze im Himalaya und der Monsunregen in Nordindien lassen die Flüsse über die Ufer treten, sodass sie das Land überfluten. Dabei spülen sie Häuser und Felder einfach hinweg, was Menschen und Tiere das Leben kostet. Mit der Flut legt sich aber auch neuer, fruchtbarer Boden auf das Land und schafft gute Startbedingungen für die nächste Ernte.

Ein Wirbelsturm bringt unvorstellbare Zerstörung mit sich. Der schlimmste fegte 1970 über das Land, dabei starben 300 000 Menschen. Der tödlichste Tornado, den es je gab, schlug 1989 hier zu und tötete 1300 Menschen. Kein Wunder, dass Bangladesch eines der ärmsten Länder der Welt ist. Sehr viele Flüsse, ganz wenig Land und sehr viele Menschen bewirken eine sehr hohe Bevölkerungsdichte. Hier muss vom kleinsten Kind bis zum ältesten Opa jeder mit anpacken, um zu überleben. Weil es kaum Arbeit gibt, verlassen jedes Jahr eine Million Bangladescher ihre Heimat. Manche versuchen ihr Glück in den reichen Ölländern am Persischen Golf, andere zieht es nach Indien. Und immer, wenn sie Arbeit finden, schicken sie Geld nach Hause.

Doch es hat sich viel verändert: Bangladesch hat sich zu einer Hauptexportnation für Kleidung entwickelt. Schau mal auf die Etiketten deiner Hemden und Hosen, ob da nicht „Made in Bangladesh" draufsteht.

Auch die Stoffe, aus denen Kleidung genäht

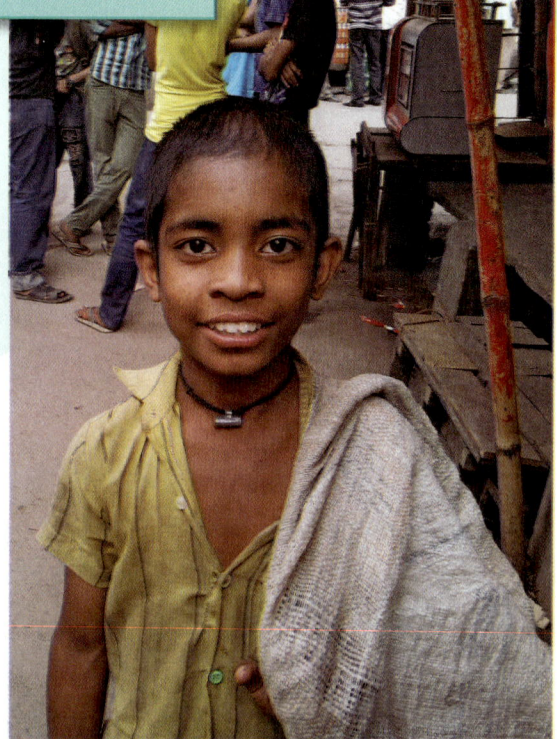

SCHON GEWUSST?

Die Urwälder Bangladeschs sind das Zuhause des bengalischen Tigers. Sein Streifenmuster ist einzigartig, und es
gibt keine zwei gleichen auf der Welt.

*Braut bei der
Hochzeit*

wird, kommen häufig aus Bangladesch.
Viele Jobs sind entstanden, und die Armut ist geringer geworden. Das Bildungs-
system hat sich verbessert, und viele Kinder können zumindest die Grundschule
abschließen. Die Entwicklung des Landes
geht voran, Brücken und Straßen werden
ständig verbessert.

EINE NEUE NATION

Das heutige Bangladesch war früher ein
sehr reicher, fruchtbarer und fischrei-
cher Teil von Indien. 1947 wurde es zum
Ostteil eines neuen muslimischen Landes namens Pakistan erklärt. West- und
Ostpakistan waren Tausende Kilometer
voneinander getrennt, denn Indien lag
genau dazwischen. Die Menschen in
Ostpakistan fühlten sich von der Regierung ungerecht behandelt, sodass 1971
ein Bürgerkrieg ausbrach. Der kostete
über eine Million Menschen das Leben.
Am Ende wurde Ostpakistan abgespal-
ten und ein eigenes Land: Bangladesch,
das Land der Bengalen.

Die Mehrheit ist muslimisch, es gibt
aber auch Hindus. Seit mindestens
200 Jahren sind christliche Missionare
im Land. Der Engländer William Carey
lernte die Sprache Bengali, schrieb die
erste Grammatik und übersetzte die
Bibel ins Bengalische. Das war fast 200
Jahre lang die einzige bengalische Bibel.
Heute gibt es moderne Übersetzungen
in Buchform, als Hörbücher und online.
Darüber hinaus gibt es eine Übersetzung der Bibel für Muslime. Dadurch

sind viele zu Nach-
folgern von Jesus
geworden. Mitar-
beiter von christ-
lichen Hilfsorga-
nisationen bauen
Krankenhäuser
und Schulen, helfen
Menschen wie Aziz
und Ali in ihrer Not und bezeugen als
Lehrer, Ärzte und Krankenpfleger den
Menschen konkret Gottes Liebe.

NEUE GEMEINDEN

Die Gemeinden wachsen, obwohl Christen in diesem vorwiegend muslimischen Land manchmal verfolgt werden.
Die meisten Christen stammen aus Hin-
dufamilien, und ganze Stämme haben
zu Jesus gefunden. Normalerweise gibt
es in muslimischen Ländern nur wenig
Jesus-Nachfolger, aber in Bangladesch
beten Zehntausende ehemalige Muslime Jesus als ihren Herrn an.

Dennoch haben viele Menschen
noch nie einen Christen getroffen, in
der Bibel gelesen oder überhaupt von
der Liebe Jesu gehört. Die Bengalen
bilden die Mehrheit in Bangladesch
und gelten als größte vom Evangelium
unerreichte Volksgruppe auf der Welt.
Deswegen braucht es noch Tausende
Christen, die ihnen von Jesus weitersagen.

SO KANNST DU FÜR BANGLADESCH BETEN

DANKE GOTT FÜR:

* jeden Christen, der Gottes Liebe
  weitergibt.
* die vielen neuen Nachfolger
  von Jesus, die früher Muslime
  waren.
* die Verbesserung der Lebensumstände, der Schulen und der
  Arbeitsbedingungen.

BITTE GOTT:

* um eine gerechte Regierung, die
  sich um alle Einwohner, egal, ob
  arm oder reich, kümmert.
* dass Christen ihren Mitmenschen, besonders Straßenkin-
  dern und Obdachlosen, Gottes
  Liebe bezeugen.
* um mehr Christen aus dem
  Ausland, die Gottes Liebe den
  Millionen bedürftigen Menschen weitergeben.
* dass Christen im Ausland ihren
  Nachbarn und Arbeitskollegen
  aus Bangladesch von Jesus
  erzählen.

Fluss Buriganga, Dhaka

BEDSCHA
Angst vor dem bösen Blick

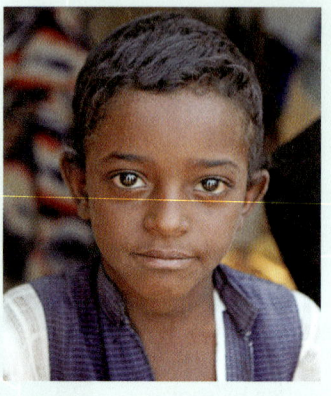

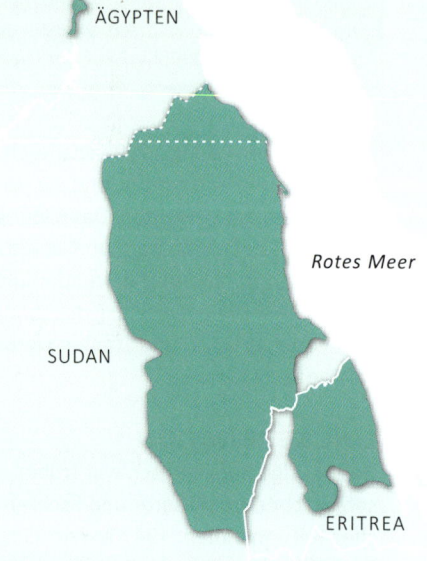

ÄGYPTEN

Rotes Meer

SUDAN

ERITREA

BLICK IN DIE ZUKUNFT

Sorgfältig beobachtete Amna ihre Großmutter. Sie hoffte, eines Tages auch so weise zu sein. Beide saßen auf der Matte vor dem Zelt aus Palmwedeln. Die Großmutter ließ fünf Kaurimuscheln auf den Boden fallen und betrachtete den Wurf ganz genau. Das Ergebnis sah nicht gut aus. Noch einmal. Vielleicht würde der nächste Wurf eine bessere Zukunft voraussagen.

„Was ist los, Oma?", wollte Aman wissen. „Was haben die Muscheln gesagt?" Gerade jetzt konnte die Familie eine ordentliche Portion Glück gebrauchen, denn Khadija, Amnas große Schwester, sollte unmittelbar nach dem muslimischen Eidfest heiraten. Khadija war gar nicht wohl bei diesem Gedanken. Sie war erst zwölf, und ihre Eltern hatten sie schon ihrem Cousin Ahmed als Ehefrau versprochen.

„Er war da und hat mit unseren Brüdern die Einzelheiten des Ehevertrags geklärt. Dabei haben sie Jabanakaffee getrunken, aber ich habe ihn noch nie zu Gesicht bekommen", antwortete Khadija. „Er muss schon ziemlich alt sein, weil er so lange für unsren Onkel gearbeitet hat. Ich habe überhaupt keine Lust, bei seiner Mutter und seinen Schwestern am anderen Ende der Stadt zu wohnen. Amna, ich werde dich so vermissen."

Nach der Hochzeit sollte Khadija dann bei Ahmeds Familie wohnen, und weil es ihre Kultur so verlangte, würde sie ihn im ersten Jahr überhaupt nicht zu Gesicht bekommen.

Manchmal hörten die beiden Schwestern zu, wie sich ihre Brüder am Lagerfeuer über Schwierigkeiten mit der Herde unterhielten oder über die Regierung beschwerten. Das geschah meistens auf Arabisch.

„Sprächen sie doch bloß Bedawi, dann könnte ich auch etwas verstehen", dachte Amna. Sie fand es besser, wenn am Lagerfeuer nicht diskutiert, sondern gesungen wurde, z. B. ihr Lieblingslied vom Bedscha-Kamel.

BÖSE GEISTER

Die Bedscha wohnen im Nordosten Afrikas am Roten Meer. Die dreieinhalb Millionen Menschen sind über Ägypten, Sudan und Eritrea verteilt. Seit über 4000 Jahren leben sie in dieser heißen, trockenen Wüstengegend sowie in den Bergen am Roten Meer, wo immer der Wind weht. Stets sind sie auf der Suche nach Weideland für ihre Kamele, Schafe, und Ziegen. Manchen Bedscha ist das zu hart, und

Bedscha-Zelt

20

sie siedeln sich in Städten und Dörfern an, wo viele Araber leben, aber Bedscha sind keine Araber. Sie bleiben unter sich und vertrauen Fremden nicht so schnell.

Bedscha sind Muslime, aber die meisten nehmen ihren Glauben nicht besonders ernst. Beten und Fasten ist ihnen nicht wichtig. Vielmehr vermischen sie ihren traditionellen Aberglauben mit dem Islam und haben große Angst vor dem bösen Blick und den bösen Geistern. Sie glauben, dass man damit andere Menschen verfluchen und großen Schaden zufügen kann.

Ihr ganzes Leben wird vom Aberglauben bestimmt. Die bösen Geister plagen sie. Dazu kommen Dürren, Hungersnöte, politische Konflikte und eine ständige Angst.

Bisher haben nur etwa 50 Bedscha zu Jesus gefunden.

EINE NEUE FREUNDIN

Eines Tages lernte Amna beim Milchkaufen Nora kennen. Sie war mit ihrer Mutter und ihrem kleinen Bruder aus Eritrea geflüchtet. Der Vater hatte in Europa Asyl bekommen, und nun half Nora ihrer Mutter beim Straßenverkauf von Tee. Auch sie wollten eines Tages nach Europa. Aber erst mal mussten sie hier ihren Lebensunterhalt und das Schulgeld für ihre Brüder verdienen.

Amna vermisste ihre große Schwester sehr, und deshalb war sie froh über Nora. „Sag mal, Nora, was sagen denn die Muscheln über deine Zukunft? Musst du bald heiraten? Geht es deinen Brüdern gut?"

Nora drücke ihre Hand. „Amna, jetzt mach dir keine Sorgen, Gott hat uns doch lieb, wir wollen ihm vertrauen, dass er es gut macht. Wir brauchen nicht ständig Angst vor den bösen Geistern zu haben. Du bist meine Freundin, und ich will, dass auch du Jesus kennenlernst. Er ist ein echter Freund, sogar für uns Kinder."

Jesus ist für die Bedscha, für dich und für mich gestorben. Betest du mit, dass die Bedscha Jesus kennenlernen?

Bedscha-Schild aus Nashorn- oder Nilpferdhaut. (Wikipedia)

BHUTAN
Land des Donnerdrachens

CHINA

THIMPHU

BHUTAN

INDIEN

DER DONNERDRACHE

Sangay hatte sich so richtig auf sein erstes buddhistisches Fest gefreut – und jetzt, wo es da war, konnte er es nicht genießen. Mönche mit großen, grässlichen Masken, auf denen Glubschaugen und scharfe Zähne zu sehen waren, tanzten herum. Die sollten ihm bloß nicht zu nahe kommen. „Warum ist dieser Drache auf unserer Flagge und an der Seite vom Tempel zu sehen?", fragte er seine Mutter.

Sie beugte sich zu ihm herunter und erzählte die Geschichte vom Donnerdrachen. „Hast du sein Brüllen gehört, wenn es draußen stürmt?", fragte sie. „Vor sehr langer Zeit wollte ein Mönch einen Tempel bauen. Als er einen geeigneten Ort fand, hörte er einen lauten Donner. Das war ein Drache, dachte er, also nannte er das Kloster Druk. Das bedeutet Donnerdrachen. Und so bekam unser Land den Namen Druk Yul, Land des Donnerdrachens, und uns nennt man die Drukpas, die Drachenmenschen."

BHUTAN

Sangays Eltern sind Kleinbauern. Weil das Land von Hügeln und Bergen durchzogen ist, müssen die Bauern den Reis auf Terrassen anbauen. Das sind waagerechte Felder, die in die Hügellandschaft gehauen sind. Sangay hilft auf den Feldern und beim Hüten der Ziegen. Sein großer Bruder wohnt weit weg in der Stadt, wo er zur Schule geht. Das würde er auch gerne, aber so viel Geld haben seine Eltern nicht. Darum muss er zu Hause bleiben und mithelfen. Aber trotzdem lernt er in einer kleinen Klosterschule am Ort Lesen und Schreiben.

SCHNEELEOPARDEN

Das kleine Bhutan liegt im Himalaya-Gebirge und ist eingebettet zwischen zwei sehr großen Ländern, China und Indien. Im Süden herrscht warmes und feuchtes Klima, während es im Norden sehr kalt wird. Die Berge des Himalaya sind die höchsten der Welt. Ihre Spitzen sind von ewigem Schnee und Eis bedeckt. In den Tälern erstrecken sich Wälder und gewaltige Flüsse. Hier gibt es Schwarzbären, Tiger, rote Pandabären und Schneeleoparden, um nur einige der seltenen Tiere Bhutans zu nennen.

ZAHLEN + FAKTEN

FLÄCHE: 38 400 km²
EINWOHNERZAHL: 817 000
HAUPTSTADT: Thimphu
HAUPTSPRACHE: Dzongkha (Bhutanisch)
HAUPTRELIGION: Buddhismus
WICHTIGSTE EXPORTGÜTER: Holz und elektrischer Strom

Kloster Paro Taktsang

Bhutan ist ein buddhistisches Königreich, in dem Religion, Gebräuche und Traditionen sehr wichtig sind. Für alle erdenklichen Anlässe gibt es religiöse Zeremonien. Neben den Buddhisten leben auch Hindus und andere religiöse Minderheiten im Land.

Obwohl es nicht häufig vorkommt, haben doch einige Männer mehrere Frauen und auch umgekehrt: einige Frauen mehrere Männer. Der frühere König von Bhutan Jigme Singye Wangchuck heiratete vier Schwestern an einem Tag. Sein Sohn Jigme Khesar Namgyel Wangchuck wurde 2006 sein Nachfolger.

Der König von Bhutan sorgt für sein Volk. Die Menschen können ihre Anliegen vor ihn bringen. Der jetzige König reist immer wieder durchs Land, sodass auch die Menschen in abgelegenen Dörfern mit ihm sprechen können.

Bhutanische Männer tragen die traditionelle knielange Tunika namens *Gho,* Frauen die *Kira,* ein Schulterkleid aus einem Stück Stoff mit einem breiten Gürtel. Früher musste jeder diese Kleider tragen. Heute ist das nicht mehr so streng. Aber in Regierungsgebäuden, Amtsstuben, Klöstern und bei bestimmten Anlässen und Festlichkeiten putzt man sich mit ihnen fein heraus. Die Leute sind sehr stolz auf sie.

VON JESUS ERZÄHLEN

Als der frühere König sah, wie viel Gewalt in der Welt herrschte, wollte er sein Volk vor dem Bösen beschützen. Bis 1999 durfte niemand fernsehen. Dem König war nämlich klar, dass das, was wir sehen und hören, unser Verhalten und unsere Gedanken beeinflusst. Aber es bedeutete auch, dass Bhutan viele Jahre lang fast komplett vom Evangelium abgeschnitten war.

Schließlich wurden die Gesetze gelockert, sodass die Menschen heute mit dem Rest der Welt über das Internet verbunden sind. Trotzdem ist das Land isoliert und geheimnisvoll. Es hat weniger Besucher als die meisten anderen Länder. Es ist sehr kostspielig, in Bhutan umherzureisen, und nur wenige Ausländer dürfen überhaupt ins Land. Für Inder ist es einfacher, sich in Bhutan zu bewegen, und durch sie kam das Evangelium immer wieder ins Land.

Fachleute aus dem Ausland arbeiten im Gesundheitswesen, der Landwirtschaft und im Bauwesen. Einige von ihnen sind Christen, die aber öffentlich nicht von Jesus reden dürfen. Niemand weiß genau, wie viele Christen es in Bhutan gibt, aber die allermeisten haben noch nie etwas von Jesus gehört. Im Süden gibt es einige kleine Gruppen von Gläubigen, darunter auch Geflüchtete aus Nepal. In der Hauptstadt Thimphu treffen sich Gläubige heimlich in Hausgemeinden. Kirchen sind verboten. Das Neue Testament ist in die Sprache Dzongkha übersetzt, aber in den meisten anderen Sprachen gibt es keine Bibel oder Bibelteile. In Bhutan werden Christen mit echter Ausdauer gebraucht, die Jesus mit Wort und Tat bezeugen.

BIJAGOS

Wer nicht gehorcht, wird vom Geist bestraft

Die Bissagos-Inseln liegen vor der westafrikanischen Küste und gehören zu Guinea-Bissau. Ihre Einwohner sind die Bijagos, die größtenteils hier, aber auch im ganzen Land verstreut leben. Einige sind auch nach Portugal, Brasilien oder Spanien ausgewandert. Besonders dankbar sind sie für Mobiltelefone, die ihnen den Kontakt zu ihren Leuten auf der ganzen Welt ermöglichen.

Früher war sauberes Trinkwasser absolute Mangelware und Armut, Hunger und Krankheiten an der Tagesordnung. Heute dagegen gibt es in den meisten Dörfern gute Brunnen. Wer in der Hauptstadt Bissau lebt, schickt seinen Verwandten, was sie brauchen.

Seit jeher sind die Bijagos Animisten, die an einen großen Schöpfergeist glauben, der ihnen aber leider nicht hilft. Im Gegenteil: Er schickt ihnen Unglück und Strafen. Sie bauen Tempel aus Erde und Stroh. In der Mitte befindet sich ein Altar. Dieser wird mit magischen Gegenständen und geschnitzten Gottheiten dekoriert und von den Menschen angebetet. Die Bijagos haben große Angst vor dem bösen Geist, den sie *Iran* nennen. Damit er sie nicht bestraft, vollziehen sie Rituale und opfern ihm Tiere. Einige Bijagos sind Muslime, andere Christen. Viele junge Leute haben ihren traditionellen Glauben hinter sich gelassen und glauben an gar nichts mehr.

SCHON WIEDER UMZIEHEN

Carlos war in dem Dorf Bijante auf der Insel Bubaque zu Hause. Alle zwei Jahre zogen die Dorfbewohner auf die Nachbarinsel Rubane, um Reis anzubauen. Dann wohnten sie sechs Monate lang in einer vorläufigen Behausung. In dieser Zeit überwucherte ihr eigentliches Dorf komplett vom Regenwald.

„Aber warum müssen wir denn alle zwei Jahre nach Rubane umziehen?", beschwerte sich Carlos. „Warum können wir nicht einfach hierbleiben? Hier unter dem Strohdach ist es viel schöner und gemütlicher. Und warum müssen

wir dann ein Tier opfern, bevor wir den Wald abholzen?"

Carlos stellte seinen Eltern eine Frage nach der anderen. Seine Mutter suchte Töpfe, Schüsseln und was sie als Familie sonst noch für sechs Monate brauchten zusammen. Sein Vater hatte schon die Machete für das Abholzen des Waldes geschärft. Und jetzt fing er noch die Hühner ein und steckte sie in einen Korb aus Palmenzweigen.

Alle im Dorf packten ihre Habseligkeiten zusammen.

„Das ist bei uns eben so, Carlos", erklärte sein Vater. „Rubane ist eine heilige

ZAHLEN + FAKTEN

EINWOHNER: etwa 35 000

LAND: Bissagos-Inseln (Guinea-Bissau)

HAUPTSPRACHE: Bijago

HAUPTRELIGION: Animismus

HAUPTEINKOMMENS-QUELLEN: Landwirtschaft, Fischerei

Insel, die zu unserem Dorf gehört. Bevor wir das Gelände vom Wald befreien und anfangen zu pflanzen, muss der Zauberer ein Tier opfern. Erinnerst du dich an das letzte Mal? Da hat uns der Zauberer Fleisch gegeben, das wir auf unserem Feld kochen sollten. Das nennt man ‚den Boden bezahlen'. Wenn wir das nicht tun, wird der *Iran* uns bestrafen."

Es dauerte nicht lange, da war Bijante leer. Die Bauern quetschten sich und ihre Sachen in die Kanus, und die Reise über das Wasser bis nach Rubane konnte beginnen.

SAUBERES WASSER

Vor vielen Jahren war das Bijago-Dorf Ancarave auf der Insel Uno ein Dorf wie jedes andere. Doch obwohl der Reis hier prächtig wuchs, wurden Menschen und Tiere dauernd krank, denn das Wasser kam aus einem verdorbenen Teich. Die Zauberdoktoren opferten dem *Iran,* aber nichts wurde besser.

Eines Tages besuchten Christen die Insel. „Fürchtet euch nicht vor dem *Iran*", sagten sie. „Eure Zauberdoktoren und Priester opfern ständig, aber trotzdem sterben die Kinder und das Vieh. Unser Gott hat euch so lieb, dass er seinen einzigen Sohn Jesus für euch opferte. Darum braucht ihr nie wieder Opfer zu bringen. Wenn ihr Jesus vertraut, wird er euch helfen."

Missionare übersetzen die Bibel in die Bijago-Sprache. Sie gruben den

ersten Brunnen auf der Insel Uno. Was für eine Veränderung! Endlich gab es sauberes Wasser! Der Dorfhäuptling war felsenfest davon überzeugt, dass Gott seine Boten zu ihm geschickt hatte. Er und das ganze Dorf wurden Christen. Sie verbrannten alle Götzenfiguren. Die Bijago-Christen sangen und tanzten vor Freude. Als die anderen Einwohner die Veränderungen in Ancarave sahen, wollten sie auch Jesus nachfolgen.

Heute gibt es 400 Christen auf vielen Bissago-Inseln. Als in Guinea-Bissau ein Bürgerkrieg ausbrach, kehrten viele Bijagos auf ihre Inseln zurück. Unter ihnen waren erfahrene Christen, die Gemeindeleiter wurden.

Die Zahl der Jesus-Nachfolger hat zugenommen, aber leider sind es immer noch viel zu wenig.

SO KANNST DU FÜR DIE BIJAGOS BETEN

DANKE GOTT FÜR:

* Bijagos, die Jesus schon kennen. Sie leben auf den Inseln, dem Festland, in der Hauptstadt Bissau und verteilt auf der ganzen Welt.
* einheimische Gemeinden, die von Bijagos geleitet werden.
* die praktische Hilfe der Missionare in Form von Brunnenbau und Schulen.

BITTE GOTT, DASS:

* er den Bijagos seine Liebe zeigt und sie die gute Nachricht von Jesus annehmen.
* die Menschen von der Macht des *Iran* frei werden.
* die Christen ihm treu nachfolgen und die guten Dinge ihrer Kultur in ihren Glauben einbeziehen.

BRASILIEN
Ein Land voller Leben

Brasilien ist vor allem eins: groß! Es ist das größte Land Südamerikas und hat die zweithöchste Anzahl Christen auf der Welt. Sein Einfluss auf Musik, Kultur und Sport ist enorm. Brasilianische Missionare sind in vielen Teilen der Welt für Jesus unterwegs. Auch die einzelnen Landesteile sind riesig: im Norden der Regenwald am Amazonas, im Süden das Weideland, im Osten die kilometerlangen Strände, und im Westen die Feuchtgebiete des Pantanal.

JESUS NACHFOLGEN, DEN ELTERN GEHORSAM SEIN

Claudia bettelte ihre Mutter an: „Bitte, bitte, kann ich nicht wenigstens einmal hingehen? Meine ganzen Freunde vom Jugendlager kommen auch."

Es war eine tolle Freizeit gewesen. Sie hatten gespielt, am Lagerfeuer gesungen und viel herumgealbert. In dieser Woche hatte sie Jesus ihre Sünden bekannt und ihn in ihr Leben eingeladen.

„Nein, Claudia, wir sind Katholiken, und deine Freunde sind Evangelikale, das geht nicht", schimpfte ihre Mutter.

„Von mir aus kannst du in den Jugendtreff gehen, aber nicht in ihren Gottesdienst. Sonst bringst du unsere Familie in Verruf." Claudia verstand das alles nicht. Waren sie nicht alle Christen?

Einmal, an einem Donnerstag nach dem Jugendtreff, sprach Claudia den Pastor an. „Ich weiß, das ist schwierig", sagte er, „aber ich glaube, Jesus will, dass du deiner Mutter gehorchst und erst dann kommst, wenn sie es erlaubt.

Ach, und du kannst ihn bitten, deinen Ärger wegzunehmen und dir Liebe und Geduld für deine Mutter zu schenken."

Und das tat sie auch. Auf dem Nachhauseweg bekannte sie Gott ihre Wut und bat ihn, ihr Herz zu verändern.

DEN GEISTERGLAUBEN VERLASSEN

Antonios Mutter verkaufte nach wie vor Straßenmahlzeiten am Strand von Bahia, aber jetzt trug sie normale Kleidung und nicht mehr die weißen Gewänder und den Schmuck ihrer Religion *Candomblé*. Sie ging nicht mehr zu den Versammlungen. In ihrer Stadt Salvador gibt es sehr viele Anhänger dieser Religion, und in letzter Zeit waren sie alle gegen seine Mutter.

Rio de Janeiro

ZAHLEN + FAKTEN

FLÄCHE: 8,5 Mio. km²

EINWOHNERZAHL: ca. 211 Mio.

HAUPTSTADT: Brasília

HAUPTSPRACHE: Portugiesisch

HAUPTRELIGIONEN: Christentum; katholische Mehrheit, aber auch protestantische und andere christliche Gruppen

WIRTSCHAFT: viele Reiche und Arme, große Bodenschätze, ertragreiche Landwirtschaft

WICHTIGSTE EXPORTGÜTER: Sojabohnen, Eisenerz, Zucker, Öl und Geflügel

VOLKSGRUPPEN: über 275 einheimische Volksgruppen mit 185 verschiedenen Sprachen. Brasilien ist ein bunter Schmelztiegel aus Europäern, romanischen Völkern, Nachkommen afrikanischer Sklaven, Flussbewohnern und vielen Einwanderern aus Japan, China und dem Libanon.

SCHON GEWUSST?

Brasilien ist **die** Fußballnation. Die Spieler in den gelben Trikots haben mehr Fußballweltmeisterschaften gewonnen als jedes andere Land.

Antonios Vorfahren waren als Sklaven aus Westafrika hergekommen, und im Laufe der Zeit hatten sie ihren afrikanischen Hexenglauben und Ahnenkult mit dem katholischen Glauben vermischt.

Eines Tages hörte er, wie sein Onkel zu seiner Mutter sagte: „Mit deinem neuen Glauben an Jesus bringst du Schande über die ganze Familie."

Und dann war da Marcos, ein Straßenevangelist. Einmal, als er am Strand gepredigt hatte, kaufte er sich bei Antonios Mutter eine Mahlzeit. Er sprach mit ihr über Jesus, und auf einmal fühlte sie sich richtig lebendig und rein. Sie verspürte die Macht von Jesus und gab ihm ihr Leben. Eine große Liebe kam in sie hinein. Jesus war stärker als alles, was sie bisher kannte.

Die *Candomblé* zu verlassen ist sehr schwierig, denn dort sind Leben, Familie, Religion und Arbeit fest miteinander verbunden. Gut möglich, dass sie jetzt weniger verdienen und die Familie nicht mehr mit ihr reden würde.

„Ich weiß nicht, wie wir das hinkriegen sollen, aber wir wollen Gottes Weg gehen", sagte sie.

SCHWACH ODER STARK?

Carlos ging in diese neue christliche Jugendgruppe. „Ist doch nicht schlecht, da gibt es etwas zu essen, und Fußball wird auch gespielt", dachte er sich. „Aber Gott, wofür brauche ich den?"

Drogen, Gangs, Straßenkämpfe und ungerechte Razzien der Polizei sind in Brasilien an der Tagesordnung. Schon sein Vater und Großvater hatten im Gefängnis gesessen. So viel, wie er log und klaute, würde er wahrscheinlich auch dort landen.

„Wenn unsere Politiker und Polizisten damit durchkommen, dann kann ich das auch. Ich muss einfach vorsichtiger als mein Papa sein und darf mich nicht erwischen lassen", dachte Carlos.

Die Jugendgruppe war in Ordnung. Sie hatten gegen die Mitarbeiter Fußball gespielt, und Carlos hatte viel Spaß gehabt. Und dann hatten die Mitarbeiter wieder eine biblische Geschichte erzählt, in der Jesus immer Menschen ihre Schuld erließ, jemanden rettete, heilte oder ihm Hoffnung machte.

„Haltet euch von Drogen, Gewalt und Gangs fern", ermahnten die Mitarbeiter die jungen Leute. Carlos saß hinten und tat so, als ob ihn das alles nicht interessierte.

Aber wenn er ehrlich war, musste er zugeben, dass Jesus anders war als jeder andere Mensch. Er lehrte, nicht zurückzuschlagen, sondern die andere Wange hinzuhalten. Und er legte sich mit den religiösen und politischen Führern an. Dafür musste er stark sein.

SO KANNST DU FÜR BRASILIEN BETEN

DANKE GOTT FÜR:

* die Millionen Brasilianer, die Jesus nachfolgen.
* die vielen brasilianischen Missionare in entlegenen Gebieten.
* den geistlichen Eifer der Brasilianer. Wenn sie Jesus kennenlernen, beten sie mit großer Ernsthaftigkeit und sind vom Heiligen Geist erfüllt.

BITTE GOTT, DASS:

* Menschen in den Familien, Schulen, Gemeinden, am Arbeitsplatz und in der Regierung die Wahrheit sagen und gerecht handeln.
* Kinder auf der Straße oder in den Favelas Jesus kennenlernen, Versuchungen widerstehen und Hoffnung finden.
* Jesus noch viele Menschen befreit, die sich vor bösen Geistern fürchten und Zauberei betreiben.
* dass die Menschen auch in entlegenen Orten Christen treffen und Jesus kennenlernen.

BULGARIEN
Lebensspendendes Wasser

Beim Blick auf die Landkarte entdeckst du Bulgarien im Südosten Europas am Schwarzen Meer. Beim Blick ins Geschichtsbuch erfährst du, dass es von 1944 bis 1989 ein kommunistisches Land war. Heute erinnern sich nur noch die Eltern und Großeltern an diese Zeiten.

DAMALS UND HEUTE

„Todor, komm her, ich erzähle dir ein bisschen von früher", sagte Onkel Stanislaw. Er ist Pastor und erzählt gerne alte Geschichten. „Wir hatten hier eine atheistische Regierung, die den Christen das Leben sehr schwer machte. Auch die traditionelle orthodoxe Kirche wurde verfolgt. Einige unserer Gemeindemitglieder spionierten sogar für den Staat. Das brachte mich fast ein ganzes Jahr ins Gefängnis. Aber ich habe dem Spion und der Regierung schon längst vergeben."

„Da hat sich inzwischen aber vieles geändert", warf Todor ein.

„Ja, auf jeden Fall", meinte der Onkel, „aber nicht alles ist besser geworden. In Schulen und Krankenhäusern läuft es nicht so gut wie damals. Einige Leute sind richtig reich geworden, aber sie sind bestechlich oder sogar kriminell. Und vielen Menschen geht es heute schlechter als früher. Wenigstens kümmerte sich zur Zeit des Kommunismus der Staat um die Ärmsten. Das macht jetzt die christliche Gemeinde. Wir sorgen für die Alten, die Waisen, Armen und Kranken. Mir scheint, dass sich sonst keiner für sie interessiert."

ALT UND NEU

„Heute gibt es andere Herausforderungen, denn viele Menschen ziehen weg. Besonders die Jungen versuchen, irgendwo anders in Europa Arbeit zu finden. Außerdem ist die Geburtenrate stark gesunken, und auch das Bildungsniveau hat abgenommen", erklärte Stanislaw. „Hast du gewusst, dass Anfang des Jahrtausends bulgarische Schulkinder im weltweiten Vergleich am besten lesen konnten? Leider ist das nicht mehr so.

Vor über 1000 Jahren wurde Bulgarien zu einem christlichen Land, aber

BULGARIEN

ZAHLEN + FAKTEN

FLÄCHE: 111 000 km²

EINWOHNERZAHL: 7 Mio.

HAUPTSTADT: Sofia

HAUPTSPRACHE: Bulgarisch

HAUPTRELIGIONEN: Christentum (überwiegend Orthodoxe), Nichtreligiöse, Islam

WICHTIGSTE EXPORTGÜTER: Maschinen, Lebensmittel, Wein, Eisen, Rosen, Rosenöl, Textilien und chemische Produkte

traditioneller bulgarischer Salat

Alexander-Newski-Kathedrale, Sofia

heute kann dir kaum ein Bulgare irgendetwas vom Evangelium erklären. Wir brauchen eine geistliche Erweckung!"

TRÄUME

Achmet ist Bulgare mit türkischer Abstammung. Schon als kleiner Junge lernte er, dass es wichtig sei, Allah zu dienen. Also lernte er Arabisch und fing an, den Koran zu lesen. Darin las er etwas über Jesus. Als er elf Jahre war, begegnete er Jesus in einem Traum. Er erinnert sich noch genau:

„Jesus kam in unser Haus und reichte mir ein Glas Wasser, aber ich wollte es erst trinken, als er mir versprach, mich nie wieder zu verlassen."

Als Achmet 20 war, gab ihm ein Mann eine alte türkische Bibel. Achmet las in ihr, verstand aber nichts.

„Ich wollte Jesus kennenlernen, doch da war niemand, der mir helfen konnte", sagte er. „Dann betete ich und schlug die Bibel auf. Ich las eine Geschichte in Johannes, Kapitel 4, wo Jesus eine Frau an einem Dorfbrunnen in Samaria trifft und ihr lebenspendendes Wasser anbietet.

Jetzt endlich verstand ich meinen Traum von damals. Ab diesem Zeitpunkt war mein Lebensdurst gestillt, und ich folge Jesus gerne nach."

WUNDER GESCHEHEN

Florika ist ein Roma-Mädchen und lebt mit ihrer Familie in den Slums vor der Stadt. Während ihre Mutter das Geld verdient, muss sie kochen, die Hütte sauber halten und auf ihre beiden kleinen Geschwister aufpassen. Florika ist stumm geboren und hat seit neun Jahren kein Wort gesprochen. Ihre Familie hat viel gebetet und sie zu allen möglichen Heilern gebracht. Nichts half, sie blieb stumm.

Eines Tages kamen Christen in ihren Slum. Florika setzte sich in die dichtgedrängte Versammlung und hörte, dass Jesus Blinde, Taube und Stumme heilte. Ob er auch sie heilen konnte?

Die Christen beteten für Florika, und Gott tat das Wunder. „Ein Glas Wasser bitte", sagte sie. Es war der erste Satz, den sie je gesprochen hatte.

Jetzt rannte sie zu ihrer Mutter und rief: „Mama, ich kann reden, Jesus hat mich geheilt." Die Mutter traute ihren Ohren nicht. Die ganze Familie war überglücklich und wollte mehr von diesem Gott wissen, der Florika gesund gemacht hatte. Und sie folgten ihm nach.

Nicht immer tut Gott ein Wunder, wenn wir ihn darum bitten. Aber Gott zeigt den Menschen durch Wunder, wie mächtig er ist und wie sehr er sie liebt. Im ganzen Land lernen Bulgaren, Türken und Roma Jesus als ihren Freund kennen. Aber leider verstehen sie die Bibel oft nicht gut genug, um zu wissen, was sie tun sollen.

SO KANNST DU FÜR BULGARIEN BETEN

DANKE GOTT FÜR:

* eine lange Geschichte des Christentums in Bulgarien und für jeden einzelnen Christen.
* Träume, Wunder und Heilungen, durch die er den Menschen zeigt, dass er sie liebt.
* Christen, die den Armen von Jesus erzählen.

BITTE GOTT, DASS:

* er den Menschen in den verschiedenen Volksgruppen Liebe, Verständnis, Respekt und Vergebungsbereitschaft schenkt. In der Vergangenheit gab es viel Misstrauen und Konflikte.
* die Christen gut zusammenarbeiten, ihre Mitmenschen mit dem Evangelium erreichen und selbst Missionare in andere Länder schicken.
* Gemeindeleiter und Pastoren sich noch besser in der Bibel auskennen und sie anwenden.
* der Heilige Geist neues Leben in die orthodoxe Kirche bringt und viele Menschen Christen werden.

BURJATEN
Buddhisten in Sibirien

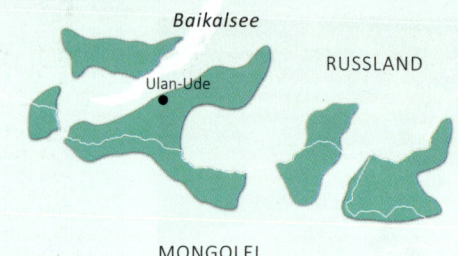

Baikalsee
Ulan-Ude
RUSSLAND
MONGOLEI
CHINA

VON GEBETSPERLEN UND GEBETSMÜHLEN

„Was für ein unglaublicher Film, so etwas habe ich noch nie gesehen!", rief Bator begeistert. „Glaubst du, dass es wirklich einen Schöpfer gibt, der seine Welt lieb hat und von jedem erkannt werden will? Stell dir das mal vor – Gott sendet seinen Sohn als kleines Baby auf die Erde."

„Ich fand es echt traurig, als sie Jesus, Gottes Sohn, an das Kreuz genagelt haben", sagte Temudjin.

Bator und Temudjin saßen auf einer Bank vor dem buddhistischen Tempel. Grellbunte Gebetsflaggen flatterten über dem Kloster. Sie konnten die Gesänge der Mönche und den Klang der Gebetsgongs hören.

Langsam ließ Temudjin die Gebetsperlen durch die Finger gleiten. Heute früh war er schon mit seinem Onkel im Tempel gewesen, um die Gebetsmühlen zu drehen.

„Dieser Gott ist so anders als das, was wir Buddhisten glauben", meinte Temudjin. „Mein Onkel sagt immer, dass wir für böse Taten bestraft werden. Und jedes Mal, wenn wir wiedergeboren werden, müssen wir noch weiter leiden."

„Also, ich werde das Buch über Jesus, das wir vom Lehrer bekommen haben, lesen", entgegnete Bator. „Ich will mehr über ihn wissen. Aber jetzt komm, wir machen ein Wettrennen bis zu dir nach Hause."

PFERDEZÜCHTER

Bator und Temudjin sind Burjaten, die im Südosten Sibiriens, in der nördlichen Mongolei und der inneren Mongolei ihre Heimat haben. Wahrscheinlich sind sie Nachkommen der Mongolen aus der Zeit Dschingis Khans. Über Hunderte von Jahren lebten die Burjaten als Nomaden und züchteten in den weiten Tälern zwischen den waldbedeckten Bergen Pferde und Vieh. Genau wie die Mongolen wohnten sie in Rundzelten aus Filz, auch Jurten genannt. Wenn die Herde weiterziehen musste, packten sie die Jurten zusammen und bauten sie an anderer Stelle neu auf.

ZAHLEN + FAKTEN

LÄNDER: Russland (Burjatische Republik), Mongolei und China

EINWOHNER: 460 000 in Russland, 50 000 in der Mongolei, unterschiedliche Schätzungen für China

HAUPTSPRACHEN: Burjatisch sowie die Landessprachen in Russland, der Mongolei und China.

HAUPTRELIGIONEN: Buddhismus, Schamanismus

EINKOMMENSQUELLE: Früher Nomadenhirten, heute arbeiten viele in der Industrie.

heilige Pfähle am Baikalsee

Heute wohnen die meisten Burjaten in Dörfern und Städten. Manche halten Kühe, Schweine und Hühner. In Ulan-Ude, der Hauptstadt Burjatiens, arbeiten viele in der großen Fabrik, die Waggons für die transsibirische Eisenbahn herstellt. Viele andere sind arbeitslos.

Vor 500 Jahren wurden viele Burjaten, besonders die aus dem Gebiet östlich des Baikalsees, Buddhisten. Davor hörten sie auf Schamanen und Stammespriester.

Mit der Russischen Revolution 1917 änderte sich vieles. Bis zum Ende der 1930er-Jahre hatte die kommunistische Regierung viele Menschen in Dörfern angesiedelt. Kloster wurden geschlossen und Schulen eröffnet. Der Buddhismus wurde verboten, und buddhistische Heiligtümer und Bücher wurden verbrannt.

1989 verlor der Kommunismus an Macht, und Russland bekam eine neue Regierung. Kurz darauf besuchte das geistliche Oberhaupt der Buddhisten, der Dalai-Lama, die Hauptstadt Ulan-Ude. Er riet den Menschen, sich vom Atheismus und Kommunismus zu lösen und sich wieder dem Buddhismus zuzuwenden. Das befolgten viele Menschen. Heutzutage gehen einige burjatische Jungen wieder in die buddhistische Klosterschule. Einige bleiben nach der Schule weiterhin dort und werden Mönche.

Auch auf burjatische Buddhisten hat der Schamanismus noch einen sehr starken Einfluss. Sie halten an ihrem alten Geisterglauben fest und bitten die Schamanen, sie mit Zauberei und Sternenbefragung zu beschützen.

DIE BURJATISCHE BIBEL

Im Jahr 1817 erlaubte der russische Zar drei englischen Missionaren, nach Sibirien zu reisen.

„Warum wollt ihr den Burjaten helfen? Wir halten nicht viel von ihnen", sagten die ansässigen Russen.

Selbst die Burjaten waren erstaunt. Nur 20 von ihnen wurden Christen. Die Bibel wurde ins Burjatische übersetzt. Aber inzwischen gibt es andere Schriftzeichen, sodass niemand mehr die alte Übersetzung lesen kann. Zum Glück gibt es eine aktuelle Übersetzung des Neuen Testaments, und an der Übersetzung des Alten Testaments wird fleißig gearbeitet. Der *Jesus*-Film wurde übersetzt und an vielen Orten gezeigt.

Bisher glauben nur wenige Burjaten an Jesus, aber ihre Zahl steigt.

Tempel des Reinen Landes, Iwolginski Dazan, buddhistisches Kloster

TSCHAD
Land der Zuflucht

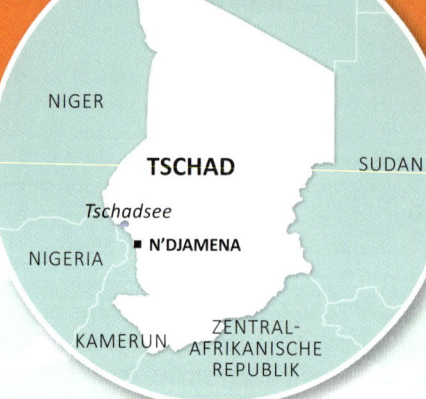

LIBYEN
NIGER
SUDAN
TSCHAD
Tschadsee
■ N'DJAMENA
NIGERIA
KAMERUN
ZENTRAL-
AFRIKANISCHE
REPUBLIK

DER SEE, DER IMMER KLEINER WIRD

Der Tschad liegt mitten in Afrika, weit weg vom Meer, und besteht aus drei verschiedenen Zonen: Im Norden befindet sich die Sahara-Wüste mit dem Tibesti-Gebirge, wo immer ein starker Wind weht. In der Mitte liegt ein großes Weideland, auch Sahel genannt, auf dem die Nomaden ihre Kamel-, Ziegen-, Schaf- und Rinderherden grasen lassen. Im Süden erstreckt sich eine fruchtbare Savanne, wo mehr Regen fällt und Getreide angebaut wird.

Der Tschad hat seinen Namen vom Tschadsee im Südwesten des Landes. *Tschad* bedeutet in der einheimischen Sprache „großes Wassergebiet". Aber in den letzten 100 Jahren ist der Tschadsee fast verschwunden. Wo es früher reichlich Wasser und Fisch gab, liegen jetzt nur noch Sumpf- und Feuchtgebiete. Fast 70 Millionen Menschen und ihre Herden sind davon abhängig. Sie brauchen Wasser, um die Tiere zu ernähren und Landwirtschaft zu betreiben. Der starke Wasserrückgang lässt die Region sehr leiden. Dazu kommt, dass die Terrorgruppe *Boko Haram* in diesem Gebiet aktiv ist. Es ist gefährlich geworden, sich dem Wasser zu nähern, egal, ob man Wasser holen, Fische fangen, den Acker bewässern oder nur zur Schule gehen will.

DIE SCHULE FÄLLT AUS!

Der Tschad ist eines der ärmsten Länder der Welt. Es hat keinen Zugang zur Küste, und die Straßen sind schlecht. Dadurch ist der Transport von Wasser, Lebensmitteln oder wichtigen Gütern sehr mühsam. Zwar gibt es Ölvorkommen, aber der Erlös daraus landet meistens in den Taschen der Reichen. Die Armen gehen leer aus. Diese Art der Korruption gibt es in vielen Ländern.

Im Tschad ist es sehr schwierig, eine Arbeit zu finden. Aber selbst mit Arbeit ist das Leben nicht leicht. Schulen sind sehr schlecht ausgestattet, und die Lehrer bekamen so lange kein Gehalt, dass sie aus Protest aufhörten zu arbeiten. Dann fiel die Schule für ein Jahr aus. Das hört sich für dich im ersten Moment vielleicht ganz gut an, aber wenn deine Zukunft von der Bildung abhängt, ist das eine Katastrophe.

EIN ZUFLUCHTSORT

Auch in den Nachbarländern des Tschad sieht es nicht gerade rosig aus: Libyen im Norden, Nigeria im Südwesten, die Zentralafrikanische Republik im Süden und der Sudan im Osten. Von allen Seiten schwappt die Gewalt in das Land. Dazu kamen über 550 000 Flüchtlinge. Wie kann sich der Tschad um diese Menschen kümmern, wenn er selbst eines der ärmsten Länder der Welt ist? Es gibt einfach nicht genug zu essen.

ZAHLEN + FAKTEN

FLÄCHE: 1 284 000 km²

EINWOHNERZAHL: 15 Mio.

HAUPTSTADT: N'Djamena

SPRACHEN: Französisch (Sprache der Gebildeten), Tschadisch-Arabisch und 124 weitere Sprachen

HAUPTRELIGIONEN: muslimische Mehrheit, große christliche Minderheit

ERZEUGNISSE: Reis, Hirse, Zucker, Erdnüsse, Weizen, Kartoffeln und Maniok

SCHON GEWUSST?

Bei Regen rennen die Kinder auf die Straße und lachen und planschen in den Pfützen. Frösche fangen Termiten, Menschen tun das allerdings auch, denn frittierte Termiten gelten als Delikatesse.

Kamelkaravane, Tibest-Gebirge

MISSION IM TSCHAD

Im Süden wohnen viele Christen, im Norden und der Mitte überwiegend Muslime, die ihrem traditionellen Glauben anhängen. Sehr viele Menschen tragen Zaubergegenstände und kleine Beutel an ihrem Körper z. B. mit Baumrinde, Haaren oder anderen Dingen, die sie vor Krankheit und Unheil schützen sollen. Muslime tragen kleine Gegenstände mit Koranversen drin.

Wenn sie Christen werden, verbrennen sie diese Zaubergegenstände oft. Weil Jesus stärker ist, brauchen sie sich nicht mehr zu fürchten. Wenn Muslime anfangen, Jesus nachzufolgen, müssen sie manchmal leiden. Ihre Freunde und Familien drangsalieren sie oft so lange, bis sie sich wieder dem Islam zuwenden. Es ist nicht einfach, Jesus nachzufolgen.

Missionare kümmern sich um Waisenkinder, Kranke und die vielen Flüchtlinge. Es gibt christliche Radiosendungen auf Französisch und Arabisch, die die gute Nachricht von Jesus verbreiten. Einige Christen übersetzen die Bibel in Stammessprachen, aber von den vielen gesprochenen Sprachen haben nur ganz wenige einen Bibelteil. Nur jeder vierte kann lesen, deshalb sind Hörbibeln sehr wichtig. Mikro-SD-Karten und Handys eignen sich prima zum Hören und Weitergeben der guten Nachricht.

UNREIN?

Brahims Familie war neu in der Stadt. Wegen der Dürre hatten sie ihr Vieh verkaufen und in die Stadt ziehen müssen und waren jetzt auf der Suche nach Arbeit. Er fand schnell neue Freunde, von denen die meisten Muslime, einige aber auch Christen waren. Die Christen zeigten ihm ihre Kirche, in der sie Gott anbeteten. Seine Familie betete zu Allah, trug aber zusätzlich Zaubergegenstände zum persönlichen Schutz.

Eines Nachmittags traute sich Brahim und ging mit den anderen Jungen in ihre Kirche. Die Leute sangen fröhliche Lieder über Jesus. Dann lasen sie aus der Bibel vor. Obwohl er schon neun war, konnte Brahim nicht lesen. Plötzlich fiel ihm ein, dass sein Vater gesagt hatte, Christen seien unrein. Schnell verließ er die Kirche und rannte nach Hause – er wollte keine Prügel beziehen.

Straßenmarkt, N'Djamena

SO KANNST DU FÜR DEN TSCHAD BETEN

DANKE GOTT:

* für den Frieden im Land. Hier sind Flüchtlinge sicher.
* für die Christen und Missionare, die die Bibel übersetzen und den Leuten von Jesus erzählen.
* dass die Zahl der Christen im Tschad steigt. Viele von ihnen sind Kinder.

BITTE GOTT:

* dass er jedes Jahr genug Regen schickt, damit die Saat gut wächst und die Menschen genug zu essen haben.
* um Schutz vor terroristischen Anschlägen.
* dass die Schulen geöffnet bleiben, damit jedes Kind lernen kann.
* um mehr Missionare, die sich um Flüchtlinge kümmern und ihnen von Jesus erzählen.
* dass die Bibel in alle Sprachen des Landes übersetzt wird.

CHINA
Die Kirche wächst

RUSSLAND
KASACHSTAN
MONGOLEI
KIRGISISTAN
TADSCHIKISTAN
Peking
NORDKOREA
SÜDKOREA
CHINA
AFGHANISTAN
PAKISTAN
Chengdu
Schanghai
Ostchinesisches
Meer
NEPAL
BHUTAN
INDIEN
Guangzhou
TAIWAN
MYANMAR
VIETNAM
LAOS
Südchinesisches
Meer

SO VIELE MENSCHEN

Fast jeder fünfte Erdenbürger lebt in China. Kein anderes Land hat mehr Einwohner.

Es gibt über 500 verschiedene Volksgruppen, die größte heißt Han. Han ist nicht nur die größte Volksgruppe in China, sondern auch in der ganzen Welt. In diesem Buch findest du auch Informationen über andere chinesische Volksgruppen: die Hui auf S. 64, die Tai Lue auf S. 158., die Iu Mien auf S. 78 und die Tibeter auf S. 162. Das Gebiet der Xinjiang findest du auf S. 184.

China hat in den letzten Jahren die größte Völkerwanderung der Menschheitsgeschichte erlebt. Hunderte Millionen Menschen sind vom Land in die Städte gezogen, um Arbeit und ein besseres Leben zu finden. Heute gibt es über 100 Städte mit mehr als einer Million Einwohner. Hier ist Tag und Nacht etwas los. Riesige Wolkenkratzer, teure Einkaufspassagen, Frachthäfen, Hochgeschwindigkeitszüge, U-Bahnen und Autobahnen auf Stelzen prägen das Bild. Die Reichen leben im Luxus, und Massen von Arbeitern wohnen in Hochhaussiedlungen, die über Nacht wie Pilze aus dem Boden zu schießen scheinen.

Viele neue Fabriken, Autos, Lastwagen und Züge haben Massen von Chinesen aus der Armut geholt. Aber der Fortschritt hat einen Preis. Luft, Wasser und Ackerböden sind stark verschmutzt. Die Regierung arbeitet fieberhaft an einer Lösung, denn die Umweltverschmutzung macht Millionen Menschen krank.

Auf der anderen Seite leben immer noch viele Chinesen als Bauern auf dem Land. Das wichtigste Getreide ist nach wie vor Reis, aber es werden auch Obst, Gemüse, Tee und Baumwolle angebaut. Die Menschen auf dem Land brauchen ein besseres Gesundheitswesen, Schulen und sauberes Wasser.

KEINE RELIGION

Als 1949 die kommunistische Partei die Macht in China übernahm, sollten alle Religionen abgeschafft werden. 1950 mussten alle christlichen Missionare das Land verlassen. Bis dahin hatten sie über Hunderte von Jahren den Menschen die gute Nachricht von Jesus gebracht. Was sollte aus den Christen, die sie zurückließen, werden?

ZAHLEN + FAKTEN

FLÄCHE: 9,5 Mio. km²

EINWOHNERZAHL: über 1 Mrd.

HAUPTSTADT: Peking

HAUPTSPRACHE: Chinesisch (Mandarin)

HAUPTRELIGIONEN: In China sind Taoismus, Buddhismus, die evangelische und die katholische Kirche und der Islam offiziell anerkannt. Viele Chinesen sind religionslos.

HAUPTEXPORTGÜTER: Elektro-Artikel, Computerteile, Maschinen, Kleidung und Schuhe, Produkte aus Eisen und Stahl, Autoteile und Spielzeug

Himmelstempel, Peking

Schanghai

Die Tür nach China knallte zu. Die nächsten 30 Jahre war es fast unmöglich, etwas über die Christen in China zu erfahren. Weltweit beteten Christen für sie, und Gott erhörte das Gebet auf unglaubliche Weise.

JESUS TREU BLEIBEN

Kirchen und Gemeinden wurden geschlossen, viele Christen eingekerkert, in Arbeitslager verschleppt oder getötet. Sie hätten es leichter gehabt, wenn sie sich von Jesus losgesagt hätten. Aber die meisten hielten stand.

Sie vertrauten Jesus und seiner Macht. Sie ermutigten einander und erzählten den Menschen von Jesus, besonders den Armen und Kranken. Und selbst im Gefängnis bezeugten sie ihn. Statt einzugehen, wuchs die Kirche. Als China seine Grenzen wieder öffnete, zeigte sich, dass die Kirche viel größer und zahlreicher als früher war und sich rasant ausgebreitet hatte.

Gott hatte seine Gemeinde bewahrt und ihr einheimische Leiter gegeben. Chinesen haben eigene Lobpreislieder komponiert. Sie haben Mut und echtes Feuer, wenn sie von Jesus erzählen.

DIE ZAHL KENNT KEINER

Wie viele Christen gibt es heute in China? Das weiß niemand. Einige schätzen die Zahl auf 100 Millionen. Unter ihnen sind Lehrer, Ärzte, Bauern, Geschäftsleute, Restaurantbesitzer, Ladeninhaber und sogar Regierungsangestellte.

Es gibt alle erdenklichen Kirchen und Gemeinden in China. Einige Christen gehen in Kirchen, die offiziell vom Staat registriert sind, andere in freie Gemeinden. Viele Christen trafen sich zunächst in Hausgemeinden. Als sie immer mehr wurden, versammelten sie sich in größeren Gemeinden. Obwohl heute viel größere Freiheit als früher herrscht, macht die Regierung vielen Christen mit Druck und Einschränkungen das Leben schwer. Es gibt Bibeln in chinesischer Sprache, aber an die kommt nicht jeder leicht heran. Zum Glück ändert sich das gerade, denn immer mehr Menschen haben eine Bibel-App auf ihrem Smartphone.

CHINESISCHE MISSIONARE

Yang ist neun Jahre alt. Seine Eltern sind Gemeindeleiter. Wenn sie die Bibel lesen und beten, hört er gerne zu. Immer, wenn sein Vater aus der Bibel vorliest, wird sie für ihn richtig lebendig.

„Kann ich mal meine Freunde mitbringen, dass sie das auch hören?", fragt er.

„Wenn ihre Eltern es erlauben, gerne", gibt sein Vater zur Antwort.

Yang weiß, dass es wichtig ist, die Eltern und Älteren zu respektieren, egal, ob sie Christen sind oder nicht.

Nächstes Jahr wird Yangs Familie nach Zentralasien umziehen, um dort als Missionare zu arbeiten. Für ihn bedeutet das einen Schulwechsel und das Erlernen einer neuen Sprache. Aber über diese Dinge redet er nur mit Freunden aus der Gemeinde. Er will nicht, dass das bekannt wird, weil es den Dienst seiner Eltern gefährden könnte. Es gibt noch Tausende weiterer Chinesen wie Yangs Familie, die die gute Nachricht an Orte bringen, wo die Menschen noch nichts von Jesus gehört haben.

KUBA
Ein neuer Tag

EIN BUNTER MIX

Kuba ist eine wunderschöne Insel in der Karibik. Die Kubaner stammen von den Ureinwohnern der Insel, spanischen Siedlern und Afrikanern ab, die vor Hunderten von Jahren als Sklaven hierhin verschleppt und später freigelassen wurden. Das Land ist bekannt für Musik und Tanz, die ein bunter Mix aus westafrikanischen und spanischen Rhythmen und Musikstilen sind.

Früher gab es reiche spanische Zuckerplantagenbesitzer, und noch 1959 war Kuba eines der reichsten Länder in Lateinamerika. Wunderschöne, feine Sandstrände und Luxushotels in Städten wie Havanna zogen viele Touristen an. Aber das einfache Volk blieb arm. Viele konnten es sich nicht leisten, ihre Kinder zur Schule zu schicken.

REVOLUTION UND BILDUNG

Am 1. Januar 1959 stürzte Fidel Castro mit seinen Anhängern die Regierung. Sie wollten das Leben in Kuba verbessern. Jedes Kind bekam einen Platz in der Schule, und auch Erwachsene lernten lesen. Die erste kommunistische Regierung auf der westlichen Halbkugel wurde eingesetzt.

Damals war Roberto acht Jahre alt.

„Unsere Schule befand sich in einer kleinen Hütte", erzählte er seinem Enkel Federico. „Meine Eltern waren arme Leute, wir hatten keine Schuhe, trugen zerlumpte Kleidung, und ich hatte meistens Hunger. Aber ich freute mich, denn man hatte mir gesagt, wenn ich lesen lerne, bekomme ich eine gute Arbeit."

„Heute geht jeder zur Schule, Opa", meinte Roberto.

„Ja, da hast du recht, es gibt auch mehr Ärzte, und viele können sich heute ein Haus leisten. Die Kommunisten haben viele Probleme gelöst, aber auch neue gemacht. Das Leben ist immer noch nicht leicht, und ich bin immer noch ein armer Mann. Medikamente sind oft schwer zu finden, es gibt nicht alle Lebensmittel, und dein Vater und seine Brüder hatten als Heranwachsende oft nicht genug zu essen. Nach der Revolution wanderten viele Arme und Reiche in die USA aus.

Aber ich bleibe hier, Kuba ist meine Heimat, nur leicht war es hier nie", sagte er.

VERÄNDERUNG

Als Fidel Castro 2016 starb, hatte er Kuba über 50 Jahre lang regiert. Die kommunistische Partei hielt das Land fest in im Griff. Sie bildet immer noch die Regierung, aber es hat große Veränderungen gegeben.

Der Tourismus ist wieder ein wichtiger Wirtschaftszweig, und die Beziehungen zu den USA sind besser geworden, was gut für den Handel ist. Viele Menschen haben ein eigenes Geschäft aufgebaut. Doch sind die Preise angestiegen, obwohl die meisten Kubaner immer noch wenig verdienen. Es gibt

ZAHLEN + FAKTEN

FLÄCHE: 110 000 km²

EINWOHNERZAHL: 11,5 Mio.

HAUPTSTADT: Havanna

HAUPTSPRACHE: Spanisch

HAUPTRELIGIONEN: Christentum, einige Kubaner sind religionslos

HAUPTEXPORTGÜTER: Zucker, Tabak, Öl

Bibeln werden verteilt

Kirche des Franz von Assisi in Havanna

SCHON GEWUSST?

Nach 1959 durften kaum neue Autos importiert werden. Darum behielt man jahrzehntelang die alten amerikanischen Schlitten. Für Oldtimerliebhaber ist Kuba ein Paradies.

Internet auf Kuba, aber die meisten Einwohner können es sich nicht leisten. Alles in allem sieht es aber gut aus.

KUBA FÜR CHRISTUS

Obwohl die Regierung die Kirchen fest in der Hand hatte, ist Kuba kein atheistischer Staat. Fast die Hälfte der Bevölkerung sind Christen. Die meisten von ihnen sind Katholiken. Es gibt aber auch evangelische und andere christliche Gruppen.

In der Vergangenheit wollte die Regierung das Christentum klein halten. Christen wurden verfolgt, verhaftet, eingekerkert und sogar gefoltert. Trotzdem blieben viele von ihnen standhaft. Christen erleiden auch heute noch Einschränkungen und Verfolgung, aber es ist wesentlich besser geworden.

So wie die kubanische Kultur eine Mischung aus afrikanischen und spanischen Traditionen ist, ist es auch mit der Religion. Viele Menschen vermischen ihren katholischen Glauben mit dem Spiritismus. Millionen Kubaner praktizieren eine Form von Spiritismus, der *Santería* genannt wird. Sie besuchen ein Medium, also jemanden, der die Geisterwelt für sie befragt, und vermischen Götterglauben mit der Verehrung von katholischen Heiligen.

Maria, eine junge kubanische Gläubige sagt: „Evangelikale Gemeinden wachsen jedes Jahr weiter, und ständig kommen neue dazu. Besonders von uns Jugendlichen und Kindern haben viele Jesus als unseren Freund und unsere Hoffnung für die Zukunft erkannt. Überall auf Kuba versammeln sich Christen in Kirchen und Privathäusern. Wir finden es toll, von Jesus zu erzählen und Christen aus anderen Ländern kennenzulernen. Ich höre gerne christliche Musik und Predigten aus anderen Ländern. Es fühlt sich an wie ein neuer Tag für Kuba."

Norlen war erst sieben Jahre alt, als Gott ihn zum Evangelisten berief, und sechzehn, als er eine kleine Gemeinde gründete. Er will unbedingt, dass jeder Kubaner die Bibel liest und Jesus kennenlernt. Weil die kommunistische Regierung Schulbildung sehr förderte, kann fast jeder Kubaner gut lesen. Aber es gibt nicht genug Bibeln. Darum fährt Norlen in viele Städte und Dörfer und verteilt Bibeln. Dann strömen die Leute zusammen. Sie wollen unbedingt das Wort Gottes haben.

SO KANNST DU FÜR KUBA BETEN

DANKE GOTT:

* dass die Kirche in Kuba die lange Zeit der Verfolgung und Isolation gut überstanden hat.
* für die Möglichkeit, Bibeln im Land zu drucken sowie zu importieren.
* dass viele Kubaner, vor allem junge Leute, zum Glauben an Jesus kommen.

BITTE GOTT:

* dass er denen, die für ihn leiden, Kraft gibt.
* um mehr Bibeln, christliche Bücher und Lehrer für die neuen Gläubigen.
* um Hilfe für Hungernde.
* um eine gute und weise Regierung in der Zeit der Umbrüche.

DSCHIBUTI
Hitze ohne Ende

ERITREA

ÄTHIOPIEN

DSCHIBUTI   ■ DSCHIBUTI

SOMALIA

DÜRRE UND WÜSTE

Dschibuti gehört zu den heißesten Ländern der ganzen Welt. Normalerweise ist es nachts viel zu heiß, um schlafen zu können, besonders da man unter Moskitonetzen liegt. Kaum jemand hat eine Klimaanlage, und nur ganz wenige haben einen Ventilator. Weil es so gut wie nie regnet, ist der Boden steinhart. Das macht den Anbau von Lebensmitteln extrem schwierig. Die Menschen sind arm, und viele haben nicht genug zu essen.

Dschibuti ist ein kleines afrikanisches Land am Golf von Aden gegenüber vom Jemen. Es gehört zum Horn von Afrika. Wenn du dir die Karte anschaust, verstehst du, wie es zu diesem Namen kam.

DSCHIBUTI

NOMADEN

Die beiden größten Volksgruppen waren lange Feinde. Die Afar kommen ursprünglich aus Äthiopien und leben im Norden. Die Issa sind Somali und wohnen im Süden. Als Dschibuti noch eine französische Kolonie war, hieß es Französisches Afar- und Issa-Territorium. Die Franzosen regierten das Land fast 100 Jahre, und so wurde Französisch auch eine gemeinsame Sprache der beiden Volksstämme.

1977 wurde Dschibuti unabhängig.

Früher waren die Einwohner überwiegend Nomaden, die mit ihren Kamelen, Schafen, Ziegen und Rindern die Wüsten und Berge durchzogen, um Weideland zu finden. Das war ein sehr hartes Leben. Auch heute noch gibt es Nomaden, aber viele Menschen sind in die Hauptstadt Dschibuti gezogen. Hier gibt es einen großen Hafen, wo viele

nach Arbeit suchen. Außerdem sind viele Kriegsflüchtlinge aus Äthiopien, Jemen, Eritrea und Somalia nach Dschibuti gekommen, um ein neues Leben in Frieden zu beginnen.

ZAHLEN + FAKTEN

FLÄCHE: 23 000 km²

EINWOHNER: 971 000

HAUPTSTADT: Dschibuti

HAUPTSPRACHEN: Arabisch und Französisch (offiziell); Somali, Afar

HAUPTRELIGIONEN: v. a. Muslime; kleine christliche Minderheit

EINNAHMEQUELLEN: der Tiefseehafen von Dschibuti an einer der meist befahrenen Wasserstraßen der Welt, Militärbasen anderer Länder.

ganz verschiedene Transportmittel: Kamele und Schiff der US Army

SCHON GEWUSST?

Mitten in Dschibuti liegt der Assalsee, 155 m unterhalb des Meeresspiegels, das ist der tiefste Ort Afrikas. Das Wasser ist zehnmal salziger als Meerwasser, sodass man von allein oben schwimmt. Am Ufer wird Salz abgebaut. Dafür gehen die Männer einfach ins Wasser und sammeln das kristallisierte Salz ein. Es kann verkauft oder eingetauscht werden.

Zwei Drittel der Bevölkerung leben in der Hauptstadt, aber kaum jemand hat Arbeit. In Dschibuti herrscht kein Krieg, aber es ist bitterarm, und die Lebenserwartung ist sehr gering.

Dschibuti ist zwar winzig klein, aber für die bedeutendsten militärischen Mächte ist es strategisch sehr wichtig. Die Amerikaner haben ihre größte afrikanische Basis hier. Auch Frankreich, Japan, Italien und seit einiger Zeit China sind vor Ort. Aber warum sind sie alle in Dschibuti? Weil es ein friedliches und stabiles Land ist, das an einer der wichtigsten Wasserstraßen der Welt liegt und es rundherum immer irgendwo Krieg gibt.

BLÄTTERDROGEN

Die meisten dschibutischen Männer kauen Khat, das sind die Blätter des Khatstrauches. Dabei handelt es sich um eine Droge, die süchtig macht. Jeden Tag kommt eine neue Lieferung aus Äthiopien, und jeden Abend ist sie ausverkauft. Die meisten Männer sitzen nachmittags im Schatten, kauen Khat, unterhalten sich und dösen vor sich hin. Ganz viele Menschen sind süchtig und geben sehr viel Geld für ihre tägliche Drogenration aus.

NEUES LEBEN IN DER WÜSTE

Fast alle Dschibutis sind Muslime. Schon sehr früh kam der Islam hierher. Einige haben auch von Jesus gehört und folgen ihm nach. Wenn Issa oder Afar ihre traditionelle Religion verlassen und Christen werden, kann es schwierig für sie werden. Ihre Familien verprügeln und verstoßen sie und versuchen sogar sie zu töten. Christen in Dschibuti können sehr einsam sein. Darum ist es am besten, wenn sich ganze Familien entscheiden, Jesus nachzufolgen. Selbst wenn sie Christen geworden sind, wollen Mitglieder der Afar und der Issa wegen ihrer Stammesfeindschaft leider oft nichts miteinander zu tun haben.

Unter den Flüchtlingen in Dschibuti gibt es Christen, die aus Äthiopien, Madagaskar, Eritrea, der Demokratischen Republik Kongo und sogar aus Asien kommen. Sie halten Gebetsversammlungen und Gebetsnächte ab, in denen sie für die Errettung der Menschen in ihrer Heimat und in Dschibuti beten. Aber es ist schwierig und gefährlich, mit anderen über Jesus zu reden.

SO KANNST DU FÜR DSCHIBUTI BETEN

DANKE GOTT FÜR:

* jeden Christen, der für Dschibuti betet und mit Leuten des Landes arbeitet.
* die Gemeinde Christi im Land. Sie besteht aus Afar, Issa und Ausländern, die in Dschibuti arbeiten oder als Flüchtlinge gekommen sind.

BITTE GOTT, DASS:

* die Christen einander mehr Vertrauen schenken, besonders die traditionell verfeindeten Afar und Issa.
* die Gemeinde wächst.
* die Menschen in Dschibuti genug zu essen haben.
* neue Jesus-Nachfolger ihm treu bleiben, auch wenn sie von ihren Freunden oder Familien verfolgt werden.
* Familien anderen Familien von Jesus erzählen, sodass die ganze Bevölkerung auf verständliche Art etwas von Jesus erfährt.

Straßenschneider, Dschibuti

DOGON
Die gute Nachricht weitergeben

MALI

BURKINA FASO

MALI

BURKINA FASO

TAUBENKOT

Wenn du an dem Felsmassiv nach oben schaust, siehst du dort eine kleine, sich bewegende Gestalt. Das ist Oumar, der in gefährlicher Höhe an einem Seil hängt. Vorsichtig klettert er von einer Höhle zur nächsten. Er sammelt Taubenkot, einen hervorragenden Dünger, der sich gut auf dem Markt verkaufen lässt.

Oumar ist vom Stamm der Dogon, die in einem sehr felsigen Teil von Mali, Westafrika, wohnen. Sie haben nur wenige Felder, darum ist der Dünger so wichtig. Mit ihm gibt es eine gute Ernte. Einige Dogondörfer befinden sich direkt zwischen den Klippen. Wenn man hinunterschaut, sieht man die Sahara. Da wächst nichts. Darum ist jeder noch so kleine Ackerboden so wichtig.

Oumar ist fasziniert von den Bräuchen seines Stammes. Schon jetzt fiebert er der Zeit entgegen, in der er die Tänze auf den bunten Stelzen lernen wird und die mit Kaurimuscheln und Hibiskusblüten verzierten Masken tragen darf. Die fantastischen Masken und einzigartigen Tänze sind sehr wichtige Bestandteile ihrer Kultur. Beide sind weltbekannt.

WIE WÜRDEST DU OUMAR VON JESUS ERZÄHLEN?

Oumar ist durch und durch ein Dogon, mit allen Sitten und Gebräuchen. Wahrscheinlich würde er erst mal gar nichts verstehen, wenn du ihm von Jesus erzählen würdest. Aber mit der Bibel könntest du einen Anhaltspunkt finden.

Wenn ein Dogon eine schlimme Tat begeht, kann es passieren, dass die Dorfältesten ihn aus der Gemeinschaft hinauswerfen. Das ist eine sehr harte Strafe, denn der Übeltäter muss sich ohne Hilfe außerhalb des Dorfes ein neues Leben aufbauen. Wenn er jedoch seinen Fehler zugibt und Vergebung möchte, bringt er eine Ziege oder ein Schaf an den Rand des Dorfes. Dann kommen die Ältesten, töten das Tier und ziehen mit seinem Blut eine Spur bis zum Haus dieser Person. Dann wird derjenige wieder in die Dorfgemeinschaft aufgenommen.

ZAHLEN + FAKTEN

LAND: Mali

EINWOHNERZAHL: ca. 800 000 Dogon in 15 verschiedenen Gruppen

HAUPTSPRACHEN: Dogon ist eine Sprachfamilie aus mindestens 12 ähnlichen Sprachen.

HAUPTRELIGIONEN: Islam, Animismus

Maskentanz der Dogon

Lagerhäuser

Die Bibel lehrt uns, dass unsere Sünde uns den Weg in den Himmel versperrt, so wie in Oumars Kultur einem Menschen der Weg ins Dorf versperrt ist. Aber durch ein Ziegen- oder Schafopfer kommt man nicht in den Himmel. Jesus, Gottes Sohn, der in der Bibel auch das Lamm Gottes genannt wird, ging selbst an das Kreuz, damit wir Vergebung für unsere bösen Taten bekommen und von Gott angenommen werden. Alles, was wir tun müssen, ist, an ihn zu glauben und unsere Schuld ehrlich zu bereuen. Dann wird Gott uns zu sich in den Himmel aufnehmen.

VERGEBUNG

Nach vielen Jahren Missionsarbeit sind eine ganze Reihe von Gemeinden entstanden. Einige wachsen richtig schnell. Alte Kirchen werden vergrößert, oder es wird neu gebaut, um genug Platz für die neuen Brüder und Schwestern zu haben.

In derselben Gegend leben auch die Fulani, Nomaden, die mit ihrem Vieh herumziehen. Nicht immer erzählen die Dogon ihnen gerne von Jesus, denn die Fulani ruinieren manchmal mit ihren Herden die Felder der Dogon.

Die Dogon wissen, dass Gott ihnen vergeben hat, und einige haben auch den Fulani vergeben. Inzwischen ist sogar eine Fulani-Gemeinde entstanden.

VERFOLGUNG

In den Jahren 2012–2013 eroberten Rebellen der Tuareg und muslimische Extremisten den Norden Malis. Sie wollten ein strengeres islamisches Recht durchsetzen. Christen wurden angegriffen und getötet. 500 000 Menschen, darunter auch die Christen, flohen in den Süden und ins benachbarte Burkina Faso. Offiziell herrscht Frieden, aber die Lage ist immer noch angespannt. Die Unsicherheit, besonders unter den Christen, bleibt.

Dogon-Jäger

SO KANNST DU FÜR DIE DOGON BETEN

DANKE GOTT:

* für die Übersetzung der Bibel in eine der Dogonsprachen.
* für das Neue Testament als Hörbuch, was besonders die Analphabeten schätzen.
* dass die Zahl der Jesus-Nachfolger unter den Dogon zunimmt.
* für Christen, die den Dogon und Fulanis von Jesus erzählen.

BITTE GOTT:

* um genug Regen für eine gute Ernte, damit die Dogon ausreichend zu essen haben und noch Lebensmittel auf dem Markt verkaufen können.
* dass die Menschen mehr Anleitung bekommen, wie sie ihren Glauben weitergeben können.
* dass Frauen anderen Frauen und Kindern helfen, die Bibel zu verstehen.
* Für mehr Bibelübersetzer in den Dogonsprachen, die noch keinen Bibelteil haben.

DRUSEN

Anhänger eines geheimen Glaubens

EIN GROSSES GEHEIMNIS

Fällt es dir leicht, ein Geheimnis für dich zu behalten? Die Drusen haben ein großes Geheimnis, das sie seit 1000 Jahren nicht verraten haben.

Sie leben vorwiegend in den Bergen Libanons, Syriens, Nordisraels und Jordaniens. Viele von ihnen sind Bauern, die auf ihren Hügeln Olivenhaine, Apfel- oder Kirschplantagen haben und in ihren Gärten Gemüse anbauen. Es gibt genug Arbeit für alle und noch Zeit für gegenseitige Besuche. Die Drusen sind als hart arbeitende und vertrauenswürdige Menschen bekannt.

Aber was ist ihr Geheimnis? Es ist ihre Religion, die sie für sich behalten und mit keinem anderen teilen. Schon viele wollten die Religion erforschen, aber die Drusen haben sie häufig in die Irre geführt. Sie lüften das Geheimnis nicht.

Druse kann man nicht werden, man kann nur als solcher geboren werden. Sie glauben, dass beim Tod eines Menschen seine Seele sofort in ein neugeborenes Baby fährt. Nur so wird man Druse. Heiratet ein Druse jemanden mit einem anderen Glauben, dann gilt er nicht mehr als richtiger Druse.

Nur wenige Menschen kennen all die Geheimnisse ihres Glaubens. Sie heißen *Uqqal*, die Wissenden. Männer und Frauen können Uqqal werden, aber sie müssen mindesten 40 Jahre alt sein und viel Zeit mit den Geheimnissen ihres Glaubens verbracht haben. Nur die Uqqal dürfen das heilige Buch der Weisheit, auch *Kitab Al Hikma* genannt, lesen.

DIE WISSENDEN

Es ist Donnerstagabend, und das ganze Dorf geht zur Versammlung. Auch Samirs Eltern machen sich auf den Weg. Die Frauen tragen lange dunkle, blaue oder schwarze Kleider mit weißen Schleiern.

„Wie die meisten Drusen sind auch meine Eltern ‚Unwissende'", sagt Samir. „Im Raum sitzen dann die Männer auf der einen, die Frauen auf der anderen Seite. Da, das ist mein Onkel, er ist ein Uqqal, ein Wissender", flüstert Samir, als der große Mann vorbeischreitet.

„Sein weißer Turban bedeutet Reinheit, und er muss sich an viel mehr Regeln halten als meine Eltern. Er darf weder Wein trinken noch rauchen. Jetzt werden Dorfangelegenheiten besprochen. Danach müssen die Unwissenden gehen. Mein Onkel bleibt bei den Uqqal, um mit den anderen geheime Meditationen zu machen und noch mehr über den Glauben der Drusen zu lernen."

„Auch wir Kinder müssen in die Veranstaltung", ergänzt Samir, „damit wir gute Drusen werden. Ehrlichkeit und Wahrhaftigkeit besonders unseren eigenen Leuten gegenüber sind sehr wichtig."

ZAHLEN + FAKTEN

EINWOHNER: etwa 1 Mio.

LÄNDER: überwiegend Syrien und Libanon; kleinere Gruppen leben im Norden Israels, in Jordanien, Frankreich und den USA.

SPRACHE: Arabisch

Frau bäckt Taboon-Fladenbrot

Niemals dürfen wir anderen unseren Glauben weitersagen. Wir dürfen uns auch keinem anderen Glauben wie dem Islam oder Christentum zuwenden. Für manche von uns ist das sehr schwierig, besonders weil wir auf eine christliche Schule gehen." Drusische Kinder müssen einander beistehen und jedem Fremden helfen, der in ihr Dorf kommt.

Drusen warten auf den Tag, an dem ihr Religionsstifter Al Hakim als Retter

auf die Erde zurückkommt. Gott dagegen will, dass sie an Jesus, den wahren von ihm gesandten Erlöser, glauben.

EIN NEUER TAG

Raghida und ihr Mann leiten eine Gruppe von etwa 40 Gläubigen, die sich in ihrem Haus in Israel treffen. Sie alle sind drusischer Abstammung und nennen sich „Drusische Nachfolger von Christus". Diese Gruppe ist das Ergebnis vieler Jahre Gebet.

Raghida hatte im Ausland gelebt und war auf der Suche nach dem Sinn des Lebens. Da begann sie, die Bibel zu lesen, und fand Jesus. Als sie in ihre Heimat zurückkehrte, wurde sie von ihrer Familie und anderen Drusen verfolgt. Die konnten Raghidas neuen Glauben an Jesus einfach nicht begreifen. Raghida wollte den Dorfbewohnern vom Gott der Bibel und von Jesus erzählen, aber sie und ihre Familie wurden hart angegriffen, reagierten jedoch mit Liebe. Nach vielen Jahren wurden sie wieder in die Gemeinschaft aufgenommen. Ihre Treue und Liebe zur Gemeinschaft hatte Früchte getragen.

Drusische Flagge

drusisches Gebiet in Israel

ÄGYPTEN

Land der Pharaonen und der Bibel

MÜLLSAMMLER

„Mal sehen, was wir heute finden." Schmutzig und zerlumpt sitzen Fouad und Ramzi auf dem Müllhaufen auf dem Eselskarren ihres Vaters. Der müde, alte Esel trottet durch die verstopften Straßen Kairos. Autos, Lastwagen und Busse hupen beim Überholen.

Jeden Morgen machen sie sich mit ihrem Vater auf den Weg, um den Müll in den Straßen, Büros und Wohnanlagen einzusammeln. Ihre Familie wohnt am Rand von Ägyptens Hauptstadt Kairo, in einem Slum, der *Mokattam Garbage City* (Mokattam Müllstadt) genannt wird. Wenn sie nach Hause kommen, wird die Beute ordentlich sortiert.

Papier, Pappe, Plastik und Glas kommen je auf einen Haufen, weil sie als Wertstoffe verkauft und wiederverwertet werden können. Den Rest können die Ziegen, Hunde und Katzen fressen.

Fouad und Ramzi machen Dreck und Gestank nichts mehr aus, sie leben schon ihr ganzes Leben hier.

Kairos Müllsammler, auch *Zabaleen* genannt, verwerten jeden Tag Tausende Tonnen von Müll. Dafür braucht man jede Menge Leute, aber diese Art der Müllverwertung ist eine der besten auf der Welt.

RIESIGE STADT, RIESIGES LAND

Ägypten ist riesig, und der größte Teil des Landes besteht aus Wüste. Es ist stark vom Nil und dessen Versorgung mit Wasser abhängig. Die meisten Menschen wohnen im Niltal und in der Flussmündung, dem Nildelta.

Schon seit Tausenden von Jahren, noch vor der Zeit von Abraham, Isaak und Jakob, ist das Niltal das Zentrum der ägyptischen Landwirtschaft. Heute arbeiten Wissenschaftler an Möglichkeiten, auch in der Wüste Getreide anzubauen.

Etwa die Hälfte der Einwohner Kairos und des Umlands ist arm. Auf der anderen Seite gibt es 220 000 Millionäre. Fünf Millionen Ägypter leben im Ausland und schicken ihren Familien Geld nach Hause

EINE KIRCHE MIT TRADITION

Viele biblische Geschichten spielen in Ägypten. Jeder hat schon von Mose und dem Pharao gehört. Josef und Maria flohen mit dem kleinen Jesus nach Ägypten. Am Pfingsttag befanden sich Ägypter in der Jerusalemer Menschenmenge und hörten zu, wie der Apostel Petrus von Gottes Liebe sprach, als er Jesus auf die Erde sandte. Sie brachten die Neuigkeiten von Jesus mit in ihr Land. Es dauerte nicht lange, bis viele Ägypter Christen wurden und Missionare nach Nordafrika und Europa aussandten. Ihre Kirche wurde als *koptische Kirche* bekannt.

Im Jahr 642 kamen die muslimischen Araber und machten Ägypten zu einem muslimischen Land. Viele Christen wurden gezwungen, ihrem Glauben abzuschwören und Muslime zu werden.

ZAHLEN + FAKTEN

FLÄCHE: 1 010 000 km², 96 % davon sind Wüste

EINWOHNERZAHL: 99 Mio.

HAUPTSTADT: Kairo, die größte Stadt Afrikas und des Nahen Ostens mit 20 Mio. Einwohnern (Großraum Kairo)

HAUPTSPRACHE: Arabisch

HAUPTRELIGIONEN: große muslimische Mehrheit, christliche Minderheit

HAUPTEXPORTGÜTER: Öl, Baumwolle

SCHON GEWUSST?

Die Cheops-Pyramide hat als einziges der sieben Weltwunder der Antike bis heute überdauert. Fast 4000 Jahre lang war es das höchste Gebäude der Welt.

Aber die koptische Kirche verschwand nicht. Sie überstand Jahrhunderte muslimischer Herrschaft und ist heute die größte christliche Gemeinschaft im Nahen Osten. Heute kommen in Ägypten auf 90 Millionen Muslime neun Millionen koptische Christen.

Christen werden in Ägypten häufig verfolgt. Es gibt Muslime, die einen islamischen Staat errichten wollen und koptischen Christen und ihren Kirchen das Leben schwer machen. Daraufhin haben einige Christen das Land verlassen, um in sicheren Ländern des Westens zu leben. Es gibt aber auch Muslime, die gut mit ihren christlichen Nachbarn zusammenleben. Manchmal beschützen sie sich gegenseitig, wenn sie Gottesdienste feiern oder Gebetszeiten halten.

Die Kopten sind nicht die einzige christliche Gruppe. Es haben sich auch neue Gruppen gebildet, die den Armen und Behinderten helfen. Die meisten Kirchen und Gemeinden sind sehr aktiv, und ihre Gottesdienste sind voll.

GOTTESDIENSTE IN HÖHLEN

Fouad und Ramzi sind Christen wie die anderen 90 % der Müllsammler. Zusammen mit ihren Familien gehen sie zum Gottesdienst in die Höhlen. Diese Höhlen entstanden dadurch, dass vor 4000 Jahren Arbeiter und Sklaven Steine zum Pyramidenbau aus dem Fels schlugen, sodass im Untergrund riesige Höhlen entstanden. Jetzt werden sie als Versammlungsorte genutzt. Stell dir vor, weil die Pharaonen sich Pyramiden als Gräber bauen ließen, haben die Christen jetzt einen Ort, wo sie Jesus anbeten können, der von den Toten auferstanden ist.

Es gibt viele Höhlenkirchen oberhalb der Mokattam Garbage City. Die größte bietet 20 000 Menschen Platz. Sie ist die größte Kirche im Nahen Osten.

SO KANNST DU FÜR ÄGYPTEN BETEN

DANKE GOTT:

* für die koptische Kirche, die schon 2000 Jahre Bestand hat.
* für die vielen guten christlichen Bücher, Fernseh- und Radiosendungen und Webseiten auf Arabisch.
* dass Ägypten in der Geschichte der Bibel und im Christentum des Nahen Ostens so eine wichtige Rolle spielt.

BITTE GOTT, DASS:

* die Zabaleen, die Müllsammler, Jesus treu nachfolgen.
* Gott den verfolgten Christen in Ägypten hilft, standhaft zu bleiben.
* er den Muslimen zeigt, wie stark Jesus ist und wie sehr er sie liebt, auch wenn sie Christen angreifen.
* Gott viele ägyptische Christen aufrüttelt und in arabische Länder sendet, um die gute Nachricht weiterzutragen.

Moscheen in Kairo

ÄTHIOPIEN
Jahrhundertealter christlicher Glaube

ÄTHIOPIEN

Der siebenjährige Desta klatschte glücklich in die Hände. Er hatte noch nie eine Schule von innen gesehen und jetzt auf einmal die Chance bekommen: Christen hatten eine Schule eröffnet und ihn eingeladen.

Ursprünglich waren seine Eltern Bauern im Hochland gewesen, dann aber in ein Armenviertel der Hauptstadt Addis Abeba gezogen. Seine Mutter hatte ihm Geschichten vom Leben auf dem Bauernhof erzählt. Landwirtschaft zu betreiben war sehr schwierig, besonders in Zeiten der Dürre. Destas beide Schwestern waren krank geworden und gestorben, weil der Boden noch nicht einmal genug Essen für die Familie hergab.

In der Stadt war es auch nicht viel besser. Auch hier waren sie bettelarm. Aber die Möglichkeit eines Schulbesuchs verbesserte seine Chancen auf ein gutes Leben sehr.

Im Osten und Westen Äthiopiens gibt es Hochebenen, die vom *Großen Afrikanischen Grabenbruch* geteilt werden. Noch weiter im Osten liegt trockenes Flachland. Die Bevölkerung setzt sich aus über 110 verschiedenen Volksgruppen zusammen, von denen die Amhara, Tigrinya, Oromo, Somali und Sidama die größten sind. Die meisten Menschen leben auf dem Land.

EINE URALTE KIRCHE

Die ersten Christen kamen um das Jahr 300 nach Äthiopien, und für die nächsten 1700 Jahre war das orthodoxe Christentum die offizielle Religion des Landes. Im 19. und 20. Jahrhundert kamen viele evangelische Missionare. Sie erzählten den Menschen von Jesus, brachten ihnen Lesen und Schreiben bei und kümmerten sich um die Kranken.

Obwohl schon so lange Christen im Land leben, gibt es immer noch Menschen, die noch nie etwas von Jesus gehört haben. Und heutzutage werden mehr und mehr Menschen Muslime.

BÜRGERKRIEG

1974 übernahm eine kommunistische Regierung das Land. Jetzt begannen verfeindete Stämme, sich gegenseitig zu bekämpfen. Dazu kamen schlimme

ZAHLEN + FAKTEN

FLÄCHE: 1 104 000 km²

EINWOHNERZAHL: 108 Mio.

HAUPTSTADT: Addis Abeba

HAUPTSPRACHEN: Amharisch und Englisch, es gibt weitere 90 gesprochene Sprachen.

HAUPTRELIGIONEN: christliche Mehrheit, muslimische Minderheit

HAUPTEXPORTGÜTER: Kaffee, Vieh, Mais, Tierhäute und Khat (Blätter, die man kauen kann)

Felsenkirche von Lalibela

Grausamkeiten der Regierung sowie Hungersnöte aufgrund von ausbleibendem Regen. All das kostete viele Menschenleben. Millionen ließen ihre Häuser zurück und zogen in andere Landesteile oder ins benachbarte Ausland.

Kirchen wurden geschlossen und Gemeindeleiter ins Gefängnis geworfen. Die meisten Missionare mussten Äthiopien verlassen. Aber die Kirche wuchs weiter. Als die kommunistische Herrschaft gestürzt wurde, hatten Hunderttausende Jesus als ihren Retter kennengelernt.

EINE LEBENDIGE KIRCHE
Äthiopische Christen sind sehr aktiv, gründen neue Gemeinden und geben Bibelunterricht. Sie helfen Missionaren bei der Bibelübersetzung, unterrichten Kinder und setzen sich im Gesundheitswesen ein. Andere kümmern sich um sauberes Wasser auf dem Land und helfen beim Anbau von Lebensmitteln. Auf diese praktische Art zeigen sie den Menschen, dass Gott sie liebt.

Die Anzahl der Christen hat in den letzten 20 Jahren stark zugenommen, und auch viele ehemalige Muslime folgen Jesus nun nach. Im ganzen Land gibt es kleine Bibelschulen, in denen Pastoren und Evangelisten ausgebildet werden. Hier werden Lehrer gebraucht, die ihre Sprache sprechen und sie anleiten, Jesus nachzufolgen. In Äthiopien gibt es über 90 Sprachen, und über 30 Bibelübersetzungen sind derzeit in Arbeit.

Im Land fehlt es an fast allem. Die Menschen leiden immer noch unter den Folgen des Krieges und der Dürre. Es ist eines der ärmsten Länder der Welt. Ein Drittel der Kinder hat nicht genug zu essen. Fast fünf Millionen Kinder haben ein oder beide Elternteile verloren. Auf der einen Seite gibt es Leute, die hoch gebildet sind, schöne Häuser und gute Jobs haben, auf der anderen Seite gibt es Kinder, die noch nie eine Schule von innen gesehen haben und deren Eltern bitterarm sind. Viele Christen haben noch nie in der Bibel gelesen und brauchen Bibelunterricht, um im Glauben wachsen zu können.

DIE VERLORENE BUNDESLADE
Es könnte sein, dass in Äthiopien ein großes Geheimnis verborgen liegt. Zur Zeit des Alten Testaments war die Bundeslade der heiligste Gegenstand überhaupt im Besitz der Israeliten. Es war eine mit Gold überzogene und verzierte Truhe, die die beiden Tafeln mit den Zehn Geboten enthielt, die Gott Mose auf dem Berg Sinai gegeben hatte. Viele Äthiopier glauben, dass die Truhe aus Jerusalem nach Auxum in Äthiopien geschmuggelt wurde. Dort stehe sie bis heute, streng bewacht in einer Kapelle.

Gebäude der afrikanischen Union, Addis Abeba

SO KANNST DU FÜR ÄTHIOPIEN BETEN

DANKE GOTT FÜR:
* eine Kirche, die mindestens 1700 Jahre überlebt hat.
* das andauernde Gemeindewachstum.
* Christen, die mit Lebensmitteln, Gesundheitsfürsorge, Schulen, sauberem Trinkwasser und neuen Anbaumethoden helfen.
* die vielen Bibelschulen und Bibelkurse, die christlichen Leitern helfen, ihren Leuten besser zu dienen.

BITTE GOTT:
* dass er den äthiopischen Christen hilft, die Bibel in ihre Sprachen zu übersetzen.
* um Einheit für die äthiopischen Christen, denn die Vielfalt der Kirchen und Gemeinden ist sehr groß.
* dass genug Lebensmittel für alle angebaut werden können.
* dass die Christen sich um die vielen Waisen und Halbwaisen kümmern, die auf der Straße leben.

FIDSCHI
Land der Inseln

FIDSCHI

Die traumhaften Fidschiinseln mit ihren warmen, sonnigen Stränden liegen östlich von Australien im Südpazifik. Von den über 300 Inseln sind nur 112 bewohnt. Die beiden Hauptinseln Viti Levu und Vanua Levu sind aus Vulkanen entstanden. Die steilen Berghänge sind von Wäldern bedeckt. Suva, die Hauptstadt von Fidschi, ist die größte Stadt im Südpazifik.

Fidschi ist ein fruchtbares Land. Wenn du dir einmal das Wappen auf der Flagge anschaust, entdeckst du Zuckerrohr, eine Kokosnusspalme, eine Kakaoschote und Bananen. Zwei Hauptexportgüter sind Zucker und getrocknete Kokosnuss, auch Kopra genannt. Kokosöl wird aus Kopra gewonnen und zur Herstellung von Seife, Shampoo, Margarine und vielen anderen Dingen verwendet.

HOCHSEEKANUS

Auf der fidschianischen Flagge findet sich auch das christliche Symbol der Friedenstaube. Vor fast 200 Jahren kamen die ersten Christen nach Fidschi, um den Leuten von Jesus zu erzählen. Für diejenigen, die frisch zum Glauben an Jesus gekommen waren, war diese Nachricht zu wunderbar, um sie für sich zu behalten. Deshalb begaben sich viele mit ihren Hochseekanus auf gefährliche Reisen. Auch die Bewohner anderer Inseln sollten von Gottes Liebe erfahren. Deshalb ist in Fidschi auch das Kanu ein christliches Symbol.

Der Missionar Dr. George Brown wollte, dass Christen ihn von Fidschi nach Papua-Neuguinea begleiteten, damit die Menschen dort die gute Nachricht hören konnten. Er rechnete damit, dass keiner ihn begleiten wollte, weil gerade Tausende Fidschianer an einer Masernepidemie gestorben waren. Er war sehr überrascht, als alle 84 Studenten seines Colleges sagten, dass sie mitwollten. Einer drückte es so aus: „Wir haben uns komplett Gott zur Verfügung gestellt. Wenn wir leben, dann leben wir. Wenn wir umkommen, dann kommen wir eben um." Sie waren bereit, alles aufs Spiel zu setzen, damit andere erfahren konnten, dass Gott sie liebt und Jesus zu ihrer Rettung gesandt hat.

SPALTUNGEN

Im Jahr 1879 brachten die britischen Herrscher indische Arbeiter auf die Zuckerplantagen Fidschis. Sie waren gute Arbeiter, durften aber kein eigenes Land besitzen. Sie waren meist Hindus, Muslime oder Sikhs. Es dauerte nicht lange, da gab es genauso viele Inder wie iTaukei (Ureinwohner Fidschis).

Ein Fidschianer liest in der Bibel

ZAHLEN + FAKTEN

FLÄCHE: 18 000 km²

EINWOHNERZAHL: 912 000

HAUPTSTADT: Suva

HAUPTSPRACHEN: Englisch (Amtssprache), iTaukei (Fidschianisch), Fidschi-Hindi

HAUPTRELIGIONEN: Christentum, Hinduismus und Islam

HAUPTEXPORTGÜTER: Zuckerrohr, Mineralwasser, Fisch, Holz, Gold

Ein iTaukei bläst auf einer Seemuschel

Die iTaukei hatten Angst vor einer Übermacht der Inder, und so begann der Zwist. Einige iTaukei zündeten Moscheen und Tempel der Inder an. Obwohl die christlichen Leiter das verurteilten, wurden viele Inder ärgerlich und bekamen Angst. Viele verließen das Land.

Der Konflikt und die Unruhen gingen weiter. Die iTaukei nahmen den Indern Rechte und Freiheiten. Also kehrten viele Inder den Inseln den Rücken zu. Heute leben dort wieder mehr Fidschianer.

Christen in Fidschi haben begonnen, für Menschen weltweit zu beten, die Jesus nicht kennen. Einige arbeiten als Missionare im Ausland. Gott belebt die Kirche in Fidschi neu, besonders die jungen Leute. Sie wollen, dass die Liebe von Jesus im ganzen Land bekannt wird. Für Inder ist das aufgrund ihrer anderen Kultur, Politik und Religion schwer anzunehmen. Wenn sie Christen werden, ist es nicht leicht, sich offen unter anderen Indern als Christen zu bekennen.

Heute kommen viele Touristen und Arbeitskräfte nach Fidschi und können dort das Evangelium hören. Viele stammen aus Ländern wie z. B. China, wo es nicht so einfach ist, die gute Nachricht von Jesus zu hören.

SO KANNST DU FÜR FIDSCHI BETEN

DANKE GOTT FÜR:

* die vielen Christen in Fidschi.
* die Inder, die an Jesus glauben.
* die Freundschaft zwischen den iTaukei-Christen und den indischen Christen.

BITTE GOTT, DASS:

* die Regierung weise und gerecht handelt.
* die iTaukei und Inder auf Fidschi in Frieden zusammenleben.
* auch Jungen und Mädchen aus indischen Familien in die Kindergottesdienste kommen und Jesus lieb gewinnen.
* er Leute nach Fidschi schickt, die den vielen chinesischen Arbeitern und internationalen Touristen von Jesus erzählen.

Leguan

GARIFUNA
Nachfahren westafrikanischer Sklaven und einheimischer Kariben

BELIZE

ROATÁN

Karibik

HONDURAS

GUATEMALA

NICARAGUA

Nordpazifik

„GUCK MAL, WAS ICH HIER HABE!"

Der Sicherheitsbeamte an dem kleinen karibischen Flughafen arbeitete sich durch Rogers Gepäck. Dann zog er ein Buch heraus.

„Was ist das", fragte er auf Spanisch, „und welche Sprache ist das? Das ist doch kein Spanisch!"

„Das ist eine Bibel auf Garifuna", erklärte Roger.

„Garifuna? Das ist meine Sprache", freute sich der Mann. „Die spanische Bibel habe ich schon gesehen, aber noch nie ein Buch auf Garifuna. Ich würde sie sehr gerne lesen lernen. Wo kann ich die kaufen?"

„Es tut mir sehr leid, aber das ist mein einziges Exemplar", gab Roger zurück.

„Bitte geben Sie sie mir", bat der Mann.

Er war überglücklich, als Roger sie ihm schenkte. Er zeigte die Bibel überall herum. „Guckt mal, was ich habe: mein erstes Buch in meiner Muttersprache."

Fast alle Garifuna sprechen Spanisch, die Landessprache ihrer Länder. Aber untereinander sprechen sie Garifuna. Langsam nimmt die Zahl der Bücher in dieser Sprache zu. Das Neue Testament kann man online lesen oder hören. Seitdem es Gottes Wort in ihrer Sprache gibt, wenden sich immer mehr Menschen Jesus zu.

Ein Politiker der Garifuna war so froh über Gottes Wort in seiner Sprache, dass er sagte: „Lasst uns auf dem Wort Gottes herumkauen, es herunterschlucken und in unsere Adern aufnehmen."

SCHIFFBRÜCHIGE SKLAVEN

Die Garifuna, auch schwarze Kariben genannt, stammen von Sklaven ab. Im 17. Jahrhundert wurden sie von britischen und spanischen Schiffen aus Afrika in die Karibik gebracht. Manchmal erlitten sie Schiffbruch, und die Sklaven konnten fliehen. Andere wurden später von ihren Sklavenbesitzern freigelassen. Viele ließen sich auf St. Vincent, die zu den „Inseln über dem Winde" in der Karibik gehört, nieder und heirateten einheimische Kariben. Über 200 Jahre später wurden sie dann von den britischen Herrschern auf die Insel Roatán bei Honduras umgesiedelt. Schließlich siedelten sie an den Küsten Belizes, Honduras und Guatemalas an. Viele leben von der Landwirtschaft und Fischerei.

Die Religion der Garifuna entwickelte sich beim Herumziehen. Sie hielten an ihrem afrikanischen Glauben fest, vermischten ihn aber durch die Heirat mit den Kariben mit karibischen Traditionen. Dazu kamen noch katholische Sitten und Gebräuche.

Fast alle Kinder werden in der katholischen Kirche

ZAHLEN + FAKTEN

LÄNDER: Honduras, Belize, Guatemala, Nicaragua

EINWOHNERZAHL: etwa 500 000

HAUPTSPRACHEN: Spanisch, Garifuna und Englisch

HAUPTRELIGIONEN: Christentum (meist katholisch), Animismus

EINKOMMENSQUELLE: Landwirtschaft, Fischerei

Musik und Tanz sind für die Garifuna sehr wichtig. Sie spielen ihre traditionellen Lieder z. B. auf Trommeln aus ausgehöhlten Baumstämmen, die mit dem Fell wilder Tiere überzogen sind. Sie verwenden Rasseln aus getrockneten Kürbissen, die mit Samen gefüllt sind, Trompeten aus Seemuscheln, Seiteninstrumente aus leeren Schildkrötenpanzern und natürlich moderne Instrumente wie Gitarren. Für jede Gelegenheit und Stimmung gibt es einen eigenen Tanz.

getauft, aber viele von ihnen tragen ein Band am Handgelenk, das sie vor bösen Geistern beschützen soll. Sie glauben, dass böse Geister überall um sie herum sind, und hängen zum Schutz ihrer Familie ein Kreuz über der Tür auf. Sie glauben, dass Träume, Hühnergeschrei und Hundegebell die Zukunft vorhersagen.

JESUS LEBT
Die meisten Garifuna kennen Geschichten über Jesus, aber nur wenige haben verstanden, warum Gott ihn auf die Erde gesandt hat.

Um das zu ändern, zeigten einige Missionare den *Jesus*-Film. Über 200 Dorfbewohner waren zusammengekommen, um den Film in ihrer Sprache anzuschauen.

Natürlich spricht Jesus im Film Garifuna.

„Hallo, was machst du da?", fragt er ein kleines Mädchen.

„Nichts Besonderes", gab das Kind zur Antwort.

„Er begrüßt es in unserer Sprache", wunderten sich die Leute. „Jesus spricht Garifuna!" Mit Spannung und Freude sahen sie den Film und sprachen darüber, was sie gesehen und gehört hatten.

„Wer würde diesem Jesus nicht nachfolgen wollen?", fragte eine Frau. „Hast du gesehen, wie er den Blinden geheilt hat?"

„Schaut euch das an", riefen einige Männer aufgeregt. „Sie fischen genauso

wie wir. Wir kennen auch das Gefühl, wenn man die ganze Nacht fischt und nichts fängt. Und als Jesus sagt, dass sie ihre Netze noch einmal auswerfen sollen, machen sie einen gewaltigen Fang. Jesus hat auch einen Sturm gestillt. Wir kennen auch Menschen, die im Sturm umgekommen sind. Jesus hat mehr Macht als alle Seegeister. Er muss angebetet werden."

Als sie die Szene sahen, wo Jesus am Kreuz starb, mussten viele weinen. Am Ende des Abends wollten 35 Leute Jesus nachfolgen. Am nächsten Abend kamen noch mehr Menschen zur Filmvorführung, und wieder wurden viele seine Nachfolger.

Durch die Verbreitung der Bibel auf Garifuna entdecken immer mehr Menschen Gottes Liebe für sich. Die Gemeinden wachsen.

Ein Missionar, der bei den Garifuna arbeitet, sagte: „Es ist fantastisch, dass so viele Kinder für die Garifuna beten." Gott erhört unsere Gebete, also lasst uns beten, dass noch viel mehr Garifuna zu Jesus finden.

Feiertag zur Besiedlung

GOND
Waldbewohner mitten in Indien

„WER KOMMT UNS ZUR HILFE?"

Die Menschen im „Dorf der Löwen" machten sich
ernsthaft Sorgen. Viele waren erkrankt und einige
schon gestorben.

„Was ist mit dem Medizinmann?", fragte jemand.

„Wir waren schon beim Zauberdoktor, der hat die
Geister befragt und Opfer dargebracht, aber dadurch wurde es nicht besser", erwiderte ein anderer.

„Warum tun uns die Geister das an?", fragte jemand enttäuscht.

„Vielleicht sollten wir es mal bei den Christen versuchen",
schlug einer vor. „Sie behaupten, dass ihr Gott stärker als alle
unsere Geister ist. Vielleicht wird der ja mit
diesem Cholera-Ausbruch fertig."

Also kamen sie zu einem Missionar, der
aus einem anderen Landesteil in ihre
Wälder gekommen war, um über Jesus
zu predigen.

„Kannst du uns helfen?", fragten sie
und erklärten ihm ihre schwierige Lage.

„Ich werde zusammen mit anderen Christen im Dorf für euch beten",
versprach er. „Unser Gott ist mächtiger
als jeder andere Gott oder Geist. Er hat
versprochen, Gebete zu hören. Er kann
diese Krankheit beenden."

Gemeinsam beteten die Christen, und
innerhalb von drei Tagen waren zehn
Menschen im Dorf der Löwen geheilt.

„Der Gott der Christen ist wirklich
stärker als alle anderen Götter", sagten
die Dorfbewohner. „Wir wollen ihm
nachfolgen!"

WALDDORF

Das „Dorf der Löwen" liegt tief in den
Wäldern Zentralindiens. Seine Bewohner gehören zum Stamm der Gond.
Schon lange bevor Siedler aus dem
Ausland und anderen Teilen Indiens in
dieses Gebiet kamen, lebten hier etwa
650 Stämme. Die Gond gehören zu den
größten dieser alteingesessenen Volksgruppen. Die meisten sind Animisten,
die glauben, dass ihnen böse Geister
im Wald und auf dem Feld auflauern

INDIEN

Golf von Bengalen

ZAHLEN + FAKTEN

LAND: Indien

EINWOHNERZAHL: etwa 16 Mio.

HAUPTSPRACHEN: Hindi, Gondi (es
gibt verschiedene Gondi-Sprachen)

HAUPTRELIGIONEN: Hinduismus,
Animismus

EINKOMMENSQUELLEN: Landwirtschaft, Viehzucht, Herstellung
von Matten, Sammeln von Holz,
Bambus und Waldfrüchten

Markt in Bastar

SCHON GEWUSST?

Die Gond glauben an viele Götter. Außerdem lauern in ihrer Vorstellung überall böse Geister, die ihnen schaden wollen. Sie glauben auch an einen großen Gott, der die Erde erschaffen hat, der gnädig und gerecht, aber gleichzeitig weit weg von allem menschlichen Leid ist.

Böses. Die indische Regierung versucht, die Lebensumstände der Gond zu verbessern, und hat mancherorts Schulen für die Kinder gebaut.

VERÄNDERTE MENSCHEN

Aufgrund des Heilungswunders im „Dorf der Löwen" sind viele Menschen Christen geworden. Der indische Missionar kam noch einmal zurück, um zu sehen, wie es den Leuten ging. Weil der Wald so undurchlässig und die Straße für Busse oder Autos zu schmal war, fuhr er auf einem Ochsenkarren. Das war perfekt, um die Vögel, Bären oder Tiger zu beobachten.

Die Dorfbewohner waren überglücklich, ihn wiederzusehen. „Seit wir Jesus nachfolgen", sagte einer von ihnen, „hat er uns grundlegend verändert. Wir sind neue Menschen geworden. Immer hatten wir Angst vor den Geistern, aber jetzt haben wir erlebt, dass sie keine Macht über uns haben. Jesus schenkt uns Freude, Frieden und Macht über die Geister. Wir wollen alles über Jesus erfahren und ihn bekannt machen."

Manche Gond-Christen besuchen Bibelschulen. Dort studieren sie die Bibel und erfahren, wie sie ihren Glauben noch besser mit anderen teilen können. Trotzdem gibt es noch viele Gond-Dörfer, in denen der Name Jesus unbekannt ist.

und schaden wollen. Darum opfern sie ihnen Lebensmittel und hoffen, dass die Geister sie im Gegenzug in Ruhe lassen. Die meisten verdienen ihren Lebensunterhalt als Bauern. Sie halten Ziegen und Rinder oder bauen Reis, grünes Dal, Hirse, Mais und Weizen an. Ihre Häuser sind einfache, mit Blättern bedeckte Bauten aus Bambus und Holz. Drinnen gibt es nur ein oder zwei Zimmer. Das eine ist mit einigen Holzhockern und einer oder zwei Hängematten ausgestattet, im anderen befindet sich die Küche mit ein paar Töpfen.

Viele ältere Gond können weder lesen noch schreiben, darum werden sie beim Verkauf der Ernte in der Stadt auch oft betrogen. Und weil sie Stammesleute sind, behandeln viele Menschen sie wie Luft oder tun ihnen

SO KANNST DU FÜR DIE GOND BETEN

DANKE GOTT FÜR:

* alle Gond, die Jesus schon nachfolgen.
* die Christen, die lernen wollen, wie man von ihm erzählt.

BITTE GOTT:

* dass viele Gond-Jungen und -Mädchen sich für ein Leben mit Jesus entscheiden.
* dass sie erkennen, dass Gott viel stärker als alle bösen Geister ist.
* um Bewahrung für die indischen Missionare, die zu ihnen kommen.
* dass die Arbeit der Bibelübersetzung gut vorangeht.
* um Hausgemeinden in jedem Gond-Dorf.

GRIECHENLAND

Austragungsort der ersten Olympischen Spiele

BULGARIEN
MAZEDONIEN
ALBANIEN
Ägäisches Meer
GRIECHENLAND
TÜRKEI
ATHEN

GESCHICHTE LEBT

Unsere Welt wäre eine völlig andere ohne die Kunst, die Literatur, das Theater, die Wissenschaft und die Philosophie des alten Griechenlands. Vielleicht hast du ja schon mal etwas von den Geschichten der griechischen Götter Zeus, Athene, Herkules, Pegasus und Medusa gehört. Sehr viel Gedankengut der westlichen Welt über Regierung, Wissenschaft, Wahrheit, Gerechtigkeit und vieles andere beruht auf dem, was griechische Denker vor Tausenden von Jahren geschrieben haben.

Auch der Sport war den alten Griechen sehr wichtig. Die Olympischen Spiele waren zunächst ein Wettrennen, das jedes Jahr als Teil eines religiösen Festtages in der Stadt Olymp abgehalten wurde – Hunderte von Jahren vor der Geburt Jesu. 1896 fanden in Athen die ersten Olympischen Spiele der Neuzeit statt.

Griechenland ist sehr bergig und erlebt häufig Erdbeben, die je nach Heftigkeit großes Unheil anrichten. Es gibt über 2000 Inseln, wunderbare Strände, und manche Dörfer vermitteln den Eindruck, als sei in Hunderten Jahren alles gleich geblieben. Jedes Jahr besuchen Millionen Touristen das Land und genießen Sonne, Strand und Meer und erfreuen sich an den antiken Stätten.

GRIECHENLAND

EIN BESUCH IN DER KIRCHE

Wie viele andere griechische Jungen ist Dimitri selten in der Kirche. Wenn ihn seine Großmutter mitnimmt, kauft sie ihm eine Kerze, zündet sie an und sagt ihm, dass er sich vor einem Heiligenbild verbeugen soll. Die kunstvoll verzierten Bilder werden *Ikonen* genannt und hängen überall in der Kirche. Dimitri bekreuzigt sich, küsst das Bild und stellt die Kerze daneben ab.

Jahrhunderte lang war die orthodoxe Kirche die Staatskirche im Land. Aber heute gehen nur noch wenige regelmäßig zur Kirche. Christsein ist eher eine Tradition als ein Lebensstil. Die Menschen und die Kirche brauchen neues Leben, das nur Jesus geben kann. Darum gibt es im ganzen Land christliche Bibelclubs und Sommerlager für Kinder und Jugendliche. Sie sollen von Jesus erfahren.

WEGZIEHEN UND HINZIEHEN

Die Mehrzahl der Bevölkerung ist griechischstämmig. Aufgrund wirtschaftlicher Schwierigkeiten sind viele Griechen ins Ausland abgewandert, um dort Arbeit zu finden. Auf der anderen Seite sind sehr viele als Flüchtlinge aus

ZAHLEN + FAKTEN

FLÄCHE: 132 000 km²

EINWOHNERZAHL: 11 Mio.

HAUPTSTADT: Athen

HAUPTSPRACHE: Griechisch

HAUPTRELIGION: Christentum (überwiegend griechisch-orthodox)

HAUPTEXPORTGÜTER: Öl, Aluminium und Lebensmittel wie Obst, Gemüse, Nüsse, Oliven, Olivenöl und Fisch

Athen

Osteuropa, Afrika, Asien, dem Nahen Osten und besonders Afghanistan und Syrien zugewandert. Es waren mehr, als Griechenland verkraften konnte.

Christen aus Griechenland und anderen Ländern haben sich zusammengetan, um den Flüchtlingen mit Nahrungsmitteln, Kleidung, Medikamenten, Unterkünften und Zuwendung zu helfen. Viele von ihnen haben in ihren Heimatländern und auf der Flucht schreckliche Dinge erlebt. Christen zeigen ihnen, dass Jesus sie liebt, indem sie ihnen helfen.

Parthenon, Athen

GUTE NACHRICHT

Hingegebene Christen feiern lebendige Gottesdienste in Gemeinden und erzählen in der Öffentlichkeit vom Evangelium, vor allem den Flüchtlingen aus anderen Ländern. Heute hat Jesus in Griechenland viele Nachfolger aus aller Herren Länder. Sie sind als Flüchtlinge oder Arbeitssuchende gekommen. Tausende Menschen, die in ihren Ländern noch nie Kontakt mit dem Evangelium hatten, hören es hier zum ersten Mal. Und in einer Stadt wie Athen gehen wahrscheinlich genauso viele Fremde in ihre Gemeinden wie Athener in ihre orthodoxen Kirchen.

MORNING STAR

Hunderte von Inseln liegen im wunderschön blauen Ionischen und Ägäischen Meer. Mit ihrem Boot *Morning Star* (Morgenstern) besuchen Christen die Inseln und erzählen den Menschen von Jesus. Nicht alle Inselbewohner finden das gut. Manche wurden schon sehr ärgerlich und versuchten sie aufzuhalten. Aber auf anderen Inseln wurden die Evangelisten und ihre Botschaft herzlich aufgenommen, so wie damals bei den Missionsreisen des Apostels Paulus. Einige haben sich für ein Leben mit Jesus entschieden. In manchen kleinen Dörfern gibt es nur ein oder zwei Gläubige, und der Besuch der *Morning Star* ermutigt sie sehr.

Eine Gruppe von Christen hat sich zum Ziel gesetzt, das Neue Testament in jeden Haushalt zu bringen. Bisher hat die *Operation Josua* schon über eine Million Neue Testamente in über 4500 Dörfern verteilt.

SO KANNST DU FÜR GRIECHENLAND BETEN

DANKE GOTT FÜR:

* die lange, fast 2000-jährige Geschichte des Christentums in diesem Land.
* die steigende Zahl der Christen und Gemeinden unter den Migranten und Flüchtlingen.
* die neuen Gläubigen, die Jesus erst kennengelernt haben, als sie ins Land kamen.
* den freundlichen Umgang der Christen mit den Migranten und Flüchtlingen.

BITTE GOTT:

* dass er griechisch-orthodoxe Christen neu belebt.
* dass viele Kinder durch Kinderstunden und Veranstaltungen von Jesus erfahren.
* um Einheit zwischen den vielen verschiedenen Kirchen und Gemeinden, um gute Zusammenarbeit und gemeinsames Gebet.
* dass Christen sich weiterhin um Migranten kümmern.
* dass die *Operation Josua* gelingt und jeder Haushalt ein gut lesbares und verständliches Neues Testament bekommt.

Präsidentengarde vor dem griechischen Parlament

GRÖNLAND
Die größte Insel der Welt

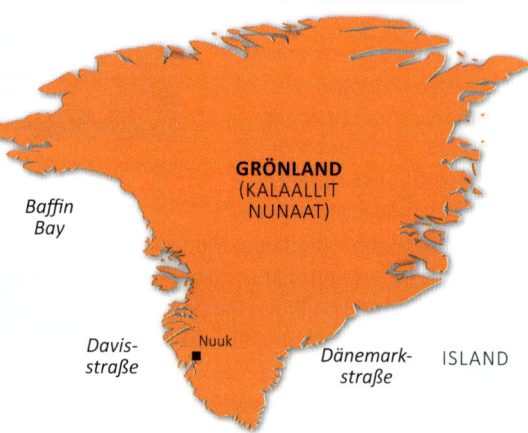

Sigssuk kuschelte sich in sein Bett. Er war müde, aber auch viel zu aufgeregt, um schlafen zu können. Er war gerade acht Jahre alt, und sein Vater hatte ihn auf die erste Seehundjagd seines Lebens mitgenommen. Sie hatten zwei Seehunde gefangen, und jetzt träumte er davon, ein großer Jäger zu werden.

Sigssuk ist ein Inuk (also ein Mitglied des Volkes der Inuit). Er lebt mit seiner Familie an der Nordwestküste Grönlands. Die Jagd ist ein sehr wichtiger Teil ihres Lebens. Praktisch sofort, nachdem er laufen gelernt hatte, gab sein Vater ihm einen jungen Hund, um Fangen zu üben. Sein Vater baute ihm auch ein spezielles Kajak, das er an einem Balken ein paar Zentimeter über dem Boden aufhängte, und Sigssuk hatte viel Spaß, darin zu sitzen und mithilfe eines kleinen Paddels Balancieren zu üben.

Jeden Sommer, wenn es Tag und Nacht hell ist, geht Sigssuk mit seiner Familie zelten. Er nimmt ein Netz und fängt damit etliche der Wasservögel, die man Krabbentaucher nennt. Einige bereiten sie sofort zu und essen sie, die übrigen werden in einem Seehundfell-Sack für den Winter aufbewahrt.

Während der langen, dunklen Wintermonate geht in Nordgrönland die Sonne nie auf. Dann geht Sigssuk in die Dorfschule und lernt Lesen und Schreiben. Die Schule ist dann besonders spannend, wenn einige Männer den Kindern zeigen, wie man jagt oder wie man Kajaks und Schlitten baut. Im Winter ist es normalerweise für Sigssuk und seine Freunde zu kalt, um draußen spielen zu können. Deshalb bleiben sie im Haus, spielen, schauen fern oder hören den Erwachsenen zu, wenn sie Geschichten von Jagdexpeditionen erzählen.

Grönland ist die größte Insel der Welt. Obwohl sie zu Dänemark gehört, verwaltet sich Grönland heute selbst. Der größte Teil des Landes liegt nördlich vom Polarkreis, und ein riesiger Eisschild bedeckt fast alles davon. Einige Grönländer, so wie Sigssuk und seine Familie, sind Inuit. Andere sind Nachkommen von Inuit, die europäische Siedler geheiratet haben. Fast alle wohnen in kleinen Städten an der Süd- und Westküste und leben vom Fischfang und von der Jagd.

NICHT SEHR GRÜN

Erik der Rote, ein Wikinger aus Island, entdeckte Grönland vor gut 1000 Jahren. Obwohl das Land von Eis bedeckt ist, nannte er es

ZAHLEN + FAKTEN

FLÄCHE: 2 166 000 km²; 80 % davon liegen unter einer Eisschicht

EINWOHNERZAHL: 56 000

HAUPTSTADT: Nuuk

HAUPTSPRACHEN: Grönländisch; auch Dänisch wird verwendet

HAUPTRELIGION: Christentum

HAUPTEXPORTGÜTER: Fisch und Fischereiprodukte

SCHON GEWUSST?

Der grönländische Eisschild ist durchschnittlich 2 km dick. Schmilzt er komplett, steigen die Meeresspiegel in der ganzen Welt um mehr als sieben Meter. Und der Eisschild schmilzt seit einigen Jahren sehr schnell!

Speckstein-Schnitzerei

„Grönland", also „grünes Land", um seine Familie und Freunde zu überzeugen, ihm dorthin zu folgen. Sie nahmen Pferde, Kühe und Schafe mit. Eriks Sohn Leif, genannt „der Glückliche", wurde während eines Aufenthalts in Norwegen Christ. Als er nach Grönland zurückkehrte, erzählt er allen von Jesus, und viele wurden Christen.

1721 fuhr ein dänischer Missionar nach Grönland und hoffte, dass die Nachfahren dieser ersten Siedler immer noch Christen waren. Aber es gab keine Nachfahren mehr; sie waren spurlos verschwunden. Doch immer mehr Christen aus Dänemark und Norwegen zogen nach Grönland. Sie bauten in fast jedem Dorf und jeder Stadt eine Kirche, und die Bibel wurde ins Grönländische übersetzt.

DER *JESUS*-FILM

Olaf und seine Familie leben in Nuuk, der Hauptstadt von Grönland. Wie viele Grönländer nennen sie sich selbst Christen, und entsprechend ihrer Familientradition gehen sie auch zur Kirche – einmal im Jahr zu Weihnachten. Aber als Olaf gestürzt war und sich den Arm gebrochen hatte,

da nähte seine Mutter ein Amulett in seinen Mantel ein, um ihn zu schützen, und sie bat die Geister ihrer Vorfahren, auf ihn aufzupassen.

Eines Tages hörte Olaf, dass in Nuuk der erste Film in Grönländisch, ein Film über Jesus, gezeigt wurde. Er ging hin und verstand, dass Jesus für ihn am Kreuz gestorben war. Er wollte, dass Jesus ihm ein neues Leben schenkte. Jetzt folgen Olaf und seine Familie Jesus wirklich nach.

Aber Olaf wusste, dass es schwierig werden würde, eine andere Art Christ zu sein als seine Freunde. Diese tranken immer Alkohol und nahmen Drogen, wenn sie zusammen waren. Es ist nie leicht, anders zu sein als alle anderen. Selbst die, die eine Bibelschule besuchen oder christliche Fortbildungen mitmachen, finden es schwer, Jesus nachzufolgen, wenn sie nach Hause zurückkommen.

SO KANNST DU FÜR GRÖNLAND BETEN

DANKE GOTT FÜR:

* den *Jesus*-Film und andere Möglichkeiten, wie Grönländer die gute Nachricht hören können.
* Freizeiten, bei denen Kinder und Erwachsene lernen, wie man Jesus nachfolgt.
* die Übersetzung der Bibel ins Grönländische, die 2001 fertig wurde.

BITTE GOTT, DASS:

* er den Menschen klarmacht, dass Christ zu sein mehr bedeutet, als einmal im Jahr zum Gottesdienst zu gehen.
* er Christen hilft, einander in der Nachfolge zu ermutigen.
* Menschen, die – besonders im kalten, dunklen Winter – deprimiert und einsam sind, entdecken, dass Jesus lebt und bereit ist, ihnen zu helfen, wenn das Leben schwierig ist.

GUINEA
Wo Missionare verbannt wurden

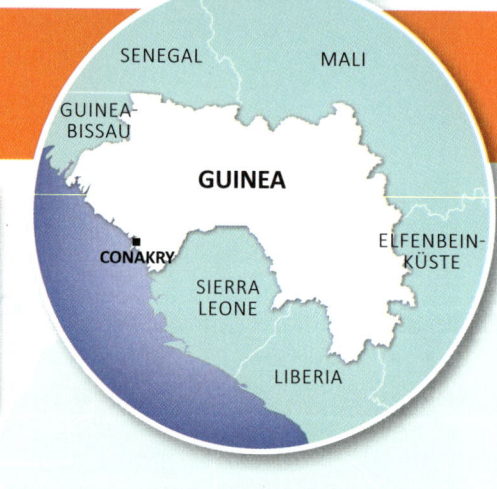

SENEGAL · MALI · GUINEA-BISSAU · **GUINEA** · CONAKRY · SIERRA LEONE · ELFENBEIN-KÜSTE · LIBERIA

REICH UND DOCH SEHR ARM

Guinea in Westafrika ist eines der ärmsten Länder der Welt. Dabei wachsen Reis, Kaffee, Bananen und Orangen hier fast von alleine. Es gibt auch Eisenerz, Gold und Diamanten, und Guinea ist das drittbedeutendste Förderland von Bauxit, einem Mineral, aus dem man Aluminium herstellt.

Guinea war eine der reichsten Kolonien Frankreichs. Aber als das Land unabhängig wurde, errichtete der Präsident eine kommunistische Diktatur. Er regierte 26 Jahre, danach ein anderer Präsident 24 Jahre. In dieser Zeit wurden viele schlechte Entscheidungen getroffen, wie Guineas Reichtum und Schätze genutzt werden sollten. Ausländische Firmen bauten die Bodenschätze ab und bezahlten meist nicht fair dafür. Deshalb blieb Guinea trotz seines Reichtums und seiner großen Möglichkeiten arm.

Die größten Flüsse Westafrikas, Senegal, Niger und Gambia, entspringen alle in Guinea, und trotzdem hat ein Drittel der Menschen keinen Zugang zu sauberem Wasser. Die meisten Menschen sind abhängig vom Ackerbau – Reis, Maniok, Mais, Kochbananen und Gemüse –, und deshalb ist Wasser lebenswichtig.

GUINEA

SUCHE NACH GOTT

Die meisten Menschen in Guinea sind Muslime. Obwohl damals, als das Land noch eine französische Kolonie war, Missionare in dem Land arbeiteten, wurden nur sehr wenige Menschen Christen. 1967 zwang der damalige Präsident fast alle Missionare, das Land zu verlassen.

Fischfang im Fluss

Christen in der ganzen Welt beteten für die Millionen Menschen in Guinea, die noch nie von dem Gott gehört hatten, der sie liebt – und er erhörte ihre Gebete. Als der Präsident 1984 starb, durften Missionare zurückkehren. Auch schon vorher war Gott am Werk. Die Menschen in Guinea waren so arm geworden, dass viele in andere afrikanische Länder zogen, um dort Arbeit zu finden, und einige hörten dort von Jesus.

Alhaji war Moslem. Er wollte mehr über Gott erfahren, und deshalb betete und fastete er und studierte den Koran. Er zog nach Gambia, wo er schnell Arbeit als Schneider bei

ZAHLEN + FAKTEN

FLÄCHE: 250 000 km²

EINWOHNERZAHL: 13 Mio.

HAUPTSTADT: Conakry

AMTSSPRACHE: Französisch

HAUPTSPRACHEN: Pular, Malinke, Susu und mehr als 40 weitere

HAUPTRELIGIONEN: große muslimische Mehrheit, kleine christliche Minderheit

HAUPTEXPORTGÜTER: Bauxit, Gold, Obst, Kaffee

guineische Moschee

Christen fand. Sie gaben ihm ein Buch zu lesen, aber er verstand es nicht, denn es war auf Englisch.

Alhaji lernte Englisch, um herauszufinden, was in dem Buch stand. Es erzählte ihm von Jesus. Die Christen gaben ihm auch eine Bibel, und er fing an, sie parallel zum Koran zu lesen. Er betete, dass Gott ihm den richtigen Weg zeigen würde. Eines Tages las er in der Bibel, dass Gott die Welt so sehr geliebt hat, dass er seinen einzigen Sohn gab, damit, wer an ihn glaubt, nicht verloren geht, sondern ewiges Leben hat (Johannes 3,16). Als er das gelesen hatte, entschied sich Alhaji, Jesus nachzufolgen.

GOTT WIRKT WUNDER

Als Alhaji seiner Frau von seiner Entscheidung erzählte, war sie verärgert. Sie verließ ihn und ging nach Guinea zurück. Alhaji war traurig, aber er hörte weder auf, Jesus nachzufolgen, noch für seine Frau zu beten.

Gott erhörte Alhajis Gebete. Seine Frau bekehrte sich und kam nach Gambia zurück. Sie beschlossen dann, gemeinsam nach Guinea zurückzukehren und ihrem Volk von Gott zu erzählen.

Als Alhaji und seine Frau in ihr Dorf zurückkamen, erzählten sie den Dorfbewohnern von Gottes Liebe. Zu Anfang hieß jeder sie willkommen. Alhaji baute ein Haus und eine kleine Schneiderwerkstatt und begann, sechs jungen Männern zu zeigen, wie man Kleidung herstellt. Sie studierten mit ihm die Bibel und sagten ihm, dass sie Jesus vertrauen wollten. Aber einer nach dem anderen kehrte zum Islam zurück.

Alhaji gab nicht auf. Er glaubte, dass Gott ihm helfen würde, die Wahrheit über Jesus zu erklären. Im Laufe der Zeit entschieden sich fünfzehn Menschen, Jesus zu folgen. Aber daraufhin waren die Dorfgemeinschaft und selbst ihre eigenen Familien gegen sie.

Alhaji ermutigte die Gläubigen und half ihnen, ein Handwerk zu erlernen, um ihren Lebensunterhalt zu verdienen.

Es gibt mehr als 40 Volksgruppen in Guinea. Heute arbeiten verschiedene Missionsgesellschaften zusammen daran, überall neue Gemeinden zu gründen. In der am meisten verbreiteten Sprache Pular gibt es das Neue Testament. Die ganze Bibel gibt es nur in wenigen Sprachen, darunter in Susu, einer anderen wichtigen Sprache Guineas.

DER HEILIGE WALD

Die Menschen in den Waldgegenden von Guinea sind meist Animisten. Einige gehören dem Kult vom „heiligen Wald" an. Sie behaupten, wiedergeboren zu sein – durch den Mund des Teufels. Wenn der Führer des Kults in ein Dorf kommt, dann sollen sich alle in ihren Häusern verstecken. Aber als der Sohn eines Dorfhäuptlings Christ geworden war, weigerte er sich und sagte: „Ich gehöre zu Jesus. Er hat mich von der Macht des Teufels befreit. Er beschützt mich." Der Häuptling war erstaunt, als seinem Sohn nichts Schlimmes passierte.

„Jesus muss doch mächtiger sein als alle die Geister, vor denen wir Angst haben!", rief er.

Djembé-Trommel

SO KANNST DU FÜR GUINEA BETEN

DANKE GOTT FÜR:

* Christen in Guinea, so wie Alhaji, seine Frau und seine Kinder.
* christliche Jugendzentren und Ausbildungsprojekte.
* das Neue Testament in Pular und anderen Sprachen, und für die ganze Bibel in Susu.

BITTE GOTT, DASS:

* Christen in Guinea ihren Nachbarn zeigen, dass Jesus sie liebt.
* mehr Christen die gute Nachricht von Jesus in Guinea verbreiten.
* sich viele junge Leute entscheiden, Jesus nachzufolgen, selbst wenn es wegen ihrer Freunde und Familien schwierig ist.
* die Menschen in den Wäldern sehen, dass es nur Angst macht, die Geister anzubeten, aber Frieden bringt, Jesus nachzufolgen.
* er den Muslimen klarmacht, dass Jesus das Wort Gottes ist.
* auch die Übersetzung des Alten Testaments in Pular abgeschlossen wird.

HAITI
Ein Land, durch Sklaven befreit

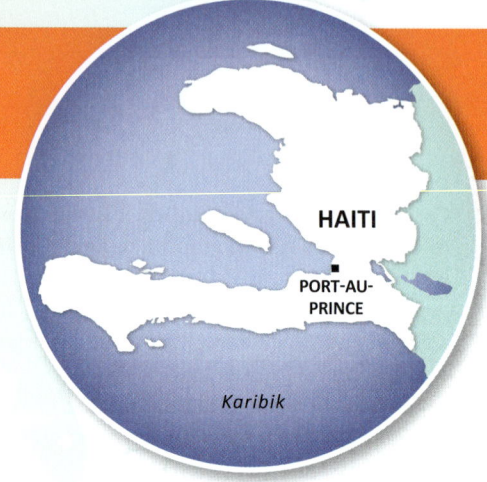

HAITI

PORT-AU-PRINCE

Karibik

Das westliche Drittel der Karibik-Insel Hispaniola bildet den Staat Haiti – der Rest der Insel gehört zur Dominikanischen Republik. Christoph Kolumbus war der erste Europäer, der die Insel 1492 entdeckte, aber schon seit Jahrhunderten lebten hier Menschen. Später übernahm Frankreich die Herrschaft und brachte Tausende Sklaven aus Westafrika hierher, die auf den Zucker-rohr-Plantagen arbeiten mussten.

Aber schließlich kam es zu einem Sklaven-Aufstand, und sie kämpften dreizehn Jahre lang für ihre Freiheit. Am 1. Januar 1804 erklärte das Land schließlich seine Unabhängigkeit von Frankreich. Es war die erste „Republik von Schwarzen" in der Welt und das einzige Land in der ganzen Geschichte, das durch einen Sklavenaufstand die Unabhängigkeit gewann.

HAITI

ANGST, NICHT FREIHEIT

Aber als die Franzosen weg waren, zwangen die neuen Herren alle, entweder Landarbeiter oder Soldaten zu sein. Die meisten der neuen haitianischen Herrscher waren genauso grausam wie die französischen Sklavenhalter. Als Vergeltung zwang Frankreich Haiti, Schadenersatz für Kriegsschäden zu leisten, und es dauerte mehr als 100 Jahre, bis die volle Summe zurückgezahlt war. Andere Länder, wie die USA oder England, hatten Angst, dass ihre eigenen Sklaven auch einen Aufstand proben würden, und sie behandelten deshalb Haiti auch unfair. All das verhinderte, dass die junge Nation sich positiv entwickeln konnte.

Auch jetzt, nach gut 200 Jahren Unabhängigkeit, haben die Menschen in Haiti noch nie wirklich Frieden und Wohlstand erlebt. Viele ihrer Herrscher waren korrupt und ungerecht. Seit 2004 hat die UNO Soldaten in Haiti stationiert, um den Frieden zu sichern.

Haiti ist das ärmste Land der westlichen Welt. Viele Menschen sehnen sich nach einem besseren Leben und machen sich auf eine gefährliche Reise per Boot, um die USA oder auch eine benachbarte karibische Insel zu erreichen.

Die meisten Haitianer sagen, sie seien Christen, aber viele praktizieren auch Voodoo. Anhänger dieser Religion verehren Geister und benutzen sie, um andere Menschen zu beherrschen. Viele von denen, die Voodoo praktizieren, sind traurig und voller Angst.

DER SOHN DES ZAUBERDOKTORS

Gerard war der Sohn eines reichen Zauberdoktors. Im Internat hörte er aber gerne christliche Radiosender. Seine Freunde waren überrascht.

„Willst du nicht auch ein Zauberdoktor werden?", fragten sie ihn.

„Ja, wie mein Vater, aber die Musik, die die Christen da spielen, ist richtig gut, und die Bibelstunden sind auch okay."

ZAHLEN + FAKTEN

FLÄCHE: 28 000 km²

EINWOHNERZAHL: 11 Mio.

HAUPTSTADT:
Port-au-Prince

HAUPTSPRACHEN:
Haitianisch (eine Kreolsprache), Französisch

HAUPTRELIGIONEN:
Christentum, Voodoo

HAUPTEXPORTGÜTER:
Kaffee, Zucker, Tropenfrüchte

haitianische Kunst

Bauer auf seinem Kohl-Feld

Gerards Vater war wütend, als er herausfand, dass Gerard und seine Schwester christliches Radio hörten.

Er schrie: „Hört das nie wieder! Wenn ihr Christen werdet, dann treibe ich euch mit einer Peitsche aus dem Haus!"

Bald danach wurde Gerard schwer krank. Sein Vater versuchte, ihn mit Voodoo-Medizin, Gesang und Trommeln zu heilen, aber es half nicht.

Eines Tages hörte Gerards Schwester in der christlichen Radiosendung eine Geschichte über den Propheten Elia.

Sie erzählte Gerard davon: „Die Männer, die die falschen Götter verehrten, riefen und tanzten den ganzen Tag, damit ihre Götter ihre Gebete erhörten. Aber nichts passierte. Und dann erhörte der wahre Gott das Gebet von Elia und sandte Feuer auf sein Opfer herab. Vielleicht solltest du auch zu dem Gott der Christen beten und ihn bitten, dich gesund zu machen!"

„Aber ich weiß nicht, wie man betet", sagte Gerard traurig.

Er war immer noch sehr krank und beschloss, den Radiosender zu besuchen. Die Missionare dort gaben ihm Medikamente, beteten für ihn und erklärten ihm, wie man Christ wird. Gerard war so voller Eifer, Jesus kennenzulernen, dass er keine Angst mehr vor seinem Vater hatte. Er bat Jesus, ihm seine Sünden zu vergeben und sein Freund zu werden.

KATASTROPHE

Haiti liegt auf der Grenze zwischen zwei Platten der Erdkruste. Im Januar 2010 bewegten sich diese Platten plötzlich, was ein massives Erdbeben auslöste, durch das rund 316 000 Menschen ums Leben kamen und mehr als 1,5 Millionen obdachlos wurden. Noch bevor die Schäden repariert werden konnten, traf ein schwerer Wirbelsturm die Insel, und in manchen Teilen Haitis wurde jedes einzelne Gebäude zerstört.

Haiti war vorher schon extrem arm gewesen, vor allem wegen der Probleme mit Gewalt, Korruption, Drogen und Kriminalität. Diese Naturkatastrophen haben das Leben noch viel schwerer gemacht. Die meisten Menschen sind arbeitslos, und bis zu einem Drittel der Haitianer hat weder Zugang zu sauberem Wasser noch genug Essen. Wann wird Gott sich über dieses Land erbarmen?

„Tap-Tap"-Linienbus

HAZARA
Nachfahren von Dschingis Khans Armee

DSCHINGIS KHAN

Vor rund 800 Jahren sandte Dschingis Khan, der mächtige Herrscher der Mongolen, einige seiner Männer nach Zentralasien. Man erzählt sich, dass der dortige Herrscher sie gefangen nahm, ihnen die Bärte abbrannte und sie wieder zurückschickte. Dschingis Khan war beleidigt und sehr wütend, sodass er mit seiner gefürchteten Armee Zentralasien eroberte. Viele Hazara glauben, dass sie Nachkommen dieser Armee sind. Ihre Augen und Gesichter haben mongolische Züge, und auch ihre Sprache, die ein persischer Dialekt ist, hat viele mongolische Wörter.

HAZARADSCHAT

Die meisten Hazara leben in der Bergregion Hazaradschat in Afghanistan. Sie wohnen in Dörfern in kleinen Häusern aus Lehmziegeln. Die Häuser haben flache Dächer, auf denen sie Maulbeeren, Trauben und Pfirsiche trocken, die in den heißen Sommermonaten wachsen. Die Hazara lagern die getrockneten Früchte und essen sie in den langen, kalten Wintermonaten. Wie die meisten anderen Menschen in dieser Region essen sie mit den Händen, nicht mit Gabeln und Löffeln. Die Hazara kümmern sich sehr um ihre Gäste, versorgen sie mit Essen und überlassen ihnen die besten Plätze.

Wohlhabende Hazara leben in großen Häusern, die wie ummauerte Festungen aussehen. Alle Tiere der Familie – Hunde, Esel, Ziegen, Schafe, Hühner und sogar Kühe – leben im Hof dieser großen Häuser. Aber nicht alle Hazara sind wohlhabend; viele haben mit Armut, Hunger und Krankheiten zu kämpfen. In den Städten bleiben für sie nur die härtesten Arbeiten.

AFGHANISCHES GOLD

Abdul ist ein Hazara-Flüchtling. Er lebt wie viele andere Hazara in der Stadt Quetta in Pakistan. Abdul lächelt traurig, wenn er sich an sein Land erinnert.

„Im Sommer haben wir unsere Schafe und Ziegen in die Täler hoch im Gebirge gebracht. Dort gibt es reichlich Gras für sie. Wir mussten immer sehr auf die

AFGHANISTAN

Quetta

PAKISTAN

Persischer Golf

Arabisches Meer

ZAHLEN + FAKTEN

HEIMATLAND: Afghanistan; andere leben als Flüchtlinge in Pakistan, dem Nordiran, den VAE u. a.

ANZAHL: ca. 4 Mio., davon 3 Mio. in Afghanistan

HAUPTSPRACHE: Hazaragi

HAUPTRELIGION: schiitischer Islam

afghanische Mädchen (Hazara in Rot)

Quetta, Pakistan

Tiere aufpassen. Oft musste ich Wölfe und Adler vertreiben, die versuchten, sich die kleineren Tiere zu schnappen. Dort oben lebten wir in Zelten aus Schilfmatten, den Jurten. Die Frauen und Mädchen molken die Tiere und machten *Crut*, einen kugelförmigen Hartkäse, der sich bis zum Winter hielt.

Im Winter hofften wir immer auf viel Schnee, unsere einzige Wasserquelle. Den Schnee nannten wir ‚das afghanische Gold', denn ohne Schnee trocknen die Flüsse aus, die Ernte verdorrt, und wir leiden Hunger."

EIN HEIMLICHER NACHFOLGER

„Als das Leben zu gefährlich wurde, hat mein Vater mich quer über die Berge hierher nach Quetta geschickt. Er wollte, dass ich hier weiter lerne." Abdul schaute sich ängstlich um, bevor er weitersprach: „Ich habe Englisch gelernt, weil ich wusste, dass mir das helfen würde, eine gute Arbeit zu finden. Als ich eine Stelle hatte, haben mich meine Mitarbeiter in einen Club eingeladen, und da habe ich von Jesus erfahren. Es ist so unglaublich, dass er die Obdachlosen und die Armen liebt. Das bedeutet ja auch, dass Jesus die Hazara liebt."

Jetzt flüsterte er nur noch: „Ich bin ein Jesus-Nachfolger. Aber wenn das die Leute hier wüssten, bekäme ich riesigen Ärger. Bitte betet für mich."

In den 1990er-Jahren brachte eine brutale muslimische Gruppe mit Namen „Taliban" große Teile von Afghanistan unter ihre Kontrolle. Tausende Hazara litten sehr unter ihrer Herrschaft, unter anderem weil die Hazara einer anderen Form des Islam anhängen als der strengen Form der Taliban. Die Hazara sind schiitische Muslime, die Mehrzahl der Afghanen dagegen sunnitische Muslime. Die Taliban greifen die Hazara besonders oft an und zerstören manchmal sogar ihre Moscheen.

Bete mit, dass Gott Abdul und den anderen Hazara-Christen hilft, Jesus treu zu bleiben, egal, was passiert. Hazara-Christen sind oft sehr zögerlich, sich mit anderen Gläubigen zu treffen, weil sie Spione fürchten, die sie an die muslimischen Behörden verraten.

ENTKOMMEN

Die vielen Kriege in Afghanistan und die religiöse Gewalt im benachbarten Pakistan haben den Hazara Leid, Armut und Zerstörung gebracht. Viele von ihnen, vor allem Männer, haben versucht, in Länder zu fliehen, in denen sie sicher leben, Arbeit finden und in die sie ihre Familien nachholen können. Manche kommen als Studenten, andere als Flüchtlinge, oft auch illegal. Manche sind über Land bis nach Nordeuropa gereist, andere auf Schiffen bis Australien oder Nordamerika. Viele Hazara sind bei dem Versuch gestorben, einen sicheren Platz zum Leben zu finden.

HUI
Nachfahren von Kriegern und Kaufleuten

„Komm, wir gehen Klöße essen", sagten Kit und Lee zu ihrem Gast. „Du kannst aber auch Nudeln haben, wenn dir das lieber ist. In dem Hui-Restaurant, in das wir gehen, ist beides gut. Nur Schweinefleisch kannst du da nicht bestellen, denn die Hui sind Muslime."

Die drei Freunde liefen die belebte Straße im nördlichen Zentralchina entlang. Die Menschen um sie herum sahen chinesisch aus, und sie kleideten sich wie Chinesen, nur dass die meisten Männer kleine weiße Kappen trugen und manche Frauen kurze Schleier aus schwarzem oder dunkelgrünem Stoff. Diese Leute gehörten zum Volk der Hui.

CHINA

Xi'an

WER SIND DIE HUI?

Vor mehr als 1000 Jahren machten Hunderte arabische und persische Händler die lange Reise vom Nahen Osten quer durch Asien über die berühmte Seidenstraße bis nach China. Auch arabische Soldaten zogen nach China, um den Kaiser von China im Krieg gegen seine Feinde zu unterstützen. Andere reisten über das Meer bis China. Einige blieben in China und kehrten nie in ihre Heimat zurück.

Die Araber und Perser waren Muslime und stolz darauf. Wo auch immer in China sie sich niederließen, bauten sie Moscheen, heirateten einheimische Frauen und erzogen ihre Kinder als Muslime. Im Lauf der Zeit wurden es immer mehr, und heute kennt man ihre Nachkommen als die Hui.

Hui-Muslime leben heute in vielen Teilen Chinas. Auf dem Land arbeiten sie oft als Bauern.

In den Städten leben sie gerne in der Nähe ihrer Moscheen. Einige betreiben Läden und Restaurants, die Lebensmittel und anderes speziell für Hui-Kunden anbieten, aber die meisten haben Berufe wie alle anderen. Man sagt den Hui nach, dass sie sehr schlaue Geschäftsleute seien.

An vielen Orten scheinen die Hui sich überhaupt nicht von den Han, das ist das Volk, das wir meist als die „eigentlichen" Chinesen ansehen, zu unterscheiden. Sie sprechen Mandarin, haben chinesische Namen, und sie sehen so aus und kleiden sich so wie der Rest der Chinesen. Aber es gibt einen großen Unterschied: Sie sind Muslime.

Südchinesisches Meer

ZAHLEN + FAKTEN

ANZAHL: ca. 13 Mio.
HEIMATLÄNDER: vor allem China; nur kleine Gruppen in verschiedenen anderen asiatischen Ländern
HAUPTSPRACHE: Mandarin-Chinesisch
HAUPTRELIGION: sunnitischer Islam

Es gibt ungefähr dreizehn Millionen Hui in ganz China. Viele leben im nördlichen Zentralchina, wo die chinesische Regierung eine eigene Region für sie eingerichtet hat, das „Autonome Gebiet Ningxia der Hui-Nationalität". Diese Region ist eine von fünf in China, die speziell für eine ethnische Minderheit geschaffen wurden. Ungefähr 30 % der Menschen in dieser Region sind Hui. Hier können sie freier ihrer Religion und Kultur nachgehen. Die Regierung von China ist zwar atheistisch und allen Religionen gegenüber misstrauisch, aber sie lässt die Hui leben, wie sie es wollen, denn sie gelten als fleißig und friedfertig.

ÜBER KULTURGRENZEN

Es gibt zwar dort, wo Hui leben, auch Han-chinesische Christen, dennoch haben nur wenige versucht, den Hui die gute Nachricht zu bringen. Die Han-Gemeinden in China sind meist jung und müssen noch lernen, wie man anderen Kulturen das Evangelium bringt. Sie sind sehr gut darin, mit anderen Han-Chinesen über Jesus zu reden, aber mit anderen Volksgruppen kann das deutlich schwieriger sein. Dabei trifft man auf andere Götter, andere Traditionen und Sitten und einen anderen Lebensstil. Das betrifft manchmal auch Kleinigkeiten wie gemeinsame Mahlzeiten: Die eine Gruppe liebt Schweinefleisch, die andere hält es für unrein.

Aber eine wachsende Zahl von Han-Christen versteht, dass Gott auch die Hui liebt. Sie lernen, wie man sich so anpassen kann, dass man Freunde unter den Hui gewinnt. Und sie lernen, den Hui so von Jesus zu erzählen, dass sie es verstehen und annehmen können.

ARABISCH LERNEN

Liang ist ein junger Hui. Sein Vater geht jeden Freitag in die Moschee und war sogar auf dem Hadsch, der großen Pilgerreise nach Mekka. „Manchmal schaue ich den Männern beim Beten zu", sagt Liang, „aber ich will noch nicht mit in die Moschee gehen, denn da sind kaum andere Jungen. Unsere islamischen Sitten befolge ich aber gerne.

Mein Vater will, dass ich Arabisch lerne, damit ich den heiligen Koran lesen kann. Zu Hause sprechen wir Mandarin-Chinesisch, benutzen aber auch ein paar arabische Wörter. An der Wand der Moschee habe ich auch arabische Schrift gesehen. Sie sieht sehr schön aus, ist aber bestimmt schwer zu lernen. Ich lerne ja immer noch die chinesische Schrift, und die ist schon schwer genug!"

Die muslimischen Traditionen sind den meisten Hui sehr wichtig. Trotzdem gibt es inzwischen eine kleine Zahl an Hui-Christen – vielleicht 2000. Aber Millionen von Hui haben noch nie das Evangelium gehört.

SO KANNST DU FÜR DIE HUI BETEN

DANKE GOTT FÜR:

* die Christen unter den Hui. Es gibt nicht viele, aber für Gott sind sie wertvoll.
* die Friedfertigkeit der Hui, denn das macht es viel leichter, sie mit dem Evangelium zu erreichen.
* die Tatsache, dass die Hui Chinesisch sprechen, denn das macht es für Han-Christen leicht, mit ihnen zu reden.

BITTE GOTT, DASS:

* noch viele Hui durch die Bibel, durch Radio- und Fernsehprogramme und durch das Internet von Jesus erfahren.
* immer mehr Han-Chinesen Freundschaft mit Hui schließen und ihnen von Gottes Liebe erzählen.
* noch mehr Menschen für die Hui beten, dass sie von Jesus hören und ihm nachfolgen.

ISLAND
Land aus Feuer und Eis

Island ist eine große Insel etwa 800 km nördlich von Schottland. Man nennt sie „Land aus Feuer und Eis", weil es hier viele aktive Vulkane und riesige Gletscher und Eisfelder gibt. Große Gebiete in der Mitte der Insel sind schwarz – durch Vulkangestein und Asche. Die meisten Isländer leben nahe der Küste, wo es grüner ist.

1963 waren ein paar Fischer mit ihrem Boot unterwegs und stellten erstaunt fest, dass das Meer an einer Stelle zu kochen schien. Ein paar Wochen später brach dort ein Vulkan unter dem Meer aus und spuckte Dampf, Feuer und Asche hoch in die Luft. Schnell wurde aus dem Vulkan eine neue Insel, die man Surtsey nannte und die heute der südlichste Punkt Islands ist.

Island liegt so dicht am Polarkreis, dass es im Juni praktisch immer hell ist, aber im Dezember fast ununterbrochen dunkel bleibt. Dann bleiben die Menschen meist in ihren gemütlichen, warmen Häusern, lesen, spielen Videospiele und sehen fern. Die meisten Häuser in der Hauptstadt Reykjavík werden mit Geothermie geheizt: Man bohrt Löcher in die Erde und pumpt das vulkanisch aufgeheizte Wasser herauf.

Mit all den Vulkanen, heißen Quellen, Felsen und steilen Küsten ist Island sehr schön. Besucher kommen aus der ganzen Welt, um sich diese faszinierenden Landschaften anzusehen. Aber Vulkane können auch gefährlich sein: Wegen eines Ausbruchs im Jahr 2010 mussten rund 20 Länder in Europa für mehr als eine Woche alle Flüge absagen, denn die Flugzeuge konnten nicht gefahrlos durch die riesige Aschewolke fliegen.

1000 JAHRE CHRISTENTUM

„Erzähl mir mal, wie aus Island ein christliches Land wurde!", bat Erik.

Sein Vater erklärte: „Wir sind seit 1000 Jahren ein christliches Land. Es begann mit den ersten Siedlern. Sie waren große Abenteurer, die lange, gefährliche

ZAHLEN + FAKTEN

FLÄCHE: 103 000 km²
EINWOHNERZAHL: 338 000
HAUPTSTADT: Reykjavík
SPRACHE: Isländisch
HAUPTRELIGION: Christentum
HAUPTEXPORTGÜTER: Fisch, Fischprodukte, Aluminium

SCHON GEWUSST?

Nach isländischer Tradition werden Nachnamen aus dem Vornamen des Vaters gebildet. Wenn ein Junge z. B. Kári heißt und sein Vater Jón, dann lautet sein kompletter Name Kári Jónsson. Der Nachname seines Sohnes ist Kárisson. Und Inga, die Tochter von Jón, heißt Inga Jónsdóttir.

Seereisen machten. Und kurz vor dem Jahr 1000 kamen Menschen aus Norwegen und brachten die gute Nachricht von Jesus mit. Immer mehr Menschen in Island entschieden sich, Jesus nachzufolgen. Aber viele Menschen beteten auch weiter die alten nordischen Götter an, z. B. Thor und Odin.

Unsere Vorfahren wollten sich dann entscheiden, ob sie ein christliches Land werden oder die alten Götter behalten wollten. Im Jahr 1000 gab es eine große Volksversammlung, und dort wurde abgestimmt und entschieden, dass Island eine christliche Nation sein wollte. Manche Familien kommen auch noch jeden Tag zusammen, um zu beten und in der Bibel zu lesen, so wie wir. Aber es sind nicht mehr so viele wie früher."

„Kaum einer meiner Schulfreunde geht zur Kirche, außer bei Taufen, Hochzeiten oder Beerdigungen", sagte Erik.

„Ja, die meisten Isländer nennen sich nur noch Christen, weil es Teil unserer Kultur und Tradition ist."

„Meine Freunde finden, dass sich das schon gut anhört, was ich von den christlichen Sommerfreizeiten erzähle, zu denen ich fahre, aber sie wollen trotzdem nicht mit. Auch nicht zum Gottesdienst. Und sie verstehen nicht, wovon ich rede, wenn ich sage, dass Jesus mein Freund ist, der versprochen hat, immer bei mir zu sein. Ist Island wirklich noch ein christliches Land?"

Eriks Vater meinte: „Einige von uns bitten Gott darum, dass eines Tages das ganze Land voller Begeisterung Jesus nachfolgt. Gott hat bereits begonnen, dieses Gebet zu erhören. Wir haben eine neue, leicht verständliche Bibelübersetzung, und manche Gemeinden leiten Christen an, wie man die gute Nachricht von Jesus weitersagt. Einige Isländer gehen sogar in andere Länder, um den Menschen dort von Jesus zu erzählen. Und außerdem ziehen Menschen aus fernen Ländern nach Island. Einige von ihnen gehören anderen Religionen an, aber manche sind auch überzeugte Christen, die manchmal die Menschen in Island zum Nachdenken bringen, woran sie eigentlich selbst glauben."

Eishöhle

SO KANNST DU FÜR ISLAND BETEN

DANKE GOTT FÜR:

* die Isländer, die erkennen, dass das Christentum weit mehr als nur eine alte Tradition ist.

* die moderne isländische Bibelübersetzung.

* diejenigen, die die gute Nachricht von Jesus denen weitergeben, die ihn nicht kennen.

BITTE GOTT:

* dass sich bei den Sommerfreizeiten viele Kinder bekehren.

* dass die Studenten der Bibelschulen die gute Nachricht von Jesus überall weitersagen.

* für mehr Pastoren und Evangelisten, die die Bibel klar lehren.

* dass er den Christen hilft, verständlich über Jesus zu reden. Viele Isländer kennen zwar christliche Traditionen, wissen aber nicht, was es bedeutet, mit Jesus zu leben.

INDIEN
Land der Millionen Götter

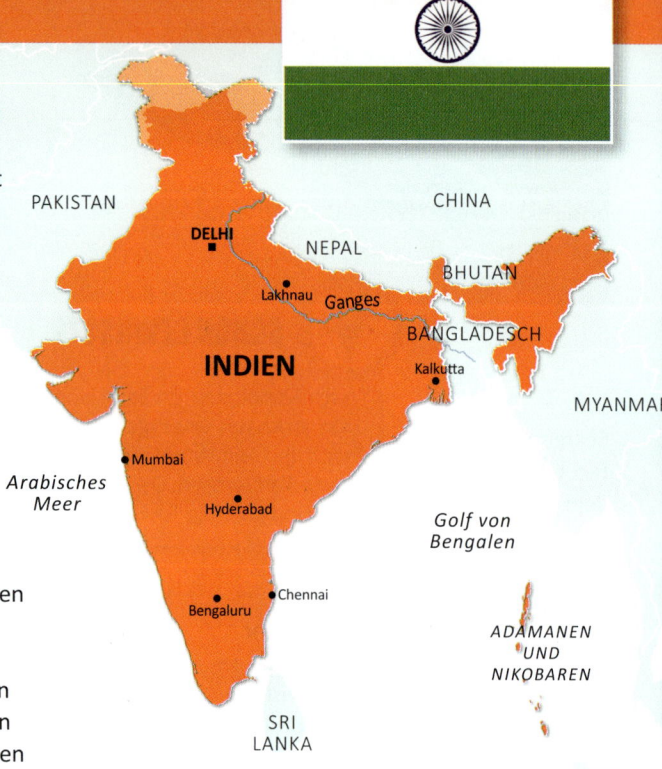

DAS GROSSE FEST

„Komm, wach auf!" Sanjay rüttelte seinen Bruder. „Die Sonne geht bald auf. Wir müssen los!" Überall um sie herum standen die bunten Zelte der Millionen Menschen, die auch zum *Kumbh-Mela*-Fest gekommen waren.

Das Abenteuer der beiden Brüder hatte vor einer Woche begonnen, als sie aus ihrem Dorf losgewandert waren in Richtung Allahabad, Indiens „Stadt der Götter". Sie wollten zu dem großen Fest – *Mela* – an dem heiligen Ort, wo sich die Flüsse Ganges und Yamuna treffen. Manchmal waren sie ein Stück auf einem Ochsenkarren mitgefahren, ein- oder zweimal auch in vollbesetzten Bussen, aber fast die ganze Strecke waren sie über heiße, staubige Straßen und Wege gelaufen.

Am Fluss wurden sie Teil eines riesigen Pilgerzugs. Alle waren unterwegs zum Ufer, schoben und drückten und wichen heiligen Kühen und umherwandernden Ziegen aus. Endlich kamen sie an den gewaltigen Fluss und stiegen in das fließende Wasser. Sanjay wandte sich der aufgehenden Sonne zu und goss sich Wasser über den Kopf. Er hoffte, dass das seine Sünden abwaschen würde.

Kumbh Mela ist eines der großen religiösen Feste Indiens und findet nur alle zwölf Jahre statt. Aus ganz Indien kommen reiche und arme Hindus aus hohen und niedrigen Kasten, um ihre Sünden im Ganges abzuwaschen. Die meisten von ihnen haben nie davon gehört, dass Jesus ihre Sünden für immer abwaschen und sogar ihre Herzen rein machen kann.

MILLIONEN GÖTTER

Indien ist ein sehr religiöses Land. Überall gibt es Tempel und Schreine. Es heißt, dass die Hindus mehr als 330 Millionen Götter und Göttinnen haben, und manche von ihnen werden in ganz Indien verehrt.

Jeden Morgen wecken die Hindu-Priester die Statuen der Götter in den Tempeln auf, baden sie, ziehen sie an, geben ihnen zu Essen und beten sie an. Wenn Menschen im Hindu-Tempel beten wollen, bringen sie Gaben aus Essen oder Blumen für die bunt bemalten Götterstatuen. Sie läuten die Glocke im Tempel, um sicherzugehen, dass der Gott oder die Göttin auch wach ist. Aber trotz ihrer Gaben und Gebete wissen sie nicht, ob die Götter wirklich gut zu ihnen sind.

VIELE RELIGIONEN

Aus Indien stammen vier Weltreligionen: Hinduismus, Buddhismus, Jainismus und Sikhismus. Viele Christen glauben, dass der Apostel Thomas als Missionar nach Indien kam. Die meisten Inder sind

ZAHLEN + FAKTEN

FLÄCHE: 3 288 000 km²

EINWOHNERZAHL: über 1 Mrd.

HAUPTSTADT: Delhi

HAUPTSPRACHEN: Die indische Verfassung erkennt 22 Sprachen als lokale Amtssprachen an. Hindi und Englisch sind Nationalsprachen. Insgesamt werden aber wahrscheinlich mehr als 800 Sprachen und Dialekte gesprochen.

HAUPTRELIGIONEN: Hinduismus, außerdem Islam, Christentum, Sikhismus, Buddhismus

HAUPTEXPORTGÜTER: Schmuck, Edelsteine, Autos, Getreide, Textilien, Maschinen, Elektrogeräte und -programme, Arzneimittel, Tee

Ganges, Uttar Pradesh

Hindus, die zweitgrößte Gruppe sind Muslime (in Indien leben mehr Muslime als im ganzen Nahen Osten). Aber es gibt auch viele Christen, Sikhs, Jains, Buddhisten und Animisten.

Bei so viele unterschiedlichen religiösen Gruppen ist es kein Wunder, dass es manchmal zu Problemen oder sogar gewalttätigen Zusammenstößen kommt. Manche Hindu-Gruppen meinen, jeder Inder müsse Hindu sein, und versuchen mit Gewalt, Menschen vom Christentum, Islam oder Buddhismus abzubringen.

Heute wächst und gedeiht die christliche Kirche in Indien. Tausende indische Missionare und Gemeindemitglieder reden mutig über Jesus, selbst wenn sie bedroht und angegriffen werden. Die indischen Gesetze garantieren eigentlich Religionsfreiheit, aber an manchen Orten werden Christen trotzdem verfolgt.

WIE SOLLEN SIE HÖREN?

Obwohl in Indien so viele hingegebene Christen leben, gibt es dennoch mehr als 2500 unterschiedliche Volksgruppen, die die gute Nachricht noch nicht gehört haben. Einige haben keine Missionare und keine Bibel in ihrer Sprache, und viele Inder haben noch nie in ihrem Leben einen Christen getroffen.

Indische Gläubige beten, dass noch mehr Christen die gute Nachricht in jedes Dorf und jede Stadt bringen und dass überall Gemeinden entstehen und wachsen. Lasst uns mit ihnen beten!

DIE BEDÜRFTIGSTEN

Indien reicht von den gewaltigen Gipfeln des Himalayas im Norden über große Ebenen mit mächtigen Strömen bis in den tropischen Süden. Es gibt bereits jetzt weit über eine Milliarde Inder, und man geht davon aus, dass Indien China bis 2030 überholt und zum bevölkerungsreichsten Land der Welt wird.

Durch moderne Technologie verändert sich Indien rasch. Mehr als eine Milliarde Mobiltelefone sind in Gebrauch. In Indien arbeiten mehr Menschen im Computer-Bereich als in jedem anderen Land der Erde, und viele von ihnen entwickeln die Programme und Apps, die wir alle nutzen.

In den Großstädten Indiens gibt es teure Restaurants, Häuser und Geschäfte, aber auch riesige Slums voller Menschen, die ums Überleben kämpfen. Es gibt einen gewaltigen Unterschied zwischen Arm und Reich.

Verschmutztes Wasser und fehlende Toiletten führen zu Krankheiten und manchmal zum Tod. Bei so viel Armut kämpfen die Menschen mit schrecklichen Krankheiten wie Tuberkulose oder Lepra, die bei uns gut behandelt werden können. Die Mehrzahl der Inder lebt immer noch auf dem Land, wo es kaum Ärzte, Kliniken oder Medikamente gibt und deshalb selbst eher einfache Krankheiten unbehandelt bleiben.

Christen arbeiten in Krankenhäusern, Schulen und Kirchen. Einige helfen den Millionen Obdachlosen. Andere verteilen christliche Bücher, führen Filme vor und bringen Kindern das Lesen bei.

SO KANNST DU FÜR INDIEN BETEN

DANKE GOTT FÜR:

* alle indischen Christen, die große und wachsende Gemeinde in Indien und die vielen indischen Missionsgesellschaften und Bibelschulen.
* Tausende indische Missionare in Indien und Umgebung.
* die Bibel in mindestens 70 der Sprachen Indiens.

BITTE GOTT, DASS:

* er den Christen Kraft und Mut gibt – vor allem denen, die gedrängt werden, zum Hinduismus zurückzukehren.
* noch mehr Christen hingehen und jedem Dorf und jedem Menschen die gute Nachricht bringen.
* es mehr Bibelübersetzungen gibt, damit alle die Bibel in der eigenen Sprache bekommen.
* er den Millionen Indern hilft, die in extremer Armut leben und an Krankheiten wie Lepra, Malaria, Denguefieber leiden oder blind sind.

INDIEN, Fortsetzung

DIE UNBERÜHRBAREN BERÜHREN

Als die Sonne unterging, hielt Meira die braune Tontasse in den Händen und dankte Gott für das kühle Wasser. Ihr war heiß, sie war staubig, und sie stank. Sie hatte den ganzen Tag so wie fast alle Tage damit verbracht, die öffentlichen Toiletten in ihrem Ort zu reinigen. Sie war erst acht Jahre alt, aber sie musste hart arbeiten, damit ihre Familie Essen kaufen konnte. Ihr Bruder Vinod war noch jünger, und er arbeitete auch schon auf den Feldern. Keiner von ihnen ging zur Schule.

Meira trank aus, dann schmiss sie die Tasse auf den Boden und zerbrach sie. Das tat sie nicht aus Wut, sondern weil sie eine *Dalit* war – eine sogenannte „Unberührbare". In Meiras Dorf wird verlangt, dass Dalits ihr Geschirr nach Gebrauch entweder zerbrechen oder waschen, damit sich nicht etwa jemand aus einer höheren Kaste dadurch „verunreinigt", dass er oder sie aus der gleichen Tasse wie ein Dalit trinkt.

Meira hatte davon gehört, dass Jesus einmal an einem Brunnen Wasser von einer ausgestoßenen Frau angenommen und sogar aus ihrem Trinkgefäß getrunken hatte. Sie wünschte sich, dass alle Menschen einander so behandelten, wie Jesus Menschen behandelte.

Einige Leute aus einem anderen Dorf waren gekommen und hatten einen Film über diesen Jesus gezeigt. Er war der fehlerlose Sohn Gottes. Er war ein Freund der Armen und berührte sogar unreine Menschen. Meiras ganze Familie hatte Tränen in den Augen, als sie zusahen, wie böse Männer Jesus umbrachten, aber sie klatschten vor Freude in die Hände, als sie sahen, dass der Tod ihn nicht besiegen konnte. Er kam wieder zurück ins Leben!

Jetzt trifft sich Meiras Familie mit anderen Dalits, die auch Jesus nachfolgen wollen.

Die Christen erzählten ihnen noch mehr Geschichten über sein Leben und seine Wunder. Meira träumte davon, zur Schule zu gehen und lesen und schreiben zu lernen. Das Leben war hart, und doch hatten Meira und ihre Familie den Sohn Gottes getroffen, der gerne bereit war, eine Tasse mit ihnen zu teilen.

LEBEN IM KINDERHEIM

Kamala schloss lächelnd ihr Heft. Für heute war sie mit den Hausaufgaben fertig. Bald würden sie und die anderen Mädchen etwas zu Essen bekommen und dann zum Abendgebet gehen. Beim Gebetstreffen schaute Kamala gerne die vielen bunten Flaggen auf der Weltkarte an – lauter Länder, die sie sicher nie besuchen würde, aber für die sie beten konnte. Vor allem aber lernte sie gerne in der Schule.

Kamala wusste, dass sie gesegnet war. Ihre Familie hatte sie nach der Geburt im Stich gelassen, aber gute Menschen vom Kinderheim hatten sie mitgenommen. Viele Eltern wollten nur Jungen, keine Mädchen. Wenn sie darüber nachdachte, war sie manchmal traurig. Aber sie wusste, dass sie geliebt war – von den Menschen um sie herum und von Gott!

Die Leiter des Kinderheims waren Christen. Sie kümmerten sich um viele Mädchen und ein paar Jungen. Jeden Tag erinnerten sie jedes einzelne Kind daran, dass Gott es genau so gemacht hat, wie es ist, und dass jedes Einzelne von ihnen in seinen Augen ein wertvoller Schatz ist. So vielen anderen Mädchen wurde diese gute Nachricht nie gesagt!

Die Leiter zeigten durch ihr Leben, wie man Jesus nachfolgt, und sie brachten den Kindern bei, wie man betet. Kamala dachte, wie wunderbar es ist, dass Gott die Gebete von Kindern hört. Sie hatte es schon selbst erlebt, dass er mächtig genug war, um sie zu beantworten.

Kamalas Ziel war es, eifrig zu lernen und gute Noten zu bekommen, um an der Universität studieren zu können. Dort würde sie noch mehr lernen. Und schließlich würde sie Politikerin werden. Sie würde die Gesetze ändern, sodass Jungen und Mädchen gleichbehandelt würden. Und sie würde dafür sorgen, dass jedes Kind ein sicheres Zuhause und eine Schulbildung bekommt. Kamala wusste, dass Gott sie geschaffen hatte und sie so liebte, wie sie war. Sie wollte aus Indien ein Land machen, in dem jeder, gerade auch Mädchen und Waisenkinder, das wusste.

SCHON GEWUSST?

Einige der beliebtesten Brettspiele der Welt stammen aus Indien, zum Beispiel das Leiterspiel oder Schach.

SO KANNST DU FÜR INDIEN BETEN

DANKE GOTT FÜR:

* die vielen Dalits, die in Jesus Annahme und Hoffnung finden.
* die vielen Tausend Kinderheime und Schulen, die bedürftigen Kindern helfen.
* Christen, die den Armen, Kranken, Behinderten und Obdachlosen helfen – Menschen, die normalerweise niemand berührt und denen niemand hilft.

BITTE GOTT:

* dass eines Tages Jesus der einzige Gott ist, der in Indien angebetet wird.
* dass Mädchen und Jungen aus allen Schichten Unterstützung, Liebe und Bildung bekommen.
* dass die Christen einander lieben und andere lieben, egal, welchen Hintergrund sie haben.
* dass alle Inder wissen, dass sie Kinder Gottes und wertvoll in seinen Augen sind.
* für Regierung, Gerichte und Polizei, dass sie gerecht dienen und die Gesetze und die Rechte aller Menschen in Indien achten.

Töpferei im Dharavi-Slum, Mumbai

71

INDONESIEN
Ein Inselstaat

700 SPRACHEN

Indonesien besteht aus ungefähr 18 000 Inseln. Wollte man jeden Tag eine andere Insel besuchen, wäre man fast 50 Jahre beschäftigt, bis man auf allen war. Die Inseln erstrecken sich über 5000 Kilometer – das ist so weit wie die Strecke zwischen Deutschland oder Österreich und der Mongolei. Auf vielen der Inseln gibt es Vulkane, und sie sind von dichtem tropischem Regenwald bedeckt. Mehr als die Hälfte der Inseln ist komplett unbewohnt.

Indonesien ist das viertbevölkerungsreichste Land der Erde, und hier leben mehr als 750 Volksgruppen, die über 700 verschiedene Sprachen sprechen. Die größten Volksgruppen sind die Javaner und die Sundanesen, andere sind z. B. die Maduresen, die Betawi und die Bugis. In diesem Buch gibt es eigene Kapitel über die Balinesen (S. 14), die Minangkabau (S. 100) und die Sundanesen (S. 154).

Mehr als 350 Jahre lang regierten die Niederlande Indonesien, bis das Land zwischen 1945 und 1949 nach und nach unabhängig wurde. Zwischen 1950 und 1998 wurde das Land durch zwei mächtige Präsidenten regiert, zunächst Sukarno, dann Suharto. Seither wird das Land eher demokratisch regiert, aber das ist mit so vielen Inseln, Sprachen und Volksgruppen auch nicht so leicht.

Indonesien leidet oft schwer unter Naturkatastrophen. Erdbeben, Vulkanausbrüche, Überschwemmungen und Tsunamis richten große Schäden an. Im 19. Jahrhundert gehörten die Ausbrüche des Tambora und des Krakatau zu den größten, die es jemals gegeben hat. Sie waren so heftig, dass wegen der vielen Asche in der Luft das Wetter auf der ganzen Welt kälter wurde und es z. B. selbst noch in Europa 1816 eine große Hungersnot mit vielen Toten gab, weil die Ernte ausgefallen war. 2004 wurde Indonesien von einem Tsunami getroffen, der fast eine Viertelmillion Menschen tötete. Und auch seither sind bei Erdbeben Tausende ums Leben gekommen.

Mehr als die Hälfte der Indonesier arbeitet in der Landwirtschaft und baut Reis, Obst, Gemüse, Tabak und Kaffee an. In den Regenwäldern wächst viel wertvolles Holz, aber illegale Baumrodungen schaden dem Land und den Tieren.

ZAHLEN + FAKTEN

FLÄCHE: 1 905 000 km²

EINWOHNERZAHL: 267 Mio.

HAUPTSTADT: Jakarta

HAUPTSPRACHEN: Bahasa Indonesia (Amtssprache), mehr als 700 andere Sprachen

HAUPTRELIGIONEN: Die meisten sind Muslime. Offizielle Religionen: Islam, protestantisches und katholisches Christentum, Hinduismus, Buddhismus und Konfuzianismus. Animistische Religionen sind nicht offiziell anerkannt, werden aber auch praktiziert.

HAUPTEXPORTGÜTER: Erdgas, Palmöl, Holz, Gummi, Textilien

Mädchen auf Sumatra

Bromo-Vulkan, Ost-Java

WIRKLICH EIN LAND?

Indonesien könnte ein reiches Land sein, aber es gibt nur ein paar sehr Reiche, während Millionen andere nicht genug zu essen haben. Eines der Hauptprobleme ist Korruption. Ein paar unehrliche, selbstsüchtige und habgierige Menschen haben eine Menge Macht. Wenn alle ehrlich und großzügig wären, könnte Indonesien viel wohlhabender sein.

Einige der Inseln Indonesiens, z. B. Java und Madura, sind sehr übervölkert, während es auf anderen noch eine Menge Platz gibt. Die Regierung versucht deshalb, Menschen von den übervölkerten Inseln dazu zu bringen, auf die leereren zu ziehen. Aber die Menschen dort sind nicht gerade glücklich darüber, dass sie ihr Land plötzlich mit Neuankömmlingen teilen sollen, die andere Sprachen sprechen und manchmal eine andere Religion haben.

Obwohl es Hunderte Volksgruppen gibt, will die Regierung, dass sich alle Indonesier als eine einzige Nation mit einer gemeinsamen Sprache und sechs erlaubten Religionen sehen. In der Schule müssen deshalb alle Kinder die Nationalsprache *Bahasa Indonesia* lernen.

In Indonesien leben mehr Muslime als in jedem anderen Land der Welt. Einige halten sich nur an ein paar muslimische Traditionen und die Kultur, aber viele befolgen den Islam auch genau. Andere vermischen den Islam mit alten Zauberpraktiken. Und wieder andere wollen, dass Indonesien ein komplett islamischer Staat mit islamischen Gesetzen wird. Diese verfolgen manchmal Gruppen, die anders sind als sie selbst. In der Vergangenheit wurden auch schon Kirchen niedergebrannt und sogar Christen getötet. Aber diese Verfolgung hat nicht dazu geführt, dass die Gemeinden aufhören zu wachsen – im Gegenteil: Die Zahl der Christen hat in den letzten 50 Jahren stark zugenommen.

Moschee in Zentral-Java

Obwohl es in Indonesien viele Christen gibt, die Jesus wirklich lieben, gibt es auch andere, die nie die Bibel lesen und nicht versuchen, so wie Jesus zu leben. Für sie ist Christentum nur eine Art kulturelle Tradition.

ÜBER ISA REDEN

Mit sechs Jahren fing Enjang an, den Koran zu lesen. Als er darin von der Hölle las, bekam er es mit der Angst zu tun. Sein Onkel zeigte ihm, wo er etwas über Isa, den Sohn von Maria, lesen konnte. Enjang erfuhr, dass Isa der muslimische Name für Jesus ist. Als er älter wurde, liebte er Jesus immer mehr. Er erzählte anderen muslimischen Kindern von Isa, aber da wurden deren Eltern wütend. Enjangs Bruder wurde sogar so wütend, dass er Enjang aus dem Haus warf. Aber egal, wo Enjang hinging, er erzählte den Menschen von Jesus.

Die Gemeinde in Indonesien wächst wegen Menschen wie Enjang. Bete mit, dass alle Gebiete des Landes von Gottes Liebe hören.

Viele Christen in Indonesien wollen allen Menschen überall die Botschaft von Jesus bringen. Indonesische Christen leben ja in einem muslimischen Land mit einer Vielzahl von Kulturen, deshalb lernen sie oft schnell, wie man Muslimen das Evangelium weitersagt. Gott kann sie großartig als Missionare in anderen Ländern gebrauchen.

SO KANNST DU FÜR INDONESIEN BETEN

DANKE GOTT FÜR:

* alle Indonesier, die Jesus lieb haben, vor allem für die, die erst vor Kurzem Christen geworden sind.

* die wachsende Kirche, obwohl viele Christen unter Armut und Verfolgung leiden.

BITTE GOTT:

* dass er Christen auf jede bewohnte Insel Indonesiens sendet, um dort die Botschaft von Jesus weiterzusagen.

* für Erweckung in den Kirchen, sodass alle Christen wirklich für Jesus leben.

* dass er Christen hilft, denen zu vergeben, die sie verletzen und ihre Kirchen zerstören wollen.

* für die Regierung, dass sie gerecht gegenüber allen Völkern, Inseln und Religionen ist.

Verkehr in Jakarta

IRAK
Zwischen Euphrat und Tigris

TÜRKEI
SYRIEN
Mossul • Kirkuk
Tigris
Euphrat
IRAN
BAGDAD
IRAK
JORDANIEN
Basra •
SAUDI-
ARABIEN
KUWAIT

EIN LAND DER BIBEL

Wo auf der Welt begannen eigentlich die Geschichten der Bibel? In 1. Mose 2 geht es um „Mesopotamien", das Land zwischen Euphrat und Tigris. Hier wurde der Turm von Babel gebaut und Abraham von Gott berufen, in das Gelobte Land zu ziehen.

Mehr als 1000 Jahre später mussten die Juden ins babylonische Exil. Dort wurden auch Schadrach, Meschach und Abed-Nego in den Feuerofen geworfen, und hier diente Daniel dem König Nebukadnezar.

Mesopotamien und Babylon lagen beide auf dem Gebiet des heutigen Irak. An Pfingsten waren auch Menschen aus Mesopotamien in der Menschenmenge, zu der Petrus redete. Einige wurden an diesem Tag, an dem die christliche Gemeinde entstand, Nachfolger von Jesus.

Im Irak gibt es im Westen Wüste, im Süden Sümpfe und im Norden Hügel und hohe Berge. Die meisten Menschen, die heute im Irak leben, sind Araber, aber es gibt auch Kurden und andere. Irak hat fast 10 % der Erdölvorkommen der Welt sowie fruchtbares Ackerland, daher könnte es ein wohlhabendes Land sein. Aber brutale Herrscher, Kriege und Streit zwischen verschiedenen Gruppen im Land haben zu viel Leid und Gewalt geführt.

EIN LAND IN NOT

Die Republik Irak wurde einst von mächtigen und gefährlichen Männern wie Präsident Saddam Hussein beherrscht. Die USA und einige ihrer Verbündeten marschierten 2003 in das Land ein, um ihn loszuwerden. Aber diese Gewalttat löste noch viel mehr Gewalt aus. Statt einem Land unter einem starken Herrscher war das Land aufgesplittert und wurde von Bandenchefs und Milizen kontrolliert. Alle hatten verschiedene politische und religiöse Ansichten und kämpften erbittert gegeneinander.

Doch aus dem Chaos entstand ein noch größeres Übel: Im Westirak und in Ostsyrien übernahm der „Islamische Staat" (IS) die Macht. Er errichtete ein islamisches Kalifat, in dem jeder streng nach islamischen Gesetzen gerichtet

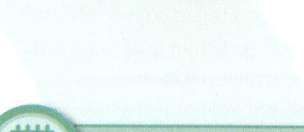

IRAK

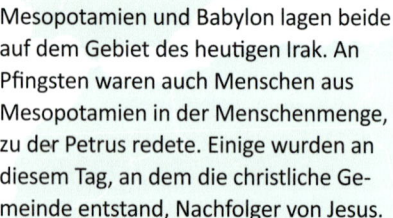

ZAHLEN + FAKTEN

FLÄCHE: 434 000 km²

EINWOHNERZAHL: 39 Mio.

HAUPTSTADT: Bagdad

HAUPTSPRACHEN: Arabisch, Kurdisch, außerdem Assyrisch

HAUPTRELIGION: Islam (schiitische Mehrheit, sunnitische Minderheit)

HAUPTEXPORTGUT: Erdöl

Ziggurat von Ur aus der Zeit Abrahams

Dattelernte

wird. Die IS -Kämpfer zeigen keine Gnade gegenüber Andersgläubigen oder anderen Formen des Islam. Sie sind brutal und mörderisch. Besonders grausam sind sie gegenüber Christen und Nicht-Arabern wie Jesiden und Kurden (mehr über diese auf den Seiten 86 bzw. 188). Der IS übernahm schnell in großen Teilen des Irak die Macht und führte ein hartes Regiment. Trotz aller vorherigen Differenzen taten sich alle anderen Gruppen der Region zusammen, um, unterstützt von Verbündeten aus dem Ausland, den IS zu bekämpfen. Inzwischen beherrscht der IS kaum noch Land.

Nach all diesen Jahren voller Kämpfe und Unruhen sind die meisten Iraker sehr arm. Viele haben keinen Strom, kein sauberes Wasser und keine Gesundheitsversorgung. Die Bauernhöfe sind beschädigt, und Arbeit gibt es kaum. Und immer noch herrscht Gewalt: Islamische Gruppen schießen aufeinander und werfen Bomben.

WENIGE SIND ÜBRIG

Seit dem 1. Jahrhundert gibt es Christen in der Region, aber der Irak ist heute ein fast komplett muslimisches Land. Die meisten irakischen Christen gehören zu uralten Kirchen wie der chaldäisch-katholischen Kirche, der assyrischen Kirche des Ostens oder der syrisch-orthodoxen Kirche.

In den letzten Jahren wurden die irakischen Christen massiv verfolgt. Viele ihrer Kirchen wurden zerstört, und die meisten Christen flohen ins Ausland. Viele von ihnen werden nie zurückkehren. Das Leben ist für Christen im Irak extrem schwierig. Sie haben die gleichen Nöte wie alle anderen Iraker, aber sie werden zusätzlich verfolgt, weil sie Christen sind. Die Bibel sagt uns aber, dass Gott auch die Armen, die Obdachlosen und die Verfolgten liebt.

GEFÄHRLICH

Ahmeds Kirche in Bagdad war völlig überfüllt. Dutzende bewaffnete Wächter umrundeten zum Schutz das Gebäude. Obwohl gewalttätige Muslime schon versucht hatten, die Kirche in die Luft zu sprengen und die Gemeindemitglieder umzubringen, stieg die Zahl der Gottesdienstbesucher immer mehr.

Ahmeds Eltern waren Muslime, aber sie sahen, wie die verschiedenen Muslim-Gruppen versuchten, sich gegenseitig zu töten, während die Christen versuchten, den Hungrigen Essen zu geben und den Leidenden zu helfen. Ahmeds Familie beschloss, Jesus nachzufolgen. Jedes Mal, wenn sie zum Gottesdienst gehen, riskieren sie es, erschossen zu werden. Sie wissen, dass manche Muslime sie töten wollen, weil sie den Islam verlassen haben, aber sie haben noch nie so viel inneren Frieden gespürt.

SO KANNST DU FÜR DEN IRAK BETEN

DANKE GOTT:

* dass es im Irak seit den ersten Tagen des Christentums Christen gibt.
* für die Bibel und viele christliche Materialien auf Arabisch und Kurdisch.
* für die Muslime, die sich zu Jesus bekehrt haben.

BITTE GOTT, DASS:

* er Frieden in dieses Land bringt, das so sehr gelitten hat.
* er die Pläne böser Menschen verhindert, die andere verletzen und töten wollen.
* er Christen sendet, die sich um die Leidenden kümmern, v. a. um die Kinder und die Ärmsten.
* er den Christen Kraft schenkt, Jesus treu zu bleiben, auch wenn es sehr schwer und gefährlich ist.
* alle Menschen im Irak Jesus kennenlernen und sehen, dass er der Einzige ist, der Frieden und Rettung bringt.

Große Moschee von Kufa

ISRAEL
Heiliges Land der Juden, Christen und Muslime

„Warum sagen die Leute, dass Israel die Heimat der Juden ist?", fragte Tanya ihren Vater. Tanya und ihre Familie sind „messianischen Juden" – also Juden, die an Jesus als den Messias glauben. Tanyas Großvater war aus Russland nach Israel ausgewandert.

Ihr Vater antwortete: „Diese Geschichte hat vor vielen Tausend Jahren angefangen. In der Thora (das sind die ersten fünf Bücher der Bibel) hat Gott dieses Land seinem Volk, den Hebräern oder Juden, versprochen. Berühmte Könige wie Saul, David, Salomo, lebten und herrschten hier. Jesus wurde hier geboren, lebte hier, starb und erstand wieder auf, deshalb ist Israel auch für Christen wichtig. Und die Muslime glauben, dass der Prophet Mohammed von hier aus auf einem geflügelten Pferd zum Himmel auffuhr, um mit Gott zu sprechen. Deshalb nennen Juden, Christen und Muslime Israel das ‚Heilige Land'."

VERTRIEBEN

„Vor 2000 Jahren wurden die Juden von den Römern gezwungen, das Land zu verlassen, das damals Palästina hieß. Sie ließen sich im Lauf der Zeit in vielen Ländern der Erde nieder, aber sie hofften und beteten immer, in ihr eigenes Land zurückkehren zu dürfen.

Im Jahr 641 eroberten muslimische Araber das Land und siedelten hier. Aber gegen Ende des 19. Jahrhunderts zogen einige Juden aus Europa hierher und gründeten Landwirtschaftsbetriebe. Es kamen immer mehr – es war eine ganze Bewegung, der „Zionismus". Aber das Land gehörte immer noch nicht ihnen.

ISRAEL

neue jüdische Staat Israel gegründet. Seither sind viele Juden aus der ganzen Welt nach Israel gezogen."

„Ja, einige meiner Schulfreunde stammen aus Europa, Amerika, Asien und Afrika", sagte Tanya.

„Es ist toll, dass Juden aus der ganzen Welt nach Israel zurückkehren. Es ziehen aber auch Menschen her, die weder Araber noch Juden sind. Einige davon sind Christen."

„Und was ist mit den Palästinensern?", fragte Tanya.

„Das ist noch mal eine lange Geschichte. Seit 1948 gab es immer wieder Kriege und viel Gewalt zwischen Juden

EIN NEUER STAAT

Während des Zweiten Weltkriegs versuchten die Nazis, das ganze jüdische Volk zu vernichten, das nennt man den Holocaust. Nach dem Krieg schlug die UNO vor, Palästina in zwei unabhängige Staaten zu teilen, einen jüdischen und einen arabischen Staat. Am 14. Mai 1948 wurde der

ZAHLEN + FAKTEN

FLÄCHE: 22 000 km². Weitere 7000 km² (Westjordanland, Gaza, Golanhöhen) sind seit 1967 von Israel besetzt.

EINWOHNERZAHL: 8,5 Mio.

HAUPTSTADT: Jerusalem, was aber die meisten Länder nicht anerkennen. Die Regierung ist in Tel Aviv.

HAUPTSPRACHEN: Hebräisch, Arabisch

HAUPTRELIGIONEN: jüdische Mehrheit, muslimische Minderheit

HAUPTEXPORTGÜTER: Maschinen, Computer-Software, Chemikalien, Textilien, geschliffene Diamanten, Obst, Gemüse

und Arabern. Tausende Araber waren gezwungen, ihre Heimat zu verlassen, als damals das Land an die Juden ging. Natürlich wollten diese Araber auch ein eigenes Land haben.

Israel baute eine 700 km lange Mauer zwischen Israel und den Gebieten der Palästinenser, manchmal sogar mitten durch sie hindurch. Die meisten anderen Länder sagen, dass es falsch war, diese Mauer zu bauen. Stell dir vor, du würdest auf der einen Seite der Mauer wohnen und auf der anderen arbeiten – auf deinem Weg zur Arbeit müsstest du immer eine Grenze passieren."

JESCHUA NACHFOLGEN

„Einige meiner Mitschüler sagen, ich könne keine Jüdin sein, weil ich doch Christin bin. Warum sagen sie das?", fragte Tanya.

„Das Alte Testament sagt, dass Gott uns einen Erlöser versprochen hat. Viele Juden hoffen, dass dieser Erlöser – oder Messias – bald kommt und seinem Volk Frieden bringt. Wir glauben, dass Jesus – auf Hebräisch *Jeschua* – der Messias ist, den Gott versprochen hat. Aber die meisten Juden glauben das nicht und warten immer noch auf den Erlöser. Und deshalb meinen manche, dass wir, wenn wir Jeschua nachfolgen, keine echten Juden sein können."

„Gibt es nicht auch palästinensische Christen? Warum sind denn in unserer Gemeinde nur Juden?"

„Oh, es gibt ganze palästinensische Dörfer, in denen nur Christen leben, doch leider treffen wir uns kaum. Ein Bekannter von mir hat mal mit ein paar Leuten aus seiner Gemeinde eine palästinensische Gemeinde besucht. Aber das war ein großer Schritt für sie, denn meist herrscht wenig Freundschaft zwischen Juden und Palästinensern ..."

jüdischer Vater und Sohn an der Klagemauer, Jerusalem

EIN BESONDERER BESUCH

Der Gottesdienst heute Morgen war ein besonderes Erlebnis gewesen. Einige messianische Juden hatten ihre palästinensische Gemeinde besucht. Viele Palästinenser und Juden sind sich feindlich gesinnt, aber ihr Pastor hatte diese jüdischen Gläubigen eingeladen. Am Ende des Gottesdienstes sangen die Besucher ein Segenslied auf Hebräisch. Es klang ungewohnt, aber schön.

Nuras Mutter lächelte: „Ich musste an das denken, was in der Bibel in Galater 3,28 steht: ‚Wir sind alle eins in Christus Jesus.' Wenn wir Jesus nachfolgen, gehören wir zur gleichen Familie, Gottes Familie. Eines Tages werden wir alle zusammen Jesus anbeten. Da sollten wir jetzt schon mal anfangen zu üben, nicht wahr?"

Nura dachte an die große Mauer am Rand ihrer Stadt. Die Mauer war aus Beton, aber die Mauer in manchen Herzen schien ihr noch viel größer. Nura überlegte, ob diese Mauern eines Tages eingerissen werden könnten, wenn Palästinenser und Juden gemeinsam Jesus anbeten.

palästinensische Kinder

IU-MIEN
Kinder des Drachenhunds

HALB DRACHE, HALB HUND

Ein seltsames Wesen, halb Drache, halb Hund, kam nach einer langen Reise zurück. Es hatte den Feind des Kaisers von China getötet und wollte jetzt die versprochene Belohnung abholen, nämlich die wunderschöne Tochter des Kaisers. Sie heirateten und hatten sechs tolle Söhne und sechs reizende Töchter, und das waren der Legende nach die Vorfahren des Iu-Mien-Volkes.

BERGHEIMAT

Die Iu-Mien leben hoch in den Bergen von Nordthailand, Laos, Vietnam und Südchina. Laut ihren Geschichten und Liedern waren sie früher ein starkes und unabhängiges Volk, wurden aber von den Chinesen besiegt. Sie gaben die Herrschaft über ihr eigenes Land an die Chinesen ab, und im Gegenzug erlaubten die Chinesen ihnen, ihre eigene Sprache und Kultur zu behalten und weiter in den Bergen zu leben, wo sie Ackerbau betrieben. Die Chinesen bezeichnen sie als „die Bergüberquerer".

In den Iu-Mien-Dörfern in Nordthailand sind die meisten Häuser aus Holz, aber arme Familien leben in Häusern mit Wänden aus Bambus, Dächern aus Gras und Böden aus gestampfter Erde. Die Leute im Dorf halten oft Schweine und Hühner. Auf den Terrassenfeldern an den Hängen bauen die Iu-Mien Reis, Mais, Soja und Erdnüsse an. Früher pflanzten sie auch eine besondere Mohnsorte an, aus der man die starke und schnell süchtig machende Droge Opium gewinnt. Opium-Anbau ist heute illegal, aber einige Menschen rauchen es immer noch. Traurigerweise geben auch einige Iu-Mien-Teenager dem Gruppendruck in der Schule nach und nehmen Drogen.

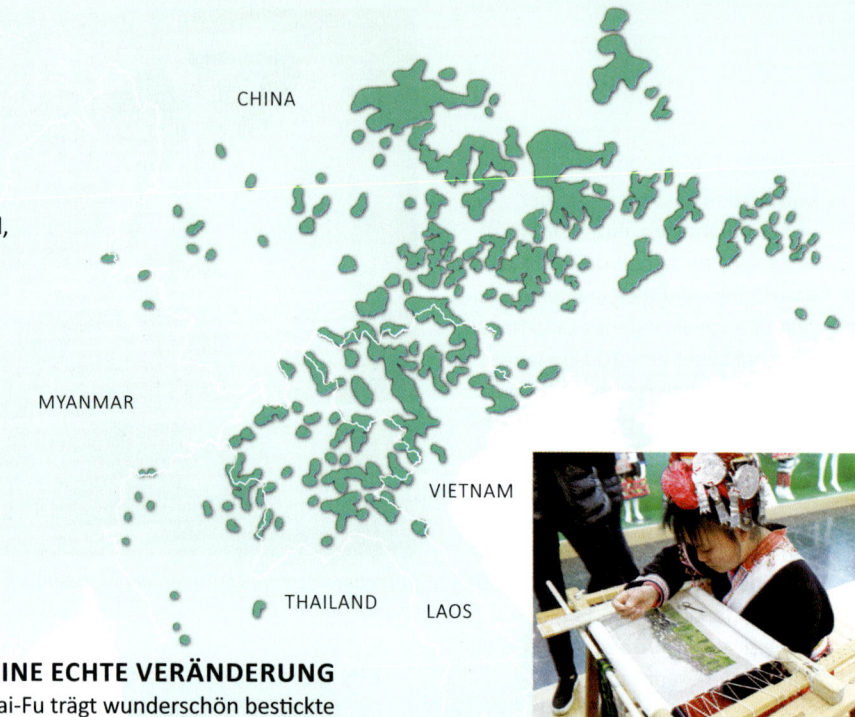

CHINA

MYANMAR

VIETNAM

THAILAND

LAOS

EINE ECHTE VERÄNDERUNG

Fai-Fu trägt wunderschön bestickte Kleider, einen schwarzen Turban und einen flauschigen roten Kragen. Sie und ihre Familie sind Christen.

„Früher glaubten wir an die Geister. Und wir hielten Geld, unsere Felder und unsere Feste für das Wichtigste im Leben. Als wir Christen wurden, veränderten wir uns nur äußerlich. Erst nach einer Weile verstanden wir, dass Jesus

Die Iu-Mien brauchen große Häuser: Eltern, Kinder, Enkel, Tanten, Onkel, Cousins und Cousinen leben alle unter einem Dach. Wenn die Iu-Mien ein neues Haus bauen, achten sie darauf, die Geister nicht zu stören, und sie bauen einen Altar für ihre Vorfahren mit ein.

uns auch tief in unseren Herzen verändern will. Er will, dass wir anders leben."

Die Christen und die Animisten in Fai-Fus Dorf unterscheiden sich deutlich. Die Animisten halten magische Rituale ab, die sie gesund machen sollen. Aber die Christen wenden sich nicht mehr an die Geister, sondern beten im Namen Jesu zu Gott. Sie sind immer bereit, anderen zu helfen und für sie zu beten.

Viele der Christen waren früher in keiner Schule, aber jetzt lernen sie Lesen, damit sie die Bibel lesen können. 2008 wurde die ganze Bibel in der Mien-Sprache veröffentlicht, und diese Bibelübersetzung ist speziell, weil es sie in vier verschiedenen Schriften zugleich gibt – in der Thai-Schrift, der Lao-Schrift und mit lateinischem Alphabet in alter und in neuer Transkription. Denn weil die Iu-Mien in verschiedenen Ländern

leben, benutzen sie auch verschiedene Alphabete. Jetzt können sie alle die Bibel lesen.

Iu-Mien-Christen legten Geld zusammen, um in Nordthailand ein großes Grundstück für das „Mien Outreach Centre" zu kaufen. Es besteht aus einem Tagungszentrum, einem Aufnahmestudio, einer Bibelschule und einem Internat für Kinder aus Bergdörfern, die in der Stadt zur Schule gehen. Jetzt können Iu-Mien in ihrer eigenen Sprache Radioprogramme hören und Internetseiten lesen. Einige sind bereits Christen geworden. Aber es gibt mehr als eine Million Iu-Mien in Südostasien, und die meisten haben noch nie von Jesus gehört.

WILLKOMMEN!

Gastfreundschaft ist in der Iu-Mien-Kultur wichtig. Es gibt eine Geschichte darüber, dass man selbst unerwünschte Besucher willkommen heißen soll:

Eines Tages besuchte eine große Schlange zwei Schwestern. Die ältere weigerte sich, die Schlange in ihr Haus einzuladen.

Aber die jüngere hieß die Schlange willkommen und gab ihr alles, was sie brauchte. In der Nacht fand sie heraus, dass die Schlange in Wirklichkeit ein verkleideter, schöner Prinz war. Wie diese Geschichte wohl ausging ...

Priesterhut

79

JAPAN
Land der aufgehenden Sonne

Japan besteht aus einer Kette von vier großen und fast 7000 kleinen Inseln im Nordpazifik. Viele der Inseln sind von Bergen und Hügeln bedeckt, und die Mehrzahl der fast 130 Millionen Menschen lebt dicht zusammengedrängt auf den schmalen Streifen der Küstenebenen.

Japan liegt in einer Region, wo die Erdkruste sehr instabil ist. Hier gibt es jedes Jahr Tausende kleiner Erdbeben – und manchmal leider auch große.

ZU VIELE SCHULSTUNDEN!

Toshio war sauer: „Ich will nicht noch mehr Zusatzunterricht nach der Schule! Ich will auch mal Fahrrad fahren und Computer spielen. Warum soll ich auch noch den ganzen Abend lernen?"

„Psst! Papa hört dich! Nur wenn du viel lernst, wirst du an einer Uni aufgenommen und bekommst später eine gute Arbeit."

„Das ist mir egal – und ihm sollte das auch egal sein. Seine gute Stelle hat *ihn* ja schließlich auch nicht glücklich gemacht. Er arbeitet ständig. Ich will Spaß mit meinen Freunden haben!"

„Wenn du deine Prüfungen nicht alle bestehst, was denken die Nachbarn von uns?", seufzte seine Mutter. Toshio rannte aus dem Haus. Ihm war nach Weinen zumute. Seine Mutter dachte immer nur daran, was wohl die Leute sagen würden.

Die Schule kann für japanische Kinder sehr anstrengend sein. Sie haben lange Schultage, müssen danach noch an Schulclubs teilnehmen, und abends gibt es noch Extra-Nachhilfeunterricht, damit sie ihre Prüfungen bestehen. Manche Kinder bekommen nur sehr wenig Schlaf.

WEG DER GÖTTER

Für manche Japaner symbolisiert die aufgehende Sonne auf Japans Flagge die Sonnengöttin. Die Japaner nennen ihr Land *Nippon* – „Land der Sonne". Der Überlieferung zufolge stammen die Kaiser Japans von der Sonnengöttin ab und sind selbst Götter. Sie waren einst mächtig, haben aber heute nur noch wenig Einfluss.

Die traditionelle Religion Japans heißt *Shinto* – „Weg der Götter". Deren Anhänger beten den Kaiser an, die

RUSSLAND

HOKKAIDO

CHINA

NORDKOREA

Japanisches Meer

SÜDKOREA

JAPAN

HONSHU

Kyoto

TOKYO

SHIKOKU

KYUSHU

Philippinensee

Tokio

ZAHLEN + FAKTEN

FLÄCHE: 378 000 km²

EINWOHNERZAHL: 127 Mio.

HAUPTSTADT: Tokio

HAUPTSPRACHE: Japanisch

HAUPTRELIGIONEN: Shinto und Buddhismus; es herrscht Religionsfreiheit.

HAUPTEXPORTGÜTER: Elektronik, Maschinen, Autos, Schiffe, Chemikalien

Shinto-Schrein

SCHON GEWUSST?

Japan ist bekannt für Comics *(Manga)* und Cartoons *(Anime)* in ganz eigenem Stil. Es gibt Comics, Fernsehserien und Filme für Kinder und Erwachsene. Zu den bekanntesten gehören *Pokémon, Dragon Ball Z, Naruto* und *Astro Boy.*

Sonne, den Berg Fuji, den Fuchs-Gott, den Schlangen-Gott und die Geister von Wasser und Feuer.

Shintoisten verstehen nicht, warum Christen sich weigern, an *Shinto*-Schreinen zu beten, denn für sie ist es kein Problem, mehrere Götter zugleich zu verehren. Viele Japaner glauben, dass sie sich, wenn sie nur zu Jesus beten, damit gegen ihre Kultur stellen.

Japaner werden oft sehr alt. Toshios Mutter kümmert sich um seine Urgroßmutter, die sehr religiös ist. Sie betet jeden Tag vor dem Familien-Schrein und kritisiert Toshios Mutter, weil sie das nicht tut. Die meisten jungen Leute in Japan haben gar keine Religion.

Seit 500 Jahren gibt es Christen in Japan, und doch ist für die meisten Japaner das Christentum eine ausländische Religion. Nur selten glaubt eine ganze Familie an Jesus, und deshalb fühlen sich die einzelnen Christen oft ziemlich einsam. In 24 japanischen Großstädten gibt es sogar gar keine Gemeinden.

LAND DER ROBOTER

Die Japaner haben mehr Roboter als jedes andere Land, auch, weil es mehr Arbeit als Menschen gibt. Roboter werden in Fabriken eingesetzt, in Krankenhäusern, in Labors, zum Putzen, als Bewachung, am Empfang von Firmen und Hotels und sogar als Gesellschaft für Kranke, Einsame und Alte. In manchen Hotels sind nahezu alle Angestellten Roboter. Eines Tages gibt es wahrscheinlich mehr Roboter als Menschen in Japan!

SO KANNST DU FÜR JAPAN BETEN

DANKE GOTT FÜR:

* die völlige Religionsfreiheit in Japan.
* alle Japaner, die sich entschieden haben, Jesus nachzufolgen.
* alle Christen über viele Jahrhunderte, die nach Japan gegangen sind, um von Gottes Liebe zu erzählen.

BITTE GOTT, DASS:

* er den Christen in Japan hilft, Japanern zu zeigen, dass Gott sie liebt. Das ist für Japaner sehr schwer zu verstehen.
* er japanischen Christen hilft, nur Jesus anzubeten und sich nicht vor den Götzen zu verneigen.
* viele Menschen von dem Schöpfer-Gott erfahren, der sie liebt und der Jesus geschickt hat, um sie zu retten.
* viele Japaner die Bibel auf Japanisch lesen.

Sushi

KABYLEN

Gott schafft etwas Neues!

ALGERIEN

Die Kabylei ist eine Region in Algerien und die traditionelle Heimat des Volks der Kabylen. Sie sind eine der ursprünglichen Volksgruppen Nordafrikas. Viele Jahrhunderte lang schützten die schroffen Berge der Kabylei sie vor Eindringlingen von außen. Dadurch konnten sie ihre Sprache und ihre Gebräuche über eine lange Zeit und ohne großen Einfluss von außen bewahren.

Manchmal werden die Kabylen und andere verwandte Gruppen in Nordafrika zusammen „Berber" genannt. Sie selbst mögen dieses Wort nicht gern (es kommt von „Barbar"), sie nennen sich *Imazighen*. Sie unterscheiden sich deutlich von den Arabern, die die Mehrheit der Menschen in ihren Ländern bilden.

Heute gibt es wahrscheinlich in jeder Stadt und jedem Dorf der Kabylei Menschen, die Jesus nachfolgen. Noch vor 30 Jahren waren es nur etwa 50 Christen unter Millionen kabylischer Muslime. Wie kam es dazu, dass so viele Imazighen in der Kabylei und darüber hinaus zu Jesus-Jüngern wurden?

GLAUBE TRIUMPHIERT ÜBER ANGST

Die ersten kabylischen Christen beschlossen, 365 Bibelverse zum Thema Angst auswendig zu lernen, zu beten und zu fasten. Das führte dazu, dass kranke Menschen gesund wurden. Als die Menschen sahen, welche Macht Jesus hat, folgten ihm immer mehr nach.

Etwa gleichzeitig begann ein Radiosender, christliche Bibelprogramme auf Kabylisch zu senden. Eine Gemeinde begann, Broschüren über Jesus zu verteilen und in den Cafés vor Ort einen Film über ihn zu zeigen. Die Christen waren durch die Bibelverse, die sie auswendig gelernt hatten, sehr ermutigt. Sie sprachen offen über Jesus, selbst wenn andere Leute wütend wurden oder sie sogar mit Gewalt angriffen.

Als Christen in der ganzen Welt mitbekamen, was Gott unter den Kabylen tat, beteten sie für sie. Kabylische Familien zogen in Gegenden, in denen es noch keine Christen gab, damit noch mehr Menschen von Jesus hörten.

Immer mehr Kabylen – auch andere Imazighen, und selbst Araber – kamen zu Jesus.

DER MÄCHTIGE

„Bitte sag mir, was die Zukunft meinem Schwiegersohn bringt!", bat Kahinas Mutter die Wahrsagerin. „Über seine Zukunft sehe ich nichts. Der, der bei ihm ist, ist mächtiger als ich!", war die Antwort.

Kahinas Schwester und ihr Mann waren letzten Monat zu ihnen gezogen. Sie waren aus dem Haus seiner Familie geworfen worden, als man entdeckte, dass sie die Bibel lasen und Jesus nachfolgten. Kahina freute sich, dass ihre Eltern sie aufgenommen hatten, aber es war doch sehr eng mit so vielen Menschen in ihrer kleinen Dreizimmerwohnung.

Kahinas andere Schwester, Djamila, erfuhr von ihrer Schwester heimlich etwas über Jesus. Djamila hatte in der Schule Probleme in Mathe, und eine wichtige Prüfung stand bevor. Kahinas Mutter machte sich Sorgen und ging wieder zur Wahrsagerin, um

ZAHLEN + FAKTEN

ANZAHL: 6 bis 7 Mio.

HEIMATLAND: Algerien

ANDERE LÄNDER: Frankreich, Belgien, Kanada, Großbritannien

TYPISCHE BERUFE: Bauern (Oliven, Weintrauben, Feigen), Handwerker (Korbmacher, Töpfer, Weber), Ziegenhirten, Arbeiter in der Industrie

HAUPTSPRACHEN: Kabylisch, algerisches Arabisch, Französisch

HAUPTRELIGIONEN: Islam, aber die Zahl der Christen nimmt zu.

Djurdjura-Berge

herauszufinden, ob sie bestehen würde. Aber die Antwort war erneut: „Der, der bei ihr ist, ist mächtiger als ich!" Kahina und ihre Mutter dachten darüber nach. War Jesus wirklich so mächtig? Und folgte auch Djamila ihm?

In der folgenden Nacht träumte Kahinas Mutter, dass sie in einen tiefen Brunnen gefallen war. Sie rief den Propheten Mohammed um Hilfe, aber er kam nicht. Dann rief sie Jesus um Hilfe, der sie rettete. Am nächsten Morgen erzählte sie der ganzen Familie von ihrem Traum, und sie beschlossen gemeinsam, Jesus nachzufolgen.

GEHEILT

Djamel und sein Cousin Karim waren eines Abends in einem Café, wo jemand einen Film über Jesus zeigte. Djamel interessierte das nicht besonders – es schien ihm ein langweiliger Dokumentarfilm zu sein. Alle aus seiner Familie waren Muslime, obwohl sie ihren Glauben nicht wirklich praktizierten. Aber gegen Ende des Films fiel ihm auf, dass Karim die Augen geschlossen hatte und zu beten schien.

Karim war auf dem Heimweg sehr still. Aber dann sagte er doch: „Djamel, als ich am Ende des Films die Augen zugemacht habe, da habe ich Gottes Geist auf mir gespürt. Ich weiß, dass Jesus echt ist." Das klang für Djamel recht seltsam, aber er vertraute seinem Cousin. Ob da wirklich etwas passiert war?

Djamel war sehr beschäftigt und hatte die Sache bald vergessen. Aber dann bekam er eines Tages am ganzen

Körper einen Hautausschlag und fühlte sich sehr schlecht. Die Ärzte verschrieben verschiedene Medikamente, und seine Eltern probierten es mit der traditionellen Zauberei, aber nichts half. Djamel war schlecht gelaunt, weil er die ganze Zeit nur im Bett lag.

Als Karim hörte, dass Djamel krank war, kam er ihn besuchen.

„Vielleicht solltest du zu Gott beten, ihm danken und ihn bitten, dir zu helfen", schlug Karim vor. Karim hatte in christlichen Fernsehsendungen etwas über Gebet und Heilung erfahren. An diesem Abend betete Djamel, so wie Karim es ihm beigebracht hatte. Als er am nächsten Morgen wach wurde, fiel ihm zuerst auf, dass seine schlechte Laune weg war. Dann merkte er, dass sein Ausschlag komplett verschwunden war. Er erzählte seinen Eltern von seinem Gebet. Sie sahen, dass seine Haut wieder völlig rein war, und da beteten sie und dankten Gott.

KASACHSTAN
Nomaden und Weltraumbahnhof

Kasachstan ist ein riesiges Land in Zentralasien. Es reicht vom Kaspischen Meer im Westen bis nach China im Osten. Es ist der größte Binnenstaat (also Land ohne Meeresküste) der Erde. Im Norden erstrecken sich grasbedeckte Ebenen – Steppen – und im Süden Sandwüsten. Im Osten bilden das Altai- und das Tienschan-Gebirge die Grenze zu China. Die neue Hauptstadt, 1997 in Astana und 2019 erneut in Nursultan umbenannt, glänzt mitten in der Steppe des Nordens mit ihren vielen futuristischen Gebäuden wie eine Märchenstadt.

RUSSLAND

NURSULTAN/ASTANA

KASACHSTAN

Kaspisches Meer

USBEKISTAN

Almaty

KIRGISTAN

TURKMENISTAN

CHINA

Jahrhunderte lang waren die Kasachen Nomaden, zogen mit ihren Pferden, Schafen, Rindern und Kamelen durch die Steppe und suchten nach gutem Weideland. Vor rund 200 Jahren begann der russische Zar, Kasachstan zu besetzen. Tausende Russen zogen her und verdrängten die Kasachen aus ihrem Land. Viele Nomaden mussten sich in Dörfern und Städten niederlassen, andere flohen mit ihren Herden nach China. Heute bilden die Kasachen zwar die Mehrheit im Land, trotzdem ist jeder vierte Einwohner Russe.

Die russischen Siedler waren meist Bauern, die Weizen auf dem ehemaligen Weideland pflanzten. Sie bauten auch Eisen und Blei ab. Als Kasachstan zur Sowjetunion gehörte, wurden hier Atombombentests durchgeführt, rund 470 Tests in 40 Jahren. Viele der Bewohner bekamen dadurch schlimme Krankheiten, z. B. Krebs.

In Zentralkasachstan liegt das Kosmodrom Baikonur, der älteste Weltraumbahnhof der Erde. Von hier starteten 1957 der erste Satellit, Sputnik I, und 1961 die Raumkapsel Wostok I mit Juri Gagarin an Bord, dem ersten Menschen, der in den Weltraum flog.

Seit 1991 ist Kasachstan unabhängig. Es hat sich schnell entwickelt, denn es

Nursultan Astana

84

SCHON GEWUSST?

Kokboru ist ein jahrhundertealter Sport. Zwei Mannschaften reiten auf Pferden und kämpfen um eine tote Ziege. Wem es gelingt, die Ziege in das Tor der anderen Mannschaft zu tragen, bekommt einen Punkt. Es gibt in Kasachstan tatsächlich eine *Kokboru*-Profi-Liga.

Moschee

gibt sehr viel Öl, Kohle und Gold und die größte Chrom-Mine der Welt. Zwar sind einige Kasachen immer noch sehr arm, aber viele haben schon die neuesten technischen Geräte und Smartphones. Und zum ersten Mal überhaupt können Kasachen ins Ausland reisen – zum Urlaub, aber auch zum Studium.

Man sagt: „Kasache zu sein bedeutet, Muslim zu sein", obwohl heute nicht viele Kasachen in die Moschee gehen. Eher besuchen sie das Grab eines kasachischen Wunderheilers, um dort Segen oder Antworten auf Fragen zu suchen. In letzter Zeit haben andere muslimische Länder Missionare nach Kasachstan gesandt, um den Islam zu verbreiten, und wirklich nimmt z. B. die Zahl der Kasachen zu, die den muslimischen Fastenmonat Ramadan einhalten. Gleichzeitig aber folgen heute mehr Kasachen Jesus nach als je zuvor.

VERGIB MIR!

Aibek weinte. Sein Vater war schon wieder betrunken nach Hause gekommen und warf mit Gegenständen um sich. Seine Mutter hatte schon alles versucht, seinen Vater vom Trinken abzubringen. Sie war bei einer Wunderheilerin gewesen und hatte deren Anweisungen genau befolgt. Sie waren alle zusammen 20 Stunden mit der Eisenbahn gereist, um einen heiligen Ort zu besuchen. Sie waren in der Moschee gewesen und hatten sogar eine Kerze in der russisch-orthodoxen Kirche angezündet. Nichts half. Aibek gab langsam die Hoffnung auf.

Aber jetzt hörte Aibek, wie sein Onkel mit seinen Eltern redete. Onkel Nurlan hatte früher noch schlimmer getrunken als Aibeks Vater. Aber inzwischen war er ganz anders. Aibek wünschte sich, dass sich sein Vater auch ändern würde.

Onkel Nurlan erklärte, dass Jesus sein Leben verändert und ihm geholfen hatte, mit dem Alkohol aufzuhören. Und er fragte, ob jemand von ihnen auch Jesus nachfolgen wolle. Schweigen herrschte im Raum.

Dann kam Aibek aus seinem Kinderzimmer gerannt und rief: „Ich! Ich will Jesus nachfolgen! Und ich will auch ein neues Leben für meinen Papa!"

Sein Vater fing an zu weinen. Es war das erste Mal, dass er seinen Vater in Tränen sah.

„Ja, ich will neu anfangen mit Jesus", sagte Aibeks Vater. „Ich weiß, ich habe es vermasselt, nicht nur mein eigenes Leben, sondern auch das der anderen. Junge, kannst du mir vergeben?"

Onkel Nurlan schlug vor: „Lasst uns Jesus um Vergebung bitten. Wir haben alle Sachen gemacht, die ihm und anderen weh getan haben. Wir können ihn bitten, unsere Familie zu segnen und uns zu helfen, einander zu vergeben."

Sie beteten, und dabei spürte Aibek, wie Frieden, Hoffnung und Freude in sein Herz kamen. Er war sich sicher, dass das Leben nie mehr so sein würde wie früher.

kasachischer Adler-Beizjäger

KURDEN

Ein Volk ohne Land

VERFOLGT

Es gibt mehr als 30 Millionen Kurden auf der Welt. Sie haben ihre eigene Kultur, ihre Traditionen, ihre eigene Sprache. Die meisten leben im Nahen Osten, in einem rauen Bergland, das oft „Kurdistan", also Land der Kurden, genannt wird. Aber Kurdistan ist kein Staat. Es liegt in Teilen der Türkei, des Iran, des Irak und Syriens – Länder, die die Kurden oft grausam behandelt haben. Nach dem Willen dieser Länder sollen die Menschen vergessen, dass sie Kurden sind, und sich nur noch als Bürger des Staates sehen, in dem sie leben. Deshalb sind die Kurden oft in lange und gewalttätige Kämpfe verstrickt.

Etwa die Hälfte der Kurden lebt in der Türkei, meist im östlichen Teil des Landes. Für viele ist das schon seit Jahrtausenden ihre Heimat. Die Kurden werden sogar in der Bibel erwähnt, wo sie „Meder" genannt werden. Aber manche Kurden in der Türkei sind auch Flüchtlinge, die vor Gewalt und Verfolgung in Syrien und im Irak geflohen sind.

DIE GUTE NACHRICHT HÖREN

Kurden sind meist Muslime und gehören verschiedenen Richtungen des Islam an, doch meist gemäßigteren Formen als viele der Völker um sie herum.

Viele Jahre lang war es für Christen schwierig, die Gegenden zu besuchen, in denen Kurden leben, aber seit einiger Zeit können sie dort Besuche machen und die gute Nachricht von Jesus Christus erzählen. Diese Christen haben oft auch Lebensmittel, Medikamente und andere Hilfsgüter dabei, um notleidenden Familien zu helfen. Es gibt jetzt an einigen Orten Gruppen von gläubigen Kurden, und sie wollen mehr Menschen aus ihrem Volk mit der guten Nachricht erreichen. Dies passiert vor allem in den Teilen des Nordirak, wo Kurden leben.

Manche Kurden hatten Träume und Visionen von Jesus, andere wollen mehr über ihn erfahren, nachdem sie Gottes Wort in ihrer eigenen Sprache gelesen haben, wieder andere haben im Ausland das Evangelium gehört. Tausende Kurden haben ihre Heimatländer verlassen und sich in anderen Ländern niedergelassen. Obwohl sie dort oft für sehr geringen Lohn arbeiten müssen, glauben sie, dass das Leben dort für ihre Familien besser ist.

SCHRECKLICHE NARBEN

Endlich hatte Chalid die Englisch-Prüfung bestanden!

Als er kleiner war, hatte eine Bombe ihr Haus in Kirkuk, Irak, getroffen, und er hatte jetzt schlimme Brandnarben im Gesicht. Seine Eltern waren mit Chalid und seinen zehn Geschwistern in die irakische Region Kurdistan geflohen, und jetzt konnte Chalid mit der Schule beginnen. Ihr Vater war zu krank zum Arbeiten, und deshalb mussten Chalid und seine Brüder Geld verdienen, indem sie Zigaretten, Süßigkeiten oder Sonnenblumenkerne verkauften.

Darbandichan-See, Irak

SCHON GEWUSST?

Die Kurden sind das viertgrößte Volk im Nahen Osten, nach Arabern, Persern und Türken, und doch haben sie, anders als die anderen Volksgruppen, kein eigenes Land.

SO KANNST DU FÜR DIE KURDEN BETEN

DANKE GOTT FÜR:

* die wachsende Zahl von Kurden, die nach der Wahrheit suchen und Gott finden.
* die kleinen Gruppen kurdischer Gläubiger, darunter auch ganze Familien, die Jesus nachfolgen.
* die ganze Bibel in Sorani-Kurdisch und das Neue Testament in Kurmandschi – beide sowohl gedruckt als auch im Internet.

BITTE GOTT, DASS:

* er Frieden in den Ländern und Regionen schenkt, in denen Kurden leben.
* die Kurden von den Ländern, in denen sie leben, gerecht behandelt werden.
* kurdische Flüchtlinge überall von Christen willkommen geheißen werden und von Jesus erzählt bekommen.
* alle Kurden die Chance haben, die gute Nachricht von Jesus zu hören.
* das Alte Testament in Kurmandschi und das Neue Testament in Behdini fertig werden.
* er kurdischen Christen hilft zu verstehen, wie man Jesus nachfolgt und wie man mit anderen Kurden über ihn spricht.

Weil er so müde von der Arbeit war und so wenig Zeit zum Lernen hatte, war Chalid beim ersten Versuch durch die Englisch-Prüfung gefallen. Doch er wollte unbedingt bestehen. Eine christliche Familie lud ihn ein, bei ihnen zu Hause zu üben. Zwei Wochen lang lief Chalid jeden Tag eine Stunde in der Sommerhitze zu ihrem Haus; aber es hatte sich gelohnt, denn dieses Mal hatte er die Prüfung bestanden. Diese Christen haben Chalid nicht nur beim Englischlernen geholfen, sondern sie beten auch, dass er und seine Familie Jesus kennenlernen.

„DU DRECKIGER CHRIST!"

Schoresch lebt mit seinen Eltern und Geschwistern in einem Dorf in den Bergen. In der ganzen Gegend hat noch nie jemand etwas von Jesus gehört. Eines Tages fand Schoreschs Vater im Haus eines Freundes ein Neues Testament. Er las es in einem Zug von vorne bis hinten durch und wusste gleich, dass das die Wahrheit war, nach der er sein ganzes Leben gesucht hatte.

Schoresch war sechs Jahre alt, und auch er liebte die Geschichten von Jesus. Aber als er heute mit den anderen Kindern auf der Straße spielte, wollten die anderen ihn ärgern und beschimpften ihn: „Du dreckiger Christ!"

Er wurde wütend, schrie: „Ich bin kein Christ!", und lief ins Haus. Da kniete er sich in eine Ecke und schluchzte: „Oh, Jesus, es tut mir so leid, das wollte ich nicht!"

UNSER VATER

Fatima lebte im kurdischen Teil der Türkei. Eines Tages erklärte die Lehrerin den Drittklässlern im Religionsunterricht, wie man auf traditionelle muslimische Weise betet.

„Aber meine Familie und ich beten nicht mehr so", sagte Fatima.

„Was?", meinte die Lehrerin ganz überrascht. „Aber alle beten doch so!" Alle Menschen, die die Lehrerin kannte, waren Muslime. „Wie betet ihr denn?"

„Unser Vater im Himmel ...", fing Fatima an, und nachdem sie das ganze Vaterunser in Kurmandschi-Kurdisch aufgesagt hatte, hatte die Lehrerin Tränen in den Augen.

„Das ist aber ein schönes Gebet, und sogar in unserer eigenen Sprache!", sagte sie. „Das wollen wir beim nächsten Mal alle lernen!"

LESOTHO
Die Schweiz Afrikas

MASERU

LESOTHO

SÜDAFRIKA

Es gibt nur drei Länder in der Welt, die komplett von nur einem anderen Land umgeben sind, eins davon ist Lesotho, ein kleines Land innerhalb von Südafrika. (Die beiden anderen sind San Marino und der Vatikanstaat, beide in Italien.) Lesotho hat also keine Küste und keine anderen Nachbarländer. Hier gibt es viele Berge und schnell fließende Bäche und Flüsse. Weil es in Lesotho meist kühl und feucht ist, wickeln die Menschen sich in warme, bunte Decken ein. Traditionell gehören dazu spitze Hüte aus gewebtem Gras.

Die meisten der zwei Millionen Einwohner sind Basotho und sprechen die Sprache Sesotho. Lesotho ist eines der ärmsten Länder der Welt. Weil es hier so wenig Arbeit gibt, gehen viele der Männer nach Südafrika und arbeiten dort im Bergbau oder auf Landgütern. Mehr als 300 000 Lesother leben in Südafrika. Weil so viele Männer weg sind, muss die meiste Arbeit auf den Bauernhöfen von Frauen erledigt werden.

LESOTHO

HIRTENJUNGEN

Basotho-Jungen aus armen Familien vom Land müssen manchmal schon mit sieben Jahren Schafe, Ziegen und Rinder hüten. Schafswolle und Mohair, die Wolle von Angora-Ziegen, gehören zu den Hauptexportgütern von Lesotho. Die Tiere sind deshalb sehr wertvoll.

Wenn du ein Hirtenjunge in Lesotho wärst, würdest du viele Wochen weg von deiner Familie verbringen und ganz alleine in den Bergen Schafe und Ziegen hüten. Im Sommer regnet es, im Winter ist es bitterkalt. Du hättest kein warmes Haus, kein Feuer, nicht einmal trockene Kleider. Worüber würdest du in den langen, dunklen Nächten nachdenken? Was würdest du tun, wenn Diebe oder wilde Tiere kämen, um deine Tiere zu stehlen oder zu fressen? Du würdest großen Ärger bekommen, wenn du deine Tiere nicht gut behüten würdest!

König David aus der Bibel war auch ein Hirtenjunge – seine Abenteuer sind im Alten Testament aufgeschrieben. Wenn doch alle Hirtenjungen in Lesotho so eng mit Gott verbunden wären wie König David!

Einige der Hirtenjungen, die lesen können, versuchen, es ihren Freunden beizubringen. Wenn ein Junge lesen kann, hat er viel bessere Chancen, später als Erwachsener eine Arbeit zu finden. In den Städten gehen Jungen und Mädchen normalerweise

ZAHLEN + FAKTEN

FLÄCHE: 30 400 km²

EINWOHNERZAHL: 2 Mio.

HAUPTSTADT: Maseru

HAUPTSPRACHEN: Sesotho und Englisch

HAUPTRELIGION: Christentum

HAUPTEXPORTGÜTER: Wolle, Diamanten, Vieh, Schuhe, Textilien

SCHON GEWUSST?

Lesotho ist das einzige Land der Welt, das vollständig über 1000 m hoch liegt. Die höheren Gipfel sind das ganze Jahr von Schnee bedeckt. Deshalb nennt man Lesotho manchmal die „Schweiz Afrikas".

zur Schule, aber die meisten Lesother leben auf dem Land. Ein christliches Werk mit Namen *Bibellesebund* erzählt vielen Basotho-Kindern von Jesus.

LEHRER ZU PFERD

Fast 90 % der Menschen in Lesotho bezeichnen sich als Christen. Seit Generationen gibt es Kirchen und Gemeinden. Aber viele Menschen gehören immer noch zu Geheimgesellschaften, die Zauberei treiben und Flüche und Amulette einsetzen. Manche beten die Geister ihrer Vorfahren an. Solche Praktiken werden von der Bibel ganz klar verboten, aber es ist für die Lesother nicht so einfach herauszufinden, was in der Bibel steht. Es gibt zwar inzwischen kostenlose Schulen für Kinder, aber viele Basotho können nicht lesen. Die meisten Pastoren bekommen auch keine gute Ausbildung. Sie müssen außerdem neben ihrem Dienst als Pastoren noch einem anderen Beruf nachgehen, um Geld zu verdienen. Für Christen in abgelegenen Bergdörfern gibt es keine Bibelschulen in der Nähe. Bisher müssen Lehrer oder Missionare zu Pferd, per Flugzeug oder zu Fuß kommen, um zu erklären, was in der

Bibel steht. Es werden jetzt zwar einige neue und bessere Straßen gebaut, aber es ist noch eine Menge Hilfe nötig.

FLIEGENDE KRANKENWAGEN

Die „Missionary Aviation Fellowship" (MAF) hat in ganz Lesotho 40 Flugplätze gebaut. Ihre Flugzeuge bringen Versorgungsgüter und Ärzte in schwer erreichbare Gegenden, und manchmal fliegen sie Patienten ins Krankenhaus. Mokeane, ein Basotho-Junge, erinnert sich: „Es hat Spaß gemacht, war aber auch ein bisschen unheimlich, im Flugzeug zu fliegen. Ich hatte mir den Arm gebrochen, und ein MAF-Pilot hat mich zum Krankenhaus in Maseru geflogen. Es war lustig, aus dem Fenster zu schauen und die winzigen Flüsse und Bäume zu sehen. Wir waren in nur 25 Minuten da. Zu Pferd und per Bus hätten wir neun oder zehn Stunden gebraucht."

SO KANNST DU FÜR LESOTHO BETEN

DANKE GOTT FÜR:

* viele Menschen in der Hauptstadt Maseru, die Jesus als ihren Freund kennenlernen.
* die Kinder, die durch den Bibellesebund von Jesus erfahren.
* die Christen, die in die Bergdörfer gehen, um dort von Jesus und seiner Liebe zu erzählen.

BITTE GOTT, DASS:

* er die MAF-Piloten schützt, wenn sie zur medizinischen Versorgung der Menschen in entlegene Gegenden fliegen.
* er die Hirtenjungen beschützt und viele von ihnen Jesus kennenlernen. Bitte auch, dass sie sich in den vielen Stunden, die sie alleine draußen sind, an seiner Schöpfung freuen können.
* er ermöglicht, dass Pastoren eine Bibelausbildung bekommen, sodass sie andere anleiten können, Jesus nachzufolgen.
* er Möglichkeiten schenkt, wie lesothische Christen die Bibel kennenlernen können.

LOBI
Die sich ihre Zähne spitz feilen

EIN ALTES RITUAL

Sié beobachtete die lange Reihe von Menschen, die die Straße entlang eilten. Da waren Kinder, manche nur wenig älter als er, Frauen, die Kochtöpfe und Säcke mit Lebensmitteln auf den Köpfen trugen, und auch ein paar Männer, die mit ihren Peitschen alle zu mehr Tempo antrieben. Sié schauderte, als er die schrillen Schreie der vorbeiziehenden Kinder hörte. Diese Art Schreie kann man alle sieben Jahre hören, zur Zeit des „Joro". Sié hatte Angst. Er war zwar das älteste Kind seiner Familie, aber dieses Mal war er noch zu jung – doch er wusste, dass auch er eines Tages an der Reihe sein würde.

„Joro" bedeutet „Initiation". Und das wiederum bedeutet, dass ein Kind durch ein geheimes Ritual als vollwertiges Mitglied des Stammes aufgenommen wird. Dieses Ritual findet alle sieben Jahre statt. Stammesführer der Lobi in Burkina Faso und der Elfenbeinküste nehmen dann alle Kinder, die mindestens sieben Jahre alt sind und diese Initiation noch nicht hatten, für einige Wochen mit sich in den Busch. Dort müssen sie Tapferkeitsprüfungen bestehen, und danach werden sie einem großen Götterbild geweiht. Einige Kinder bekommen ihre Zähne spitz gefeilt. Und leider kommen einige Kinder niemals zurück. Ihre Familien dürfen nicht fragen, was mit ihnen passiert ist – sie müssen einfach hinnehmen, dass die Geister des Joro ihre Kinder genommen haben.

Es ist zwar für alle, die durch das Joro gegangen sind, streng verboten, darüber mit anderen zu sprechen, aber Sié wusste doch genug, um große Angst zu haben. Er hatte heimlich geflüsterte Geschichten über die Rituale gehört. In seiner Familie hatten auch alle spitz gefeilte Zähne. Während die Angstschreie der Kinder langsam in der Ferne verhallten, fragte er sich: „Muss ich wirklich auch durch das Joro gehen? Gibt es keine andere Möglichkeit, ein richtiger Lobi zu werden?"

BURKINA FASO

GHANA

ELFENBEINKÜSTE

BURKINA FASO

ZAHLEN + FAKTEN

ANZAHL: Schätzungen liegen zwischen 150 000 und 550 000

HAUPTLÄNDER: Burkina Faso und Elfenbeinküste, auch Ghana

HAUPTSPRACHEN: Lobi und Dagara

HAUPTRELIGION: Animismus

GHANA

ELFENBEINKÜSTE

VON ANGST GESTEUERT

Die Angst vor der Geisterwelt beeinflusst jeden Aspekt des Lebens der Lobi. Alles muss vor bösen Geistern geschützt werden. Ein großes Götterbild bewacht jedes Haus. Die Häuser der Lobi sehen aus

Lobi-Töpfer

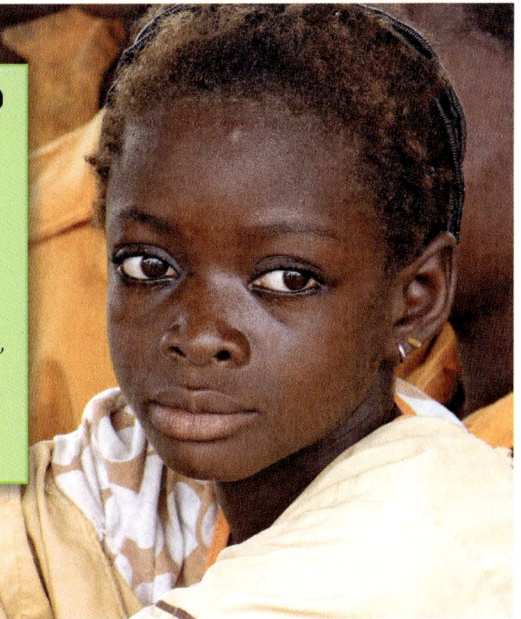

Lobi-Fetisch

wie kleine Burgen aus Lehm und haben nur wenige oder gar keine Fenster.

Von Mai bis September arbeiten die meisten Lobi auf den Feldern, wo sie Hirse, Sorghum (eine Hirse-Art), Mais, Erdnüsse und Yamswurzeln anbauen. Das Getreide wird in der Sonne getrocknet, bevor es in Kornspeichern gelagert wird.

Mehr und mehr Lobi lernen Jesus kennen. Aber jedes Mal, wenn sich Lobi zu Jesus bekehren, müssen sie sich von der Macht des *Joro* und der Fetische und Talismane, die die meisten Lobi tragen, losreißen. Es ist sehr schwer für sie, frei von diesen Einflüssen zu leben. An manchen Orten gibt es christliche Gemeinden, z. B. in Nako, einem der wichtigsten Orte für die *Joro*-Rituale. Einige christliche Lobi haben gelernt, wie sie ihrem Volk von Jesus erzählen können.

Das Neue Testament ist in die Sprache der Lobi übersetzt worden. Heute lernen zwar die meisten Kinder Lesen, aber nur die wenigsten Älteren können das.

Vielleicht muss Sié kein *Joro* durchmachen, um ein echter Lobi zu werden. Bei jeder dieser Zeremonien beten Christen, dass die Geister ihre Macht über die Menschen verlieren. Gott scheint diese Gebete zu erhören. Bitte bete mit, dass die Lobi Kinder des einen Gottes werden, der Leben schenkt.

Kornspeicher im Bau

MADAGASKAR
Wo Menschen ihr Leben für Jesus gaben

MADAGASKAR

Wenn man sich die Karte von Afrika ansieht, fällt eine lange, schmale Insel auf, die im Indischen Ozean rund 400 Kilometer von der Südostküste Afrikas entfernt liegt. Das ist Madagaskar. Es ist die viertgrößte Insel der Welt.

David sitzt in einem Flugzeug, das von West nach Ost über die Insel fliegt. Er nimmt seinen Freund Jan für die Schulferien mit zu sich nach Hause. Der Westteil der Insel ist meist trocken, und man sieht viel nackte rote Erde, nur ab und zu ein Feld mit Reis oder Maniok oder ein paar Rinder auf einer Weide. Aber bald fliegen sie über dem großen zentralen Hochland, wo die meisten Menschen leben.

„Schau", sagt David, „dort liegt Antananarivo, die Hauptstadt. Siehst du die alten Kirchen und Paläste?"

Nach dem Hochland fliegt das Flugzeug über die östliche Küstenebene in Richtung Küste und Sandstrände. „Diese Hügel und Täler waren alle mal mit Wald bedeckt, aber die Leute haben die meisten Bäume gefällt, um Feuerholz zu bekommen oder Platz für Felder zu schaffen. Aber wo die Wälder jetzt weg sind, spülen die heftigen Regenfälle jedes Jahr ein bisschen mehr von der Erde auf den Hügeln weg, und es wird immer schwieriger, hier etwas anzubauen."

„Die meisten Menschen hier sind sehr arm", erzählt David weiter, „und in manchen Landesteilen gibt es einfach nicht genug Regen, um Landwirtschaft zu betreiben. In anderen Teilen gibt es jedes Jahr Wirbelstürme, und die zerstören viel von der Ernte. Viele Kinder können nicht zur Schule gehen, weil der Weg zu beschwerlich ist oder weil ihre Eltern sie zu Hause bei der Feldarbeit brauchen. Obwohl Madagaskar eigentlich reich an Bodenschätzen und Anbaumöglichkeiten ist, ist es das sechstärmste Land der Welt."

Weil sie so arm sind, denken viele Menschen auf Madagaskar nicht an Gott. Sie kämpfen nur ums Überleben. Viele wurden auch von falschen Lehrern betrogen, die ihnen großen Reichtum versprachen, ihnen aber in Wirklichkeit ihr Geld abnahmen.

ZAHLEN + FAKTEN

FLÄCHE: 587 000 km²

EINWOHNERZAHL: 26 Mio.

HAUPTSTADT: Antananarivo

HAUPTSPRACHEN: Malagasy, Französisch

HAUPTRELIGIONEN: Die meisten sind Christen oder Animisten; kleine muslimische Minderheit.

HAUPTEXPORTGÜTER: Kaffee, Gewürznelken, Vanille, Fisch, Tropenfrüchte, Mineralien, Edelsteine, Textilien

Antananarivo

Katta

DAS BUCH, DAS NICHT VERBRANNT WERDEN KONNTE

Vor fast 200 Jahren kamen zwei Missionare aus Wales, England, um die gute Nachricht von Jesus zu verbreiten. Einer starb nach ein paar Monaten, der andere, David Jones, überlebte und baute eine kleine Schule, wo der Sohn des Königs zu seinen ersten Schülern zählte. Die Sprache von Madagaskar, Malagasy, war noch nie geschrieben worden, also gab es auch keine Bücher für die Kinder.

Später kamen weitere Missionare und entwickelten eine Rechtschreibung für die Sprache. Sie brachten den Menschen das Lesen und Schreiben bei, erzählten ihnen von Jesus und übersetzten die Bibel in Malagasy. Viele Menschen baten Jesus in ihr Leben.

Dann aber gab es eine neue Herrscherin, Königin Ranavalona, die entschied, dass alle Menschen zu ihrem alten Glauben zurückkehren und ihre Vorfahren und die verstorbenen Könige und Königinnen anbeten sollten. Sie ordnete an, dass jeder, der zu Jesus betete, hingerichtet werden sollte.

Viele Christen trafen sich trotzdem weiterhin im Geheimen. Die Königin folterte und tötete Tausende, die nicht aufhören wollten, Jesus nachzufolgen. Sie versuchte auch, alle Exemplare der Bibel in ihrer Sprache zu verbrennen.

Aber sie scheiterte. Gottes Wort in Malagasy hat überlebt. Ranavalona regierte 33 Jahre lang, aber als sie starb, gab es mehr Christen auf Madagaskar als vor ihrer Herrschaft. Gott ist viel mächtiger als jeder menschliche Herrscher. Nachdem Ranavalona gestorben war, war ihr Sohn dem Christentum gegenüber viel offener. Es kamen wieder Missionare und halfen der Kirche von Madagaskar, weiter zu wachsen.

NOCH VIEL ZU TUN

Obwohl sich fast die Hälfte der Menschen auf Madagaskar als Christen bezeichnet, beten doch viele zu den Geistern ihrer verstorbenen Familienmitglieder, die sie *Razana* nennen. Sie glauben, dass ihnen das hilft, Gunst bei Gott zu gewinnen. Aber das stimmt nicht.

Christen in den Dörfern müssen zunächst Lesen und Schreiben lernen, damit sie verstehen können, was die Bibel sagt. Einige Ehrenamtliche bringen den Menschen das Lesen bei und verwenden dazu spezielle Leselern-Bibeln. Die Hälfte der Madagassen ist noch keine 20 Jahre alt, deswegen arbeiten Missionare und Gemeinden oft mit Kindern.

Einige Volksgruppen auf Madagaskar haben immer noch nichts von Jesus gehört, weil ihre Dörfer so abgeschieden liegen, dass keine Straßen dorthin führen. Bete bitte mit, dass auch sie von Jesus hören und ihm vertrauen können!

SO KANNST DU FÜR MADAGASKAR BETEN

DANKE GOTT FÜR:

* Missionare, Gemeindeleiter und die Arbeit der Malagasy-Bibelgesellschaft.
* die Tatsache, dass die Menschen Gott frei und ungehindert anbeten dürfen.
* die vielen jungen Menschen, die sich entschieden haben, Jesus nachzufolgen.

BITTE GOTT:

* dass er den Christen hilft, Jesus treu zu sein und nur ihn allein anzubeten.
* für die vielen jungen Menschen, dass sie Jesus kennenlernen und anderen von ihm erzählen.
* dass noch mehr Christen dahin gehen, wo Menschen noch nie von Jesus gehört haben.
* dass es mehr Bücher und Hörbücher in Malagasy gibt.

MALEDIVEN
Wunderschöne Inseln

URLAUBSPARADIES

Tims Vater holte einen Atlas aus dem Regal und zeigte ihm die Karte mit Indien. Er deutete auf eine Kette winziger Inseln im Indischen Ozean. „Schau, Tim, das sind die Malediven. Wir dachten, dass wir im Sommer dort Urlaub machen können. Wir würden erst nach Indien fliegen und von dort noch mal 500 Kilometer nach Südwesten." Er fuhr mit dem Finger die ganze Kette von Inseln entlang. „Wir können natürlich nicht alle Inseln sehen – die Kette erstreckt sich über 800 Kilometer bis zum Äquator. Aber schau mal selbst, wie schön es da ist!" Er gab ihm einen Reiseprospekt.

„Wow!", rief Tim. „Korallenriffe! Kokospalmen! Und Sandstrände!" Tim las in dem Prospekt. „Ich freu mich schon total darauf! Wir müssen unbedingt unsere Schnorchel mitnehmen und schwimmen – und surfen – und tauchen gehen!"

Jedes Jahr besuchen Tausende Menschen die Malediven, um dort in der Sonne zu liegen und im klaren blauen Wasser zu schwimmen. Die meisten von ihnen wohnen in speziellen Touristen-Hotels. Früher versuchte die Regierung, die Einwohner von den Touristen fernzuhalten, sodass die Touristen nur die Hotelangestellten trafen. Das ändert sich aber langsam.

ZAHLEN + FAKTEN

LAND FLÄCHE: 300 km²

EINWOHNERZAHL: 444 000

HAUPTSTADT: Malé

HAUPTSPRACHEN: Dhivehi, ein wenig Englisch

HAUPTRELIGION: Islam

ECONOMY: Fischerei und Tourismus

INDIEN

Indischer Ozean

MALEDIVEN

SRI LANKA

Minarett einer Moschee

MEHR ALS 1200 INSELN

„Papa, ich habe ein bisschen über die Malediven gelesen. Wusstest du, dass sie aus mindestens 1200 kleinen Inseln bestehen, von denen nur 200 bewohnt sind? Die meisten sind so flach, dass sie verschwinden werden, wenn der Meeresspiegel noch weiter steigt. Und die meisten der so schönen und fischreichen Korallenriffe sind heute tot. Das kommt wohl daher, dass die Meere immer wärmer werden. Die Regierung macht sich große Sorgen um die Zukunft des Landes."

„Ich habe auch etwas herausgefunden", sagte sein Vater. „Die Menschen auf den Malediven nennen sich selbst ‚Dhivehi', also ‚Insulaner'. Ihre Sprache heißt auch Dhivehi und wird von rechts nach links geschrieben. Manche Malediver gehen später zum Studieren ins Ausland, aber es gibt auch eine staatliche Universität und mehrere Hochschulen.

Bootsbau ist eine wichtige Industrie, und mehr als 30 % der Männer sind Fischer. Aber das Geld aus dem Tourismus ist auch sehr wichtig."

BÖSE GEISTER

„Und was ist mit ihrer Religion? Gibt es dort auch so viele Götter und Tempel wie in Indien?"

„Die Malediver sind Muslime. Aber manche haben so viel Angst vor Dschinns oder bösen Geistern, dass sie im Dunkeln nicht nach draußen gehen. Viele von ihnen tragen Amulette aus blauem Glas, die sie vor den Dschinns schützen sollen. Aber wir müssen uns nicht vor bösen Geistern fürchten, denn Jesus ist mächtiger als sie alle."

Tim schauderte ein wenig. „Ich weiß. Aber das Gerede über böse Geister ist trotzdem unheimlich. Gibt es gar keine Christen dort?"

„Nur ganz wenige. Die Regierung lässt keine Missionare ins Land. Christen aus anderen Ländern ziehen manchmal dorthin, um zu arbeiten. Sie dürfen in der Bibel lesen und beten, aber nicht mit Maledivern über Jesus reden. Manche ausländische Christen sind schon des Landes verwiesen worden, weil sie es doch getan haben, und maledivische Christen können ins Gefängnis geworfen werden. Es ist nicht leicht, dort Jesus nachzufolgen."

„Aber Gott kann auch dort die Dinge ändern, nicht wahr? Lass uns ab jetzt dafür beten, dass die Malediver die gute Nachricht hören, dass Jesus sie rettet und vor den bösen Geistern schützt!"

MANDINKA
Das Volk, dass auf die Sicherheit von Amuletten vertraut

AMULETTE FÜR EIN BABY

Nene kuschelte mit ihrem Baby. Vor ihrer Hütte sangen und tanzten die Dorfbewohner. Der muslimische Lehrer, *Marabout* genannt, war gekommen, und Nene hatte ihn dafür bezahlt, dass er zehn *Juju*-Amulette um Arme, Hals und Hüfte des Babys band. Sie hoffte, dass die Amulette ihr Kind vor Krankheit und bösen Geistern beschützen würden.

Trotzdem machte sie sich Sorgen. Die Amulette hatten nämlich bei ihren ersten drei Kindern nicht gewirkt, sie waren gestorben. Sie hatte mit ihnen zu der christlichen Krankenschwester in der nahen Klinik gehen wollen, aber ihr Mann hatte das nicht zugelassen. Er sagte: „Wenn du das machst, dann musst du die *Jujus* abnehmen, und sie verbrennen sie. Das wäre gegen unsere Mandinka-Sitten, und die Kinder wären nicht mehr gegen böse Geister geschützt."

Der *Marabout* stellt *Jujus* her, indem er Koran-Verse auf Zettel schreibt und sie in kleine Lederbeutel einnäht, die dann an eine Schnur gehängt werden. Manche Mandinka glauben, dass die Macht dieser *Jujus* von Allah kommt, aber andere halten diese Praktiken für falsch.

REISE IN EIN NEUES LEBEN

Fast die Hälfte der Einwohner des kleinen westafrikanischen Landes Gambia sind Mandinka. Vor vielen Jahrhunderten verließen ihre Vorfahren als Händler ihre Heimat in Mali, um nach neuen Orten zu suchen, wo sie Handel treiben konnten. Schließlich ließen sie sich in Gambia und den Nachbarländern nieder.

Die Mandinka waren Animisten. Sie glaubten, dass in jedem Fluss, Baum und Hügel ein Geist lebt. Später dann wurden nahezu alle Mandinka Muslime, aber die meisten haben trotzdem ihre traditionellen Vorstellungen beibehalten.

ANGST VOR DER DUNKELHEIT

Bakary saß am Feuer und hörte den unheimlichen Geschichten der Erwachsenen zu – z. B. von wunderschönen Frauen, die in Wirklichkeit Hexen waren und Kinder fingen und verkauften, oder die ihre Macht einsetzten, um Menschen krank zu machen und zu töten. Er bekam schlechte Träume und fürchtete sich vor der Dunkelheit.

Eines Tages sprach er mit seiner Mutter darüber: „Ich habe immer Angst. Wenn ich doch einen Beschützer hätte, der sich um mich kümmert und der mächtiger ist als Hexen und Geister."

Seine Mutter sagte: „Wir sind Muslime. Allah wird dir helfen." Also lernte Bakary so viel wie möglich von den muslimischen Lehrern. Er betete fünfmal am Tag und fastete während des Ramadan, doch Angst hatte er noch immer.

Bakary wollte gut in der Schule sein, später eine gut bezahlte Arbeit

SENEGAL
GAMBIA
GUINEA-BISSAU

ZAHLEN + FAKTEN

HEIMAT: Westafrika

ANZAHL: knapp zwei Millionen

HAUPTLÄNDER: Senegal, Gambia, Guinea-Bissau

HAUPTSPRACHE: Mandinka

HAUPTRELIGION: Islam

TYPISCHE BERUFE: Bauern, Händler

Kora mit 21 Saiten

SO KANNST DU FÜR DIE MANDINKA BETEN

DANKE GOTT FÜR

* die Bibel in Mandinka.
* Kliniken, Jugendzentren und andere Orte, wo Menschen Gottes Liebe erleben und von den Christen lernen können, die dort arbeiten.

BITTE GOTT

* dass Mandinka, die lesen lernen, die Bibel lesen und verstehen.
* dass er Mandinka-Christen hilft, Jesus treu nachzufolgen, sich um andere zu kümmern und ihnen von seiner Liebe zu erzählen.
* für Mandinka-Musiker, die Bibelgeschichten durch Lieder im Mandinka-Stil und mit Mandinka-Instrumenten erzählen.
* dass er den Mandinka zeigt, dass er viel größer und mächtiger ist als die Geister, vor denen sie Angst haben.
* dass er mehr Missionare zu den Mandinka sendet, die von Jesus erzählen.

SCHON GEWUSST?

Viele Mandinka können nicht lesen. Sie lernen viel durch die Geschichten der Älteren. Die *Girots* sind Musiker, die alte Geschichten als Lieder erzählen; diese Menschen sind wandelnde Geschichtsbücher! Meist spielen sie dazu auf großen, harfenartigen Instrumenten mit Namen *Kora*.

finden und seiner Mutter helfen. An seiner christlichen Schule hörte er von Jesus, den die Lehrer den Sohn Gottes nannten. Bakary war verwirrt. Der Islam lehrte, dass Gott reiner Geist sei und keine Kinder haben könne.

„Was stimmt denn nun?", fragte er sich, „die Religion der Muslime oder die der Christen?"

Bakary fing an, in der Bibel zu lesen. Er wollte beweisen, dass Jesus nicht wirklich Gottes Sohn war und dass der Islam recht hat. Aber beim Lesen entdeckte er, dass Jesus Macht über die bösen Geister hat und ihm seine Ängste nehmen kann. Jetzt wollte Bakary Christ werden, aber er fürchtete, dass seine Mutter böse werden würde. Er wusste aber, dass er die Wahrheit gefunden hatte – und dass er jetzt entweder Jesus nachfolgen konnte oder weiter Angst haben musste.

Anfangs war seine Mutter verärgert, aber als sie sah, wie Bakarys Leben sich änderte und dass seine Alpträume aufhörten, da wollte sie auch Jesus nachfolgen.

GOTTES LIEBE ZEIGEN

Es gibt nicht viele Christen unter den Mandinka, aber Missionare versuchen, ihnen Gottes Liebe zu zeigen. Sie bieten medizinische Hilfe an, Leseunterricht und Jugendzentren, in denen junge Leute Berufe und andere praktische Dinge lernen können. 2013 wurde die Bibel in Mandinka fertig. Bete doch mit, dass mehr Mandinka Jesus vertrauen, der ihnen ihre Ängste nimmt.

traditionelles Stammeskostüm mit Maske

MEXIKO
Wo aus Göttern Heilige wurden

ZWEI MARIAS

In Mexiko-Stadt leben zwei Mädchen, die beide Maria heißen, keine zehn Meter voneinander entfernt. Aber sie werden sich wahrscheinlich nie treffen. Zwischen ihren Häusern steht eine hohe Mauer, die einen armen Slum und eine reiche Wohngegend voneinander trennt.

Die erste Maria besucht eine Privatschule, in die sie ihr Vater jeden Tag in einem teuren, klimatisierten Auto fährt. Er arbeitet in einer Bank, so wie Marias Bruder.

Die zweite Maria hat keinen Vater zu Hause, ihre Mutter erzieht sie alleine. Sie wird keinen Schulabschluss machen können, denn bald muss sie anfangen zu arbeiten, um ihrer Mutter zu helfen. Ihr Bruder gehört zu einer Drogengang. Manchmal besucht er sie und will ihnen Geld geben, aber sie wollen es nicht annehmen.

Die erste Maria geht ab und zu zur katholischen Kirche. Dort gibt es sehr schöne Heiligen-Statuen. Der Priester spricht von Gott und Jesus und *Unserer Lieben Frau von Guadalupe* (das ist ein Bild von Maria, der Mutter von Jesus). Maria wird beigebracht, zu Guadalupe und einigen der Heiligen zu beten.

Die zweite Maria geht jede Woche in eine evangelikale Gemeinde. Ihr Gebäude ist nicht schön, aber der Gesang ist voller Energie und die Predigt voller Leidenschaft. Der Pastor spricht viel über die Kraft des Heiligen Geistes und wie Jesus Menschen helfen kann. Die Gottesdienste sind immer übervoll mit Menschen.

Beide Marias spielen und singen gern und gucken *telenovelas* (Seifenopern) und Musikshows im Fernsehen. Beide fragen sich, wie das Leben wohl auf der anderen Seite der Mauer sein mag.

REISE MIT DER „BESTIE"

„Nehmt euch Essen und Wasser, und möge die Jungfrau euch auf eurer Reise segnen!", sagte sein Vater zu den jungen Männern.

Juans Vater arbeitete den ganzen Tag auf seinen Maisfeldern, und abends half er manchmal den vorbeiziehenden Flüchtlingen. Wenn sie etwas übrig hatten, stellten Juans Mutter und Schwester Essenspakete zusammen, und sein Vater verteilte sie.

„Manche Menschen mögen die Flüchtlinge nicht, Juan. Sie tun ihnen weh oder stehlen ihnen das wenige, was sie haben. Aber die Leute versuchen ja nur, ein besseres Leben in den USA zu finden. Wir hier auf unserem Hof haben genug zum Leben. Gott will, dass wir großzügig sind, und

---

ZAHLEN + FAKTEN

FLÄCHE: 1 973 000 km²

EINWOHNERZAHL: 131 Mio.

HAUPTSTADT: Mexiko-Stadt

HAUPTSPRACHEN: Spanisch und ca. 68 Indiosprachen als Nationalsprachen, insgesamt 282 Sprachen

HAUPTRELIGIONEN: Christentum, meist römisch-katholisch

WIRTSCHAFT: Landwirtschaft: Mais und Bohnen. Industrie: Lebensmittel, Elektronik, Autos, Öl

---

Traditionelle mexikanische Trachten

Kathedrale in Mexiko-Stadt

präkolumbianische Maske

vielleicht wird *Unsere Liebe Frau von Guadalupe* uns segnen, wenn wir anderen helfen."

Es kamen oft Flüchtlinge vorbei, weil ihr Hof in der Nähe der Schienen von *„La Bestia"* („die Bestie") lag. Das ist der Spitzname für das Netz von Güterzügen, die von Mittelamerika kommend durch Mexiko bis an die Grenze der USA fahren. Er wird auch „Zug des Todes" genannt. Auf den Güterwaggons zu fahren ist illegal und sehr gefährlich, aber jede andere Methode, an die US-Grenze zu kommen, ist genauso gefährlich.

Juan erinnerte sich, dass diese Flüchtlinge anfangs alle aus anderen Teilen Mexikos kamen, später aus Mittelamerika, also Guatemala, Honduras, Nicaragua. Und inzwischen kamen einige aus Afrika und Asien. Manchmal reisten Kinder, kaum älter als Juan, ganz alleine. Er fragte sich, wie viele von ihnen es wohl in die USA schaffen würden.

LAND VIELER SPRACHEN UND STÄMME

In Mexiko gibt es viele unterschiedliche Menschen – Eingeborenenstämme, Weiße, Schwarze und neue Einwanderer aus Asien und Afrika. Aber die meisten Mexikaner sind „Mestizen", eine Mischung aus spanischen Kolonisten und Ureinwohnern. In Mexiko sprechen mehr Menschen Spanisch als in jedem anderen Land, aber es gibt auch ca. 68 Indiosprachen. Die Regierung hat Programme ins Leben gerufen, um diese Eingeborenensprachen am Leben zu erhalten.

Das größte Problem Mexikos heute sind illegale Drogen. Diese werden in Südamerika hergestellt, aber in den USA konsumiert. Mexiko liegt genau dazwischen, und deshalb werden die Drogen meist via Mexiko transportiert. Sie können in den USA zu einem enorm hohen Preis verkauft werden, und die Gangs, die die Drogen schmuggeln, sind sehr reich und mächtig. Auch die Polizei und die Regierung schaffen es nicht, sie zu stoppen. Sehr viele Menschen werden in Mexiko im Zusammenhang mit Drogenhandel ermordet.

Die meisten Mexikaner sind römisch-katholisch. Aber der Katholizismus in Mexiko ist mit Glaubensvorstellungen und Traditionen der alten Stammesreligionen vermischt. Viele der Heiligen in den katholischen Kirchen in Mexiko sind in Wirklichkeit die alten Indianergottheiten, nur mit neuem Namen.

Evangelikale Kirchen in Mexiko wachsen schnell – am schnellsten unter den ärmsten Menschen und unter den Indiostämmen.

SCHON GEWUSST?

Schokolade kommt ursprünglich aus Mexiko. Vor langer Zeit stellten die Indios *xocoatl* oder *xocólatl* als Stärkungstrank her. Sie mischten scharfe Gewürze mit Kakao; das Getränk schmeckte bitter und scharf. Später erst gaben Europäer Zucker hinzu.

SO KANNST DU FÜR MEXIKO BETEN

DANKE GOTT FÜR:

* die vielen Christen verschiedener Herkunft.

* das Wachstum evangelikaler Kirchen, in denen die Bibel gelehrt wird.

* Menschen, die die Bibel in Indiosprachen übersetzen.

BITTE GOTT, DASS:

* er das Übel des Drogenhandels beendet und die Herzen der Menschen ändert, die damit Geld verdienen.

* er den vielen Kindern hilft, die arm sind oder ohne Vater aufwachsen.

* er in den Herzen der Katholiken wirkt. Viele glauben an ihn, aber ihre alten Traditionen verhindern eine Beziehung zu Jesus.

* er die Migranten schützt, die durch Mexiko reisen – und dass sie Jesus kennenlernen.

Guanajuato

MINANGKABAU
Das Wasserbüffelvolk

MALAYSIA

INDONESIEN

Die Minangkabau erzählen gerne folgende Legende: Vor etwa 600 Jahren versuchte der König von Java, das Land der Minang in Westsumatra zu erobern. Die Minang wussten, dass sie nicht stark genug waren, um einen Krieg zu gewinnen, aber sie hatten eine Idee.

Sie boten dem König an: „Wähle deinen besten Wasserbüffel aus, und er soll gegen unseren besten Büffel kämpfen. Wenn dein Büffel gewinnt, dann wollen wir dir dienen. Aber wenn unserer gewinnt, sollst du uns nie mehr angreifen!"

Der König von Java stimmte zu. Er wählte den größten und wildesten Büffel von ganz Java, und war sich sicher, dass er gewinnen würde.

Am Tag des Kampfes stampfte sein riesiger Büffel auf das Feld. Die Soldaten aus Java lachten, als sie den Büffel sahen, den die Leute aus Westsumatra ausgewählt hatten. Es war nur ein winziges Kälbchen. Wie dumm mussten sie sein, um zu glauben, dass so ein kleines Geschöpf ihren Riesen besiegen könnte!

Aber die Javaner ahnten nicht, dass ihre Gegner einen Plan hatten. Drei Tage lang hatte das Büffelbaby keine Milch zu trinken bekommen und war jetzt extrem hungrig. Und sie hatten kleine, scharfe Klingen an die kleinen Hörner des Babys gebunden. Als das Kalb den großen Büffel sah, dachte es, dass das vielleicht seine Mutter sei, und rannte auf ihn zu. Es schob seinen Kopf unter den Bauch des javanischen Büffels, um nach dem Euter zu suchen. Dabei stieß es die Klingen in den Bauch des großen Tieres. Brüllend vor Schmerzen rannte der Riesenbüffel weg und verlor den Kampf.

„Minang kabau!" – „Unser Büffel ist der Sieger", riefen die Leute aus Westsumatra. Und seither nennen sich die Menschen dort selbst Minangkabau, denn sie waren stolz auf ihre Schlauheit. Auch heute noch gestalten die Minangkabau die Ecken ihrer Häuserdächer in Büffelhorn-Form, und bei speziellen Feiern tragen die Frauen einen Kopfschmuck

traditionelle Festkleidung

Indischer Ozean

in der Form von Wasserbüffel-Hörnern. Die Minangkabau sind auch stolz darauf, dass ihnen eine gute Bildung wichtig ist und sie so die Tradition von Klugheit und Schlauheit aufrechterhalten.

MUTTERNAME
In den meisten Teilen der Welt kommt der Familien- oder Nachname von den Vätern. Aber die Minangkabau verwenden den Namen der Mutter. Auch andere Sitten sind ungewöhnlich. Männer sind zwar die Chefs in Familien und Klans, aber die Felder und Häuser gehören den Frauen. Weil sie ja selbst

ZAHLEN + FAKTEN

NAME: Die Minangkabau werden auch Minang oder Kabang genannt.

HEIMATLAND: Indonesien (Westsumatra), Malaysia

ANZAHL: zwischen 8 und 9 Mio.

HAUPTSPRACHEN: Minangkabau, Indonesisch

HAUPTRELIGION: Islam

TYPISCHE BERUFE: Reisbauern, Geschäftsleute, Gastwirte, Lehrer, Religionsführer, Künstler, Fischer

SCHON GEWUSST?

Alle Minangkabau-Kinder lernen wenigstens zwei Sprachen. Zu Hause sprechen sie Minangkabau, aber in der Schule sprechen sie Indonesisch, die Staatssprache.

kein Land besitzen können, ziehen Männer oft aus ihren Dörfern in die Städte, um dort zu arbeiten, und kommen nur zur Erntezeit zum Helfen zurück.

Einige haben ihre Dörfer auch endgültig verlassen, und deshalb gibt es heute Minangkabau in allen Teilen Indonesiens. Viele eröffnen Restaurants, wo sie das beliebte, scharfe Gericht *Nasi Padang* servieren. Aber manche von ihnen sind auch gute Politiker, religiöse Leiter oder geschickte Künstler.

VERSTREUTES VOLK

Insgesamt gibt es knapp neun Millionen Minangkabau. Etwa die Hälfte von ihnen lebt in der Bergregion von Westsumatra. Die anderen leben verstreut in anderen Teilen Sumatras oder auf anderen indonesischen Inseln.

Sumatra erleidet oft schwere Naturkatastrophen. 2004 tötete ein Tsunami Tausende von Menschen, und nur fünf Jahre später richtete ein schweres Erdbeben noch mehr Schaden in der Heimat der Minangkabau an.

Die meisten Minangkabau sind Muslime. Sie sagen: „Ein Minangkabau zu sein bedeutet, ein Muslim zu sein." Aber neben ihrem islamischen Glauben halten sie auch noch an Traditionen fest, die aus der Religion stammen, die sie hatten, bevor sie den Islam übernahmen. Sie versuchen, sich mit Zauberei vor Geistern aus Wäldern und Bergen zu schützen, die Krankheiten und Probleme verursachen.

Minangkabau, die Christen werden, wissen, dass sie wahrscheinlich ihre Arbeit verlieren und von ihren Familien aus dem Haus gejagt werden. Es kann sogar sein, dass sie vor ein islamisches Religionsgericht gestellt und ins Gefängnis geworfen werden.

Es gibt nur ein paar Tausend Minangkabau-Christen. Wie können die anderen die gute Nachricht hören? Viele sind gebildete, erfolgreiche und weit gereiste Menschen. Manche hören im Radio oder Fernsehen oder Internet von Jesus.

Auf einer Geschäftsreise in die USA fand ein Minangkabau mit Namen Pak Iman eine Bibel in seinem Hotelzimmer. Er fing an darin zu lesen und nahm sie mit nach Hause. Sechs Jahre lang las er in der Bibel und beobachtete die Christen in seiner Firma, um zu sehen, wie sie lebten. Schließlich entschied er sich, Jesus nachzufolgen – doch er hatte Angst, seiner Frau und seinen Kindern davon zu erzählen. Aber er war völlig überrascht zu hören, dass auch seine Frau in der Bibel las. Sie und die Kinder wollten auch Christen werden.

SO KANNST DU FÜR DIE MINANGKABAU BETEN

DANKE GOTT FÜR:

* die wenigen Tausend Minangkabau, die Jesus kennen.

* die Bibel, die es gedruckt, als Audiodatei und als E-Book in Minangkabau gibt.

BITTE GOTT, DASS:

* mehr Christen, vor allem gläubige Minangkabau, mit anderen Minangkabau über Jesus sprechen.

* sich ganze Minangkabau-Familien entscheiden, gemeinsam Jesus nachzufolgen.

* die Minangkabau nicht von ihren Traditionen und ihren Ängsten gehindert werden, Jesus nachzufolgen.

* er ihnen klarmacht, dass man Christ sein kann und trotzdem ein echter Minangkabau.

Nasi Padang

MONGOLEI
Glühend heiß oder bitterkalt

BERGE UND WÜSTEN

Die Mongolei ist ein sehr großes Land zwischen Russland und China und ungefähr so groß wie ganz Westeuropa. Im Norden gibt es windgepeitschte Berge, Ebenen, Wälder und Seen. Die Gobi-Wüste im Süden ist eine riesige Wildnis aus Sand und Schotter. Die Winter in der Mongolei sind lang und bitterkalt, aber die Sommer sind an manchen Orten extrem heiß.

Heute leben die meisten Mongolen in Städten. Eines der größten Probleme dort ist die Luftverschmutzung im Winter. Geheizt und gekocht wird mit Kohle, und der Kohlerauch und die Autoabgase hüllen die Städte monatelang ein.

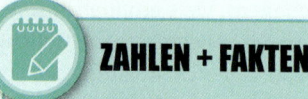

Im Winter treiben die Landbewohner ihre Herden aus Schafen, Ziegen, Kamelen, Yaks und Pferden auf die Bergweiden. Sie hoffen auf etwas Schnee, damit die Tiere trinken können – aber nicht zu viel Schnee, denn sonst kommen sie nicht mehr an das Gras darunter heran. Viele Mongolen lernen das Reiten fast gleichzeitig mit dem Laufen. Es gibt ungefähr 60 Millionen Herdentiere in der Mongolei, also etwa 20 Tiere pro Mensch. Im Sommer ziehen sie alle zurück in die Grasebenen und weiden in der Nähe von Flüssen oder Seen, und in dieser Zeit kann das Gras auf den Bergen wieder nachwachsen. Die Hirten leben in filzbedeckten, transportablen Zelten, den Jurten. Diese schützen sowohl vor Hitze als auch vor Kälte.

Arbeit zu finden kann in der Mongolei sehr schwer sein, und Armut ist weitverbreitet. Die meisten mongolischen Kinder gehen zur Schule, aber auf dem Land wohnen viele Kinder die ganze Woche in der Schule und kommen nur am Wochenende nach Hause. Die Schulen sind oft weit weg und die Straßen nicht gut genug, als dass sie jeden Tag nach Hause könnten.

DSCHINGIS KHAN

Vor 800 Jahren machte der berühmte Krieger Dschingis Khan aus der Mongolei das größte jemals existierende Reich. Damals gab es in den mongolischen Stämmen ein paar Christen.

Dann war die Mongolei viele Jahrhunderte lang buddhistisch. Die meisten Familien sandten ihre ältesten Söhne als buddhistische Mönche ins Kloster. Wenige Menschen durften über Jesus reden, und nur wenige wollten überhaupt von ihm hören.

1924 wurde die Mongolei ein kommunistisches Land unter Oberhoheit der Sowjetunion. Die nächsten 65 Jahre war die Mongolei komplett von der Außenwelt abgeschottet. Die Regierung zerstörte viele buddhistische Klöster, und alle Religionen wurden verbannt. 1990 wurde die kommunistische Regierung gestürzt, und die Menschen waren wieder frei, ihre Religion selbst zu bestimmen.

ZAHLEN + FAKTEN

FLÄCHE: 1 514 000 km²

EINWOHNERZAHL: 3 Mio.

HAUPTSTADT: Ulaanbaatar (etwa die Hälfte der Einwohner lebt hier)

HAUPTSPRACHEN: Chalcha-Mongolisch, Russisch

HAUPTRELIGIONEN: tibetischer Buddhismus, große nichtreligiöse Minderheit

HAUPTEXPORTGÜTER: Mineralien, Fleisch, Wolle, Textilien

Jurte im Winter

Einige kehrten zum Buddhismus zurück, andere wandten sich dem traditionellen mongolischen Schamanismus zu. Aber Lob sei Gott – mehr und mehr Mongolen werden heute Christen!

AUFWACHSEN

Udval ist in Ulaanbaatar, der Hauptstadt der Mongolei, aufgewachsen. „Das ist die einzige große Stadt in unserem Land", erzählte sie Elaine, ihrer neuen Freundin aus Korea, die an der Universität die mongolische Kultur studierte. „Einige Menschen leben in Wohnungen, aber manche bevorzugen immer noch Jurten. In der Stadt sieht man oft Hochhäuser und Jurten nebeneinander. In den Jurten in der Stadt gibt es Strom, aber kein fließendes Wasser und keine Wassertoiletten, nur Plumpsklos.

Es gibt in Ulaanbaatar auch Menschen, die auf der Straße leben. Im Winter müssen sie sich in die Schächte verkriechen, wo die Fernheizungsrohre verlaufen, weil es ja draußen so kalt ist."

„Wie war es dann, als du Kind warst?", fragte Elaine.

„Meine Eltern haben beide gearbeitet. Deshalb mussten meine Geschwister und ich Wasser holen, Holz hacken, einkaufen, kochen und putzen.

Als Kind habe ich mich gefragt, wer eigentlich die Welt gemacht hat. Dann kam ein Ausländer und bat mich, ihm bei der Übersetzung des Neuen Testaments zu helfen, denn ich hatte in der Schule Englisch gelernt. Erst hielt ich das für ein Kinderbuch wegen der vielen spannenden Geschichten darin, aber dann habe ich verstanden, dass es ein ganz besonders Buch über Gott und seinen Sohn Jesus ist. Heute glaube ich an das, was in der Bibel steht. Aber mein Vater glaubt noch immer nicht an Gott."

CHRISTEN

1989 gab es vermutlich nur vier Christen in der ganzen Mongolei. Heute sind es Zehntausende, und es gibt Hunderte Kirchen und Gemeinden. Die Mongolei sendet sogar selbst Missionare in Gegenden, wo man noch nicht von Jesus gehört hat. Es gibt auch mongolische Anbetungslieder.

Vor Kurzem durften sich die Christen sogar auf dem zentralen Platz von Ulaanbaatar zu einem Gottesdienst treffen. Mehr als 3000 kamen zusammen, um zu singen und zu beten. Was für eine Veränderung hat Gott doch in knapp 30 Jahren in diesem Land bewirkt!

EINE SPRACHE, ZWEI SCHRIFTEN

Seit dem Jahr 2000 gibt es mehrere neue Bibel-Übersetzungen ins Mongolische. Einer der Gründe dafür ist, dass Mongolen zwar eine gemeinsame Sprache sprechen, sie aber mit zwei ganz verschiedenen Schriften schreiben. Einerseits gibt es wie in Russland das kyrillische Alphabet, das während der kommunistischen Herrschaft eingeführt wurde und auch heute noch überwiegend genutzt wird. Andererseits gibt es eine ältere mongolische Schrift, die von oben nach unten geschrieben und vor allem von den Mongolen in der Inneren Mongolei (einer Provinz von China, die an die Mongolei grenzt) verwendet wird.

NAVAJO
Kunsthandwerker in Amerikas Westen

GESCHICKTE KÜNSTLER

Die Navajo sind die größte Gruppe der US-amerikanischen Ureinwohnern. Obwohl die meisten heute in modernen Häusern wohnen, hat doch fast jede Familie noch mindestens ein *Hogan*. Hogans sind die traditionellen Einraumhäuser aus Holz, Lehm oder Steinen. Ein Geschichtenerzähler der Navajo erklärt die *Hogans* so:

„Vor langer, langer Zeit sagten uns unsre Heiligen, dass die Tür eines *Hogan* immer nach Osten weisen muss, hin zur aufgehenden Sonne. Im Inneren gibt es für alles spezielle Bereiche. Der Bereich für die Mutter und ihre kleinen Kinder ist auf der Nordseite, der Vater und die älteren Jungen nutzen die Südseite, und spezielle Gäste bekommen einen Ehrenplatz im Westen. Wir hängen unsere Sachen an Nägel an der Wand, klemmen sie in Nischen in der Wand oder hängen sie unter das kuppelförmige Dach."

Die Navajo sind geschickte Kunsthandwerker. Sie färben Wolle mit Farbstoffen aus Wüstenpflanzen und weben daraus wunderschöne Teppiche. Sie stellen auch sehr schönen Schmuck aus Silber und Türkis her. Die Medizinmänner machen aus Blütenpollen, Maismehl, zerstampften Blütenblättern, Holzkohle und zermahlenen Mineralien die Rohstoffe für ihre berühmten Sandgemälde, die sie für ihre Zeremonien benötigen. Heute verkaufen die Navajo ihre Sandgemälde auch an Kunstsammler und Touristen.

ZEREMONIEN UND FEIERN

Zu ihrer traditionellen Religion gehört, dass die Navajo Lieder und Sprechchöre auswendig lernen und wiedergeben. Einige der Zeremonien dauern neun Tage, und man darf dabei keinen Fehler machen. Die Navajo, die diese Zeremonien durchführen, werden oft „Sänger" genannt, und die ganze Zeremonie „Gesang".

Wenn ein Baby zum ersten Mal laut lacht, gibt es ein Fest für die ganze Familie – und derjenige, der das Kind zum Lachen gebracht hat, muss die Feier bezahlen! Kein Wunder, dass Besucher erst einmal vorsichtig nachfragen, ob das Baby schon mal gelacht hat, bevor sie mit ihm spielen. Während

ZAHLEN + FAKTEN

HEIMATLAND: USA, vor allem Arizona, New Mexico und Utah

ANZAHL: über 300 000

HAUPTSPRACHEN: Englisch und Navajo

Felsformation, genannt die „Navajo-Zwillinge", Utah

Monument Valley, Utah

Felszeichnungen

der Feier laufen alle Gäste an der Mutter und dem Baby vorbei, und das Baby soll jedem Gast ein Stück Steinsalz geben. Salz ist den Navajo sehr wertvoll, und durch das Verschenken will die Mutter dem Kind beibringen, großzügig zu sein und mit anderen zu teilen. Das ist sehr wichtig, denn ein knausriger Navajo ist ein schlechter Navajo.

Viele Navajo fürchten sich vor bösen Geistern. Daher bemühen sie sich, nichts Schlimmes zu tun, um die Geister nicht zu verärgern. Es gibt besondere Zeremonien, die die Mächte des Bösen abwehren sollen, oder Rituale, durch die der Segen der Geister erbeten wird.

Navajo-Christen lieben es, den einen wahren Gott durch Lieder anzubeten, den es nicht stört, wenn man beim Singen einen Fehler macht.

EINE SCHWIERIGE SPRACHE

Die Navajo-Sprache gilt als eine der schwierigsten Sprachen der Welt und wird nur von sehr wenigen Nicht-Navajo beherrscht. Daher spielten während des Zweiten Weltkriegs Navajo-Soldaten eine wichtige Rolle für die USA – sie sendeten per Funk Berichte und Befehle in ihrer Sprache, und nur die Navajo-Soldaten am Empfänger konnten sie verstehen.

Nur eine Handvoll der nordamerikanischen Indianerstämme hat die ganze Bibel in ihrer eigenen Sprache, aber die Navajo gehören dazu. Es dauerte 40 Jahre, bis die Bibel in Navajo übersetzt war, doch 1986 kam sie heraus. Einer der Übersetzer war ein blinder Navajo

mit Namen Geronimo Martin. Er konnte Englisch und Blindenschrift. Mithilfe seiner Finger las er die Bibel in englischer Blindenschrift und übersetzte sie laut in Navajo. Seine Frau nahm seine Worte auf, danach wurden sie abgeschrieben. So war ein blinder Mann in der Lage, seinem Volk zu helfen, Jesus zu sehen, indem er ihnen die Bibel gab.

Die meisten jüngeren Navajo haben Englisch als Muttersprache, aber manche ältere sprechen ausschließlich Navajo. Die Navajo hören gerne Geschichten, deshalb gibt es ihre Bibel auch als Hörbuch, aufgenommen von Geronimos Frau und anderen Navajo-Christen.

EINE FAMILIE

Weiße Siedler, auch Christen, behandelten die Navajo in der Vergangenheit sehr schlecht. Heute müssen weiße Christen lernen, sich bei den Navajo zu entschuldigen, und Navajo-Christen müssen lernen zu vergeben. Andre Christen in den USA können noch eine Menge von den Navajo lernen –

über Gott, und wie man Jesus in einer Welt nachfolgt, in der wir alle manchmal Vergebung brauchen. Schließlich gehören wir alle zu Gottes Familie, und wir sollten ihm gemeinsam dienen.

SO KANNST DU FÜR DIE NAVAJO BETEN

DANKE GOTT FÜR:

* die Bibel in Navajo, eine der wenigen vollständigen Bibeln in einer nordamerikanischen Indianersprache.
* jeden gläubigen Navajo, alle Pastoren, Missionare und Gemeindeleiter.

BITTE GOTT, DASS:

* die Navajo die Schönheit der Bibel in ihrer eigenen Sprache entdecken.
* die Navajo das Christentum nicht als „Religion der Weißen" ansehen, sondern verstehen, dass Jesus – der aus dem Nahen Osten kam – genauso für die Navajo da ist wie für alle anderen Menschen.
* Navajo-Christen in ihrer Umgebung von Jesu Liebe erzählen.
* die christlichen Gemeindeleiter weise sind und ihrem Volk gut dienen.
* er die Herzen von Christen ändert, die Menschen aus anderen Völkern schlecht behandeln.
* alle Christen in den USA einmütig zusammenarbeiten.

NEPAL
Das Dach der Welt

Die gewaltigen Himalaya-Berge bilden die Nordgrenze von Nepal. Die schneebedeckten Gipfel sind die höchsten der Erde, und darunter befindet sich auch der Mount Everest, der höchste Berg der Welt. Umgeben von Bergen liegt das fruchtbare Kathmandu-Tal mit der Hauptstadt Kathmandu und vielen weiteren Städten und Dörfern, Flüssen, grünen Feldern und alten hinduistischen und buddhistischen Tempeln. Entlang der Südgrenze liegt das tropische Terai-Flachland, mit Wäldern, Grasland und Feuchtgebieten, und hier lebt inzwischen die Mehrzahl der Nepalesen.

In Nepal gibt es mindestens 100 verschiedene Volksgruppen mit noch mehr Sprachen. Viele dieser Gruppen leben in entlegenen Dörfern, in tiefen Flusstälern oder an Berghängen. In diesen Gebieten gibt es kaum Straßen, sondern nur holperige, schmale Fußpfade. Werden Nahrung, Medikamente oder andere Dinge benötigt, müssen diese Dinge meist von Menschen oder Eseln transportiert werden.

EINE WACHSENDE KIRCHE

Nepal war früher das einzige hinduistische Königreich der Welt, wobei die Menschen ihren Hinduismus oft mit Buddhismus und Animismus vermischten. Mehr als 100 Jahre lang schottete sich Nepal selbst gegen den Rest der Welt ab. Christen konnten lediglich auf der indischen Seite der indisch-nepalesischen Grenze mit Nepalesen sprechen, die sie dort trafen. Die Christen beteten, dass sie eines Tages Nepal würden betreten dürfen.

Nach einer Revolution im Jahr 1951 waren die Christen unter den Ersten, die einreisten und den neuen König unterstützten. Aber Nepalesen, die Christen wurden, kamen oft ins Gefängnis. Als 1991 die Demokratie eingeführt wurde, bekamen Christen mehr Freiheiten.

Das hinduistische Königtum wurde 2008 abgeschafft, und Nepal wurde eine Republik. Heute gibt es hier mehr als 850 000 Christen, und die Kirche gehört zu den am schnellsten wachsenden in der ganzen Welt. Alle 75 Bezirke von Nepal haben wenigstens eine Gemeinde. Aber es gibt doch immer noch viele Dörfer, in denen die Menschen noch nie von Gottes Liebe gehört haben.

VIELE VERSCHIEDENE GÖTTER

Maya nahm den Wasserkanister aus Messing und ging zusammen mit den anderen Mädchen zum Wassertank. Sie redeten und lachten und gingen an Tempeln vorbei, wo Menschen beteten und den Göttern Gaben brachten. Am Tank wusch Maya sich und füllte dann ihren Wasserkanister.

Wieder zu Hause betrachtete sie die Statue von Ganesha, dem Hindu-Gott mit dem Elefantenkopf. Maya wusste, dass sie eigentlich Buddhisten waren und Buddha verehrten. Aber sie beteten auch zu anderen Göttern, sodass

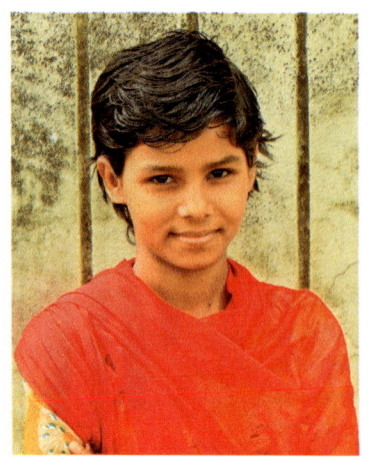

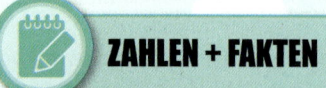

ZAHLEN + FAKTEN

FLÄCHE: 147 000 km²

EINWOHNERZAHL: 30 Mio.

HAUPTSTADT: Kathmandu

HAUPTSPRACHE: Nepali

HAUPTRELIGIONEN: große Hindu-Mehrheit, buddhistische Minderheit

WIRTSCHAFT: ausländische Hilfe und Tourismus. Die meisten Menschen sind Bauern. Sehr viele Nepalesen, vor allem junge Leute, arbeiten im Ausland und schicken Geld nach Hause.

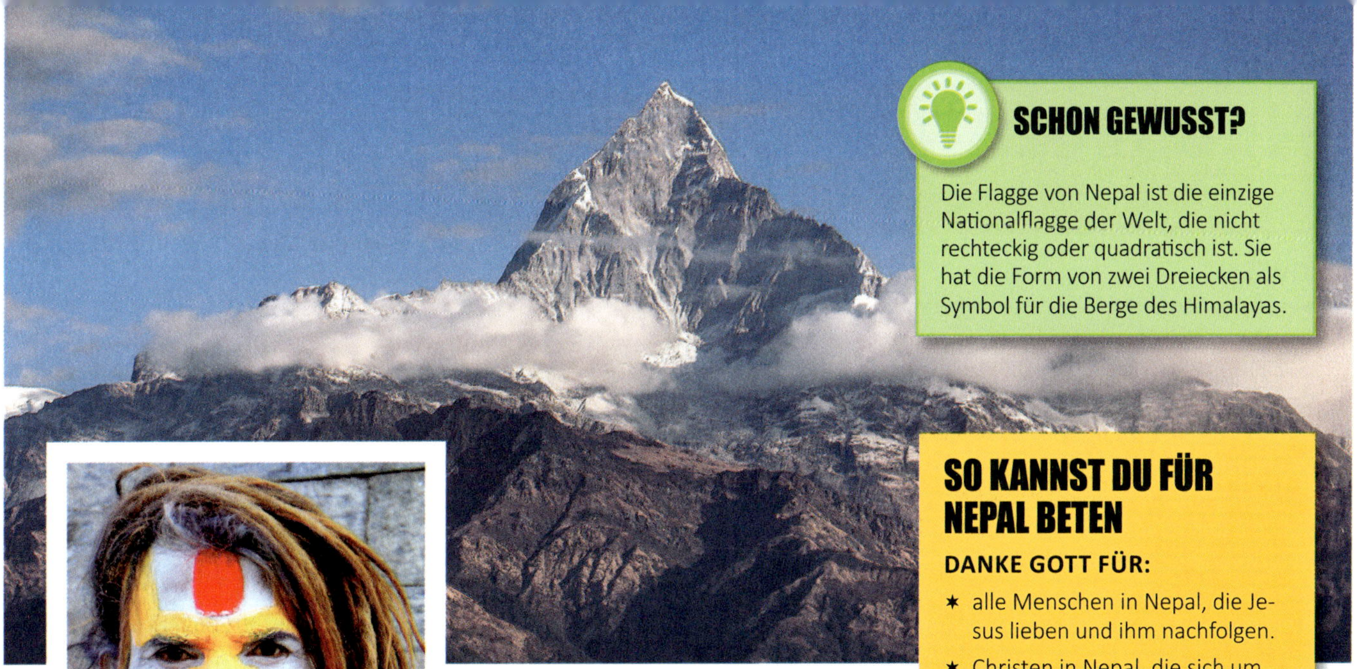

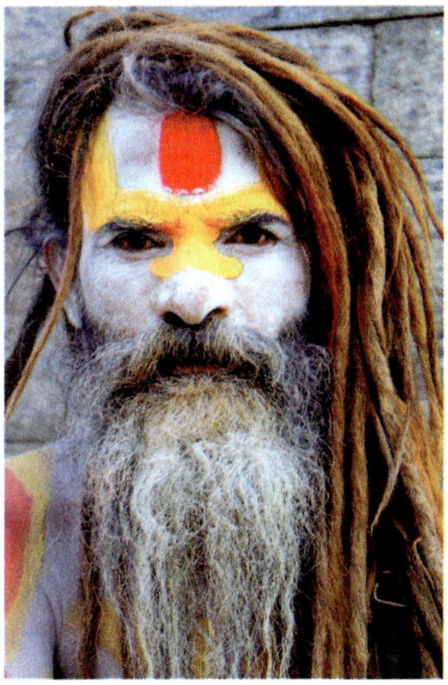

Hindu-Heiliger

sie sich nicht sicher war, ob sie nicht gleichzeitig auch Hindus waren.

„Warum haben wir eigentlich so viele Götter?“, fragte Maya ihre Mutter.

Sie mischten gerade rotes Zinnoberpulver mit Reis und Blütenblättern, um daraus eine Opfergabe für Buddha und die Götter in ihrem Haus zu machen.

Ihre Mutter erklärte ihr: „Wir haben Götter für jeden Aspekt unseres Lebens. Für jedes unserer Bedürfnisse ist ein anderer Gott zuständig.“

DER GOTT, DER HEILT

Nebenan beendete Neelas Familie ihr tägliches Gebet. In den letzten Monaten hatten sie jeden Tag zu Jesus gebetet. Neela wusste, dass Jesus mächtiger war als Buddha oder Ganesha. Als ihre Mutter sehr krank gewesen war, hatten sie verschiedene religiöse Männer um Hilfe gebeten, aber ohne Erfolg.

Ein paar Christen aus einer nahen Gemeinde hatten von ihrer Familie gehört. Ein paar Frauen kamen, um Neela bei der Hausarbeit zu helfen. Zwei Männer sprachen mit ihrem Vater: „Dürfen wir im Namen Jesu für deine Frau beten? Jesus ist der lebendige Gott, dem wir nachfolgen. Er hat Macht über alle bösen Geister.“

Neelas Vater hatte Angst, dass seine Frau bald sterben würde, und war bereit, alles zu tun, um sie zu retten. Sie beteten lange, aber trotzdem passierte nichts. Die Christen kamen am nächsten Tag wieder und beteten weiter. Die Sache zog sich in die Länge.

Aber plötzlich richtete sich Neelas Mutter auf. Sie rief Neela zu sich und umarmte sie. Bald konnten Neela und ihre Mutter die Arbeiten im Haushalt wieder gemeinsam machen. Jesus hatte sie geheilt! Vielleicht sollten sie doch lieber Jesus anbeten statt Buddha oder Ganesha. Sie baten die Christen, wiederzukommen und ihnen mehr über Jesus zu erzählen und darüber, wie man ihm nachfolgt.

SCHON GEWUSST?

Die Flagge von Nepal ist die einzige Nationalflagge der Welt, die nicht rechteckig oder quadratisch ist. Sie hat die Form von zwei Dreiecken als Symbol für die Berge des Himalayas.

SO KANNST DU FÜR NEPAL BETEN

DANKE GOTT FÜR:

* alle Menschen in Nepal, die Jesus lieben und ihm nachfolgen.
* Christen in Nepal, die sich um die Armen, die Kranken und die Behinderten kümmern – sie beten mit Menschen, die andere niemals ansprechen oder gar berühren würden.
* die christlichen Bücher, die es in den verschiedenen Sprachen Nepals gibt.

BITTE GOTT, DASS:

* viele nepalesische Kinder von Jesus hören und verstehen, dass er der einzig wahre und lebendige Gott ist und viel mächtiger als alle anderen Götter.
* Christen den hinduistischen und buddhistischen Familien in ihrer Nähe Gottes Liebe zeigen.
* das Evangelium jedes Dorf in Nepal erreicht, gerade auch die ganz abgelegenen..

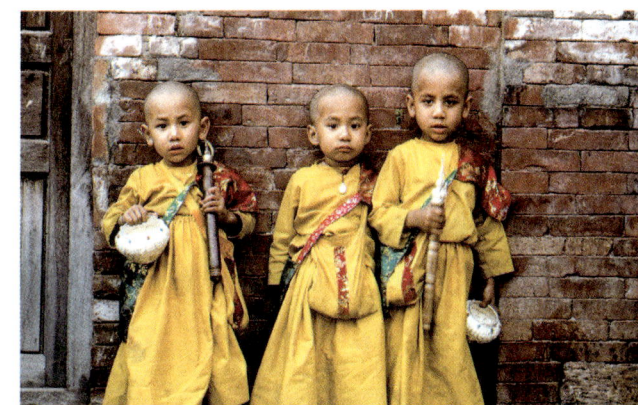

NEUSEELAND

Aotearoa: Land der langen weißen Wolke

KIWIS

Neuseeland besteht aus zwei Hauptinseln, *Te Ika a Mauri* (Nordinsel) und *Te Wai Pounamu* (Südinsel) . Es ist ein sehr schönes Land, mit langen Sandstränden, sanften Hügeln, steilen Bergen, Vulkanen, riesigen Bäumen und kochend heißen Quellen. Manche Pflanzen und Tiere gibt es nur in Neuseeland und sonst nirgendwo. Dazu gehört der Kiwi, ein großer Vogel, der aber nicht fliegen kann und ein wenig wie ein Huhn aussieht. „Kiwi" ist auch ein Spitzname für die Neuseeländer. Den Menschen hier ist Sport sehr wichtig, und die „All Blacks", die Rugby-Nationalmannschaft, sind bei Rugby-Fans sehr berühmt.

MAORI

In der Sprache der Maori heißt Neuseeland „Aotearoa", was „Land der langen weißen Wolke" bedeutet. Im größten Teil von Neuseeland ist es weder sehr heiß noch sehr kalt, und es gibt genug Regen, deshalb ist das Land ideal für Schafzucht. Viereinhalb Millionen Menschen leben dort, aber 29 Millionen Schafe, also mehr als sechsmal so viele Schafe wie Menschen.

Die meisten Menschen in Neuseeland stammen von Siedlern aus Großbritannien oder anderen europäischen Ländern ab, nur etwas mehr als 5 % sind Maori. Vor mindestens 1200 Jahren kamen die Vorfahren der Maori erstmals von anderen, weit entfernten polynesischen Inseln als Siedler nach Neuseeland. Sie reisten in 20 Meter langen Kanus, jedes aus einem einzigen Baum geschnitzt. Sie besiedelten das Land und

ZAHLEN + FAKTEN

FLÄCHE: 270 000 km²

EINWOHNERZAHL: 5 Mio.

HAUPTSTADT: Wellington

HAUPTSPRACHE: Englisch

HAUPTRELIGIONEN: Christentum und „religionslos" sind die größten

HAUPTEXPORTGÜTER: Fleisch, Milchprodukte, Wolle, Obst, Chemikalien

Maori-Tänzer, New Plymouth

SCHON GEWUSST?

Auf der Nordinsel gibt es vier aktive Vulkane. Es ist ein normaler Anblick, dass aus kochenden Quellen Geysire heißes Wasser und Dampfwolken in die Luft blasen. Das Wasser wird von heißem Vulkangestein erhitzt.

bauten die prächtigen Gemeinschaftshäuser, in denen sich die Maori noch heute treffen. Bei besonderen Gelegenheiten kochen sie ihr Essen in Blätter eingehüllt und zwischen heißen Steinen im Boden vergraben. Süßkartoffeln, Kohl, Rind-, Lamm- und Schweinefleisch schmecken alle sehr gut, wenn sie auf diese Weise zubereitet werden.

Als im 18. Jahrhundert die Siedler aus Europa ankamen, kämpften sie mit den Maori verbissen um das Land. Damals verloren viele Maori das Land, auf dem ihre Vorfahren Jahrhunderte lang gelebt hatten. Maori-Kinder wurden bestraft, wenn sie in der Schule ihre eigene Sprache statt Englisch sprachen – bis ihre Anführer anfingen, auf ihren Rechten zu bestehen: „Wir leben hier seit mehr als 1000 Jahren, warum

sollten wir nicht unsere eigene Sprache sprechen dürfen?", fragten sie. Heute beleben Künstler, Kunsthandwerker und Filmemacher unter den Maori ihre alten Sitten und Traditionen neu. Kinder lernen oft mit Bewegungsliedern etwas über ihre Geschichte. Etliche Maori sind überzeugte Christen, und einige studieren an Bibelschulen.

VIELE LÄNDER UND RELIGIONEN

Obwohl rund 50 % der Menschen in Neuseeland von sich sagen, dass sie Christen sind, folgen nur wenige wirklich Jesus nach. Menschen mit ganz unterschiedlichen Religionen aus verschiedenen Ländern sind nach Neuseeland gezogen. Manche sind Flüchtlinge, andere kamen auf der Suche nach Arbeit, aber sie alle haben ihren Glauben mitgebracht. Darunter sind Buddhisten und Muslime aus Südostasien, Hindus aus Indien und Atheisten aus China. Und viele Menschen in Neuseeland haben im Grunde gar keine Religion.

neuseeländischer Kiwi-Vogel

SO KANNST DU FÜR NEUSEELAND BETEN

DANKE GOTT FÜR:

* die vielen Christen in Neuseeland, die Jesus kennen und anderen von Jesu Liebe erzählen.

* Missionare aus Neuseeland, die in andere Länder gehen und dort von Jesus erzählen.

* all die ehrenamtlichen Mitarbeiter, die in Schulklassen, Kindergruppen, bei der Nachmittagsbetreuung und anderen Aktivitäten die Bibel lehren, damit Kinder lernen können, Jesus nachzufolgen.

BITTE GOTT:

* dass er Christen hilft, liebevoll und mitfühlend mit Menschen über Jesus zu sprechen, die andere Götter verehren oder überhaupt nicht an Gott glauben.

* dass die Maori-Christen Jesus treu nachfolgen, auch wenn die Maori jetzt Teile ihrer alten Kultur wiederbeleben.

* dass er noch viele Menschen, Kiwis und Einwanderer, dazu bringt, Jesus zu folgen.

* für alle Christen in Neuseeland, dass sie sich gegenseitig lieben und achten, weil sie ja alle zu Gottes Familie gehören.

NORDKAUKASUS
Zwischen zwei Meeren

RUSSLAND

REGION STAWROPOL

Kaspisches Me

KARATSCHAI-TSCHERKESSIEN

KABARDINO-BALKARIEN

TSCHETSCHENIEN

INGUSCHETIEN

NORDOSSETIEN-ALANIEN

DAGESTAN

Schwarzes Meer

GEORGIEN

ASERBAIDSCHAN

Zwischen dem Schwarzen Meer und dem Kaspischen Meer erstreckt sich das Kaukasus-Gebirge, die Brücke zwischen Europa und Asien. Um von der Nord- an die Südseite zu kommen, muss man hohe Berge überqueren und durch Täler und Wälder wandern, und an manchen Stellen gibt es keine Straßen.

Im Laufe der Jahrhunderte kämpften Perser, Mongolen, Osmanen und Russen darum, diese Gegend zu beherrschen. Heute leben hier viele Stämme mit verschiedenen Sprachen, Kulturen und Religionen.

Der „Föderationskreis Nordkaukasus" gehört zu Russland und besteht aus sieben Teilrepubliken. Die bekanntesten sind Ossetien, Tschetschenien und Dagestan. In einigen der hier lebenden Volksgruppen gibt es nur wenige Christen bzw. gar keine Gemeinden, keine Bibel in ihrer Sprache und kaum eine Möglichkeit, von Jesus zu hören. Diese Gegend ist der Teil Eurasiens, der am allerwenigsten von der guten Nachricht von Jesus erreicht wurde.

OSSETIEN – NACHFAHREN VON KÖNIGEN

Viktoria betrachtete die Karte des Kaukasus in ihrem Schulbuch. „Warum sind wir so anders als die anderen Völker in diesen Bergen?", fragte sie.

Ihre Mutter erklärte: „Wir Osseten stammen von den Alanan ab, die vor Jahrhunderten ein großes Königreich nördlich von hier hatten. Aber die mongolischen Armeen marschierten in unser Land ein und zwangen unsere Vorfahren, sich in die Sicherheit dieser Berge zurückzuziehen. Unsere Sprache, unsere Kultur und unsere Abstammung unterscheiden sich deshalb von den anderen Völkern der Region."

Sie zeigte durch das Fenster auf die Kirche. Viktoria konnte die hohen Türme mit Kreuzen auf den Spitzen sehen.

„Als unser Volk in die Berge zog, brachten uns unsere neuen Nachbarn, die Georgier, das Christentum. Die Alanen hatten einen Schöpfergott verehrt, aber auch viele kleinere Gottheiten und ihre eigenen Vorfahren. Heute wissen wir, dass Jesus der einzige Weg zu dem einen Gott ist. Die meisten Osseten sind Christen, wenn auch einige versuchen, zu der alten Religion zurückzukehren.

TSCHETSCHENIEN – BERGLAND DER KRIEGER

„Khasan, pass auf!", rief sein Vater. Khasan konnte an der Felskante gerade noch das Gleichgewicht wiederfinden. „Wenn du mit uns Bergziegen jagen willst, dann benimm dich wie ein Tschetschenen-Mann, nicht wie ein Kind!"

Khasan folgte den Männern vorsichtig den schmalen Pfad herunter zu dem menschenleeren Dorf. Die Gruppe machte in dem verlassenen Aul (Wehrdorf) Pause mit Wasser und Fladenbrot. Die Häuser waren direkt in den Felsen hineingebaut.

Der alte Sulim sagte: „Jahrhunderte lang widerstanden wir in diesen Wehrdörfern fremden Armeen. Erst kamen die Mongolen, später die Russen. Fast hätten sie uns vernichtet, aber Allah bewahrte uns, und wir kämpfen weiter. Wir werden unser Land, unsere Religion, unsere Kultur niemals aufgeben!"

Khasan kannte Sulims Geschichte: Während des

Zweiten Weltkriegs hatte die sowjetische Regierung alle Tschetschenen gezwungen, weit weg zu ziehen. Etwa die Hälfte von ihnen starb. Die Überlebenden durften erst Jahre später zurückkehren.

Die tschetschenischen Männer sind bekannt als grimmige Kämpfer, die allen Invasoren, vor allem den Russen, widerstehen. Sie stehen fest und loyal zu ihrem muslimischen Glauben, ihren Familien und zu *Nokhchallah*, ihrem traditionellen Ehrenkodex.

DAGESTAN –
VIELE STÄMME, EINE REPUBLIK

Magomed war verwirrt. Er hatte gedacht, nur die Russen seien Christen. Aber er hatte einen neuen Klassenkameraden, Hyun, einen Koreaner, und der war auch Christ.

Hier, in Machatschkala, der Hauptstadt von Dagestan, fand der Schulunterricht auf Russisch statt, aber die meisten Familien sprachen zu Hause ihre Stammessprache. Magomed war ein Aware, aber in der Schule gab es auch Darginer, Kumyken, Lesgier, Laken und andere. Sie lebten alle in der gleichen Stadt, also sollten sie eigentlich versuchen, friedlich miteinander auszukommen.

Aber das war nicht einfach. Heute hatten in der Schule die Awaren-Jungen gegen die Jungen aus anderen Stämmen gekämpft. Religion war manchmal auch ein Problem. Zwar war fast jeder, den er kannte, Muslim, aber es gab Unterschiede. Für einige war Religion nur bei Familienfesten ein Thema, andere waren traditionell dagestanische Sufisten. Aber inzwischen gab es auch Wahhabiten. Deren Männer trugen lange Bärte, und die Frauen verschleierten sich von Kopf bis Fuß. Sie wollten, dass alle so lebten wie sie, und sprachen davon, die „Ungläubigen" zu bekämpfen. Diese ständigen

Friedhof in Nordossetien

Kämpfe, meist gegen die Russen, aber manchmal auch gegen andere Muslime, machten Magomed traurig. Warum so viel Kampf?, dachte er.

Es war schwer, mit jemandem aus einem anderen Stamm oder mit einer anderen Religion befreundet zu sein. Aber Hyun war anders. Sein Vater war Arzt und sehr hilfsbereit. Als Magomeds Opa krank gewesen war, hatte er ihn sogar umsonst behandelt. Hyun kämpfte gegen niemanden. Er sagte, dass er Jesus nachfolgte, und dass Jesus freundlich zu allen war, sogar zu seinen Feinden. Als Jesu Feinde versuchten, ihn zu töten, hatte Jesus nicht gegen sie gekämpft, sondern sogar gebetet, dass Gott ihnen vergab. Was für ein Mann liebt seine Feinde und vergibt ihnen? Was, wenn alle Menschen in Dagestan so wären? Magomed beschloss, Hyun morgen zu bitten, ihm mehr über diesen Jesus zu erzählen.

Moschee in Grosny, Tschetschenien

NORDKOREA
Vom Gottkönig zum Großen Führer

CHINA RUSSLAND

NORDKOREA

PJÖNGJANG · Hamhŭng

Japanisches Meer

SÜDKOREA

GOTTKÖNIG

Einer koreanischen Legende zufolge beschloss Hwanung, der Sohn des Großen Schöpfers, eines Tages, vom Himmel herunterzukommen und König von allem zu werden, was er sehen konnte. Als er sich sein wunderschönes Land ansah, hörte er eine Bärin, die zu ihm betete:

„Bitte mach mich zu einem Menschen! Ich bin es leid, ein Bär zu sein."

Hwanung tat die Bärin leid. Er sagte ihr, sie solle 20 Knoblauchzehen und die bittere Pflanze Beifuß fressen und sich dann 100 Tage in eine Höhle zurückziehen. Das tat die Bärin – und wurde zu einer Frau. Diese Frau bekam einen Sohn namens Tangun, und dieser Tangun wurde der Legende nach der erste König von Korea. Er regierte mehr als 1000 Jahre lang und wurde von seinen Untertanen angebetet.

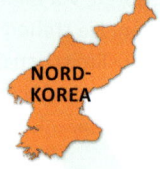

DER GROSSE FÜHRER

Der offizielle Name für Nordkorea ist „Demokratische Volksrepublik Korea".

Mehr als drei Viertel des Landes bestehen aus Bergen und Hochebenen, nur im Südwesten gibt es eine Tieflandebene, wo auch die meisten Menschen leben. Hier kann man gut Landwirtschaft betreiben, und am wichtigsten sind Reis, Mais und Kartoffeln.

1948, nach dem Zweiten Weltkrieg, wurde Korea in zwei Länder geteilt: Nord- und Südkorea. Im Norden regierte Kim Il-sung, der „Große Führer". Vorher gab es so viele Christen in Nordkorea, dass manche Leute die Hauptstadt Pjöngjang „das Jerusalem des Ostens" nannten. Aber Kim Il-sung bestand darauf, dass jeder nur ihn verehrte. Alle Menschen mussten eine Plakette mit seinem Bild tragen, und überall in der Stadt hingen seine Plakate. Auf einem Hügel in Pjöngjang ließ er eine 100 Meter hohe Statue von sich selbst errichten.

Kim Il-sung war Kommunist. Er wollte jede Spur von Religion auslöschen und durch die „*Juche*-Ideologie" (völlige

Hingabe an das Land und seinen Großen Führer) ersetzen. Alle Kirchen wurden zerstört. Millionen Menschen wurden ermordet, auch viele Tausend Christen. Zwei Millionen Menschen flohen nach Südkorea, das 1950 von Kim Il-sung überfallen wurde. Offiziell ist dieser Krieg noch nicht beendet, obwohl es momentan keine aktiven Kämpfe gibt.

ZAHLEN + FAKTEN

FLÄCHE: 120 500 km²

EINWOHNERZAHL: 26 Mio.

HAUPTSTADT: Pjöngjang

HAUPTSPRACHE: Koreanisch

HAUPTRELIGIONEN: offiziell Atheismus, für viele ist *Juche* wie eine Religion

HAUPTEXPORTGÜTER: Kohle, Metalle, Meeresfrüchte

eine staatliche Feier

KLEINES SCHWARZES BUCH

Die Kommunisten ermöglichten allen Kindern eine gute Schulbildung. Aber ihnen wurde auch beigebracht, Kim Il-sung zu verehren.

Sie sangen z. B. im Chor: „Er ist unser großer Führer, sein Bild ist immer in unseren Herzen!"

Die Lehrer zeigten ihren Schülern ein kleines schwarzes Buch: „Gibt es bei jemandem von euch solche Bücher zu Hause? Sucht nach ihnen – auch im Schlafzimmer eurer Eltern. Und dann kommt und erzählt uns davon."

Manche Kinder fanden solche Bücher und erzählten ihren Lehrern davon. Ihre Eltern kamen dann ins Gefängnis. Die „kleinen schwarzen Bücher" waren Bibeln.

Einige mutige Menschen folgten trotzdem weiter Jesus nach, und sie trafen sich im Geheimen.

EINE NEUE ÄRA

Heute ist Kim Jong-un, der Enkel von Kim Il-sung, der Führer Nordkoreas. Man hoffte, dass er das Land zum Guten verändern würde. Aber seit der Zeit des Großen Führers sind Millionen Menschen verhungert, denn das meiste Geld geht an das Militär. Obwohl Nordkorea sehr klein ist, kaum größer als Island, hat es die viertgrößte Armee der Welt.

Kim Jong-un gibt zwar etwas Geld aus, um die Lebensbedingungen der Menschen zu verbessern, aber er lässt auch Atombomben und Langstreckenraketen entwickeln, mit denen er Südkorea, Japan und die USA bedroht.

DER WAHRE GOTT

Es ist sehr gefährlich, in Nordkorea Christ zu sein. Wenn man nur den Namen „Jesus" nennt, kann man dafür zum Tod verurteilt werden. Das Christentum wird als Religion der Feinde Nordkoreas angesehen und Christen als Spione. Zehntausende Christen befinden sich in Gefängnissen und Arbeitslagern. Es gibt ein paar geheime Gemeinden, aber man weiß nicht viel über sie. In Pjöngjang gibt es vier offizielle Kirchen, aber sie dienen nur dazu, der Welt gegenüber so zu tun, als gäbe es hier Religionsfreiheit.

Missionare sind in Nordkorea nicht erlaubt, es gibt aber ausländische Christen, die dort arbeiten. Christliche Organisationen betreiben Landwirtschaftsgüter, Schulen, Fabriken, Kliniken und sogar eine Universität. Sie sind dort, um den leidenden Menschen in Nordkorea Gottes Liebe praktisch zu zeigen, dürfen aber nicht über Jesus sprechen. Diese Christen beten, dass Nordkoreaner verstehen, dass Gott sie liebt, wenn sie sehen, wie freundlich und gut Christen sind.

Christen glauben daran, dass Gott eines Tages Nordkorea für die gute Nachricht öffnet, denn Millionen Herzen sind hungrig nach Gottes Liebe. Aber wann wird dieser Tag kommen?

Menschen verneigen sich vor den Statuen von Kim Il-sung und Kim Yong-il, Pjöngjang

SO KANNST DU FÜR NORDKOREA BETEN

DANKE GOTT FÜR:

* die geheimen Gläubigen
* die geduldige Arbeit und das Gebet von Christen, die sich auf den Tag vorbereiten, wenn Nordkorea wieder offen ist.

BITTE GOTT, DASS:

* er die Christen schützt und ihnen hilft, im Glauben zu wachsen.
* er eine friedliche Wiedervereinigung von Nord- und Südkorea ermöglicht.
* er die Herzen der Nordkoreaner bereit macht für die gute Nachricht.
* er Nordkorea für das Evangelium öffnet und viele Menschen gerettet werden.

OMAN
Öl statt Weihrauch

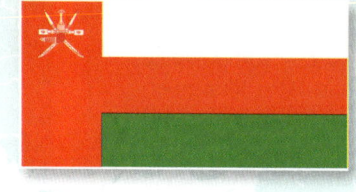

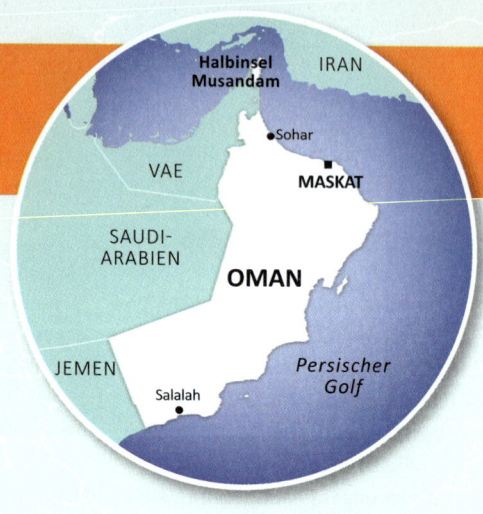

Davids Onkel Gerd hatte schon in vielen interessanten Ländern gearbeitet, und zuletzt hatte er ein Jahr in Oman verbracht.

„Wie ist es denn da?", fragte David.

Sein Onkel antwortete: „Oman liegt im Nahen Osten, auf der Ostseite der Arabischen Halbinsel. Die Küste erstreckt sich entlang des Persischen Golfs und des Golfs von Oman, und die Nachbarländer sind Saudi-Arabien, Jemen und die Vereinigten Arabischen Emirate. Es gibt Berge, in denen man wandern kann, und Oasen, die versteckt in der Wüste liegen.

Zu Oman gehört die kleine Halbinsel Musandam, die vom Rest des Landes getrennt und von den Emiraten umgeben ist. Diese Halbinsel besteht vor allem aus scharf gezackten Bergrücken, manche über 1500 Meter hoch.

Musandam überblickt die Straße von Hormus, das ist eine schmale Meerenge zwischen dem Persischen Golf und dem Golf von Oman, durch die aber jedes Jahr 33 000 Schiffe fahren, viele davon Öltanker aus dem Persischen Golf, und Oman schützt die Schiffe auf ihrer Durchfahrt."

VERGANGENHEIT UND GEGENWART

„An der Küste liegt die Hauptstadt Maskat, wo viele Omaner leben. Es gibt dort schöne Gebäude, aber keine Wolkenkratzer. Deshalb wirkt sie eher wie eine Kleinstadt, obwohl es eine geschäftige Großstadt ist. Oman ist etwa so groß wie Italien, aber in Oman leben weniger als fünf Millionen Menschen, in Italien dagegen über 60 Millionen."

„Und wie sind die Leute so?", wollte David wissen.

Onkel Gerd erzählte weiter: „Nur gut 50 % der Einwohner sind Omaner. Diese Araber sind Muslime. Die anderen sind ausländische Arbeitnehmer, so wie ich. Viele kommen aus Indien, Pakistan und Bangladesch und arbeiten in schlecht bezahlten Berufen. Andere sind Experten auf bestimmten Gebieten und schulen die Omaner.

In Oman gibt es übrigens ein beeindruckendes Netz von Bewässerungskanälen, einige sogar unterirdisch. Manche sind 10 km lang und 45 m tief. Sie wurden schon vor rund 1500 Jahren gebaut und sind zum Teil immer noch in Betrieb. Aber für die heutigen Landwirte ist das Wasser für ihre Felder und Tiere sehr knapp."

EINE NEUE ZEIT

„Der Reichtum Omans besteht heute vor allem aus Erdöl. Aber viele Jahrhunderte lang verdienten die Omaner gut am Verkauf von Weihrauch, einem natürlichen Duftstoff. Das war z. B. eines der Geschenke, das die Weisen aus dem Morgenland dem Baby Jesus mitbrachten. Aber irgendwann ließ das Interesse an Weihrauch nach, und in den 1950er-Jahren war Oman das ärmste arabische Land. In den 1960ern wurde dann Erdöl entdeckt, aber der damalige Sultan nutzte das viele Geld keineswegs, um das Land zu modernisieren. Er verbot z. B. sogar ‚neumodischen Unsinn' wie Sonnenbrillen oder Fahrräder. Viele Omaner wanderten damals aus, und die Zurückgebliebenen waren unzufrieden. 1970 übernahm Sultan Qabus die Macht. Er erklärte in einer Rede: ‚Gestern war

ZAHLEN + FAKTEN

EINWOHNERZAHL: 5 Mio.

HAUPTSTADT: Maskat

HAUPTSPRACHEN: Arabisch. Es werden aber auch Englisch, Belutschisch, Urdu, Hindi und andere gesprochen.

HAUPTRELIGION: Islam

HAUPTEXPORTGÜTER: Erdöl und Erdgas, Düngemittel, Kupfer, Fische, Datteln, Textilien

Maskat

große Dunkelheit, aber mit Gottes Hilfe wird morgen eine neue Morgensonne über Maskat, Oman und den Menschen dort aufgehen!'

Damals gab es im ganzen Land nur drei Schulen (reine Koranschulen) und nur ein einziges Krankenhaus. Heute gibt es viele moderne Krankenhäuser, Hunderte Schulen und etliche Universitäten. Die Regierung hat gute Straßen, neue Häfen und moderne Flughäfen gebaut. Viele Menschen haben heute teure Autos, Smartphones und Fernseher. Die Menschen werden viel älter und sie sind besser ausgebildet."

FREIHEIT?

David fragte interessiert weiter: „Wenn du sagst, dass die Omaner Muslime sind, gibt es dann dort gar keine Christen?"

„Doch, ein paar", antwortete Onkel Gerd. „Die ersten Krankenhäuser und Schulen in Oman wurden von Missionaren gebaut, und dafür respektiert man die Christen. Aber die meisten Christen sind ausländische Arbeitnehmer. Sie dürfen sich zu Gottesdiensten treffen – aber nur, wenn keine Omaner dabei sind.

Anders als andere arabische Länder wird Oman allmählich offener und freier. Menschen aller Religionen dürfen an von der Regierung bestimmten Orten ihren Glauben ausüben. Es gibt mindestens vier Zentren, in denen Christen Gottesdienste in verschiedenen Sprachen abhalten, und alleine in der Hauptstadt mehr als 50 christliche Gruppierungen. Und Omaner können viel christliches Material auf Arabisch im Internet oder im Satellitenfernsehen finden.

Trotzdem sind bisher nur wenige Hundert Omaner Christen geworden. Wer Jesus nachfolgen will, muss wissen, dass Familie, Freunde und auch die Regierung versuchen werden, ihn daran zu hindern. Neubekehrte bekommen viel Druck, sich wieder vom christlichen Glauben abzuwenden. Bekehrungsversuche an Muslimen sind illegal. Das Leben ist für die Omaner viel leichter geworden, aber die Liebe von Jesus kennen sie immer noch nicht."

SO KANNST DU FÜR OMAN BETEN

DANKE GOTT FÜR:

* die wenigen Omaner, die Jesus nachfolgen.
* die Tatsache, dass Omaner recht einfach die Bibel, sowohl gedruckt als auch online, in ihrer Sprache bekommen können.

BITTE GOTT, DASS:

* Christen ihren omanischen Freunden von Jesus erzählen.
* er arabische Christen aus anderen Ländern nach Oman sendet, um die gute Nachricht von Jesus zu verbreiten.
* er christliche Radio-, Fernseh- und Internetprogramme auf Arabisch gebraucht, um viele Omaner zu erreichen.
* Christen den omanischen Studenten und Berufstätigen, die in westlichen Ländern leben, Gottes Liebe zeigen.
* dass Menschen aus anderen Ländern, die in Oman arbeiten, während ihrer Zeit dort Jesus begegnen.

Große Moschee

SCHON GEWUSST?

Im Golf von Oman gibt es „ostpazifische Delfine", die hohe Luftsprünge ausführen, bei denen sie sich um die eigene Körperachse drehen.

PAKISTAN
Land der Extreme

Im Norden Pakistans steht der zweithöchste Berg der Erde, K2, der immer mit Eis und Schnee bedeckt ist. Im Süden gibt es die Wüsten in der Provinz Sindh und die extrem heiße Küste des Persischen Golfs. Dazwischen fließt der große Indus-Strom durch üppige, grüne Täler. Pakistan hat riesige, dicht besiedelte Städte, wie z. B. Karatschi und Lahore, aber auch Tausende winziger Dörfer.

Es gibt Christen in Pakistan, und die Gemeinden wachsen. Viele der Christen haben einen hinduistischen Hintergrund, aber die meisten Pakistaner sind Muslime. Hunderte von Pakistans muslimischen Volksgruppen haben nach wie vor keine Gemeinden, keine Christen und keine Missionare, die bei ihnen leben.

CHRISTEN IN EINEM MUSLIMISCHEN LAND

„Du solltest froh sein", sagte Ibrahims Vater, während er seinen *chai* (einen gewürzten Tee mit Milch) trank. „An so heißen Tagen wünschte ich, ich ginge noch zur Schule. Dann müsste ich nicht so sehr wegen des Ramadan aufpassen." Ibrahims Vater fuhr den ganzen Tag Autorikscha und brachte Fahrgäste durch die überfüllten und verschmutzten Straßen von Lahore an ihr Ziel. Es war sehr heiß und staubig da draußen.

„Du hast es auch gut, dass du zur Schule gehen kannst. Viele christliche Kinder haben dieses Vorrecht nicht", fuhr sein Vater fort. Die Familie setzte sich zum Abendessen, und Ibrahim dachte über die Worte seines Vaters nach. Die Kinder in seiner Schule waren noch so jung, dass sie während des

Ramadan noch nicht fasten mussten. (Ramadan ist der Monat, in dem Muslime von Sonnenaufgang bis Sonnenuntergang nicht essen und trinken dürfen.) Die Schule war nicht leicht, aber immerhin durfte Ibrahim dort trinken und zu Mittag essen.

Ibrahim und sein Freund Razzaq waren die einzigen Christen in der Schule. Er kannte andere christliche Kinder, z. B. seine Cousins, die nicht zur Schule gehen konnten, weil sie den ganzen Tag arbeiten mussten. Es gab auch ein paar Hindus in ihrer großen Klasse, aber die meisten Schüler waren Muslime, so wie die ganze Schule und der Unterricht muslimisch waren. Es war schwer, in Lahore Christ zu sein. Die älteren Jungen waren meist gemein zu den jüngeren und vor allem zu den nicht-muslimischen Kindern. Sie riefen ihnen böse

ZAHLEN + FAKTEN

FLÄCHE: 796 000 km²

EINWOHNERZAHL: 201 Mio.

HAUPTSTADT: Islamabad

ANDERE WICHTIGE STÄDTE: Karatschi, Lahore

HAUPTSPRACHEN: Urdu, Englisch

HAUPTRELIGION: Islam

HAUPTEXPORTGÜTER: Textilien, Stoffe, Baumwolle, Leder, Sportkleidung und Sportausrüstung (z. B. Fußbälle), medizinische Geräte

Badschahi-Moschee,
Lahore

SCHON GEWUSST?

Die meisten pakistanischen Christen haben den Familiennamen „Masih". Das ist Urdu und bedeutet: *Messias*.

Wörter nach, aber sie wurden dafür nie bestraft. Es war einfach unfair.

Ibrahim war einer der besten Cricket-Spieler der Schule. Cricket ist die populärste Sportart in Pakistan. Ibrahim hätte am liebsten den ganzen Tag gespielt. Auf dem Cricket-Feld war es egal, dass er Christ war, und er musste sich keine Sorgen um Mobbing oder seine Zensuren machen. Alle wollten in Ibrahims Mannschaft sein, weil er ein so ein guter Schlagmann war. Selbst der Trainer hielt ihn für gut. Er sagte aber auch: „Wenn du wirklich erfolgreich im Cricket sein willst, dann musst du Muslim werden. Dann könntest du für die besten Trainings und Nachwuchsprogramme ausgewählt werden. Als Christ kommst du dafür nicht in Betracht."

Ibrahim beklagte sich bei seinem Vater. Der legte ihm seine starke und doch sanfte Hand auf die Schulter und sagte: „Junge, du hast recht, das ist unfair. Wir sind Christen und leben in Pakistan. Wir werden niemals fair behandelt und leiden ohne Grund. Aber Jesus hat für uns gelitten; können wir das nicht auch für ihn tun? Er hat uns die Rettung ermöglicht. Sollen wir jetzt in ein anderes Land weglaufen? Sollten wir den Gott verlassen, der uns so sehr liebt? Nein, wir bleiben und lieben unsere Feinde. Das ist sehr schwer, aber so ist es richtig."

Auch wenn sein Vater das Problem nicht lösen konnte, war Ibrahim doch froh, dass er es verstand. Sein Vater war freundlich und gütig, und nicht jeder Junge war so gesegnet.

VERFOLGUNG UND ARMUT

Ibrahim dachte an seine Cousins. Eine wütende Meute hatte ihr Haus niedergebrannt, so wie viele andere Häuser von Christen. Jetzt würden sie in einem Slum für Menschen, die alles verloren hatten, leben müssen. Die Meute war so wütend geworden wegen eines Gerüchts, ein Christ habe etwas Schlechtes über Mohammed, den muslimischen Propheten, gesagt. Das war per Gesetz verboten. Manchmal wurde dieses Gesetz aber ausgenutzt, um unbeliebten Menschen zu schaden oder sich an Leuten zu rächen, die sie nicht leiden können. Christen, Hindus und selbst andere Muslime müssen sehr aufpassen, was sie über Religion sagen, sonst werden sie angegriffen. Manchmal sogar mit Granaten oder gar Bomben. Ibrahim wünschte sich einfach Frieden für sein Land, egal, welche Religion die Menschen hatten.

SO KANNST DU FÜR PAKISTAN BETEN

DANKE GOTT FÜR:

* Christen, die treu sind, selbst wenn sie Verfolgung und Gewalt erleiden. Die Gemeinde wächst!

* alle Menschen, die in Pakistan und in der ganzen Welt für dieses geistlich so bedürftige Land beten.

* die Bibel und andere gute Bücher in Urdu.

BITTE GOTT, DASS:

* er Pakistan Frieden bringt.

* er jungen Christen hilft, zur Schule und Universität gehen zu können und gute Arbeit zu finden.

* die Christen mehr darüber lernen, was in der Bibel steht.

* er die Herzen von Muslimen in Pakistan bereit macht, etwas über Jesus zu hören.

* er den Pastoren Weisheit schenkt, die sich um die ärmsten Christen kümmern und sie lehren. Manche Pastoren müssen nebenher noch Geld verdienen – und viele haben nur sehr wenig Ausbildung.

PAPUA-NEUGUINEA
Ein wildes Land

Papua-Neuguinea, kurz PNG genannt, besteht aus der Hälfte der Insel Neuguinea (sie heißt auf Malaiisch „Papua"), der zweitgrößten Insel der Welt. Die andere Hälfte, Papua Barat, gehört zu Indonesien. Wenn man jemanden in einem anderen Teil von PNG besuchen will, muss man wahrscheinlich steile Berge und schnellfließende Flüsse überqueren und durch tropischen Urwald ziehen. Ein Auto würde nicht viel nützen, denn außerhalb der Städte gibt es kaum Straßen.

Es gibt ungefähr 1000 verschiedene Volksgruppen in PNG mit mehr als 800 verschiedenen Sprachen. Selbst Menschen in benachbarten Tälern sprechen oft nicht die gleiche Sprache. Es ist gut, dass fast alle *Tok Pisin* sprechen, eine sogenannte „Pidgin-Sprache", ein stark vereinfachtes Englisch. Die Bibel ist in Tok Pisin übersetzt.

Manchmal werden alle Menschen in einem Dorf gleichzeitig Christen. Das klingt zwar großartig, aber nicht alle fangen sofort oder auch später an, ihr Leben zu ändern und mehr wie Jesus zu werden. Einige machen einfach weiter mit ihrer traditionellen Zauberei und mit den ständigen Kämpfen untereinander oder mit anderen Stämmen. Aber diejenigen, die Jesus wirklich nachfolgen, versuchen, den anderen zu zeigen, was Gott sagt, damit sie in Frieden miteinander leben können.

IN DIE STADT
Früher lebten fast alle Menschen in PNG in Dörfern auf dem Land, aber heute wachsen die Städte schnell – so schnell, dass die Stadtplaner gar nicht mithalten können und die Menschen kaum

ZAHLEN + FAKTEN

FLÄCHE: 463 000 km²

EINWOHNERZAHL: 8 Mio.

HAUPTSTADT: Port Moresby

OFFIZIELLE SPRACHEN:
Englisch, Tok Pisin und Motu

HAUPTRELIGION:
Christentum

HAUPTEXPORTGÜTER:
Gold, Kaffee, Kakao, Holz, Kupfer, Öl

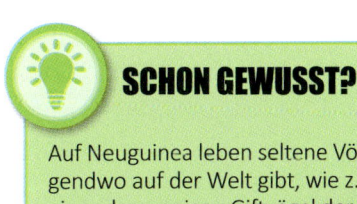

SCHON GEWUSST?

Auf Neuguinea leben seltene Vögel, die es sonst nirgendwo auf der Welt gibt, wie z. B. der Zweifarbenpitohui, einer der wenigen Giftvögel der Welt. Große Teile von PNG sind unerforschter Regenwald, und es gibt dort vermutlich noch viele bisher unentdeckte Pflanzen- und Tierarten.

Wohnungen finden. Auch die Wasserversorgung und Müllentsorgung und andere grundlegende Dinge bereiten Probleme. Losgelöst von ihrer Heimatkultur neigen mehr Menschen dazu, Verbrechen zu begehen oder sich schlechte Angewohnheiten zuzulegen. Die Gemeinden wachsen auch in den Städten, aber es ist eine gewaltige Aufgabe, sich um die Leute zu kümmern, die in den Städten neu anfangen wollen.

ANGST VOR GEISTERN

Als John die Haare geschnitten bekam, fielen einige seiner Haare auf den Boden. Sein Freund Aiyako warnte ihn: „Lass deine Haare nicht da liegen! Ein Zauberdoktor könnte sie benutzen, um einen Fluch auf dich zu legen!"

Ein anderes Mal aßen John und Aiyako mit ein paar Leuten aus einem anderen Stamm zusammen. Aiyako flüsterte: „Lass nur kein Essen auf deinem Teller zurück! Das könnte jemand ausnutzen, um uns durch die Geister anzugreifen!"

John hielt nichts von Aberglauben, aber er wusste, dass Aiyako wirklich Angst hatte. „Aiyako, die Bibel sagt uns doch, dass wir, wenn wir Gott vertrauen, keine Angst haben müssen. Gott ist größer und stärker als alles, was uns schaden könnte." Viele Menschen in PNG haben die gleichen Ängste wie Aiyako.

BABY IM BEUTEL

Die meisten Menschen in PNG transportieren ihre Sachen in Netzbeuteln, auch *ele* genannt. An den Wänden hängend dienen sie z. B. als Regale und Schubladen. Jungen tragen ihre Sachen in *ele*, die über die Schulter geschlungen werden, während sich die Mädchen die *ele* auf den Rücken hängen, gehalten von einem Band um den Kopf. Mütter tragen auch ihre Babys in solchen Beuteln auf dem Rücken.

Manchmal werden diese Beutel aus Baumrinde hergestellt, meistens jedoch aus Yucca-Fasern. Die Frauen ziehen die Yuccas durch einen Schlitz in einem großen Bambus und entfernen so das Grüne. Die Fasern breiten sie in der Sonne aus, um sie zu trocknen. Danach machen sie eine grobe Schnur daraus. Dafür reiben sie sich die Oberschenkel mit kalter Asche ein und rollen dann die Fasern darauf hin und her, bis eine Schnur entsteht. Wenn sie genug Schnur zusammen haben, häkeln sie daraus mit Nadeln aus Flügelknochen von Fledermäusen die Beutel. Auf diese traditionelle Weise dauert es mehrere Wochen, bis auch nur ein Beutel fertig ist.

GOTTES *ELE*

Christen im Land und im Ausland beten für PNG, und Gott verändert das Land. Pastoren lehren, was Gott in der Bibel sagt, und die Menschen lernen, Gott in allen Dingen zu dienen. Und Christen aus PNG reisen in die ganze Welt, um anderen von Jesus zu erzählen. Gott gebraucht diese Menschen als seine *eles,* denn sie tragen die gute Nachricht von Jesus um die Erde.

SO KANNST DU FÜR PNG BETEN

DANKE GOTT FÜR:

* die große Gemeinde in PNG. Viele Menschen kennen und dienen Gott.
* die Bibeln, Neuen Testamente und Bibelteile in mehr als 200 der vielen Sprachen von PNG.
* Christen aus PNG, die ins Ausland gegangen sind, um dort von Gottes Liebe zu erzählen.

BITTE GOTT

* dass er den Christen hilft, ihren alten Lebensstil zu verlassen und Jesus nachzufolgen.
* dass er den Verantwortlichen in den Gemeinden und auch der Regierung hilft, den Menschen ein gutes Beispiel zu sein.
* dass er den Pastoren hilft, in ihren Gemeinden die Bibel so zu lehren, dass die Menschen von der Angst vor Zauberei und Geistern und von Irrlehren befreit werden.
* für die notwendigen Mittel, um die Bibel in ca. 300 Sprachen zu übersetzen, in denen es noch gar keine Bibel gibt, und um bereits vorhandene Übersetzungen zu vervollständigen.

PERSER

Kinder eines großen Reiches

EINE LANGE GESCHICHTE

Seit Tausenden von Jahren leben die Perser im Gebiet des heutigen Iran. Auch in der Bibel gibt es Geschichten über sie: König Kyros von Persien ließ die Juden aus dem Exil frei und befahl ihnen, Jerusalem und Gottes Tempel wiederaufzubauen. Daniel war ein Berater von König Kyros. Ester wurde Königin, als sie den persischen König Xerxes heiratete.

Damals war das persische Reich das größte der Welt. Die Perser hatten ihre eigene Religion, den Zoroastrismus. Die Perser sind sehr stolz auf ihre uralte Kultur und ihre weltberühmte Kunst und Poesie. Später eroberten Muslime das Gebiet, und die meisten Perser konvertierten zum Islam. Wie im Christentum gibt es auch im Islam verschiedene Zweige mit unterschiedlichen Traditionen, Regeln und Anführern. Heute sind die meisten Perser schiitische Muslime. 1979 wurde ein geistlicher Leiter der Schiiten mit Namen Ajatollah Chomeini zugleich auch der politische Führer des Landes, und er erließ sehr strenge religiöse Gesetze.

Christen im Iran leiden schwer. Viele sind aus dem Land geflohen. Aber je grausamer die Ajatollahs und ihre Gesetze wurden, desto mehr Menschen wollten Freiheit und Frieden. Iraner im Land und rund um die Welt wenden sich Jesus zu und finden wahren Frieden und Freiheit. Zunächst waren es nur wenige, aber ihre Zahl wächst schnell.

SIND CHRISTEN UNREIN?

Maryam stand in einer Reihe mit den anderen Schülerinnen und hörte der Lehrerin zu. Das war immer der unangenehmste Teil des Schultags. Die Lehrerin sprach über alles, was man falsch machen konnte, und wie Gott sie für jede Sünde bestrafen würde.

„Ihr dürft niemals Essen von Christen annehmen, denn das sind unreine Menschen!", sagte sie, und die Liste der Sünden ging immer weiter.

Aber Maryam kannte ein paar christliche Mädchen, und die waren gar nicht schmutzig. Sie waren Armenierinnen, gehörten also zu einem anderen Volk, und sie waren sehr nett. Selbst wenn sie schlecht behandelt wurden, vergaben sie den Menschen, die ihnen unrecht taten. Warum waren ihre Lehrerinnen so böse auf die Christen, wenn die, die sie kannte, doch so friedlich, ehrlich und sogar glücklich waren? Maryam wollte es herausfinden.

GLAUBEN IM GEHEIMEN

„Ich will da nicht mehr hin, Mama!", rief Shahnaz an der Wohnungstür. „Es ist so schwer als Christin in meiner Schule!"

Ihre Mutter umarmte sie.

„Das tut mir so leid, mein Schatz, aber ich weiß nicht,

ZAHLEN + FAKTEN

LÄNDER: Iran, Türkei, Afghanistan, Irak und viele westliche Länder

ANZAHL: 41 Mio., davon 37 Mio. im Iran

HAUPTSPRACHE: Farsi

HAUPTRELIGION: schiitischer Islam

ASERBAIDSCHAN

USBEKISTAN

Kaspisches Meer

TURKMENISTAN

TEHERAN

IRAN

AFGHANISTAN

IRAK

PAKISTAN

KUWAIT

BAHRAIN

Persischer Golf

KATAR

Golf von Oman

VAE

OMAN

SCHON GEWUSST?

Das längste Gedicht eines einzelnen Autors stammt von einem Perser. Das *Schahname* (Buch der Könige) von Firdausi (940–1020) erzählt die Geschichte Persiens. Er schrieb 33 Jahre an seinen 100 000 Zeilen.

was wir sonst machen können. Du musst einfach stark sein. Wir beten für dich, und Gott wird uns einen Weg durch all das zeigen."

Shahnaz und ihre Familie in Teheran waren Christen, aber das wussten nur wenige. Bis vor einem Jahr waren sie Muslime gewesen. Als dann ihr Vater anfing, Jesus nachzufolgen, wurde alles anders. Vorher hatte er immer geschrien und sich mit Shahnaz' Mutter gestritten. Ihr Bruder Adel war immer der Liebling, und sie fühlte sich zurückgesetzt. Aber jetzt stritten sich ihre Eltern nicht mehr, und es war Liebe in ihre Familie gekommen. Sie sahen christliche Sendungen im Internet, lasen die Bibel in Farsi und trafen sich heimlich zu Hause mit einigen wenigen anderen Christen, um gemeinsam zu singen und zu beten.

Shahnaz war sehr glücklich, dass ihre Familie Jesus gefunden hatte. Aber es war im Iran sehr gefährlich, Christ zu werden. Es war schwer, das Beste in ihrem Leben vor ihren Freundinnen geheim zu halten, und Shahnaz musste in der Schule immer noch auf muslimische Art beten und aus dem Koran über die muslimische Religion lernen. Sie hoffte sehr darauf, dass sie einmal öffentlich Jesus würde nachfolgen dürfen.

WAS IST FREIHEIT?

Narimans Familie war aus dem Iran geflohen, um in Europa Freiheit zu finden. Die strengen Regeln im Iran waren schlimm. Hier im Westen konnten die Leute essen und trinken, was sie wollen, sich anziehen, wie sie wollen, und gehen, wohin sie wollen – alles Dinge, gegen die die Ajatollahs predigen. Aber die Menschen im Westen schienen auch nicht glücklicher zu sein als die im Iran. Im Grunde wirkten sie irgendwie – leer. „Komm, Nariman, es ist Zeit!" Seine Eltern standen schon an der Tür. „Hast du vergessen, dass wir jetzt zu diesem christlichen Treffen gehen wollen?"

Plötzlich erinnerte er sich – ihre persischen Nachbarn waren auch aus dem Iran geflohen und hier in Europa Christen geworden. Letzte Woche hatten sie *Ranginak,* einen iranischen Kuchen aus Datteln und Walnüssen, vorbeigebracht, um Narimans Familie willkommen zu heißen. Sie hatten ganz begeistert davon erzählt, dass sie jetzt eine auf Liebe basierende Beziehung mit Gott hatten statt einer auf Angst gegründeten Religion. Sie sprachen von der „Freiheit in Christus".

Sie hatten Narimans Familie so lange zu einem Gemeindetreffen eingeladen, bis Narimans Vater zustimmte. Nariman war wirklich neugierig.

SO KANNST DU FÜR DIE PERSER BETEN

DANKE GOTT FÜR:

* Perser, die Hunger nach der geistlichen Wahrheit haben.

* die persische Kirche, die in der ganzen Welt schnell wächst, selbst im Iran, wo es gefährlich ist, offen Jesus nachzufolgen.

* Christen, die Bücher, Videos und Fernsehsendungen in Farsi herstellen.

BITTE GOTT

* dass Millionen weitere Perser von Jesus hören können – im Iran ist es sehr schwierig, das Evangelium zu hören.

* dass persische Christen Zugang zur Bibel und zu guter christlicher Lehre in ihrer Sprache bekommen.

* für die Christen im Iran, dass sie stark im Glauben bleiben, selbst wenn sie verfolgt werden.

* dass persische Christen außerhalb des Iran ihrer Leidenschaft für Jesus treu bleiben.

Teheran

PYGMÄEN
Kinder der zentralafrikanischen Wälder

ZENTRALAFRIKANISCHE
REPUBLIK

KAMERUN

ÄQUATORIAL-
GUINEA

GABUN

REPUBLIK
KONGO

DEMOKRATISCHE
REPUBLIK KONGO

RUANDA

BURUNDI

JAGD

„Bald bist du so weit und kannst mit uns auf die Jagd gehen!", sagte Matekes Vater. Mateke konnte seine Begeisterung kaum verbergen. Er wollte unbedingt mit den Männern auf die Jagd gehen, statt immer nur auf seinen kleinen Bruder aufzupassen oder Obst, Nüsse, Blätter und Maden zu sammeln. Er war sehr stolz darauf, dass jeder Pfeil, den er heute Morgen auf den Baumstamm geschossen hatte, ein Treffer gewesen war. Er und sein Freund Matedu hatten viel Zeit damit verbracht, auf große Spinnen, Ratten oder Frösche zu schießen, und das Training hatte sich ausgezahlt.

Mateke schaute den Männern bei der Vorbereitung zu. Sie tauchten ihre spitzen Pfeile in Gift aus der Rinde von *Anga*-Bäumen. Danach trockneten sie die Pfeile über dem Feuer.

Als alle bereit waren, gingen zuvorderst zwei Frauen in den Wald, und die Männer folgten ihnen leise. Die riesigen Bäume waren so groß, dass kein Sonnenlicht auf den Boden drang. Gewaltige Schlingpflanzen hingen von den Zweigen herunter. Auf dem Boden drängten sich große Wurzeln und junge Bäume umeinander.

Die Frauen trugen Stampfhölzer aus den starken Stämmen und Blättern der *Mangunga*-Pflanze. Damit schlugen sie auf den Boden und riefen laut, um die Tiere zu erschrecken und auf die Jäger zuzutreiben. Was würden sie heute wohl schießen? Affen? Vögel? Vielleicht sogar einen Hirsch? Mateke lief schon das Wasser im Mund zusammen, wenn er an den leckeren Eintopf dachte, den seine Mutter daraus machen würde.

UMZUG

Matekes Dorf bestand aus neun kleinen Hütten. Bald würden sie wohl wieder umziehen müssen, denn hier gab es nicht mehr genug Tiere im Wald.

Bei jedem Umzug sammeln die Pygmäen ihre wenigen Besitztümer zusammen – Pfeile und Bögen, Messer, Kochtöpfe – und ziehen in den Wald.

Wenn sie einen guten Platz gefunden haben, wo sie eine Weile bleiben wollen, dann fällen die Männer Bäume,

ZAHLEN + FAKTEN

ANZAHL: etwa 900 000

HEIMAT: tropische Regenwälder von Burundi, Kamerun, Zentralafrikanischer Republik, Demokratischer Republik Kongo, Gabun, Republik Kongo und Ruanda

HAUPTSPRACHEN: Jeder Pygmäen-Stamm hat seine eigene Sprache oder Dialekt, oder die Menschen sprechen die Sprache der Gegend, in der sie leben.

HAUPTRELIGIONEN: Animismus und Christentum

BERUF: halbnomadische Jäger und Sammler

und die Frauen bauen Hütten, indem sie lange, dünne Äste zu Kuppeln biegen und diese dann mit *Mangunga*-Blättern bedecken. Sie lassen nur eine kleine Lücke als Eingang frei. Die einzigen Möbelstücke sind Matratzen aus *Mangunga*-Blättern.

Trinken aus einem Lianenzweig

GOTTES BUCH

„Ob der Prediger uns wohl wiederfindet, wenn wir umziehen?", fragte Mateke. „Das hoffe ich doch!", meinte Matedu. „Denn ich höre so gerne seine Geschichten über den Gott, der uns gemacht hat. Weißt du noch, wie wir uns alle im Wald versteckt haben, als er das erste Mal kam? Unglaublich, welche Angst wir vor ihm hatten!"

„Ja, ich weiß noch. Er wusste, dass wir Salz brauchen, und brachte uns welches mit. Er fragte meinen Vater, ob er jemals zu Gott betet."

„Genau, und dein Vater sagte, dass er das tut, und dass der Wald unser Gott, unser Vater und unsere Mutter ist. Er gibt uns alles, was wir brauchen – Wohnung, Nahrung, Kleidung –, und beschützt uns vor Stürmen."

„Und dann zeigte der Prediger meinem Vater Gottes Buch, das sagt, dass es nur einen Gott gibt. Ich war echt verblüfft, als er sagte, dass Gott die Bäume, die Tiere und auch uns gemacht hat. Er sagte uns, dass Gott will, dass wir mit ihm leben, aber dass wir ihm nicht gehorchen und nach unserem eigenen Willen leben. Er sagte, dass Gott seinen Sohn Jesus gesandt hat, der uns zeigt, wie wir nach Gottes Willen leben können. Und er hat sogar gelitten und ist gestorben, damit unser Ungehorsam vergeben werden kann, aber dann hat er den Tod besiegt und ist wieder lebendig geworden. Wegen Jesus können wir wieder mit Gott leben. Mein Vater meint, dass sein Herz ihm sagt, dass diese neue Botschaft wahr ist."

WER SIND DIE PYGMÄEN?

Mateke und Matedu sind Pygmäen. Ihr Stamm lebt im großen Ituri-Regenwald im Nordosten des Kongo. Es gibt rund 17 verschiedene Pygmäen-Völker und -Stämme in West- und Zentral-Afrika. Sie sind nomadische Jäger und Sammler, handeln aber auch mit Nachbarvölkern und tauschen Fleisch und Honig gegen notwendige Dinge wie Salz, Kleidung, Werkzeug und Gemüse.

Die Pygmäen unterscheiden sich von den Stämmen um sie herum und werden von ihnen oft schlecht behandelt oder gar verfolgt. Während der Bürgerkriege in Ruanda und im Kongo wurden Tausende Pygmäen getötet.

Obwohl die meisten Pygmäen tief im Wald und weit weg von allen anderen Menschen leben, haben doch viele von ihnen die gute Nachricht von Jesus gehört und folgen ihm nach. Einige Pygmäen leben auch in Städten und gehen zur Schule. Einige haben auch an Bibelschulen studiert und dienen jetzt ihrem eigenen Volk als Pastoren oder als Evangelisten.

SO KANNST DU FÜR DIE PYGMÄEN BETEN

DANKE GOTT FÜR:

* viele Christen aus vielen Pygmäen-Völkern und Stämmen.
* Pygmäen-Pastoren und -Evangelisten, die ihrem Volk dienen.
* Freundschaft zwischen christlichen Pygmäen und Christen aus anderen Völkern in ihren Ländern.

BITTE GOTT:

* um mehr Christen, die bereit sind, mit den Pygmäen im Wald zu leben und umherzuziehen.
* dass er Pastoren und Evangelisten hilft, zu erklären, wie sehr Jesus uns liebt, und zwar so, dass viele Pygmäen es verstehen.
* dass die Pygmäen herausfinden, wie sie Gott so nachfolgen und ihr Gemeindeleben praktizieren können, dass es zu ihrem nomadischen Lebensstil in den riesigen Wäldern Afrikas passt.
* dass viele Jungen und Mädchen unter den Pygmäen von Jesus hören, ihm nachfolgen und ihn auch anderen bekanntmachen.

KATAR
Der Daumen im Persischen Golf

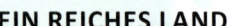

BAHRAIN

KATAR

DOHA

Persischer Golf

SAUDI-ARABIEN

Der sechsjährige Achmed fühlte sich sehr wichtig. Endlich war er alt genug, um seinem Vater bei der Bewirtung von Gästen in ihrem Raum speziell für männliche Gäste, *Madschlis* genannt, zu helfen. Er trug ein knöchellanges Hemd, Thawb, und eine bestickte Kappe. Er servierte den Kaffee und sprach nur, wenn er angesprochen wurde. Sein Vater hatte heute einen besonderen Gast, einen Deutschen namens Michael, der gerade angefangen hatte, als Angestellter für die Firma seines Vaters zu arbeiten.

EIN REICHES LAND

Katar sieht auf der Karte aus wie ein Daumen, der in den Persischen Golf hineinragt. Es ist ein kleines Wüstenland mit knapp drei Millionen Einwohnern. Achmed war an Ausländer gewohnt, denn die meisten Menschen hier waren ausländische Arbeiter. Auf jeden Katarer kommen neun Ausländer. Sie stammen aus allen Teilen der Welt, meistens aber aus Nepal, Bangladesch, Indien, den Philippinen, Ägypten und Sri Lanka.

Achmeds Vater sagte: „Das Leben hier hat sich seit den Erdgas-Funden vor der Küste sehr verändert. Unser Land ist jetzt so reich, dass wir kostenlose Schulen, Universitäten und medizinische Versorgung haben und sogar der Wohnungsbau unterstützt wird – aber nur für Katarer. Wir können unserem Emir dafür danken. Er ist niemandem gegenüber verantwortlich, aber er ist großzügig und kümmert sich um sein Volk."

„Wovon lebten denn die Menschen früher?", wollte Michael wissen.

„Meistens von Fischfang, Kamelzucht und Perlentauchen. Aber das war vor zwei Generationen. Heute dreht sich hier alles um Erdöl und Gas. Also fahrt ruhig noch mehr Luxus-SUVs, denn wir wollen euch gerne noch viel mehr Öl verkaufen!", lachte einer der Männer.

„Ich denke, das Leben hat sich auch für die jungen Leute total verändert", sagte Michael.

Darauf ging Achmeds Vater lieber nicht ein. Einer von Achmeds älteren Brüdern raste gerne mit schnellen Autos durch die Wüste und trank heimlich viel Alkohol. Achmed wusste, dass sein Bruder manchmal Angst hatte, dass Allah oder seine Eltern ihn für seinen schlechten Lebensstil und seine Missachtung der islamischen Gesetze bestrafen

in einem Beduinenzelt

würden. Aber das wollte sein Vater dann doch nicht mit einem Ausländer diskutieren.

DER ERSTE KATARISCHE GLÄUBIGE

1985 trafen einige junge Christen in England einen Mann aus Katar und erzählten ihm von Jesus. Er wurde der erste bekannte katarische Christ.

Der Mann musste leiden, als er den Islam aufgab und Jesus nachfolgte. Seine Frau ließ sich von ihm scheiden, seine Kinder wurden ihm weggenommen, und er durfte nie mehr nach Katar zurückkehren. Seither haben auch andere Katarer im Ausland Jesus kennengelernt. Auch sie leiden für ihren Glauben, aber das ist es ihnen wert wegen der Hoffnung, die sie jetzt in Jesus haben.

Fast alle Katarer sind Muslime. Aber die Regierung erlaubt es ausländischen Christen, sich auf einem Gelände am Rand der Hauptstadt zu treffen. Hier können Dutzende Gemeinden frei ihre Gottesdienste feiern. Diese Christen kommen von überall her, aber die meisten sind aus Indien, den Philippinen und Ägypten. Diese Gemeinden ermutigen die Christen, lehren sie Gottes Wort und helfen ihnen bei Heimweh.

WEIT WEG VON ZU HAUSE

Kiran ließ sich auf seine dünne Matratze fallen. Er war erschöpft von einem langen Arbeitstag.

Kiran war wie Tausende anderer Nepalesen nach Katar gekommen, um die Fußballstadien für die Weltmeisterschaft 2022 zu bauen. Schon kurz nach seiner Ankunft hatte Kiran es bereut, aber man ließ ihn nicht vor Ablauf seines zweijährigen Arbeitsvertrages nach Hause. Das Gehalt war zwar nicht schlecht, aber die Arbeit anstrengend und sehr gefährlich. Er und seine

Freunde mussten in Wohnheimen leben, die eigentlich nur Betonkisten waren. Weil sie Hindus waren und nicht nur an einen einzigen Gott glaubten, wurden sie oft schlechter behandelt als Muslime und selbst als Christen.

Kiran fasste in seine Tasche und suchte das Bild seiner jüngeren Geschwister. Er musste für sie sorgen, jetzt, wo ihre Eltern gestorben waren. Aber seine Hand fand etwas anderes. Jemand hatte ihm ein Büchlein in nepalischer Sprache gegeben: „Das Evangelium nach Lukas". Kiran hatte schon ein bisschen von Jesus gehört – er war von Gott gesandt worden und tat Wunder. Kiran hatte den Eindruck, dass er auch ein Wunder in seinem Leben gebrauchen könnte. Er schlug das Büchlein auf und fing an zu lesen.

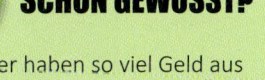
Doha

arabische Dau im Hafen

QUECHUA
Die Menschen der Anden

BERGDORF

„Hey, Tupac! Wie weit … müssen wir noch klettern … bis zu deinem Haus? Ich bin … ganz außer Atem", keuchte Juan.

Tupac grinste: „Ach, nicht mehr weit! Nur noch rund eine Stunde!" Tupac ist ein Quechua-Junge, und seine Familie lebt hoch in den Anden von Peru. In ihren warmen Ponchos und *Chullos* (Strickmützen mit Ohrenklappen) kletterten die beiden Jungen den steilen Pfad hoch. Tupac zeigte ihm kleine Terrassenfelder mit Mais und Kartoffeln. Als sie noch höher kamen, sahen sie Schafe, Lamas und Alpakas, die wegen ihrer weichen Wolle gehalten werden.

„Schon mal einen Andenkondor gesehen?", fragte Tupac und deutete hoch zu einem dieser größten Flugvögel der Welt.

„Unser Haus", erklärte er, „besteht nur aus einem einzigen Raum, und der Boden ist aus gestampfter Erde. Wir haben weder Strom noch fließendes Wasser. Aber du bist herzlich willkommen, und meine Mutter ist eine prima Köchin!"

Endlich erreichten sie Tupacs Zuhause, eine einzeln stehende Hütte aus Lehmziegeln und mit Strohdach.

Bald aßen sie einen herzhaften Eintopf aus Mais, Kartoffeln und Bohnen, den Tupacs Mutter über einem Feuer in einer Ecke der Hütte gekocht hatte.

Tupac sagte: „Viele Quechua sind arm, aber wir haben ein paar Schafe, Lamas und ein Stück Land. Manche haben gar kein Land, und deshalb ziehen sie runter in die Städte. Aber selbst wenn sie Spanisch lernen und Arbeit finden, verdienen sie nicht viel. Oft leben die Quechua in den schlechten Wohngegenden am Rand der Städte."

DAS ERBE DER INKA

Manche Quechua sind Nachkommen der Inka, die hier vor Jahrhunderten herrschten. Die Inka bauten riesige Terrassen, großartige Paläste und Tempel, Städte und ein faszinierendes Straßennetz. Im 16. Jahrhundert erstreckte sich ihr Reich von Kolumbien bis Chile, mit Quechua als offizieller Staatssprache. Auch heute noch, fast 500 Jahre später, ist es die verbreitetste Ureinwohner-Sprache von ganz Amerika.

Im Jahr 1532 kamen die Spanier nach Peru und suchten nach neuen Ländern und nach Gold. Sie stellten fest, dass gerade zwei Inka-Fürsten darum kämpften, wer von ihnen der nächste Kaiser der Inka werden sollte. Weil sie sich gegenseitig bekämpften, konnten die Spanier sie schnell besiegen, und sie übernahmen ihr Land, ihre Gold- und Silberminen und die Herrschaft über die Menschen.

AN DER VERGANGENHEIT FESTHALTEN

Spanisch wurde schnell zur wichtigsten Sprache in der Region, aber die Quechua hielten in den 500 Jahren seither ihre Sprache lebendig. In allen Ländern, in denen sie leben, gehören die Quechua

Machu Picchu

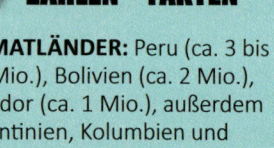

ZAHLEN + FAKTEN

HEIMATLÄNDER: Peru (ca. 3 bis 4,5 Mio.), Bolivien (ca. 2 Mio.), Ecuador (ca. 1 Mio.), außerdem Argentinien, Kolumbien und Chile

ANZAHL: zwischen 10 und 12 Mio.

HAUPTSPRACHEN: Quechua mit mindestens 45 verschiedenen Dialekten, die sich zum Teil sehr stark unterscheiden; viele können auch Spanisch.

SCHON GEWUSST?

Die Musik aus den Anden ist in der ganzen Welt bekannt. Kennst du den geheimnisvollen Klang der Panflöte?

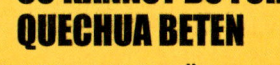

zu den ärmsten Menschen, und sie müssen darum kämpfen, dass sie wenigstens den Besitz ihres Landes sichern können. Regierungen und andere Gruppen haben sie in der Vergangenheit oft schlecht behandelt. Inzwischen haben die Quechua zwar etwas mehr Rechte und Schutz, aber das Leben ist immer noch schwer für sie.

In den meisten Firmen, Schulen, Universitäten und Regierungsbehörden wird nur Spanisch gesprochen, und so bleiben die Quechua-Familien außen vor. Das könnte sich jetzt ändern, denn inzwischen wird die Quechua-Sprache auch vermehrt an höheren Stellen benutzt. Es gibt inzwischen in Peru zum ersten Mal Fernsehnachrichten in Quechua, und auch Microsoft und Google bieten Quechua in ihrer Sprachenauswahl an.

Die Quechua haben den katholisch-christlichen Glauben angenommen, den sie durch ihre spanischen Eroberer kennenlernten. Aber viele hängen außerdem ihrer traditionellen animistischen Religion an und beten Geister und die Natur an. Quechua bringen Opfer und führen Rituale durch, damit nichts Schlimmes passiert wie Krankheiten oder Naturkatastrophen. Oft werden die Religionen vermischt, und die Andengötter und Naturgeister werden unter den Namen katholischer Heiliger verehrt.

EIN GUTER HIRTE

Als kleiner Junge hütete Rómulo Sauñe die Schafe seiner Familie. Nachdem er Christ geworden war, waren seine Lieblings-Bibelverse die über Jesus als der Gute Hirte. Rómulo wurde ein christlicher Leiter und setzte sich zeitlebens dafür ein, dem Quechua-Volk zu helfen. Er liebte es, ihnen von dem Guten Hirten zu erzählen. Er wusste, wie wichtig es für sein Volk war, die Bibel in seiner eigenen

Sprache zu haben, und deshalb arbeitete er gemeinsam mit anderen daran, sie in die verschiedenen Quechua-Dialekte zu übersetzen.

Rómulo besuchte oft Christen in abgelegenen Bergdörfern, um ihnen mehr über Jesus zu erzählen. Eines Tages wurde er auf dem Heimweg ermordet – von einer Rebellengruppe, die gegen jede christliche Arbeit war. Er war selbst ein guter Hirte, der sein Leben für seine Schafe, nämlich die Quechua, gab.

Rómulos Familie und Freunde führten seine Arbeit fort, sodass gläubige Quechua jetzt die Bibel in ihrer eigenen Sprache lesen können. Hoch in den Anden lernen ganze Quechua-Dörfer – so wie das von Tupac – Jesus kennen und folgen ihm nach. Quechua-Christen haben ihre eigene Anbetungsmusik, ihre eigenen Bibelübersetzungen und ihre eigene Art, Gottesdienste zu feiern.

Aber es gibt auch noch Quechua-Dörfer in den Anden, die das Evangelium noch nie gehört haben. Bete für Missionare, die das Evangelium zu ihnen bringen wollen!

SO KANNST DU FÜR DIE QUECHUA BETEN

DANKE GOTT FÜR:

* Quechua, die beginnen, Jesus, dem Guten Hirten, nachzufolgen.
* die Bibel in etlichen Quechua-Dialekten und als Audio-Datei, die Menschen sich anhören können, während sie weben oder auf den Feldern arbeiten.
* christliche Radiosendungen in Quechua, die auch die Bergbewohner empfangen können.

BITTE GOTT:

* dass alle Quechua Jesus kennenlernen – und ihm dann treu nachfolgen.
* dass alle Quechua Zugang zur Bibel in ihrer eigenen Sprache bekommen.
* für die Übersetzer, dass sie ihre Bibelprojekte fertigstellen können.
* dass die Regierungen und die Menschen, die in der Nähe der Quechua leben, sie fair behandeln.
* dass er armen und kranken Quechua hilft, die keinen Zugang zu Ärzten oder Medikamenten haben.

FLÜCHTLINGE
Auf der Suche nach Sicherheit

HEIMATLOS

„Lauft! Lauft, so schnell ihr könnt!", schrie Chantale. „Wir müssen weg!"

Sie rannte in den Wald, ihren kleinen Bruder an sich gepresst, und ihre verängstigten Schwestern hinter sich. Sie waren nach Hause gekommen und mussten feststellen, dass Rebellen ihr Dorf niedergebrannt hatten und jetzt Jagd auf die Dorfbewohner machten.

Sieben Tage lang führte Chantale ihre Geschwister durch die Wälder im östlichen Kongo, bis sie endlich die Sicherheit eines Flüchtlingslagers im Nachbarland Uganda erreichten.

Weil so viele Dorfbewohner dorthin kamen, waren Lebensmittel im Lager knapp, und sie mussten fürs Erste unter einem Stück Plastikplane hausen. Hoffentlich würde bald mehr Material ankommen, sodass sie eine Hütte bauen könnten.

In Uganda können sich Flüchtlinge wenigstens frei bewegen und auch arbeiten. Deshalb konnte Chantale manchmal ein bisschen Geld verdienen und Lebensmittel für ihre Geschwister kaufen. Ihre Schwestern gingen in eine Schule in der Nähe, die von ehrenamtlichen Lehrern geführt wurde, aber sie selbst war so beschäftigt, sich um die Geschwister zu kümmern, dass sie selbst nicht zur Schule gehen konnte. Sie war erst dreizehn, aber ohne ihre Eltern musste sie sich um die Familie kümmern.

ÜBER DIE BERGE

„Macht nur ja kein Geräusch!" Sherzads Vater warnte seine Kinder flüsternd, als er sie aufweckte. „Zieht eure wärmsten Kleider an, und dann kommt schnell."

Leise folgten die Kinder ihren Eltern in die Nacht, und das war der Beginn einer langen, kalten Wanderung durch die schroffen Berge aus ihrer Heimat in Afghanistan ins benachbarte Pakistan. Sie wollten den andauernden Kämpfen in ihrem Teil von Afghanistan entkommen.

Endlich dort, musste die Familie in einem Zelt wohnen, in der Nähe von vielen anderen Flüchtlingen. Die meisten wollten nach Westen reisen, durch Pakistan, den Iran und die Türkei bis nach Europa. Würden sie den ganzen Weg laufen müssen? Sie waren doch schon so schrecklich müde und unterkühlt.

DIE VERSCHWUNDENEN MÄDCHEN

Hawa lag auf dem Bett und weinte. Die Terroristen der Gruppe Boko Haram hatten ohne Vorwarnung ihren Ort im Norden Nigerias überfallen, und viele Menschen waren dabei ums Leben gekommen. Hawa war an diesem Tag zu spät zur Schule gekommen. Dort sah sie, wie die Kämpfer alle ihre Klassenkameradinnen aus ihrer christlichen Schule auf einen Lastwagen luden. Sie nahmen sie alle mit.

Hawa rannte heim. Ihre Familie lebte noch, Gott sei Dank. Aber sie weinte, denn sie wusste nicht, was aus ihren Klassenkameradinnen geworden war. Würden sie zurückkehren? Würde sie sie jemals wiedersehen?

Flüchtlingslager Zaatari, Jordanien

BÜRGERKRIEG

2011 begann in Syrien ein schrecklicher Krieg, bei dem ca. die Hälfte der Bevölkerung ihre Heimat verlassen musste. Etwa sechs Millionen Syrer flohen vor Gewalt und Zerstörung in andere Teile Syriens und weitere fünf Millionen ins Ausland. Die meisten landeten in Flüchtlingslagern in den Nachbarländern Türkei, Libanon und Jordanien. Einige unternahmen auch die lange und gefährliche Reise nach Europa und hofften, in Ländern wie Deutschland oder Schweden Sicherheit zu finden. Wie wäre es wohl, wenn bei uns die Hälfte aller Menschen aus ihrer Heimat fliehen müsste?

66 MILLIONEN

Es gibt ungefähr 66 Millionen Flüchtlinge in der Welt, und mindestens 50 % von ihnen sind Kinder. Im Vergleich dazu: In ganz Deutschland leben etwa 83 Millionen Menschen, in der Schweiz achteinhalb Millionen.

Es gibt viele Gründe, warum Flüchtlinge Angst haben, in ihrer Heimat zu bleiben: Angst vor Rassenhass, religiöser Verfolgung oder Krieg. Manchmal müssen sie alles zurücklassen. Sie suchen einen sicheren Ort, wo sie Nahrung und Unterkunft finden und sich um ihre Familien kümmern können; und sie hoffen auf eine bessere Zukunft.

FLÜCHTLINGE IN DER BIBEL

Es gab in der Geschichte schon immer Flüchtlinge. Im 2. Buch Mose wird beschrieben, wie die Israeliten aus der Sklaverei in Ägypten flohen, um in einem eigenen Land Sicherheit zu finden. Lange Zeit später mussten Josef und Maria mit dem Baby Jesus vor dem grausamen König Herodes nach Ägypten fliehen.

Die Bibel fordert uns auf, uns um die Armen, die Leidenden und die Flüchtlinge zu kümmern. Und Jesus sagte: Wer den Hungrigen Essen gibt, den Durstigen Wasser, und Kleider denen, die keine haben, und wer sich um die Kranken kümmert und die Gefangenen besucht, der tut das alles für ihn. Das kannst du in Matthäus 25,34-40 nachlesen.

Bete für all die vielen Flüchtlinge in der Welt – und überlege dir, wie du ganz praktisch Jesu Aufforderung nachkommen und Menschen unterstützen kannst, die auf der Suche nach Sicherheit in unser Land gekommen sind.

SO KANNST DU FÜR FLÜCHTLINGE BETEN

DANKE GOTT FÜR:

* Organisationen, die Flüchtlingen helfen, wie zum Beispiel der UNHCR der Vereinten Nationen.
* Kirchen und christliche Organisationen, die Flüchtlingen helfen, in ihren neuen Ländern zurechtzukommen.
* Millionen von Flüchtlingen, die in den Lagern, auf der Reise oder am Zielort zum ersten Mal von Jesus hören.

BITTE GOTT:

* dass Christen den Flüchtlingen Gottes Liebe praktisch zeigen.
* dass Christen den Flüchtlingen aus anderen Ländern die gute Nachricht von Jesus erzählen.
* um Menschen, die Flüchtlingskinder trösten, die von ihren Eltern getrennt wurden oder deren Eltern gestorben sind, und sich um sie kümmern.
* dass Regierungen Flüchtlinge willkommen heißen und gut zu ihnen sind.
* dass er Frieden in den Herkunftsländern schenkt, damit Flüchtlinge wieder nach Hause zurückkehren können.

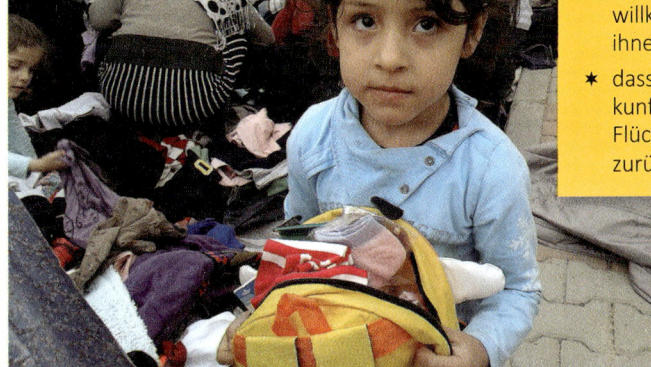

ROHINGYA
Volk ohne Land

Golf von Bengalen

Die Rohingya sind eine Gruppe von zwei bis drei Millionen Menschen, die an der Westküste von Myanmar leben. Sie empfinden diese Gegend als ihre Heimat, denn sie leben dort seit vielen Generationen.

Aber die Regierung von Myanmar sagt, dass die Rohingya aus Bangladesch kamen und dorthin zurücksollen. Sie erlaubt den Rohingya nicht, myanmarische Staatsbürger zu werden. Deshalb ist es für Rohingya kaum möglich, die nötigen Genehmigungen zu bekommen, um zu arbeiten, zu reisen, zur Schule zu gehen, Land zu besitzen, zu heiraten oder einen Arzt zu besuchen. Viele leben in extremer Armut und haben nicht genug Nahrung, Wasser und Medikamente zum Überleben. Viele können nicht lesen. Und wie sollen sie irgendwo anders hingehen, wenn sie keine Ausweise bekommen?

IN DEN LAGERN GEFANGEN

Die Rohingya haben auch Probleme mit ihren Nachbarn. Die meisten Menschen in Myanmar sind Buddhisten, aber die Rohingya sind fast alle Muslime. Manchmal wird der Streit gewalttätig. Buddhisten greifen Rohingya-Dörfer an und brennen sie nieder. Viele Rohingya sind dabei gestorben oder verletzt worden, und Hunderttausende wurden in Lager gezwungen.

Die Lager für Rohingya in Myanmar sind schrecklich. Es gibt Polizei- und Militärkontrollen, und die Rohingya dürfen sie nicht verlassen. Es gibt in den Lagern aber nicht genug Nahrung und Wasser, und Medikamente schon gar nicht. Oft erlaubt es die Regierung nicht einmal, dass ausländische Hilfsorganisationen den Lagerinsassen helfen. Viele Rohingya sterben an Hunger und Krankheiten.

AUF DER SUCHE NACH HEIMAT

Wenn Gewalt ausbricht, fliehen die Überlebenden aus ihren Dörfern und suchen nach einem anderen Ort, wo sie leben können. Myanmar will die Rohingya nach Bangladesch schicken, aber Bangladesch kann sie nicht alle aufnehmen. Bangladesch hat eine große Zahl in den deutlich besseren eigenen Lagern untergebracht, aber andere müssen versuchen, in den südlich gelegenen Ländern Thailand, Malaysia oder Indonesien eine neue Heimat zu finden. Die meisten Malaysier sind Muslime so wie die Rohingya, und man-

che versuchen zu helfen, indem sie den Kindern Schulunterricht ermöglichen oder den Erwachsenen kleine Hilfsjobs anbieten. Aber es ist schwer für die Rohingya, richtige Arbeit zu finden und genug Geld zum Leben zu verdienen.

Auch Thailand will die Rohingya nicht. Man fürchtet, dass, wenn man einige ins Land lässt, viele weitere nachkommen. Die meisten Thais sind Buddhisten und wollen keine Tausende von Muslimen haben. Wenn Boote voller Rohingya, die vor der Gewalt in Myanmar fliehen, in Thailand an Land gehen wollen, werden sie manchmal von der thailändischen Marine zurückgeschickt. Dort stoppen die myanmarischen Behörden sie und schicken sie wieder aufs offene Meer zurück. Um an Thailand vorbei bis nach

ZAHLEN + FAKTEN

ANZAHL: über 2 Mio.

LÄNDER, IN DENEN SIE LEBEN: Bangladesch, Myanmar, Saudi-Arabien, Pakistan, Malaysia, Thailand und andere

HAUPTSPRACHE: Rohingya – verwandt mit dem bengalischen Dialekt Chittagong

HAUPTRELIGION: Islam

Malaysia zu fahren, sind die Boote viel zu klein. Viele dieser Flüchtlinge sterben in den überfüllten Booten, weil sie nirgendwo an Land dürfen.

Was sollen die Rohingya nur tun? Sie können nirgendwo hin. Kein Land will sie haben. Wird die Regierung von Myanmar ihnen doch noch die Staatsbürgerschaft und die damit verbundenen Rechte geben? Können sie in Frieden mit ihren buddhistischen Nachbarn leben? Es scheint völlig unmöglich – außer für Gott. Er liebt die Rohingya und bietet ihnen eine wahre Heimat an – bei ihm, im Himmel.

DIE AUSGESTOSSENEN UNTER DEN AUSGESTOSSENEN

Ein paar Rohingya sind in andere Länder entkommen, zum Beispiel nach Saudi-Arabien, Pakistan oder Indien. Kleine Gruppen gibt es auch in den USA, Australien und in anderen westlichen Ländern. Oft leben sie als illegale Einwanderer dort. Nur wenige sind offiziell als Flüchtlinge anerkannt und können

Staatsbürger werden. Sie versuchen, irgendwie Kontakt zu ihren Verwandten zu halten, und wollen die Welt auf das Leid ihres Volkes aufmerksam machen.

Fast alle Rohingya sind Muslime, aber es gibt auch einige wenige Christen. Diejenigen, die sich entscheiden, Jesus nachzufolgen, werden oft von ihren Nachbarn verfolgt. Rohingya sind die Ausgestoßenen der Welt, aber Rohingya-Christen werden auch noch von ihrem eigenen Volk ausgestoßen.

SO KANNST DU FÜR DIE ROHINGYA BETEN

DANKE GOTT FÜR:

* Rohingya, die Jesus gefunden haben und ihm jetzt nachfolgen.
* Länder, die Rohingya als Flüchtlinge aufnehmen.
* Menschen in Malaysia, den USA und anderen Ländern, die den Rohingya helfen wollen.

BITTE GOTT, DASS:

* er die Verfolgung der Rohingya beendet, damit sie nicht mehr ihre Heimat, ihre Familien und ihr Leben verlieren.
* er den Rohingya einen friedlichen Ort gibt, wo sie leben dürfen, und dass er eine Lösung für ihre aktuellen Probleme ermöglicht.
* viele Rohingya Jesus kennenlernen, und für Gemeinden unter den Rohingya in der ganzen Welt.
* er Menschen hilft, die die Bibel in Rohingya übersetzen
* er den wenigen Christen unter den Rohingya hilft, stark zu bleiben und mit ihren Familien und Freunden mutig über Jesus zu reden.

ROMA
Das Evangelium weitererzählen

Vor ungefähr 1200 Jahren begannen größere Gruppen von Menschen, ihre Heimat Punjab, das ist eine Gegend im heutigen Nordwestindien und in Nordostpakistan, zu verlassen. Sie zogen herum und verdienten ihren Lebensunterhalt oft als Musiker und Artisten oder als Pferdehändler, Schmiede oder mit anderen Handwerksberufen. Heute leben Millionen ihrer Nachfahren (die genaue Zahl kennt niemand) in mehr als 60 Ländern auf allen Kontinenten. Diese Gruppen nennt man „Roma". Vielleicht hast du für sie auch schon das Wort „Zigeuner" gehört. Manche von ihnen gebrauchen diese Bezeichnung zwar auch selbst, aber die meisten Roma mögen das Wort gar nicht. Es gibt auch Untergruppen unter ihnen. Die meisten in Deutschland lebenden Roma z. B. gehören zu den Sinti, aber es gibt auch Manouches, Kalderasch, Nawar oder Gitanes.

Die meisten Roma sprechen die Sprache des Landes, in dem sie leben, aber viele sprechen auch eine der Romani-Sprachen. Die verschiedenen Roma-Gruppen in der Welt haben Dutzende leicht unterschiedliche Dialekte und unterschiedliche Lebensstile.

DORT LEBEN, ABER OFT NICHT DAZUGEHÖREN

Manche Roma leben immer noch als Nomaden und ziehen von Ort zu Ort. Aber die meisten haben sich niedergelassen und Arbeit gefunden. Manche sind Politiker, Manager oder anerkannte Wissenschaftler, bekannte Musiker, Schriftsteller, Schauspieler oder Sportler.

Die Roma haben ihren eigenen Lebensstil bewahrt, werden aber nur selten von der Gesellschaft voll akzeptiert. Weil sie anders sind, werden sie oft missverstanden, verachtet und abgelehnt. Oft ist es für Roma schwer, Arbeit zu finden oder zur Schule zu gehen. Manche Roma-Gemeinschaften sind sehr arm, und Kinder bekommen nicht immer genug Schulbildung, um wenigstens Lesen und Schreiben zu lernen.

Roma-Kinder werden dazu erzogen, die Älteren in Familie und Gemeinschaft zu respektieren. Gastfreundschaft gehört zu ihrem Lebensstil. Reisende Roma leben in Wohnwagen, und die Kinder helfen mit, sie sauber und aufgeräumt zu halten.

Die Sitten und Gebräuche der Roma unterscheiden sich von Land zu Land. Muslimische Roma essen Hühnchen, aber kein Schweinefleisch, finnische Roma dagegen essen keine Hühner. Manche Roma essen Igel, andere halten Igel für unrein.

Die Roma haben meist die Hauptreligion des Landes angenommen, in dem sie wohnen, oft römisch-katholisches oder orthodoxes Christentum oder Islam. Aber oft befolgen sie diese Religion nicht sehr genau oder mischen ihren eigenen Volksglauben mit hinein.

Doch in den letzten 50 Jahren haben sich Millionen von Roma davon abgewendet und folgen jetzt begeistert Jesus nach.

KLARAS ENTDECKUNG

Klara war 20 Jahre alt. Sie lebte mit ihren Eltern in ihrem Wohnwagen. Als Kind war sie zwar kurz zur Schule gegangen, aber sie hatte nie Lesen gelernt.

Sie hatte zwar schon davon gehört, dass Gott sie liebt, aber sie wusste nicht viel darüber. An diesem Abend bat sie Gott, ihr zu helfen, in der Bibel zu lesen und herauszufinden, wie man richtig lebt. Aber sie war enttäuscht, denn es schien nichts zu passieren.

Am nächsten Morgen half sie ihrer Mutter, den Wohnwagen zu putzen. Dabei fand Clara eine alte Bibel und schlug sie auf. Sie war verblüfft zu entdecken, dass sie sie lesen konnte! Sie erzählte es ihrer Mutter, und die konnte es zuerst nicht glauben – bis Klara ihr vorlas.

In den nächsten Wochen begann Klara zu verstehen, was Jesus für sie getan hatte, und vertraute ihm. Seither erzählt sie Menschen von Gottes großem Geschenk der Vergebung und von ihrem neuen Leben in Jesus.

EIN RIESENZELT

Danny war sprachlos: Solch ein riesiges Zelt hatte er noch nie gesehen. Tausende Menschen hatten sich darin versammelt. Um das Zelt herum war ein großer Lagerplatz von Roma: moderne und traditionelle Wohnwagen, Pferde, Lagerfeuer und überall eifrige Aktivität. Eine Woche lang, den ganzen Tag und bis tief in die Nacht, feierten Roma Jesus mit Liedern, Predigten und Gebet.

Danny erfuhr, dass es ähnliche Versammlungen auch in anderen Roma-Gemeinschaften gab. In ganz Europa kamen Roma zu Jesus.

Dannys Eltern hatten früher jeden Abend viel Alkohol getrunken und dann so laut gestritten, dass er nicht schlafen konnte. Aber seit sie zu einer Gemeinde gingen, hatte sich ihr Leben verändert – kein Alkohol mehr, kaum Streit und eine viel glücklichere Atmosphäre zu Hause. Dannys Eltern beteten jetzt jeden Abend mit ihm, bevor er ins Bett ging.

Danny verstand nicht alles, was der Prediger sagte, und er konnte auch nicht in der Bibel mitlesen. Aber als die Gitarren, Geigen und Akkordeons zu spielen begannen und die Leute mitklatschten, sang er begeistert mit. Er wusste, dass Jesus ihn liebte und seine Familie verändert hatte.

Das Leben ist für die Roma oft herausfordernd. Aber sie verbreiten die Hoffnung und den Frieden Gottes unter anderen Roma. Christliche Roma geben oft Geld, um Menschen in ärmeren Ländern zu unterstützen. Einige gehen auch als Missionare ins Ausland, um anderen Roma von Gottes Liebe zu erzählen. Wie ein Evangelist sagte: „Wir Roma sind ein Volk von Evangelisten, wir können gar nicht anders, als das Evangelium weiterzuerzählen."

SCHON GEWUSST?

Die Roma haben viele traditionelle Tänze und Lieder. Bei Roma-Hochzeiten dauern die Feiern, die Musik und der Tanz bis zu drei Tage!

SO KANNST DU FÜR DIE ROMA BETEN

DANKE GOTT FÜR:

* die wachsenden Gemeinden unter den Roma in der ganzen Welt.
* die Leidenschaft, mit der Roma-Christen von Jesus weitererzählen.
* die Treffen mit Lehre, Gemeinschaft und Anbetung, die Roma-Christen ermutigen.

BITTE GOTT:

* den Christen zu helfen, die die Bibel in die verschiedenen Romani-Sprachen übersetzen.
* dass mehr Roma- und Nicht-Roma-Christen Freunde werden und sich gegenseitig ermutigen.
* dass die Roma-Christen auch lernen, wie sie den Nicht-Roma das Evangelium weitererzählen können.

RUSSLAND
1000 Jahre Christentum

DER GLAUBE LEBT WEITER

Olga und ihre Großmutter kamen aus der Kirche mit dem goldenen Zwiebelturm. Sie freute sich, dass ihre *baba* (Oma) sie mit zur Kirche nahm. Ihre Eltern interessierten sich für so etwas nicht. Die Geschichten von Oma über die alten Zeiten waren traurig und aufregend zugleich.

„Wie war das, als die Kirchen alle geschlossen waren? War es Kindern wirklich verboten, Bibelgeschichten zu hören?"

Sie setzten sich auf eine Parkbank, und ihre Großmutter erzählte Olga eine Geschichte:

FÜR EINE RELIGION ENTSCHEIDEN

„Es fing alles vor mehr als 1000 Jahren an, als Prinz Wladimir unser Land regierte. Einer Legende nach sah er ein Licht über der Stadt Kiew. Er meinte, dass das Licht von Jesus stammte, und beschloss, dass die Nation ihm folgen sollte. So wurde Russland ein christliches Land. Arme Bauern und reiche Adlige und auch der Zar selbst feierten Gottesdienst so wie wir beide heute früh. Die russisch-orthodoxe Kirche hat sich in 1000 Jahren kaum verändert.

Einige Russen waren reich, aber die meisten waren schon immer arm. Viele der Arbeiter fühlten sich ungerecht behandelt. 1917 begannen sie eine Revolution, die den Zaren, Nikolaus II., vertrieb. Eine kommunistische Gruppierung, die Bolschewiken, übernahm die Kontrolle über die Regierung, die Bauernhöfe und die Fabriken. Ganz Russland wurde kommunistisch. Die meisten Russen glaubten, dass von jetzt an niemand mehr arm oder unterdrückt sein würde. Aber bald unterdrückte die neue Regierung sie schlimmer als die alte, die sie verjagt hatten, es je getan hatte.

ZAHLEN + FAKTEN

FLÄCHE: 17 075 000 km²

EINWOHNERZAHL: 144 Mio.

HAUPTSTADT: Moskau

HAUPTSPRACHEN: Russisch, daneben 109 andere Sprachen

HAUPTRELIGIONEN: Christentum (meist russisch-orthodox, aber auch andere Kirchen); außerdem Islam

HAUPTEXPORTGÜTER: Erdöl, Erdgas, Kohle, Aluminium

Und dann, Olga, verboten sie auch die Religion. Wenige Menschen besaßen Bibeln, und die meisten Kirchen wurden geschlossen. Unsere schöne Kirche wurde als Kuhstall genutzt. Erst war ich traurig, aber dann dachte ich daran, dass Jesus ja in einem Stall geboren wurde.

Die Regierung ließ nur ein paar Kirchen geöffnet, und die

wurden von der Geheimpolizei überwacht. Wir hatten Angst. Manche Gemeinden trafen sich im Geheimen, aber wenn die Polizei sie entdeckte, wurden die Pastoren verhaftet und gefoltert, dann kamen sie ins Gefängnis oder in Lager in Sibirien, ganz im Osten von Russland. Die Kommunisten machten uns Christen das Leben sehr schwer. Aber sie konnten unseren Glauben nicht zerstören!"

Olga schauderte. Es klang schrecklich. „Ich bin ja so froh, dass es jetzt anders ist! Wie hat es sich denn geändert?"

Russland ist so riesig, dass es sich über elf Zeitzonen erstreckt. Wenn es in Westrussland früher Morgen ist, ist es im Osten schon Nacht.

Basilius-Kathedrale

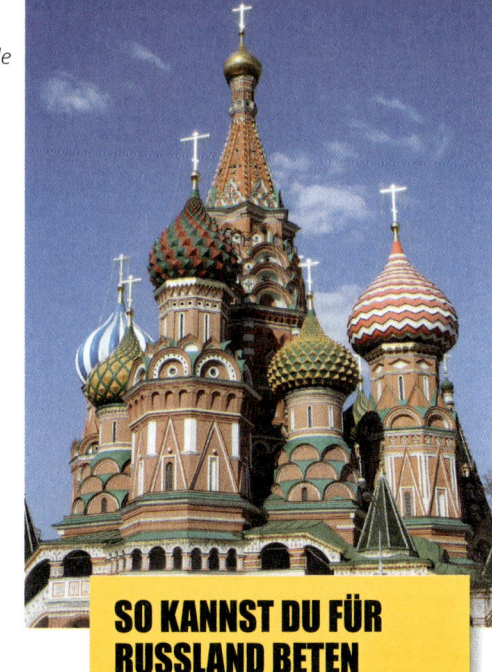

NEUE FREIHEIT

„Russland öffnete sich, und der Glaube war nicht mehr verboten. 1988 kamen Christen aus der ganzen Welt nach Russland, um hier 1000 Jahre Christentum zu feiern. Seither haben wir mehr Freiheit, Gott zu dienen.

Aber als das Land sich öffnete, kamen zusammen mit der guten Lehre auch falsche Lehren in unser Land. Wir kannten ja die Bibel nicht mehr, und deshalb wurden viele Menschen in die Irre geführt. Und viele junge Leute jagten nur noch Geld, Macht, Vergnügen und Nervenkitzel nach. Manche weigerten sich, noch an irgendetwas zu glauben, so wie deine Mama und dein Papa."

„Aber wir haben die richtige Lehre, nicht wahr, Baba?" – „Ja, meine Liebe, so lange, wie wir Christus folgen, wird er uns in alle Wahrheit leiten!"

EINE LANGE REISE

Russland ist das größte Land der Welt und erstreckt sich über zwei Kontinente. Die Fahrt mit der transsibirischen Eisenbahn von Wladiwostok im Osten nach Moskau im Westen dauert sieben Tage, das ist die längste Eisenbahnstrecke der Welt. Es gibt in Russland mehr als 170 Volksgruppen mit mehr als 100 unterschiedlichen Sprachen. Ein paar davon werden in diesem Buch vorgestellt: die

Kaukasus-Region auf S. 110 und die Burjaten auf S. 30.

EINE NEUE HERAUSFORDERUNG

Heute nennt Russland sich selbst eine Demokratie. Aber der Präsident hält alle politische Macht in der Hand, und einige reiche, einflussreiche Männer – die „Oligarchen" – kontrollieren den größten Teil des riesigen Reichtums des Landes. Armut ist immer noch sehr häufig, und für Millionen von Menschen ist das Leben so schlecht wie eh und je. Viele wissen nicht, worauf sie ihre Hoffnung setzen könnten und flüchten sich in den Alkohol, um dem Elend zu entkommen.

Nach dem Kommunismus hatten die Christen große Freiheit, die gute Nachricht zu verbreiten, Gemeinden zu gründen und die Bibel in die Sprachen der Minderheiten zu übersetzen. Viele Menschen begannen, Jesus wieder neu nachzufolgen, andere zum ersten Mal.

Aber in den letzten Jahren fördert die Regierung nur die russisch-orthodoxe Kirche und versucht, andere Gemeinden und christliche Organisationen zu kontrollieren. Die Gesetze wurden geändert, und es ist für Missionare aus anderen Ländern schwerer, in Russland zu arbeiten. Russische Christen müssen jetzt viele der Aufgaben übernehmen, die vorher Missionare getan haben.

SO KANNST DU FÜR RUSSLAND BETEN

DANKE GOTT FÜR:

* die Russen, die Jesus nachgefolgt sind, selbst wenn sie dafür ins Gefängnis kamen.

* die zunehmende Zahl an Gemeinden und Christen.

* die vielen fertigen Bibelübersetzungen und die vielen laufenden Übersetzungen für die vielen Sprachen Russlands.

BITTE GOTT:

* dass Menschen in Russland, die sich hoffnungslos fühlen, neue Hoffnung in Jesus gewinnen.

* dass er den Christen Vertrauen schenkt, auch wenn die Zukunft so ungewiss erscheint.

* dass junge Menschen Jesus nachfolgen und nicht falschen Lehren oder Geld und Vergnügen nachjagen.

* um gute russischen Pastoren und christliche Leiter für die Gemeinden und Werke.

Moskau

SAMOANER

Die, deren Häuser keine Wände haben

SAMOA — AMERIKANISCH-SAMOA

TÄGLICHE GEBETE

Am Ende ihres ersten Tags auf Samoa hörten Ben und Martha die Kirchenglocken läuten. Es klang, als läuteten sie überall auf der ganzen Insel.

Ihr Gastgeber Tili flüsterte: „Wir sollten jetzt ruhig sein. Es ist Gebetszeit. Jeden Abend, wenn es dämmert, läuten die Kirchenglocken, und alle in Samoa halten inne und beten, lesen die Bibel und singen zusammen. Lasst uns in mein Haus gehen, ihr könnt mit meiner Familie beten."

Südpazifik

Meeresschildkröte

AUF SAMOANISCHE ART

Wo auch immer man Samoaner trifft, findet man lebhafte Gruppen, die es genießen, zusammen zu sein, gemeinsam zu essen, zu tanzen, zu entspannen und gute Musik zu hören. Und man findet auch *fa'asamoa* (die samoanische Art), die Samoaner darin leitet, wie man miteinander umgeht. Samoaner respektieren einander und kümmern sich auf ganz besondere Art umeinander, vor allem um die Alten.

Zehn Inseln im Südpazifik bilden den Staat Samoa, aber nur vier von ihnen sind ganzjährig bewohnt. Eine kleinere Gruppe von Inseln bildet Amerikanisch-Samoa, das von den Vereinigten Staaten regiert wird.

Heute leben mehr Samoaner im Ausland als auf den Samoa-Inseln, und zwar vor allem in Neuseeland, den USA und Australien. Einige Samoaner haben das Inselleben nie selbst kennengelernt, sondern kennen die wunderschönen Strände und Berge, süßen Mangos und Brotfrüchte, die auf Bäumen wachsen, aber wie Kartoffeln schmecken, nur aus Erzählungen ihrer Eltern und Großeltern.

Die Familie oder *aiga* ist der wichtigste Teil der samoanischen Kultur. Sie ist größer als die unmittelbare Familie und umfasst ein Netzwerk verwandter Gruppen. Jede *aiga* hat einen Leiter, der sich um seine Leute kümmert und versucht, für alle denkbaren Probleme eine Lösung zu finden.

Auf den Inseln leben die Samoaner in enger Familien- und Dorfgemeinschaft. Sie machen viel zusammen. Bei den traditionellen Inselhäusern, den *fales,* werden nur bei schlechtem Wetter die Wände heruntergezogen. Die Kinder sind bei allen alltäglichen Aktivitäten des Dorfes gemeinsam mit den Erwachsenen und den Alten dabei.

Selbst wenn Samoaner auswandern, bleiben sie normalerweise in der Nähe von anderen Samoanern und kümmern sich umeinander. Die *aiga* bleibt ein wichtiger Teil des Lebens, und die Alten geben den Jungen ihre Traditionen, Tänze und Geschichten weiter sowie die samoanische Lebensart.

SCHON GEWUSST?

Das Wort „Tätowierung" stammt von dem samoanischen Wort *tatau*. Tätowierungen sind seit Jahrhunderten Teil der samoanischen Kultur, und die unterschiedliche Symbole haben eine besondere Bedeutung für die Familien. Diese großen Tätowierungen zu bekommen tut so weh, dass sie immer nur stückweise gestochen werden. Manchmal lassen sich ältere Familienmitglieder aus Verbundenheit gleichzeitig mit den jüngeren weitere Tätowierungen stechen.

EIN LAND, GEGRÜNDET AUF GOTT

„Sind eigentlich alle Samoaner Christen?", fragte Martha später Tili. „Und ist das der Grund, warum alle jeden Tag beten und in der Bibel lesen?"

Tili erklärte: „Die meisten Samoaner nennen sich Christen. Aber nicht alle folgen wirklich Jesus nach. Zur Kirche zu gehen, das gehört hier zum ganz normalen Leben. Aber einige Menschen leben immer noch nach unserer alten Religion.

Der Staat Samoa hat einen Wahlspruch, und der lautet: ‚Die Nation ist gegründet auf Gott.' Ich wünschte mir, dass das für alle Samoaner zutreffen würde. Vermutlich würden dann all die verschiedenen Kirchen besser zusammenarbeiten. Und außerdem wären die Menschen wahrscheinlich glücklicher."

DAS FRIEDENS-EVANGELIUM

Vor 200 Jahren kamen Missionare aus Großbritannien gemeinsam mit Christen von nahegelegenen Inseln nach Samoa, um den Menschen von Jesus zu erzählen.

Damals kämpften die Samoaner erbittert gegeneinander. Die Missionare erzählten, wie das Evangelium von Jesus Frieden bringt. Ein Häuptling entschloss sich, Christ zu werden. Bald folgte ihm seine Familie. Heute gibt es in jedem Dorf und jeder Stadt mindestens eine Kirche. Das Christentum wurde zu einem wichtigen Teil des samoanischen Lebens und der Kultur.

Knapp zehn Jahre später reisten die ersten samoanischen Missionare auf andere Inseln im Pazifik, um mit den Menschen dort über Gottes Liebe zu sprechen. Noch immer senden Samoaner Missionare in andere Teile der Welt.

SPORTTALENTE

Das Volk der Samoaner ist klein, aber dafür sind recht viele berühmt geworden, vor allem in den Bereichen Hip-Hop-Musik, Tanz und Sport.

Besonders gut sind Samoaner in Rugby, und viele von ihnen spielen in Rugby-Mannschaften überall auf der Welt, aber man findet sie auch in *American Football*-Teams oder beim Boxen oder Ringkampf.

SO KANNST DU FÜR DIE SAMOANER BETEN

DANKE GOTT:

* für Samoaner, die anderen Menschen von Jesus erzählen.
* dass die Samoaner jeden Tag zusammen beten, singen und in der Bibel lesen.
* dass Demut, Respekt vor Älteren und Zuneigung zu Kindern selbstverständliche Elemente der samoanischen Kultur sind.

BITTE GOTT, DASS:

* er den samoanischen Gemeinden in der ganzen Welt hilft, Familien zu zeigen, wie man Jesus nachfolgen kann.
* er jungen Leuten hilft, wahres Glück in Jesus zu finden.
* er den samoanischen Christen aus verschiedenen Gemeinden hilft, besser zusammenzuarbeiten.
* Familien auf der ganzen Welt von der „samoanischen Art" lernen, täglich zusammen zu beten.

katholische Kirche in Apia, Samoa

SAN

Jäger und Sammler der Kalahari-Wüste

RETTUNG IN DER WÜSTE

Vor mehr als 100 Jahren reiste der schottische Missionar Frederick Arnot durch die Kalahari-Wüste. Er und seine afrikanischen Helfer waren fast ohnmächtig vor Durst. Mit letzter Kraft kämpften sie sich zu einem Wasserloch – aber es war komplett trocken! Sie hatten keine Hoffnung mehr. Einige brachen im Sand zusammen, denn ohne Wasser konnten sie nicht weiter. Sie wussten, dass sie jetzt sterben würden.

Aus einiger Entfernung wurden sie von einer Gruppe von San beobachtet. Sie kamen herbei und fingen wie wild an, mit den Händen im Sand zu graben. Ihr Anführer steckte sorgfältig einige Schilfrohre ineinander, dann schob er das lange Rohr aus Schilf in das Loch. Eine Weile saugte und blies er, dann lächelte er: Wasser!

Der Mann saugte gleichmäßig an dem Rohr und spuckte das aufsteigende Wasser in einen Schildkrötenpanzer. Nach zehn Minuten war der Panzer voll. Er goss das wertvolle Wasser vorsichtig in Arnots Mund. Sechs Stunden lang arbeiteten die schwitzenden Männer ohne Unterbrechung, um Wasser für die ganze Gruppe zu bekommen. Und dann, ohne auch nur den Dank der Geretteten abzuwarten, verschwanden sie wieder so leise, wie sie gekommen waren.

Obwohl die San zu dieser Zeit von anderen Menschen grausam behandelt wurden, retteten sie doch das Leben dieser Fremden. Und als Tinka, der einheimische Führer, sah, wie Gott Arnots Gruppe versorgte, wurde er Christ.

VERGIFTETE PFEILE

In der Kalahari-Wüste regnet es kaum, deshalb wächst hier außer Dornbüschen und hartem Gras nichts. Giraffen, Löwen, Impalas und Gnus streifen durch die Wüste. Früher sammelten die San Wurzeln und Beeren und jagten Tiere mit Giftpfeilen. Sie konnten lange ohne Essen und Trinken auskommen, was ihnen half, wenn sie über weite Strecken den Spuren der Tiere folgen mussten.

Die San zogen einst frei durch große Teile Süd- und Ostafrikas. Sie hinterließen schöne Felszeichnungen, die zeigen, wie sie lebten und was sie glaubten. Die San glauben heute noch fest an die Macht der Geisterwelt. Aber ihre schmerzliche Vergangenheit und ihre

ANGOLA

BOTSWANA

NAMIBIA

SÜDAFRIKA

ZAHLEN + FAKTEN

ANZAHL: weniger als 100 000

HAUPTHEIMATLÄNDER: Botswana, Namibia, Südafrika, Angola

HAUPTSPRACHEN: verschiedene Khoisan-Sprachen und Dialekte. Für die meisten gibt es keine Schrift.

HAUPTRELIGIONEN: Animismus, Christentum

TYPISCHE BERUFE: Wenige leben noch als nomadische Jäger und Sammler. Die meisten sind jetzt Arbeiter auf Farmen oder in Städten.

SCHON GEWUSST?

Die San lieben süße Bienenwaben, denn die geben ihnen Energie. Wenn sie ein Bienennest in einem Baum sehen, klettern sie hoch und räuchern die Bienen aus. Für die San sind die Bienenlarven das Leckerste, also reservieren sie sie für ihre Alten.

sanfte und freundliche Art helfen ihnen, die Liebe und Vergebung von Jesus zu verstehen, der sich selbst geopfert hat, um andere zu retten.

Schließlich zogen andere afrikanische Stämme und später auch Europäer in das Gebiet der San. Die San sind friedliche Menschen, aber sie wurden wie wilde Tiere gejagt und getötet. Die Überlebenden mussten in Gebiete ziehen, wo es kaum Wasser oder Pflanzen gab.

Heutzutage leben die meisten San nicht mehr als Nomaden, sondern auf Farmen oder in Städten. Die Regierung von Botswana versucht, ihnen bei dieser gewaltigen Umstellung zu helfen. So bekamen sie u. a. Land- und Wasserrechte zugeteilt, und es wurden Schulen eingerichtet. Aber die San sind nach wie vor berühmt dafür, auch in der Wüste überleben zu können.

KLICKLAUTE

Die San haben zwei Hauptsprachgruppen mit rund 30 Sprachen und Dialekten. Viele ihrer Wörter enthalten Klicklaute, die mit der Zunge gebildet werden. Es gibt in ihrer Sprache mehr Klicklaute als Laute, die die meisten von uns insgesamt machen können.

Die meisten San können nicht lesen. Sie lieben es aber, Geschichten zu erzählen, und brauchen daher Bibelgeschichten in ihrer eigenen Sprache. Manche San haben von Jesus gehört und sich entschieden, ihm nachzufolgen.

LÖWEN

„Was für eine tolle Geschichte!", sagte Xiri zu seinem Freund Puso.

Der Bibellehrer hatte ihnen einige Geschichten erzählt. Die San glauben an einen guten Gott, der aber weit weg ist und sich nicht um die Menschen kümmert.

Puso sagte: „Wie überrascht die bösen Männer gewesen sein müssen, als Daniel nach einer ganzen Nacht bei den Löwen unverletzt war!"

Die San wissen, wie gefährlich Löwen sein können.

SO KANNST DU FÜR DIE SAN BETEN

DANKE GOTT FÜR:

* die San, die Jesus nachfolgen.
* Bibelgeschichten in Khoisan-Sprachen, die für die San erzählt und aufgenommen werden.

BITTE GOTT, DASS:

* er den San zeigt, dass sie frei von Angst vor den Geistern leben können.
* er Missionare sendet, die die San verstehen und lieben und ihre schwierige Sprache und ihre Kultur lernen.
* mehr San Jesus nachfolgen, vor allem respektierte Ältere, die anderen zeigen können, wie man gottgefällig lebt.
* er den San hilft, sich an das neue Leben in Städten und auf Farmen anzupassen, und dass er sie vor Krankheit und Problemen schützt.
* noch viel mehr Bibelgeschichten in San-Sprachen übersetzt werden, damit die San das Evangelium verstehen.

Felszeichnung

SAUDI-ARABIEN
Wo der Islam entstand

PILGERFAHRT

„Bald ist es Zeit für einen *Hadsch",* sagte Hassan seinem Sohn Abdul. „Du bist jetzt zwölf Jahre alt, deshalb kannst du dieses Jahr mit mir auf die Pilgerfahrt nach Mekka kommen."

Abdul freute sich darauf, von ihrer Heimat in Riad viele Hundert Kilometer nach Mekka zu reisen. Riad ist zwar die größte Stadt Saudi-Arabiens, aber Mekka ist der Geburtsort von Mohammed, dem Propheten des Islam.

Abdul lernte schon seit Jahren viel über den Islam. Er wusste, dass der *Hadsch* eine der fünf Pflichten oder „Säulen" ihrer Religion ist. Jeder Muslim sollte, wenn irgend möglich, wenigstens einmal im Leben diese Pilgerfahrt machen.

„Ich freu mich so darauf!", sagte Abdul. „Erzähl mir doch mal davon."

Hassan erklärte: „Bis zu drei Millionen muslimische Pilger aus der ganzen Welt reisen jedes Jahr für den *Hadsch* nach Mekka. Die Feier dauert fünf oder sechs Tage. Jeder trägt ein weißes Gewand, um zu zeigen, dass wir in den Augen Allahs alle gleich sind. Nach der rituellen Waschung und einem Gebet gehen wir zur Kaaba und laufen siebenmal um sie herum. Dann müssen wir den schwarzen Stein in der Seite der Kaaba berühren und möglichst auch küssen."

„Die Kaaba ist sehr alt, nicht wahr? Ich habe im Koran gelesen, dass Abraham sie da baute, wo Allah Hagar und ihren Sohn Ismael in der Wüste mit Wasser versorgte." (Die Geschichte findest du im 1. Buch Mose, Kapitel 21.)

Hassan sagte: „Das stimmt. Allah sagte Mohammed, dass sich alle Muslime zum Beten auf Mekka ausrichten sollen. Wenn wir die Kaaba siebenmal umrundet haben, müssen wir siebenmal zwischen zwei bestimmten Säulen hin und her laufen und dabei beten. Am nächsten Tag gehen wir in die Ebene Ararat, rund 15 km außerhalb von Mekka. Dort hören wir eine Predigt. Danach sammeln wir Kieselsteine und werfen sie auf drei Steinsäulen, um das Böse in uns loszuwerden. Und auch wenn das kein Teil des eigentlichen *Hadsch* ist, besuchen wir auf dem Heimweg noch Mohammeds Grab in der Stadt Medina."

RELIGIONSPOLIZEI

Der Islam ist in Saudi-Arabien die einzige erlaubte Religion. Die Regierung sieht sich selbst als Bewahrer und Beschützer des Islam und zwingt alle, die islamischen Gesetze einzuhalten. Fünfmal am Tag, wenn der Gebetsruf von allen Minaretten (Moschee-Türmen) im ganzen Land erschallt, schließen alle Läden.

ZAHLEN + FAKTEN

FLÄCHE: 2 150 000 km²
EINWOHNERZAHL: 34 Mio.
HAUPTSTADT: Riad
ANDERE WICHTIGE STÄDTE: Dschidda, Mekka, Medina
HAUPTSPRACHE: Arabisch
HAUPTRELIGION: Islam
HAUPTEXPORTGUT: Erdöl. Saudi-Arabien hat die zweitgrößten Erdölreserven der Welt.

Kaaba und Große Moschee in Mekka

Frauen haben viel weniger Freiheiten als Männer. In der Öffentlichkeit bedecken die meisten Frauen ihren Körper von Kopf bis Fuß mit weiten schwarzen Gewändern. Frauen dürfen mit Männern, mit denen sie nicht verwandt sind, nicht einmal sprechen. Die meisten Gebäude haben getrennte Eingänge für Männer und Frauen, und in Bussen, Parks und an Stränden gibt es getrennte Bereiche.

Vielleicht trifft Abdul ja eines Tages Christen, die ihm erklären, dass das Befolgen von strengen Gesetzen und das Einhalten von religiösen Traditionen unsere Sünden niemals wegnehmen können, sondern dass nur Jesus das kann. Abdul wäre ganz erstaunt zu hören, dass er jederzeit zu Jesus kommen kann und dass Gott seine Gebete hört und beantwortet.

ÖLREICHTUM

Saudi-Arabien ist ein heißes, trockenes Wüstenland. 1932 brachte Ibn Saud, ein starker arabischer Anführer, die nomadischen Stämme dort zusammen und gründete das Islamische Königreich Saudi-Arabien. Das Wort des Königs ist Gesetz, und die ausgedehnte königliche Familie kontrolliert alles im Land.

Als Öl entdeckt wurde, wurde Saudi-Arabien reich und mächtig, weil alle Welt Öl kaufte. Mit dem vielen Geld wurden bessere Häuser, kostenlose Schulen, Universitäten, Krankenhäuser und Straßen durch die Wüste gebaut und die Industrie entwickelt. Viel wurde auch für ein starkes Militär ausgegeben.

Die saudische Regierung gibt außerdem viel Geld an muslimische Organisationen im Ausland, damit sie muslimische Literatur auflegen, Missionare ausbilden und Moscheen bauen.

GEHEIME GOTTESDIENSTE

Neun Millionen Ausländer arbeiten in Saudi-Arabien, einige für die Ölfirmen, andere als Bauarbeiter, Hausmädchen oder Krankenpfleger. Manche sind Christen, aber sie müssen sich heimlich zum Gottesdienst treffen. Oft hören auch andere Ausländer durch diese Christen von Jesus. Manche werden am Geburtsort des Islam zu Christen! Wenn die Behörden herausfinden, dass ein Saudi Christ geworden ist, kommt er oder sie sofort ins Gefängnis. Manchmal versuchen auch ihre eigenen Familien, die Neubekehrten zu töten, wenn sie nicht zum Islam zurückkehren. Aber trotz allem gibt es eine kleine, aber wachsende Zahl saudischer Christen.

Die Saudis lieben Technik, und praktisch jeder hat ein Smartphone. Deshalb haben Christen Apps und Internetseiten entwickelt, um den Saudis von Jesus zu erzählen. Es gibt sogar ausländische Fernsehsendungen speziell für Saudis, die etwas von Jesus erfahren möchten.

SO KANNST DU FÜR SAUDI-ARABIEN BETEN

DANKE GOTT FÜR:

* christliche Internetseiten, Fernsehsendungen und Apps, die den Saudis das Evangelium bringen und ihnen helfen, im Glauben zu wachsen.
* Saudis, die mutig Jesus nachfolgen.
* christliche Gastarbeiter in Saudi-Arabien.

BITTE GOTT, DASS:

* Saudis, die zum Studium ins Ausland gehen, dort Christen treffen, die ihnen von Jesus erzählen.
* er christlichen Gastarbeitern hilft, von ihrem Glauben zu erzählen.
* viele Saudis die christlichen Fernsehprogramme und Internetseiten nutzen, um die Bibel zu lesen und von der guten Nachricht zu hören.
* die Millionen Muslime auf der Pilgerfahrt nach Mekka Gott begegnen.

SOMALIS
Ein kaum erreichtes Volk

EIN LEBENSFEINDLICHES LAND

Somalia hat ein sehr trockenes Klima und leidet immer wieder unter Dürren und Hungersnöten, weil es so schwierig ist, irgendetwas anzubauen. Deshalb halten Somalis Tiere, vor allem Kamele, als eine Quelle von Wohlstand, Milch und Fleisch.

Seit rund 30 Jahren herrscht Bürgerkrieg. Seither gibt es keine im ganzen Land anerkannte Regierung mehr. Heute kämpft die Regierung vor allem gegen die Rebellengruppe „al-Shabaab", die das ganze Land nach striktem islamischem Recht regieren will.

Für Somalis sind die Familie und der Klan (eine große Gruppe verwandter Familien) sehr wichtig. Die meisten Menschen in Somalia sind arm, und viele können nicht lesen. Trotzdem werden die Somalis manchmal ein „Volk der Dichter" genannt. Manche, die im Ausland leben, sind bekannte Sänger oder Rapper geworden. Die meisten Somalis leben in Somalia oder in den Nachbarländern, aber manche sind auch weiter weg gezogen.

Nahezu alle Somalis sind Muslime. Sie gehören zu den Völkern der Welt, die am schwersten mit der guten Botschaft von Jesus zu erreichen sind. In Somalia ist es verboten, jemanden auch nur auf den christlichen Glauben anzusprechen. Wenn jemand Christ wird, ist er oder sie in sehr großer Gefahr, und muss seinen Glauben geheim halten.

NIE MEHR ZURÜCK

„Ich will nie mehr zurück!", sagte Sulekha zu ihrer Mutter. „Bitte mach, dass sie uns nicht fortschicken!" Sulekha lebte mit ihrer Mutter und ihren Schwestern in Dadaab, einem Flüchtlingslager für Somalis im Nachbarland Kenia. In einem Lager so groß wie eine ganze Stadt lebten alle in Plastikzelten. Nahrung und Wasser waren knapp, aber immerhin gab es Krankenhäuser, eine Bushaltestelle und, noch wichtiger für Sulekha, Schulen.

Die Menschen hier waren sehr arm, aber immerhin sicher vor dem Krieg zwischen der somalischen Regierung und den al-Shabaab-Kämpfern. Sulekha

ZAHLEN + FAKTEN

HEIMATLÄNDER:
Somalia, Äthiopien, Kenia, Jemen, Dschibuti; kleinere Gruppen auch in anderen Ländern

ANZAHL: 20 Mio., davon rund 8 Mio. in Somalia

HAUPTSPRACHE:
Somali

HAUPTRELIGION:
sunnitischer Islam

TYPISCHE BERUFE:
Viehzucht (Kamele, Ziegen, Schafe, Rinder), Landwirtschaft und Fischerei

SCHON GEWUSST?

Somalia hat zwar nur zwei Flüsse, aber die längste Küste aller afrikanischen Länder.

konnte hier kostenlos zur Schule gehen und dort viel lernen. In ihrem Heimatdorf hätte sie als Mädchen wahrscheinlich gar nicht zur Schule gedurft. Und wenn, dann hätte der Unterricht nur darin bestanden, islamische Texte auswendig zu lernen. Wahrscheinlich hätte sie Geld verdienen müssen, oder sie wäre noch vor ihrem sechzehnten Geburtstag mit einem viel älteren Mann verheiratet worden. Für Sulekha gab es nichts, was sie nach Somalia zurückgezogen hätte.

STOLZ, EIN SKLAVE ZU SEIN

Cabdullaahi war stolz, ein Somali zu sein, stolz, aus einem guten Klan zu stammen, stolz, der Sohn einer Familie mit vielen Kamelen zu sein. Sein Name bedeutet „Sklave Allahs", und auch darauf war er stolz. Er wollte Allah gut dienen.

Die Sonne schien erbarmungslos, und er hatte fast kein Wasser mehr. Aber seine Familie hatte ihm die Tiere anvertraut, also musste er sich um sie kümmern. Sein älterer Bruder war Soldat, und sein jüngerer Bruder arbeitete jeden Tag in einem Geschäft in der Stadt.

Cabdullaahis Familie war wohlhabend, denn sie hatte viele Kamele. Aber derzeit gab es nicht genug zu Essen, weder für Kamele noch für Menschen. Und so musste trotz ihres Wohlstands manche Mahlzeit ausfallen.

WEIT WEG VON DER HEIMAT

Mohammed fror. „Ich stamme aus der Nähe des Äquators, stecke aber in diesem kalten Land fest!", dachte er. Seine Familie hatte Somalia kurz nach seiner Geburt verlassen und war nach Toronto in Kanada ausgewandert. In Somalia war sein Vater ein mächtiger Mann in einem wichtigen Klan gewesen, aber hier in Toronto war er einfach nur einer von vielen Ladenbesitzern. Mohammed blieb wahrscheinlich auch nichts anderes übrig, als später den kleinen Eckladen weiterzuführen.

Seine Familie lebte in einem überwiegend somalischen Stadtviertel. Viele der Läden und Restaurants waren somalisch, und auch die meisten Kinder in seiner Schule waren Somalis. Er wollte auch gar keine anderen Kinder kennenlernen, denn die waren ja keine Muslime und deshalb „unrein". Die aßen Schweinefleisch, wuschen sich nicht nach den muslimischen Vorschriften und lebten nicht Allah ergeben.

Auf dem Heimweg kam Mohammed an einer kleinen Kirche vorbei. Auf einem Schild stand: „Jesus liebt dich." Für somalische Muslime war Jesus ein verehrter Prophet. „Warum sollte dieser Prophet Jesus wohl jeden lieben?", fragte sich Mohammed.

Somali-Hütten

SO KANNST DU FÜR DIE SOMALIS BETEN

DANKE GOTT FÜR:

* die ganze Bibel in Somali.
* christliche Internetauftritte, YouTube-Kanäle und soziale Medien, die auf Somali von Jesus erzählen.
* die wenigen Tausend Somalis, die Jesus in Somalia und in anderen Ländern nachfolgen.

BITTE GOTT, DASS:

* er Hunger und Krieg in Somalia beendet.
* er die Herzen der Somalis für Jesus bereit macht.
* noch viel mehr Somalis von Jesus hören können.
* Christen für Somalis beten und den Somalis im Ausland die gute Nachricht bringen.
* er somalische Christen beschützt und ihnen hilft, im Glauben zu wachsen.

SÜDAFRIKA
Die Regenbogennation

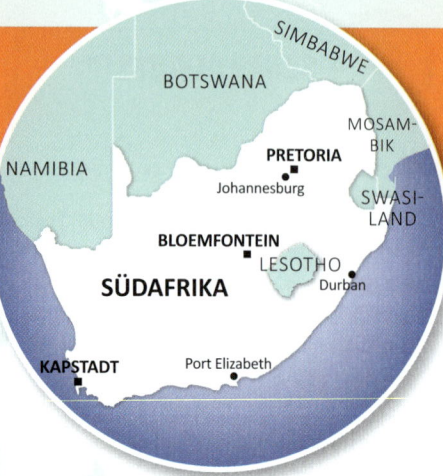

Südafrikas Wälder, Savannen, Berge, Strände und Küste beherbergen Elefanten, Löwen, Nilpferde und sogar Pinguine und Haie. Es gibt hier auch ganz verschiedene Völker: viele Stämme der Bantu, das uralte Volk der Khoisan, die sogenannten „Coloureds" (Menschen gemischter Abstammung) und die Kapmalaien. Einwanderer aus Europa und Asien leben hier, und Millionen Menschen aus anderen afrikanischen Ländern sind vor Krieg oder Armut hierher geflohen.

Die meisten Südafrikaner sehen sich als Christen. Nicht alle folgen Jesus treu nach, aber diejenigen, die es tun, feiern ihre Gottesdienste auf ganz unterschiedliche Weise, denn sie stammen aus praktisch allen Volksgruppen Südafrikas.

In Südafrika gibt es auch Muslime und Hindus und Menschen mit traditionellen afrikanischen Religionen, und manche gehören auch gar keiner Religion an. Es wird klar, warum man Südafrika auch „die Regenbogennation" nennt. Selbst die auffällige Flagge vereint viele Farben und Geschichten.

BETENDE KINDER UND KÜNFTIGE LEITER

Sipho und Lerato rannten den staubigen Pfad entlang bis zu dem großen Zelt in der Mitte der *Township* (so nennt man in Südafrika Siedlungen, die überwiegend von Farbigen bewohnt werden). „Ich bin wieder Erster!", lachte Lerato, aber das war Sipho egal, denn es machte immer so viel Spaß bei den „Royal Kids".

Jeden Tag nach Schulschluss kamen Dutzende Kinder hierher. Zuerst gab es für alle eine gesunde Mahlzeit. Für manche war das die einzige Mahlzeit des Tages, denn die meisten Kinder waren arm. Sipho war einer von den wenigen Kindern, die bei beiden Eltern lebten. Leratos Eltern waren beide tot. Seine älteste Schwester war zwar selbst noch ein Teenager, aber sie musste für ihn und seinen kleinen Bruder sorgen.

SÜDAFRIKA

Nach der Mahlzeit kam der Englischunterricht. Alle Kinder sprachen ihre eigene Stammessprache, und untereinander konnten sie sich nur auf Englisch unterhalten. Danach lernten sie ein paar neue Tänze und Lieder und wie man mit anderen Menschen über Jesus spricht.

Sipho dachte: „Vielleicht kann Lerato ja schneller rennen, aber ich bin der bessere Tänzer!"

Die „Royal Kids" besuchten oft andere Townships, um Jesus durch Tänze und Lieder bekannt zu machen.

ZAHLEN + FAKTEN

FLÄCHE: 1 221 000 km²

EINWOHNERZAHL: 57 Mio.

DREI HAUPTSTÄDTE: Kapstadt, Pretoria und Bloemfontein

HAUPTSPRACHEN: 11 offizielle Landessprachen

HAUPTRELIGIONEN: Christentum, manche praktizieren traditionelle afrikanische Religionen, manche sind ohne Religion; kleinere Gruppen sind Muslime oder Hindus.

WIRTSCHAFT: eines der reichsten Länder Afrikas, aber viele Menschen bleiben arm. Landwirtschaft, Bergbau, Tourismus.

SCHON GEWUSST?

Südafrikaner sind gut darin, gemeinsam zu beten. Der Weltgebetstag begann in Südafrika und breitete sich über die ganze Welt aus. 2017 trafen sich in Südafrika mehr als eine Million Christen auf einem Feld, um für die Zukunft ihres Landes zu beten.

DER SAME DER VERGEBUNG

Das Gärtchen auf dem Dach war nicht viel, aber es machte Madiba Freude. Madiba, auch bekannt als Nelson Mandela, war schon lange im Gefängnis. In diesem Gärtchen konnte er etwas säen und sich um die wachsenden Pflanzen kümmern. Was er erntete, teilte er mit der Gefängnisküche, wo es für seine Mitgefangenen und selbst für die Gefängniswärter gekocht wurde.

Ein Gericht hatte ihn für schuldig befunden, dass er versucht habe, die Regierung zu stürzen. Viele Jahre lang herrschte in Südafrika ein ungerechtes System, die „Apartheid". Die weißen Südafrikaner regierten über die anderen „Rassen" und zwangen sie, getrennt voneinander zu leben. Gegner dieses ungerechten Systems kamen oft ins Gefängnis.

Nach 27 Jahren wurde Nelson Mandela endlich freigelassen. Die Apartheid wurde abgeschafft, und die ganze Bevölkerung – Schwarze, Weiße, Farbige, Inder – wählte Nelson Mandela zu ihrem Präsidenten. Er zeigte den vielen verbitterten und wütenden Menschen, wie sie denen vergeben konnten, die sie so schlecht behandelt hatten, und er lehrte sie, wie sie eine bessere Zukunft gestalten können, wenn sie gemeinsam und gleichberechtigt daran arbeiten.

Nach dem Tanztraining war es Zeit für Gebet und biblischen Unterricht. Nach dem Vaterunser hatten sie Unterricht bei „Onkel Peter", ihrem Gruppenleiter. Er sagte ihnen immer wieder, dass Gott ihr „Abba", ihr lieber Vater war, der so gerne zuhört, wenn ein Kind zu ihm betet: „Stellt euch das mal vor! Wenn Sipho betet, dann hört der allmächtige Gott wirklich zu und antwortet auch." Onkel Peter sagte ihnen auch, dass sie die künftigen Leiter seien. Auch wenn sie aus einer armen *Township* stammten, könnte Gott sie doch gebrauchen, um Südafrika Frieden, Hoffnung und Freude zu bringen.

Wenn es dunkel wurde, liefen Sipho und Lerato zurück zu den Wellblechhütten, in denen sie lebten. Sie versprachen sich gegenseitig, Jesus immer treu nachzufolgen und Leiter zu werden, die ihr Land verändern.

Statue von Nelson Mandela

SO KANNST DU FÜR SÜDAFRIKA BETEN

DANKE GOTT FÜR:

* Südafrikaner, die gemeinsam beten und Christen in der ganzen Welt ansporn, ebenso zusammen zu beten.
* christliche Ferienlager, Evangelisationen, Schulgruppen und Gemeinden, wo Südafrikaner lernen, für Gott zu leben.

BITTE GOTT:

* dass er Menschen aller „Rassen" hilft, einander zu lieben, zu respektieren und zu vergeben.
* für christliche Leiter, die die Botschaft der Bibel klar lehren und auch selbst danach leben.
* dass er den vielen Menschen hilft, die keine Arbeit finden.
* dass er die Kinder schützt und für sie sorgt, die ohne Eltern leben müssen.
* für Politiker, die das Land so regieren, dass es Gott ehrt.

SÜDSUDAN
Das jüngste Land der Erde

SUDAN

ÄTHIOPIEN

ZENTRAL-
AFRIKANISCHE
REPUBLIK

Wau

SÜDSUDAN

JUBA

DEMOKRATISCHE
REPUBLIK
KONGO

KENIA

UGANDA

Dieses Land wurde erst 2011 „geboren", und die Menschen feierten damals voll Freude und Hoffnung ihre Unabhängigkeit.

Der Sudan war einmal das größte Land Afrikas. Leider bekämpften sich aber der Norden (überwiegend Araber, Muslime) und der Süden (überwiegend dunkelhäutige Afrikaner, Christen) viele Jahre. 2005 wurde ein Vertrag abgeschlossen, der es dem Süden ermöglichte, sich abzuspalten und ein unabhängiges Land zu werden. Für die Menschen im Süden Sudans klang das nach Freiheit– Freiheit von Gewalt, Freiheit von der strikten Kontrolle des Nordens, Freiheit, Christen zu sein!

SÜD-
SUDAN

Aber ein neues Land zu gründen war nicht so einfach wie erhofft. Bereits zwei Jahre nach der Gründung brach schon wieder Krieg aus. Die Kämpfer aus den verschiedenen Stämmen hatten früher einen gemeinsamen Feind, nämlich den Norden, jetzt aber kämpften sie gegeneinander. Stolze Anführer der verschiedenen Stämme waren nicht bereit, miteinander für Frieden in der neuen Nation zu arbeiten. Der neue Krieg bedeutete genau so viel Leid für die Menschen wie der alte Krieg.

Die Führer der Regierung trafen sich, um über Frieden zu sprechen, aber der kann nur kommen, wenn Menschen wirklich bereuen, um Vergebung bitten und einander vergeben. Ein neues Land ist nicht die einzige Lösung – neue Herzen werden gebraucht! Bei einem nationalen Tag des Gebets bekannte auch der Präsident seine Sünden und bat Gott und die Menschen um Vergebung für seine Fehler.

MENSCHEN UNTERWEGS
Elisabeth half ihrer Mutter gerade, das Mittagessen vorzubereiten, als ein Nachbar durch das Dorf rannte und alle warnte, dass ein Angriff bevorstand. Sie schnappten sich ein paar Sachen und rannten so schnell sie konnten in den Wald und versteckten sich in den Bü-

schen. Elisabeth hatte große Angst und hielt die Hand ihrer Mutter fest.

„Wo sind Papa und Godwin?", fragte sie und weinte leise. Ihr Vater und ihr Bruder waren nicht im Dorf gewesen, als der Angriff begann.

Ihre Mutter sagte: „Ich weiß es nicht, mein Kind. Aber Gott weiß es. Wir müssen beten und dann nach ihnen suchen, wenn wir hier wieder weg können."

Sie mussten sehr lange warten, bis die Bewaffneten wieder abzogen. Dann liefen Elisabeth und ihre Mutter los.

ZAHLEN + FAKTEN

FLÄCHE: 644 000 km²

EINWOHNERZAHL: 13 Mio.

HAUPTSTADT: Juba

HAUPTSPRACHEN: offiziell Englisch und Arabisch, außerdem Juba und Dinka

HAUPTRELIGIONEN: Christentum, traditionelle Religionen

HAUPTEXPORTGUT: Öl

traditioneller Tanz

Godwins Schule lag in einem Nachbardorf, und auch die Schüler waren geflohen und die ganze Nacht in Richtung eines Flüchtlingslagers gelaufen.

Nach zwei Tagen Laufen war Elisabeth müde. Sie machte sich Sorgen um ihren Bruder und ihren Vater.

„Elisabeth!" Sie erkannte die vertraute Stimme sofort. „Papa!" Fast wäre sie vor Freude und Erleichterung hingefallen. Andere Menschen hatten sich ihrer Gruppe angeschlossen, und dabei war wohl auch ihr Vater. Sie umarmten sich, und er trug sie für eine Weile.

„Wo ist Godwin, Papa?", fragte sie. „Ich weiß nicht. Aber Gott weiß es. Wir müssen beten und nach ihm suchen."

Millionen Menschen sind in die Nachbarländer – z. B. Uganda oder den Sudan – oder in Lager innerhalb des Südsudan geflohen.

LEBEN IN DEN LAGERN

Elisabeth saß vor dem überfüllten und schmutzigen Zelt und langweilte sich. Sie waren jetzt seit zwei Monaten hier. Jedes Mal, wenn neue Leute im Lager ankamen, fragten ihre Eltern nach Godwin. Gestern hatten sie endlich herausgefunden, dass er und seine Schulkameraden in ein anderes Lager in der Nähe der Grenze geflohen waren.

„Er lebt, Gott sei Dank!", sagten sie sich, aber sie wünschten sich so sehr, bei ihm zu sein.

„Komm und mach dich für den Gottesdienst fertig!", hörte Elisabeth ihre Mutter sagen. Sie ging gerne in den Gottesdienst. Die Christen im Lager hatten zwar kein Gebäude, aber sie sangen zusammen, beteten und hörten Gottes Wort. Letzte Woche hatte der Prediger erzählt, wie auch Jesus und seine Familie ihre Heimat verlassen und nach Ägypten fliehen mussten. Elisabeth fragte sich, ob es Jesus dort auch langweilig gewesen war. Sie war Gott dankbar, dass ihre Eltern und ihr Bruder lebten. Sie hatte im Lager gehört, dass Tausende von Kindern ganz alleine auf der Straße lebten.

In Flüchtlingslagern gibt es eine gewisse Sicherheit, aber es fehlt an Nahrung und Wasser. Mehr als zwei Millionen Südsudanesen sind geflohen, sodass sie ihre Felder nicht mehr bestellen und die Tiere nicht versorgen können. Also gibt es auch kein Essen. Für einen Großteil des Landes stellt der

Hunger eine genauso große Gefahr dar wie die Kämpfer mit ihren Gewehren. Was ist nur aus der Freude über die Freiheit und aus dem Traum vom Frieden geworden?

SPANIEN
Wunder und Missionare

EIN ERNSTES PROBLEM

„Komm schon, Carlos!", sagte José ungeduldig, während sie sich durch die Menschenmengen vor den Cafés und dem Bahnhof drängten. Sie alle hörten den jungen Leuten zu, die Gitarre spielten und sangen. Die Jungen wollten die Geschichte nicht verpassen.

Carlos sagte aufgeregt: „Ich hoffe, es geht um jemanden, den Jesus geheilt hat, so wie er deinen Bruder Juan geheilt hat!"

José und Carlos leben in Madrid, der Hauptstadt von Spanien. Viele Menschen sind hierher gezogen in der Hoffnung, Arbeit zu finden. Aber es gibt nicht genug Arbeit für alle.

Als Josés Eltern nach Madrid zogen, hörten sie auf, zur Kirche zu gehen, denn sie glaubten nicht mehr an Gott. Jetzt hatten sie weder Arbeit noch Glauben. Josés Brüder fingen an zu stehlen, um Geld für Drogen zu bekommen. Mehr als zwei Millionen Spanier, vor allem junge, nehmen Drogen. „Sonst gibt es ja nichts zu tun", beklagten sich seine Brüder.

Einer von Josés Brüdern starb an den Drogen, der andere, Juan, wurde sehr krank. Ihre Eltern wussten nicht, was sie tun konnten. In dieser geschäftigen und doch einsam machenden Stadt schien sich niemand dafür zu interessieren, was ihnen zustieß.

Eines Abends blieben sie bei einer christlichen Veranstaltung auf der Straße stehen. Ein Mann sah die traurigen Gesichter der Eltern und fragte sie, ob er ihnen helfen könnte. Die Eltern erzählten ihm von ihren Söhnen, und er sagte: „Wir könnten Juan in ein Zentrum bringen, wo man Menschen hilft, die Drogen nehmen."

Dort tat Gott ein Wunder an Juan. Er wurde gesund und fing an, anderen jungen Menschen zu helfen. Juan lernte, dass Jesus lebt und mächtig ist und heilen kann. Jesus vergab ihm all die schlimmen Dinge, die er getan hatte, und gab ihm die Kraft, mit den Drogen

ZAHLEN + FAKTEN

FLÄCHE: 506 000 km²
EINWOHNERZAHL: 46 Mio.
HAUPTSTADT: Madrid
HAUPTSPRACHEN: Kastilisch (Spanisch); in den entsprechenden Regionen Katalanisch, Galizisch und Baskisch
HAUPTRELIGION: Christentum, meist römisch-katholisch
HAUPTEXPORTGÜTER: Autos, Computer, Olivenöl, Obst, Nüsse, Gemüse

Nordatlantik

Paella

aufzuhören. Juan hatte ein neues Leben in der Nachfolge von Jesus bekommen!

EIN FEIERTAG

Nicht nur Drogensüchtige brauchen Jesus. Die meisten Spanier gehen längst nicht mehr zur katholischen Kirche oder nur noch zu besonderen Anlässen wie Ostern. Früher einmal trugen spanische Missionare das Christentum in die Welt hinaus. Diese Zeiten sind längst vorbei, aber die

Madrid

SCHON GEWUSST?

In Katalonien, einer Region mit eigener Sprache und Kultur, gibt es den alten Brauch, Türme oder „Burgen" (= *castells*) aus Menschen zu bilden. Das höchste castell bisher war zehn Etagen hoch.

EINE NEUE HEIMAT

In Spanien feiert man gerne! *Fiestas* sind ein wichtiger Teil des Lebens. Egal, ob der Ursprung religiös oder geschichtlich ist, jede Stadt und jedes Dorf hat eigene Feste. Das sonnige Spanien liegt im Südwesten Europas. Und bei all den Schlössern und Kathedralen, den schönen Stränden und dem leckeren Essen ist es kein Wunder, dass viele Menschen beim Stichwort „Spanien" sofort an Urlaub denken.

Viele Einwanderer sind nach Spanien gezogen, vor allem aus Lateinamerika, Osteuropa und Nordafrika. Muslime, Katholiken und andere Christen haben ihre Kultur und ihre Religion mitgebracht. Spanien ist deshalb heute sehr vielfältig.

Santiagos Familie war erst vor Kurzem aus Kolumbien nach Spanien gezogen. Seine Eltern arbeiteten für eine Missionsgesellschaft, die in Spanien ihre Zentrale hat. Seine Familie unterhielt sich über ihre neue Gemeinde.

Santiagos Schwester war ganz aufgeregt: „Im Kindergottesdienst habe ich Mädchen aus Kolumbien getroffen, aus Brasilien, Rumänien, Amerika und Deutschland. Ach, und einen Jungen aus China!"

Seine Mutter meinte: „Der Pastor sagt, dass mehr als 50 Nationen in der Gemeinde vertreten sind."

„Aber wie viele von denen sprechen wohl Spanisch?", fragte sein Vater. „Lasst uns, so lange wir hier leben, jeden Tag für Spanien beten. Wir wollen Gott bitten, dass er diese vielen Christen aus der ganzen Welt dazu benutzt, um die Spanier zurück zu Gott zu bringen.

Statue der Jungfrau Maria

Spanier feiern immer noch die Festtage katholischer Heiliger.

In Lidias Dorf half jeder mit, den Festtag des Dorfheiligen vorzubereiten. Während der Messe betrachtete Lidia die Statue von Jesus am Kreuz. Ihr fiel ein, wie ihre Cousine Marta ihr erzählt hatte, dass sie in einer christlichen Kindergruppe Jesus als ihren Freund kennengelernt hatte. Marta sagte, dass Jesus lebt. Lidia dachte: „Wenn ich Marta das nächste Mal besuche, finde ich vielleicht heraus, wie ich auch Jesus kennenlernen kann."

Bald war der Gottesdienst vorbei, und draußen fing die Kapelle an zu spielen. Alle zogen bei der Parade mit. Junge Männer trugen eine bemalte Statue des Heiligen sowie Statuen von Jesus und der Jungfrau Maria. Eine Weile dachte Lidia nicht mehr an ihre Cousine, und sie und ihre Freundinnen feierten und tanzten mit.

SO KANNST DU FÜR SPANIEN BETEN

DANKE GOTT FÜR:

* die Freiheit, in Spanien die gute Nachricht von Jesus zu predigen.
* christliche Zentren, die Drogenabhängigen helfen und von Jesu Liebe erzählen.
* die vielen christlichen Einwanderer in Spanien, die den Gemeinden dort zu Wachstum verhelfen.

BITTE GOTT, DASS:

* die Menschen erkennen, dass es Gott wirklich gibt, dass Jesus lebt und ihnen helfen kann.
* die spanischen Gläubigen den Mut haben, anderen von Jesus zu erzählen.
* viele Kinder von Jesus hören.
* es bald Nachfolger von Jesus in jedem Dorf, jedem Ort und jedem Stadtteil gibt.

SRI LANKA
Die tränenförmige Insel

INDIEN

Golf von Bengalen

SRI LANKA

COLOMBO ■

GOLDENE STRÄNDE

Sri Lanka, eine wunderschöne, sonnige Insel südlich von Indien, hat goldgelbe, von Palmen gesäumte Sandstrände. Das Meer ist voller Fische, und an der ganzen Küste gibt es Fischerdörfer. In dem fruchtbaren Land wird viel angebaut: Tee, Kautschuk, Reis, Gewürze, Kokosnüsse und Tropenfrüchte. Landwirtschaft ist also sehr wichtig! Andere Menschen arbeiten in Fabriken und stellen z. B. Kleidung her, die in die ganze Welt verkauft wird.

Trotzdem ist es schwer, Arbeit zu finden. Mehr als eine Million Sri-Lanker sind ins Ausland gezogen, um dort Arbeit zu finden und ihre Familien zu ernähren. Colombo, die Hauptstadt, ist sehr geschäftig, und die Straßen sind oft verstopft mit Fahrrädern, kleinen dreirädrigen Taxis, Autos und Bussen.

In Sri Lanka leben mehr als 20 Millionen Menschen. Die meisten sind Singhalesen, die wiederum überwiegend Buddhisten sind. Die nächstgrößere Gruppe besteht aus Tamilen, deren Vorfahren einst aus Indien kamen. Die meisten Tamilen sind Hindus, aber es gibt auch Muslime und Christen unter ihnen. Dann leben hier noch die muslimischen Moors, die von arabischen Kaufleuten abstammen. Außerdem gibt es mehr als 30 kleinere Gruppen mit unterschiedlicher Abstammung und unterschiedlichem Glauben.

ZAHLEN + FAKTEN

FLÄCHE: 65 500 km²

EINWOHNERZAHL: 21 Mio.

HAUPTSTADT: Colombo

HAUPTSPRACHEN: Singhalesisch, Tamil, Englisch

HAUPTRELIGIONEN: Buddhismus, aber auch Hinduismus, Islam und Christentum

HAUPTEXPORTGÜTER: Tee, Kautschuk, Textilien, Edelsteine

SRI LANKA

VIELE KÄMPFE

Zwischen 1980 und 2009 herrschte auf Sri Lanka ein schrecklicher Bürgerkrieg. Die meisten Kämpfe gab es zwischen sri-lankischen Tamilen-Rebellen, manchmal die „Tamilischen Tiger" genannt, und den hauptsächlich singhalesischen Regierungstruppen. Die tamilischen Rebellen wollten in einem Teil der Insel ihren eigenen, unabhängigen Staat errichten. Am Ende besiegte die sri-lankische Armee die „Tamilischen Tiger".

Teeplantage

Trompeter

Während des Krieges wurden von beiden Seiten Zehntausende unbeteiligte Menschen getötet, und viele Kinder verloren bei den Kämpfen einen Elternteil oder gar beide.

Außerdem waren einige Buddhisten wütend darüber, dass Christen anderen vom Evangelium erzählten. Sie zündeten Kirchen an, um die Christen daran zu hindern, die gute Nachricht von Jesus zu verbreiten. Aber das hielt die Christen nicht ab, und einige Buddhisten folgen jetzt Jesus nach.

Sri Lanka wird wegen seiner Form und Schönheit manchmal „Perle des Indischen Ozeans" genannt, aber auch „Träne Indiens". Der Name entstand wegen der Form der Insel, aber auch wegen des vielen Leids, das Sri Lanka erdulden musste. Die Insel wurde im Dezember 2004 auch noch von einem riesigen Tsunami getroffen, der viele Städte und Dörfer an der Küste zerstörte und 31 000 Menschen das Leben kostete.

Trotz allem glauben Christen, dass Jesus alle Tränen der Menschen in Sri Lanka abwischen kann.

EINE KIRCHE AUF DEM LAND

Während der Fahrt über die enge Schotterstraße erzählte Pastor Mahes: „Als ich hier ankam, verboten die buddhistischen Mönche den Menschen, mir zuzuhören, wenn ich ihnen von Gottes Liebe erzählte. Ich wollte ihnen helfen, aber sie brannten mein Haus nieder. Aber ich machte einfach weiter und erzählte ih-

nen, dass Gott ihnen helfen will. Eines Tages kam ein Mann zu mir, dessen Sohn schwer krank war. Weder der Arzt noch die Mönche im Tempel konnten ihn heilen. Ich betete für den Jungen, und er wurde gesund. Bald danach folgte die ganze Familie Jesus nach."

Wir hielten neben einem einfachen Steinhaus an. Mehrere Männer, Frauen, Jungen und Mädchen warteten draußen. Mahes sagte: „Das ist die Kirche und zugleich auch mein Zuhause!"

Nach dem Gottesdienst nahm ein kleines Mädchen meine Hand und lächelte schüchtern: „Bitte bete für mich. Ich heiße Kumari und bin neun Jahre alt. Ich lebe bei meiner Tante, denn meine Eltern sind weit weggezogen, um Arbeit zu finden. Manchmal habe ich Angst, dass sie mich vergessen. Aber ich bin so froh, dass ich zur Kirche kommen kann. Hier werde ich immer wie ein Teil der Familie behandelt."

SO KANNST DU FÜR SRI LANKA BETEN

DANKE GOTT FÜR:

* das Ende des Bürgerkriegs und des Mordens.

* Singhalesen und Tamilen, die ein neues Leben in Jesus finden.

* Christen, die mutig von Gottes Liebe erzählen, auch in den Dörfern, wo noch niemand von Jesus gehört hat.

* Christen, die denen Hilfe und Mitgefühl schenken, die körperlich oder seelisch leiden.

BITTE GOTT, DASS:

* er allen Völkern und Glaubensrichtungen in Sri Lanka hilft, friedlich zusammenzuleben.

* Christen aus den verschiedenen Volksgruppen ein Vorbild für Vergebung, Liebe und friedliches Miteinander sein können.

* er Christen in Sri Lanka hilft, den Buddhisten, Hindus und Muslimen mutig und liebevoll von Jesus zu erzählen – selbst, wenn sie dafür verfolgt werden.

* er Christen in Sri Lanka hilft, Kinder zu lieben und denen zu helfen, die verletzt oder einsam sind oder missbraucht wurden.

STRASSENKINDER
Unbemerkte Millionen

RUSSLAND

„Hau ab!", kreischte Antons Mutter. „Und komm nicht ohne Geld wieder!"

Anton rannte aus dem Haus, bevor sie ihn schlagen konnte. Er hatte Hunger, ihm war kalt, und seit Monaten hustete er. Seine Eltern hatten keine Arbeit, und ihr weniges Geld gaben sie für Alkohol aus. Anton rannte auf den Dachboden des verlassenen Hauses, wo er und seine Freunde oft schliefen. Sie alle verbrachten ihre Tage damit, etwas Essbares oder Geld zu erbetteln oder zu stehlen. Anton hatte Angst, eines Tages von der Polizei geschnappt zu werden.

Vielleicht mehr als eine Million Kinder leben wie Anton auf den Straßen von St. Petersburg oder anderen Städten in Russland. Die Gruppe „Russland ohne Waisen" bringt Kirchen und Hilfsorganisationen zusammen. Zusammen helfen sie bedürftigen Kindern, einen Platz zu finden, wo sie leben können und Liebe erfahren. Einige betreiben Obdachlosenasyle, wo die Kinder Essen und Kleidung bekommen, duschen können und von Ärzten betreut werden, wenn sie krank sind. Einige helfen Kindern, dass sie in die Schule gehen oder einen Beruf erlernen können. Einige besuchen auch Jungen und Mädchen im Gefängnis.

Diese liebevollen Sozialarbeiter können nicht allen helfen, aber sie erklären jedem Kind, mit dem sie zu tun haben, dass Gott es liebt und es nicht vergessen hat.

INDIEN

„Rupie! Rupie! Bitte!" Der kleine Ram streckte eine schmutzige, leere Hand aus. Seine großen braunen Augen bettelten die vielen Hundert Passanten um eine Münze für ein *Chapati*-Brot an. Er hatte den ganzen Tag noch nichts gegessen und riesigen Hunger. Rams Eltern waren beide tot, und es gab sonst niemanden, der für ihn sorgte. Nachts schlief er zusammengedrängt mit vielen anderen Jungen auf dem Bahnsteig.

In Indien gibt es Millionen Straßenkinder. Manche sind Waisen, andere sind von zu Hause weggelaufen oder kommen aus obdachlosen Familien. Viele von ihnen werden von Gangs ausgenutzt, die ihnen das meiste von dem Geld wieder wegnehmen, das sie erbetteln.

KOLUMBIEN

Ein Geschäftsmann in Bogotá sah, wie ein kleines Mädchen in einen Abwasserschacht hinunterkletterte. Er kletterte hinterher und stellte entsetzt fest, wie viele obdachlose Kinder in den Abwasserkanälen seiner Stadt lebten.

Aus Mitleid mit den Kindern stieg dieser Mann regelmäßig in die Abwasserkanäle, brachte den Kindern Essen und ermöglichte ihnen den Schulbesuch oder fand Arbeit für sie.

Doch nicht alle Kinder kann man so leicht von der Straße holen. Weil sich sonst niemand um sie kümmert, schließen sie sich Gangs an, und die werden

zu einer Art Familie für sie. Auch wenn das Leben auf der Straße gefährlich und schmutzig ist, die Angst vor dem Alleinsein ist für manche noch schlimmer.

SÜDAFRIKA

Bafana konnte sich nicht erinnern, sich je nicht elend gefühlt zu haben. Seine Mutter und sein Vater tranken ständig Alkohol, stritten sich und verprügelten ihn grausam. Also lief er weg, um lieber auf den Straßen von Johannesburg zu leben. Wenn es ihm gelang, ein bisschen Geld für Essen zu stehlen, wurde es ihm oft von älteren Kindern oder Erwachsenen wieder abgenommen. Er fing an, Klebstoff zu schnüffeln – eine billige Methode, dem Elend des Lebens kurzzeitig zu entkommen. Bald war er süchtig und musste noch mehr stehlen, um Klebstoff kaufen zu können.

Das ist jetzt fünf Jahre her. Heute lächelt Bafana und sagt: „Ich habe ja nie geahnt, dass es so gute Menschen gibt, die Kindern wie mir helfen wollen. Jetzt gehe ich zur Schule. Und ich habe entschieden, dass ich Jesus nachfolgen will, der ja alle Kinder liebt. Ich danke Gott, dass er mich beschützt hat.

Jemand hatte Bafana von der Straße geholt und in ein christliches Heim für Straßenkinder gebracht. Dort hatte sich sein Leben zum Guten gewendet.

LEBEN AUF DER STRASSE

In fast jedem Land und in fast jeder Großstadt gibt es Straßenkinder, insgesamt vielleicht 100 Millionen. Wir laufen an ihnen vorbei und bemerken sie gar nicht. Einige sind Waisen. Andere haben zwar Eltern, aber die ganze Familie ist obdachlos. Manche haben zwar ein Zuhause, wo sie auch ab und zu hingehen, aber die meiste Zeit sind sie auf der Suche nach Jobs oder erbetteln Geld und Nahrung. Manche Kinder leben auf der Straße, um der Gewalt und dem Missbrauch zu Hause zu entkommen. Andere

rennen von zu Hause weg, um tun und lassen zu können, was sie wollen. Auch Naturkatastrophen oder Kriege können dazu führen, dass Familien getrennt werden und die Kinder allein als Flüchtlinge leben.

Großstadtstraßen sind gefährlich und Drogen, Gewalt und Missbrauch alltäglich. Manche der Kinder schlafen auf Pappkartons in Bahnhöfen, Hauseingängen, unter Brücken und sogar in Abwasserkanälen. Sie müssen schnell lernen, dass sie stehlen und kämpfen müssen, um zu überleben. In manchen Ländern werden sie von der Polizei verprügelt und oder gar erschossen.

Jedes Kind braucht einen sicheren Ort, wo Menschen sich um es kümmern und es lieb haben. Manche der Straßenkinder sind erst in deinem Alter oder sogar noch jünger.

SUNDANESEN

„Heimat der Götter" (Parahyangan)

KÖNNEN DIE GÖTTER HELFEN?

„Warum vergesse ich immer alles, was ich mal gelernt habe?", fragte sich Paru. „Irgendwie kann ich mir die Verse aus dem Heiligen Koran nie merken, die ich auswendig lernen soll. Ich komme mir so dumm vor. Selbst mein kleiner Bruder ist besser."

Paru lief auf einem Pfad zwischen steilen Terrassenfeldern nach Hause. Jedes Mal, wenn er hier entlanglief, staunte er wieder über die hohen Vulkanberge, die alle „Heimat der Götter" nannten.

Er dachte: „Die Götter müssen dieses Jahr mit unseren Opfern vor der Aussaat zufrieden gewesen sein, denn Reis und Mais, Tee und Chilischoten wachsen prächtig."

Java ist die Heimat der Sundanesen und die wichtigste Insel von Indonesien. Jakarta, die Hauptstadt von Indonesien, liegt an der Nordwestküste von Java. Im wunderschönen Westen Javas leben rund 40 Millionen Sundanesen, von denen Millionen noch nie die Wahrheit über Jesus gehört haben.

Die meisten Sundanesen sind Muslime. Viel früher verehrten sie ihre eigenen Götter. Dann kamen vor etwa 1500 Jahren Menschen aus Indien und brachten Hinduismus und Buddhismus nach Java, sodass die Sundanesen zusätzlich die Götter dieser Religionen anbeteten. Heute sind sie zwar Muslime, aber viele beten immer noch die Geister an, von denen sie glauben, dass sie in der Natur leben. Und obwohl der Islam das eigentlich verbietet, treiben die Sundanesen immer noch viel Zauberei, vor allem, um Krankheiten zu heilen und die Zukunft vorauszusagen.

CHRISTLICHE DÖRFER

Im 19. Jahrhundert war Java eine niederländische Kolonie. Einige Missionare wollten den Sundanesen helfen, Kliniken, Schulen und Kirchen bauen und von Gottes Liebe erzählen. Aber die niederländische Regierung wollte keine Missionare, und die Sundanesen wollten auch nichts über das Christentum hören.

Für sie war das Christentum die Religion der Niederländer, die ihnen ihr Land weggenommen hatten und ihnen jetzt auch noch sagen wollten, wie sie zu leben hatten.

Die wenigen sundanesischen Christen wurden damals oft von ihren eigenen Leuten verfolgt. Deshalb bauten die Missionare eigene Dörfer für die neuen Christen. Einige dieser Dörfer existieren noch, sind aber jetzt nicht mehr rein christlich. Viele der Dorfbewohner

Javasee

INDONESIEN

JAVA

Indischer Ozean

Reis-Scheunen

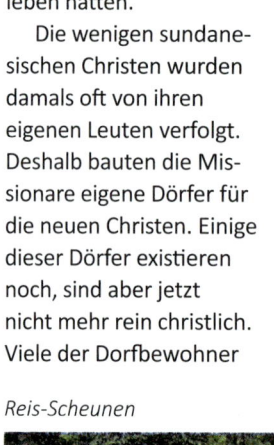

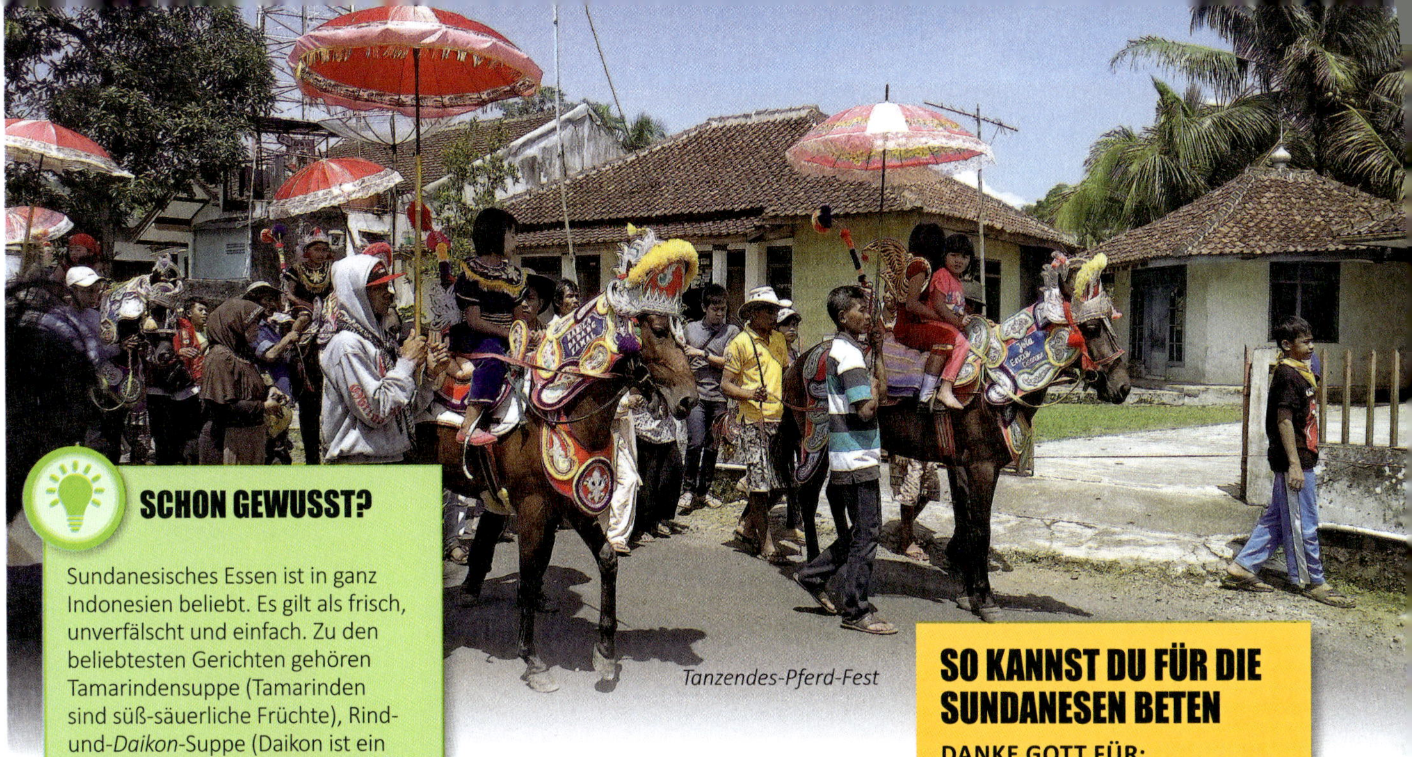

Tanzendes-Pferd-Fest

SCHON GEWUSST?

Sundanesisches Essen ist in ganz Indonesien beliebt. Es gilt als frisch, unverfälscht und einfach. Zu den beliebtesten Gerichten gehören Tamarindensuppe (Tamarinden sind süß-säuerliche Früchte), Rind-und-*Daikon*-Suppe (Daikon ist ein asiatischer Rettich) oder Nudelsuppe mit Rind und Knorpel. In vielen sundanesischen Restaurants sitzt man auf geflochtenen Matten auf dem Boden, und das Essen wird auf Bananenblättern serviert.

nennen sich Christen, weil ihre Eltern und Großeltern Christen waren, aber sie selbst folgen Jesus nicht nach.

MUSIK UND SCHAUSPIEL

Einige sundanesische Christen versuchen zu zeigen, dass ihr Glaube nicht nur eine Religion für westliche Menschen wie die Niederländer ist. Sie erzählen Bibelgeschichten mit sundanesischer Musik führen Schauspiele im traditionellen Stil auf, damit die Menschen verstehen, dass Gott auch sie liebt.

Eines Tages liefen Sita und ihre Freundinnen eine geschäftige Straße in Jakarta entlang, als zwei junge Leute sie ansprachen: „Kommt und seht euch dieses Stück an! Es geht darum, warum Gott im Himmel Jesus auf die Erde geschickt hat!"

Nach dem Stück sagte Sita: „Was für eine faszinierende Geschichte! Das Stück war wie unsere sundanesischen Stücke, und so hat es jeder verstanden. Ich bin so froh, dass Gott Jesus nach seinem Tod wieder lebendig gemacht hat. Ich würde gerne mehr über Jesus wissen."

Ein paar Monate später entschied sich Sita, Jesus nachzufolgen. Aber ihre Familie war sehr wütend. Ihr Bruder schrie sie an: „Was soll das heißen, du bist Christ geworden? Du kannst kein Christ sein! Wir sind Sundanesen, und das bedeutet, dass wir Muslime sind!" Sita war traurig, weil ihre Familie so verärgert war, aber sie wusste, dass sie Jesus nachfolgen musste.

Bete für die Sundanesen. Mehr und mehr von ihnen werden so wie Sita Christen. Manchmal werden sie verfolgt und ihre Kirchengebäude zerstört. Es gibt zwar die ganze Bibel in ihrer Sprache, aber trotzdem haben viele Sundanesen noch nie die gute Nachricht von Jesus gehört.

SO KANNST DU FÜR DIE SUNDANESEN BETEN

DANKE GOTT FÜR:

* die Bibel auf Sundanesisch.
* indonesische Christen, die den Sundanesen von Jesus erzählen.
* die wachsende Zahl von sundanesischen Christen, die Jesus nachfolgen, selbst wenn es schwierig ist.

BITTE GOTT, DASS:

* er mehr Christen zu den Sundanesen schickt, die Kindern zeigen, dass Jesus mächtiger ist als die Naturgeister.
* er christliches Schauspiel und Musik nutzt, um den Sundanesen zu zeigen, dass sie Jesus kennenlernen und ihm nachfolgen können.
* er den Sundanesen, die Christen geworden sind, hilft, Jesus treu zu bleiben, selbst wenn sie verfolgt werden; und dass sie gute Zeugen für ihre Familien und Freunde sein können.
* er die zum Glauben bringt, die sich Christen nennen, weil ihre Eltern und Großeltern es waren, aber selbst noch gar nicht an Jesus glauben.
* er den Sundanesen in der Landwirtschaft hilft, dass die Familien gesund bleiben.

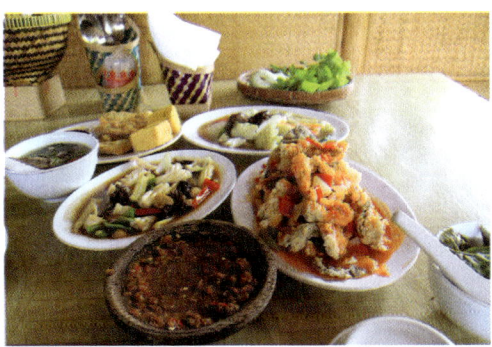

SYRIEN
Streit und Leid

TÜRKEI

Aleppo

SYRIEN

LIBANON

IRAK

DAMASKUS

ISRAEL
JORDANIEN

WAS IST EIN CHRIST?

„Was soll das heißen, du bist Christ geworden?", fragte Yana ihren Bruder Ibrahim. „Du warst doch immer schon Christ. Unsere Familie gehört doch seit Jahrhunderten zur Kirche! Wir Christen leben hier in Damaskus seit der Zeit des Neuen Testaments!"

„Das ist schon richtig, Yana", sagte Ibrahim. „Auf der Straße nach Damaskus begegnete Saulus Jesus und wurde zum Apostel Paulus. Aber ich meine etwas anderes. Ich habe Christen getroffen, die wirklich *begeistert* sind von ihrem Glauben. Sie haben mir gesagt, dass ich Jesus wirklich kennenlernen kann, dass er mein Freund sein will und ich eine echte Beziehung mit Gott haben kann. Sie haben mir gezeigt, wie man richtig in der Bibel lesen kann – wirklich ein tolles Buch!"

SYRIEN

EIN LAND VOLLER GESCHICHTE

Damaskus ist die Hauptstadt des heutigen Syrien und vermutlich die älteste Stadt der Welt. Sie wird schon im 1. Buch Mose erwähnt. Auch der Fluss Euphrat, der durch Syrien fließt, kommt in der Bibel vor. Im Alten Testament, in den Büchern Richter, Samuel und Könige, treten die Aramäer als Gegner Israels auf. Das Land, das in der Bibel „Aram" heißt, ist das heutige Syrien.

Syrien hat einen schmalen, fruchtbaren Streifen Land entlang der Mittelmeerküste; weiter im Inland folgt eine bergige Gegend, und östlich davon liegt die syrische Wüste.

KRIEG

Den Großteil des letzten Jahrhunderts war Syrien an Kriegen mit seinen Nachbarn beteiligt. Seit 1971 wird das Land von der Familie Assad regiert. Offiziell ist es ein säkulares Land, aber drei Viertel der Syrer sind sunnitische Muslime. Daneben gibt es verschiedene andere muslimische Gruppen wie Drusen (siehe S. 42) und Jesiden (siehe S. 188).

Syrien bezeichnet sich als Demokratie, aber die Familie Assad führt mithilfe von Armee und Geheimpolizei ein strenges Regime.

2011 begehrte das Volk dagegen auf. Daraus entwickelte sich ein schrecklicher

ZAHLEN + FAKTEN

FLÄCHE: 185 000 km²s

EINWOHNERZAHL: 18 Mio.

HAUPTSTADT: Damaskus

HAUPTSPRACHE: Arabisch

HAUPTRELIGION: Islam

HAUPTEXPORTGÜTER: Öl, Mineralien, Gewürze, Obst, Gemüse

das antike Palmyra – durch den Krieg zerstört

Bürgerkrieg, in dem mehrere Rebellengruppen gegen die Regierung und gegeneinander kämpften. Dann mischten sich auch noch andere Länder ein, was das Chaos und die Zerstörung noch vergrößerte. Etliche große Städte wurden völlig zerbombt, und fast eine halbe Million Menschen starb. Nahezu die Hälfte der syrischen Bevölkerung musste ihre Heimat verlassen, und viele flohen ins Ausland. Es wird sehr lange dauern, bis sich das syrische Volk von den Schrecken dieses Krieges wieder erholt hat.

DIE CHRISTEN VERSCHWINDEN

1300 Jahre lang lebten Muslime und Christen gemeinsam hier. Vor 2011 gab es in fast jeder syrischen Stadt orthodoxe Kirchen sowie einige protestantische Gemeinden, obwohl Christen nur eine Minderheit waren. An Weihnachten und Ostern liefen im staatlichen Radio und Fernsehen sogar christliche Sendungen. Christen wurden respektiert, und etliche hatten gute Arbeitsstellen als Kaufleute, Lehrer, Ärzte oder Anwälte.

Aber inzwischen mussten fast alle Christen Syrien verlassen. Einige extremistische Muslim-Gruppen schikanieren und verfolgen oder töten Christen. In einigen Landesteilen gibt es jetzt gar keine Christen mehr. Aber obwohl die traditionellen christlichen Gemeinschaften verschwinden, entscheiden sich immer mehr syrische Muslime, insbesondere syrische Kurden, Jesus nachzufolgen.

NEUES LEBEN

Sadiq schaltete den Strom ein, und der Raum wurde hell. Der Kühlschrank fing zum ersten Mal seit Monaten wieder an zu brummen. Sadiqs Mutter und Schwestern klatschten.

„Vielleicht wird unser Leben ja doch wieder normal", rief Sadiqs Mutter, aber sein Vater meinte: „Unser Leben wird für immer anders sein, jetzt, wo wir Isas Weg folgen!" („Isa" ist der arabische Name von Jesus.)

Sadiqs Viertel war während des Kriegs immer wieder bombardiert worden. Danach gab es keinen Strom und kein Wasser. Die Hälfte der Gebäude war zerstört. Dann aber brachten einige Leute Generatoren und verkauften Strom zu fairen Preisen. Sie verteilten auch kostenlos Wasser, Decken für kalte Nächte und andere nützliche Dinge wie Zahnbürsten oder Batterien. Dabei fragten sie, ob sie in Isas Namen für die Menschen beten dürften. Sadiqs Vater weinte, als seine Landsleute Gott um Schutz und Segen für seine Familie baten.

Da rief Sadiqs Vater die Familie zusammen: „Ich dachte immer, dass wir nach Gottes Willen leben. Aber seit Jahren bekämpfen wir Syrer uns. Die Christen haben uns gezeigt, wie es anders sein kann – durch den Mann des Friedens, Isa al Masih (Jesus, den Messias)."

schlafende Flüchtlinge

TAI LÜ
Aus dem Land der 12 000 Reisfelder

XISHUANGBANNA

In der Provinz Yunnan im Südwesten Chinas, nahe der Grenze zu Myanmar und Laos, gibt es eine bergige Gegend, die Xishuangbanna heißt. Das ist die ursprüngliche Heimat des Tai-Lü-Volkes. Vor 50 Jahren noch lebten Affen, Elefanten, Tiger, Bären, Hirsche und auch Pfauen in den dichten grünen Wäldern, die die hohen Berge bedeckten. Aber seither ist fast die Hälfte des Waldes gefällt worden, um dort Kautschuk-Plantagen anzulegen. Viele Menschen, vor allem Han-Chinesen, zogen in diese Gegend. Durch die Rodung des Waldes hat sich das Klima verändert. Der Regen hat nachgelassen, und die Flüsse trocknen aus.

Die Tai Lü wohnten früher in Stelzen-Häusern aus Holz, Bambus und Stroh. Unter den Häusern lebten Schweine und Hühner. Heute sind Häuser aus Beton üblich.

Die Tai Lü züchten in ihren Gärten Kokospalmen, Bananen-, Papaya- und Mangobäume, Ananas und Paprika, vor allem aber gibt es mehr Reisfelder, als man zählen kann. Xishuangbanna heißt „Land der 12 000 Reisfelder".

DAS NÄCHSTE LEBEN?

Die Tai Lü sind Buddhisten. In jedem Dorf steht ein Tempel. Die meisten Kinder gehen in eine von der Regierung betriebene Schule. Aber die Eltern des siebenjährigen Ai Kim schickten ihn in den Tempel, wo er in ihrer eigenen Sprache unterrichtet würde.

Ai Kim versuchte, tapfer zu sein, als er sich von seinen Eltern verabschiedete, um zusammen mit seinem großen Bruder in den Tempel zu ziehen. Er fragte sich, wie das wohl wäre, drei lange Jahre dort zu leben.

In der Schule waren bereits 40 andere kleine Jungen. „Jetzt bekommst du erst einmal den Kopf geschoren", sagte ein

ZAHLEN + FAKTEN

ANZAHL: ungefähr 1,1 Mio., davon rund 790 000 in China

LÄNDER: Yunnan in China, Myanmar, Thailand und Laos

HAUPTSPRACHEN: Dai oder Tai Lü

HAUPTRELIGION: Buddhismus vermischt mit Animismus

BERUFE: Bauern und Händler. Tropenfrüchte wie Ananas sind wichtig, ebenso Reis.

Mönch. Danach half der Mönch Ai Kim, die orangene Robe anzulegen, die er jetzt jeden Tag tragen würde.

„Bringen Sie uns das Lesen bei?", fragte Ai Kim. „Ja, morgen fangen wir an", antwortete ihm der Mönch. „Du wirst lernen, die buddhistischen Schriften zu lesen. Das wird dir und deiner Familie Verdienste einbringen und dir in deinem nächsten Leben helfen."

Buddhisten glauben, dass sie, wenn sie gut sind, als wichtigere Menschen wiedergeboren werden, aber, wenn sie schlecht sind, auch als unreine Tiere. Das nennt man „Reinkarnation". Ai Kim glaubte, dass ihm alle seine guten Werke in seinem nächsten Leben helfen würden. Aber manchmal hatte er auch Angst: Wenn er etwas falsch machte, was würde ihm dann in seinem nächsten Leben zustoßen?

Songkran (Wasserfest)

„DIE GUTE" GEWINNT

„Erzähl uns die Geschichte vom Wasserspritzfest, bitte!", bettelten die Kinder eines Abends nach dem Essen. Die Tai Lü lieben nämlich Geschichten.

Also fing der Vater an: „Es war einmal ein mächtiger Dämonenkönig, der unser Volk beherrschte. Er machte den Menschen das Leben sehr schwer. Die jüngste seiner sieben Frauen, Yu Xiang, hatte Mitleid mit den Menschen. ‚Wäre der Dämonenkönig doch bloß tot', dachte sie, ‚dann wären die Tai Lü von seiner bösen Macht befreit.' Der Dämonenkönig war sehr verliebt in Yu Xiang, und so erzählte er ihr eines Tages sein größtes Geheimnis: ‚Meine Macht steckt in dem einen weißen Haar auf meinem Kopf. Ich kann nur besiegt werden, wenn dieses Haar herausgerissen und um meinen Hals geschlungen wird.' In der folgenden Nacht zupfte ihm Yu Xiang das Haar aus, band es ihm um den Hals und schlug ihm den Kopf ab.

Alle waren glücklich, dass der Dämonenkönig tot war. Aber sobald sein Kopf den Boden berührte, brach er in Flammen aus und verbrannte alles, was er berührte. Die tapfere Yu Xiang hob den brennenden Kopf hoch, und sofort hörte das Feuer auf. Aber als sie ihn wieder niederlegte, fing das Feuer erneut an. Schnell spritzten die Leute Wasser über Yu Xiang, um das Feuer zu löschen.

Jedes Jahr, wenn wir *Songkran,* das Wasserspritzfest, feiern und Spaß dabei haben, uns gegenseitig nass zu spritzen, denken wir an diese Geschichte. Das verspritzte Wasser macht uns rein und hilft uns, im kommenden Jahr in Sicherheit zu leben."

Schon seit fast 100 Jahren gibt es Tai-Lü-Christen. Anfangs wurden sie verfolgt, also zogen sie weg und gründeten ein neues Dorf, das auch heute, nach all den Jahren, noch christlich ist. Aber die meisten Tai Lü wissen nicht, dass gute Werke oder das Verspritzen von Wasser ihre Herzen nicht rein machen und ihnen nach ihrem Tod nicht helfen können. Es gibt nur ein paar Tausend Christen unter den Tai Lü. Wer wird den anderen erzählen, dass Gott seinen einzigen Sohn, Jesus, gesandt hat, um alle bösen Mächte zu besiegen? Wer wird Kindern wie Ai Kim erzählen, dass er sich keine Sorgen machen muss, wenn er etwas falsch macht, solange er nur Jesus sagt, dass es ihm leid tut?

SO KANNST DU FÜR DIE TAI LÜ BETEN

DANKE GOTT FÜR:

* die Tai Lü, deren starke Kultur schon viele Herausforderungen überstanden hat.
* für die wenigen Tai-Lü-Christen, die ihren Glauben über die Generationen weitergegeben haben.
* für die Menschen, die die Bibel in Tai Lü übersetzen. Das Neue Testament ist bereits fertig.

BITTE GOTT:

* dass in jedem Dorf eine Gemeinde entsteht.
* dass er die Tai Lü von ihrer Furcht vor den bösen Geistern befreit, und davor, nicht genug Verdienste für das nächste Leben anzusammeln.
* dass alle Tai Lü von Jesu Liebe hören, der unsere Sünden ein für alle Mal weggewaschen hat.
* für die wenigen Christen, die mutig über Jesus reden.
* dass viele durch das Neue Testament in Tai Lü von Jesus erfahren.
* dass die anderen Christen in der Provinz Yunnan den Tai Lü zeigen, wie sehr Gott sie liebt.

DRITTKULTURKINDER

In zwei Welten zugleich zu Hause

„Wie kommt es, dass du wie die englischen Kinder sprichst?", fragte Victor seinen Freund.

„Ich musste echt üben, um meinen nigerianischen Akzent zu verbergen", antwortete Seth. „Zu Hause spreche ich noch mit Akzent, so wie mein Vater. Aber ich war es leid, immer von den anderen Kinder verspottet zu werden, also habe ich gelernt, so zu reden wie sie."

Victor nickte. Er wollte auch lernen, Englisch so zu sprechen wie die anderen. Niemand lässt sich gerne für seine Aussprache verspotten.

In die Klasse von Victor und Seth gingen 30 Schüler aus 20 verschiedenen Ländern. Viele sprachen zu Hause eine andere Sprache als in der Schule. Das war ganz normal hier in Ost-London. Dort schien es Menschen aus jedem Teil der Welt zu geben.

Aber es gab auch Gangs. Wenn ältere Gangmitglieder vorbeiliefen, hatte Victor immer Angst. Manchmal erpressten sie jüngere Jungen, böse Sachen zu machen. Sein Vater sagte ihm, dass auch er, wenn er nicht ordentlich lernte, in einer Gang landen würde und dann Ärger mit der Polizei bekäme – und auch mit seiner Mutter!

GANZ BESONDERE KINDER

Drittkulturkinder, oder englisch „Third Culture Kids" bzw. „TCKs" , sind Kinder, die in einer anderen Kultur als der ihrer Eltern aufwachsen, also z. B. ein nigerianischer Junge, der in England, oder ein koreanisches Mädchen, das in der Schweiz aufwächst. Heutzutage ziehen Millionen von Menschen in andere Länder, deshalb gibt es sehr viele TCKs. Manchmal sind ihre Eltern Flüchtlinge, manchmal arbeiten sie für ihre Firmen oder Regierungen im Ausland, manchmal sind sie Missionare.

Egal, warum ihre Eltern umgezogen sind, alle TCKs leben zwischen zwei Welten. Sie sind Teil der Kultur, in der sie aufwachsen, und Teil der Kultur, in der ihre Eltern beheimatet sind. Fast immer sprechen sie zwei oder mehr

Sprachen – zu Hause die ihrer Eltern und in der Schule die Landessprache.

Am besten verstehen TCKs andere TCKs. Wenige fühlen sich wirklich der Kultur zugehörig, in der sie aufwachsen. Aber die meisten haben auch nicht das Gefühl, in das Heimatland ihrer Eltern zu gehören. Oft scheinen sie nirgendwo richtig hinzugehören. Im Grunde haben sie eine eigene, eine dritte Kultur. Aber TCKs haben oft eine besondere Fähigkeit: Sie können sich leicht an fast jeden Ort anpassen.

Heute leben viele von uns an Orten mit vielen unterschiedlichen Kulturen. Für manche ist es schwierig, mit andersartigen Menschen zurechtzukommen. Aber genau das können TCKs besonders gut. Deshalb finden sie später oft gute Berufe, weil sie so gut mit Menschen zurechtkommen, die anders sind als sie selbst.

NIGERIANISCH ODER ENGLISCH?

Victors Gemeinde feierte traditionell nigerianische Gottesdienste. Die Besucher trugen ihre besten Kleider, die Musik war laut, und immer rief jemand freudig: „Amen!" oder „Halleluja!". Der Pastor, Victors Vater, predigte lange, und meist gab es mehrere Zeugnisse und Kollekten. Die Gottesdienste dauerten manchmal vier oder fünf Stunden, so wie früher in Nigeria. Victor liebte zwar die afrikanische Musik, aber manchmal wünschte er sich schon etwas kürzere Gottesdienste. Seth erzählte ihm, dass die Gottesdienste in der internationalen Kirche nur ein oder zwei Stunden dauerten.

Auch das christliche Familienleben bei Victor zu Hause war afrikanisch geprägt. Die Familie stand sehr früh auf und betete vor dem Frühstück gemeinsam. Abends lasen sie die Bibel und beteten vor dem Schlafengehen. Victor kannte auch andere christliche Familien, aber nirgendwo wurde so viel gebetet wie bei ihnen. Eigentlich betete er gerne, aber manchmal hätte er gerne mehr Zeit zum Computerspielen oder Fernsehen.

Seth sah sich in dem vollen Raum um. Seine Schwestern Ivah und Michaela saßen neben den Eltern und spielten mit ihren Smartphones. Es waren so viele Cousinen, Cousins, Onkel und Tanten da, dass er sie gar nicht alle kannte.

Die Verwandten redeten und lachten zusammen in Yoruba, einer nigerianischen Sprache. Im Fernsehen lief ein „Nollywood-Film", ein Film aus Nigeria, und aus der Küche klang laute Afrobeat-Musik. Seth mochte sowohl nigerianische als auch westliche Musik.

Seths Onkel diskutierten, wer von ihnen das beste Auto hatte, und seine Tanten deckten den Tisch mit *Ogbono*-Eintopf, *Fufu* (Klößen aus Maniok und Kochbananen) sowie Cola und Kartoffelchips – nigerianisches und westliches Essen auf dem selben Tisch.

„Victor würde es hier bestimmt gefallen!", dachte Seth. Aber Seth fragte sich, ob es ihm selbst hier wirklich gefiel. Fühlte er sich wohler bei seinen Klassenkameraden oder bei seiner nigerianischen Familie? War er mehr Nigerianer oder mehr Engländer? Vielleicht würde er es herausfinden, wenn er größer war – oder vielleicht würde er auch in ein anderes Land ziehen und etwas ganz Neues ausprobieren.

TIBETER
Dem Gottkönig treu ergeben

EINE GEHEIMNISVOLLE WELT

Die Himalaja- und die Kun-Lun-Berge umschließen die tibetische Hochebene wie riesige Wände. Diese Hochebene ist die höchste und größte der Erde und wird manchmal „das Dach der Welt" genannt. Sie ist 1 850 000 Quadratkilometer groß und liegt im Durchschnitt mehr als 4500 m hoch. Jahrhunderte lang gab es nur wenige Besucher dort; Tibet war ein geheimnisvolles Land. Heute kann man nach Lhasa, die Hauptstadt von Tibet, fliegen oder auf von den Chinesen gebauten Straßen und Schienen durch das Land reisen.

Früher waren die buddhistischen Religionsführer in Tibet auch die politisch Regierenden. Die tibetischen buddhistischen Würdenträger und Priester wurden wie königliche Hoheiten behandelt, die meisten normalen Menschen dagegen wie Dienstboten. Sie mussten z. B. immer, wenn sie einem wichtigen Menschen begegneten, die Zunge herausstrecken. War sie nicht schwarz, war das ein Beweis, dass sie keine schwarze Magie betrieben. In der Region von Lhasa tun manche Menschen das noch immer als Zeichen des Respekts.

DER DALAI-LAMA

Der Dalai-Lama ist der wichtigste Priester (= Lama) und der Herrscher des tibetischen Volks. Tibeter glauben, dass der Dalai-Lama ein Gottkönig ist, und wenn er stirbt, wird seine Seele immer in einem Baby wiedergeboren.

Sobald ein Dalai-Lama stirbt, beginnt die Suche nach seinem Nachfolger. Er muss ein kleiner Junge sein, der innerhalb von 18 Monaten nach dem Tod des letzten Dalai-Lama geboren wurde.

Der jetzige Dalai-Lama wurde 1935 geboren. Als er noch keine zwei Jahre alt war, musste er in verschiedenen Tests beweisen, dass er wirklich der neue Dalai-Lama war. Z. B. wurden viele Sachen vor ihn hingelegt, von denen einige dem letzten Dalai-Lama gehört hatten. Alle schauten gespannt zu. Der kleine Junge zeigte genau auf das, was dem letzten Dalai-Lama gehört hatte. Man hatte den neuen Dalai-Lama gefunden!

Früher gingen Tausende noch sehr kleine Jungen in die Klöster, um Mönche zu werden und die buddhistischen Schriften zu lernen. Als der jetzige Dalai-Lama erst fünf Jahre alt war, wurde er nach Lhasa gebracht und dort in der Potala, dem wichtigsten Kloster von Tibet, eingesetzt.

ZAHLEN + FAKTEN

LÄNDER: Ungefähr 6 Mio. Tibeter leben in China, vor allem in Zentraltibet und in den westchinesischen Provinzen Qinghai, Sichuan, Yunnan und Gansu. Weitere 400 000 Tibeter leben im Ausland, in Indien, Nepal, Bhutan, aber auch in Nordamerika und Europa.

HAUPTRELIGION: tibetischer Buddhismus

HAUPTSPRACHEN: Tibetisch, Mandarin-Chinesisch

Potala-Palast

Sand-Mandala

Buddhistische Mönche brachten ihm alles bei, was sie über den Buddhismus wussten. Er durfte die Potala nie verlassen, außer, um ein anderes Kloster zu besuchen. Wie einsam muss er sich gefühlt haben, ganz ohne seine Familie oder ohne andere Kinder zum Spielen!

WENIG FREIHEIT

1950 übernahm die kommunistische Regierung Chinas die Kontrolle über Tibet. 6000 Klöster und viele alte buddhistische Schriften wurden zerstört. Die Kommunisten töteten viele Tausend Tibeter, und noch viele mehr flohen über die hohen Bergpässe in die Nachbarländer Indien und Nepal. 1959 musste auch der Dalai-Lama nach Dharamsala in Indien fliehen, wo er noch heute lebt.

Die Tibeter sind ihrem Gottkönig treu ergeben. Manche Tibeter, vor allem die, die außerhalb Tibets leben, wollen, dass Tibet ein freies und unabhängiges Land wird. Lamas – Priester – organisieren Proteste gegen die chinesische Regierung, aber die gibt sich alle Mühe, sie zu stoppen.

Manches hat sich in Tibet geändert. Die Priester haben nicht mehr dieselbe Macht wie einst. In Lhasa leben heute mehr Chinesen als Tibeter. Chinesisch ist die offizielle Sprache. Heute gehen mehr tibetische Kinder zur Schule als früher, aber ihr Unterricht ist ausschließlich auf Chinesisch, anders als der frühere Unterricht zu Hause auf Tibetisch.

Es gibt nur sehr wenige tibetische Christen. Seit rund 150 Jahren erzählen Missionare den Tibetern in den freieren Nachbarländern von Jesus. Aber ihre Religion scheint sie mit Macht festzuhalten, und sie ist auch so anders als das Christentum, sodass nur ganz wenige das Evangelium überhaupt verstehen oder glauben.

Gebetsfahnen

tibetischer Lama

TRINIDAD
Karneval und Calypso

TRINIDAD
UND TOBAGO

KARNEVAL

Es ist Karnevalszeit in Port of Spain, der Hauptstadt von Trinidad! Tausende Männer und Frauen, Jungen und Mädchen sind auf der Straße. Sie tragen bunte Kostüme, die in der Sonne glitzern und glänzen, und schlagen ihre Stahltrommeln.

Seit Wochen haben die Karnevals-Teilnehmer originelle Kostüme genäht, ihre Musik geprobt und witzige Lieder geschrieben – Calypso, Soca und Chutney sind populäre Musikrichtungen. Aber um Mitternacht ist alles vorbei, denn am nächsten Tag ist Aschermittwoch, der Beginn der christlichen Fastenzeit.

VIELE FESTE

Im Oktober oder November wird Divali gefeiert, das hinduistische Lichterfest. Dann brennt Feuer in Tausenden kleinen Tontöpfchen, während die Menschen die ganze Nacht über mit Verwandten und Freunden essen. Das hinduistische Frühlingsfest *Phagwa* oder *Holi* findet im März statt. Während dieses Fests bewerfen sich die Menschen auf der Straße gegenseitig mit *abeer,* grell-buntem Farbpulver.

Auch die Muslime in Trinidad haben ihre Feste. An *Hosay* erinnern sie sich an den Mord an Hussein, dem Schwiegersohn des Propheten Mohammed. Sie tragen Papiermodelle von Moscheen, *tadjahs,* durch die Straßen, schlagen dazu Trommeln und singen. Danach essen und tanzen sie. Dann werden die *tadjahs* ins Meer geworfen, als Symbol für die Beerdigung.

Vielleicht wirken einige dieser Traditionen ein bisschen seltsam, aber die verschiedenen Kulturen haben unterschiedliche Arten und Weisen, wie sie Spaß haben und feiern, was ihnen wichtig ist.

TRINIDAD UND TOBAGO

Trinidad ist eine der beiden Hauptinseln der Republik von Trinidad und Tobago. Trinidad ist die südlichste Insel der Karibik und nur etwa 11 km vom südamerikanischen Festland entfernt. Manche der Menschen sind arm. Aber insgesamt haben die Einwohner von Trinidad dank der Öl- und Erdgasförderung und dem Tourismus ein höheres Einkommen als die meisten Menschen in der Karibik. Dennoch sind Verbrechen, insbesondere im Zusammenhang mit Drogen oder Armut, ein Problem auf den Inseln.

ZAHLEN + FAKTEN
(FÜR TRINIDAD UND TOBAGO)

FLÄCHE: 4700 km²

EINWOHNERZAHL: 1,5 Mio.

HAUPTSTADT: Port of Spain

HAUPTSPRACHEN: Englisch; einige sprechen auch Patois, Spanisch oder Bhojpuri

HAUPTRELIGIONEN: Christentum, Hinduismus, Islam

EINKOMMENSQUELLEN: Öl und Gas, Tourismus, Metallverarbeitung, Erfrischungsgetränke, Kokos, Kaffee, Obst

„Bake and Shark" (Fladenbrot mit Hai)

SCHON GEWUSST?

Der Asphaltsee La Brea ist die größte natürliche Asphaltquelle der Welt. Laut einer Legende entstand der See, als ein Häuptling einen heiligen Kolibri tötete. Darüber waren die Götter so zornig, dass sie sein ganzes Dorf im Asphalt untergingen ließen.

VIELE WURZELN

Es war zwar schon spät, aber der neunjährige Earl saß noch zusammen mit seinem Vater draußen. Er war nach dem Karneval viel zu aufgeregt, um zu schlafen. „Festtage sind so toll!", sagte er. „Warum haben wir eigentlich so viele?"

„Weil wir Tinidader aus so vielen verschiedenen Teilen der Welt kommen", sagte sein Vater. „Die meisten von uns haben Wurzeln in Afrika, Indien oder Europa, aber manche kamen auch aus dem Nahen Osten, China oder Südamerika. Als die Menschen aus all diesen Ländern kamen, brachten sie ihre Religion und ihre Feste mit."

„Warum sind die denn alle nach Trinidad gekommen?", wollte Earl wissen.

Sein Vater erklärte: „Als Christoph Kolumbus 1498 aus Europa kam, nahm er Trinidad für Spanien in Besitz. Aber die Tainos und Kalinagos lebten schon seit Jahrhunderten hier auf der Insel. Danach siedelten sich französische Katholiken hier an. Sie pflanzten Zucker und Kakao an und brachten Sklaven aus Afrika mit, die für sie arbeiten mussten. Sie versuchten, die Sklaven zu zwingen, ihre afrikanischen Religionen zu vergessen und Katholiken zu werden. Dann eroberten 1797 die Briten Trinidad.

1838 schaffte die britische Regierung die Sklaverei ab, aber die Plantagenbesitzer brauchten immer noch Arbeiter. Deshalb holten sie Menschen aus China und später aus Indien als schlecht bezahlte Arbeiter. Viele dieser Leute blieben auf Trinidad. Einige waren Muslime oder Buddhisten, aber die meisten waren Hindus. Sie alle behielten ihre

Karnevalskostüme

Religion und ihre Kultur bei. Und seither sind ständig Menschen aus vielen Teilen der Welt nach Trinidad gekommen.

1962 wurden wir unabhängig, und in unserer Nationalhymne heißt es: ‚Hier findet jeder Glaube und jede Rasse ihren gleichwertigen Platz.' Das ist ein schöner Gedanke, aber es ist nicht immer wahr. Manchmal gibt es nämlich Spannungen zwischen den Menschen verschiedener Abstammung."

Während Earl seinem Vater zuhörte, dachte er an die Kirche, in die er jeden Sonntag mit seiner Familie ging. Er liebte es, Lieder zu singen und Bibelgeschichten zu lernen. Es gab viele Kirchen in Trinidad. Aber er wusste auch, dass viele Menschen andere Götter anbeteten. Und viele, die sich Christen nannten, gingen in Wirklichkeit nie zur Kirche. Earl wünschte sich, dass jeder in Trinidad an Jesus glaubte und ihm nachfolgte. Wie das wohl möglich werden könnte?

SO KANNST DU FÜR TRINIDAD BETEN

DANKE GOTT FÜR:

* die wunderbare Vielfalt, die Trinidad so besonders und interessant macht.

* die vielen Kirchen in Trinidad.

* die Freiheit, Jesus nachzufolgen und mit anderen Menschen über ihn zu sprechen.

BITTE GOTT:

* es zu ermöglichen, dass die unterschiedlichen Völker in Trinidad in Frieden zusammenleben.

* dass die Regierung weise und gerecht zu allen Menschen ist, unabhängig von deren Herkunft, Religion oder Einkommen.

* für diejenigen, die sich selbst als Christen bezeichnen, dass sie Gott wirklich kennenlernen und ein gottgefälliges Leben führen.

* dass die Christen allen Menschen von Trinidad und den ausländischen Arbeitnehmern von Jesus erzählen.

TUAREG

Blau-verschleierte Hüter der Sahara

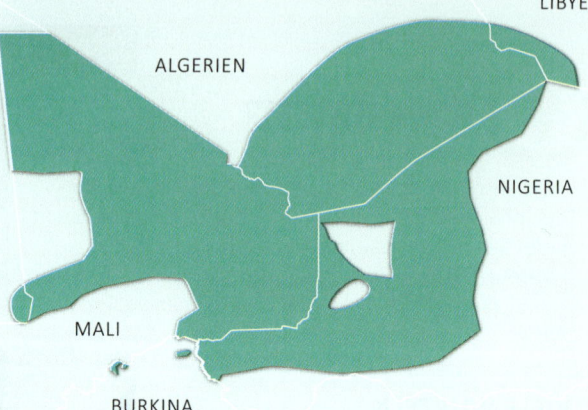

LIBYEN

ALGERIEN

NIGERIA

MAURETANIEN

MALI

BURKINA
FASO

UNTER DEN STERNEN DER WÜSTE

Augustine saß im Schneidersitz auf einer großen Decke,
die auf dem kühlen Sand der Sahara ausgebreitet war. Der
Mond und die Sterne schienen hier draußen viel heller als in
der Stadt, wo er wohnte. Einige der Männer, die ihm gegen-
übersaßen, hatten sich blaue Schleier über das Gesicht gezogen. Diese Tuareg-Männer hatten sich erst vor ein paar Wochen
bekehrt und wollten mehr über Jesus erfahren. Augustine erzählte
die Geschichte aus dem Alten Testament, wie Gott sich den Hirten Abraham,
Isaak und Jakob offenbart hatte. Er erzählte, dass Gott alle Menschen liebt,
und dass Jesus gekommen ist, damit die Menschen von Gott erfahren. Augustine war sehr dankbar, dass Gott ihm die Gelegenheit gegeben hatte, mit
diesen so ungewöhnlichen Menschen über Jesus zu reden.

STOLZE NOMADEN

Die Tuareg, auch *Kel Tamascheq*
genannt, sind ein Volk in der Sahara-Wüste. Sie stammen von den Imazighen (manchmal Berber genannt) aus
Nordafrika ab. Vor Jahrhunderten vertrieben die Araber sie aus ihrer Heimat
und in die Sahara und den Sahel, ein
trockenes Grasland südlich der Sahara.
Der Name Tuareg stammt vielleicht
aus dem Arabischen und bedeutet
„Gottverlassene". Obwohl sie von den
Arabern schlecht behandelt wurden,
waren die Tuareg doch mächtig. So
zwangen sie die Schwarzafrikaner, die
dort lebten, wo sie sich niederließen,
als Sklaven für sie zu arbeiten.

Die Tuareg waren Räuber, Händler
und Hirten. Sie zogen mit ihren Herden
aus Kamelen, Rindern, Schafen und
Ziegen durch die Wüste. Händler und
Forschungsreisende, die die Sahara
durchqueren wollten, mussten den
Tuareg Schutzgeld bezahlen, damit sie

sie hindurchführten und nicht über-
fielen. Jeder hatte Angst vor diesen
Hütern der Wüste, doch sie hatten vor
niemandem Angst.

Im 19. Jahrhundert übernahmen
die Franzosen im größten
Teil von Westafrika die Kontrolle. Sie unterbanden die
Raubzüge, die immer zum
Lebensstil der Tuareg ge-
hört hatten. Sie zogen auch
Grenzen zwischen Ländern,
sodass die Tuareg nicht
mehr so frei von einem Ort
zum nächsten ziehen konn-
ten. Die stolzen Tuareg
verloren immer mehr an
Macht.

HUNGERSNOT

Die Tuareg bewoh-
nen ein riesiges Ge-
biet vom Südwes-
ten Libyens bis

ZAHLEN + FAKTEN

LÄNDER: Es gibt rund 3,4 Mio.
Tuareg in sieben verschiedenen
Ländern: Niger, ca. 2 Mio.; Mali, rund
825 000; Algerien, rund 180 000;
Burkina Faso, 160 000; Libyen, zwi-
schen 20 0000 und 200 000. Einige
Tuareg leben auch in Marokko und
Tunesien.

HAUPTRELIGION: Islam

HAUPTSPRACHE: Tamascheq mit
fünf Haupt-Dialekten

Südalgerien, Niger, Mali und Burkina Faso. Es liegt in der Sahara und im Sahel. Wenn das Gebiet der Tuareg ein Staat wäre, wäre es einer der größten in ganz Afrika.

Die Sahara und der Sahel sind zwar riesig, aber es gibt dort kaum Regen. Seit der „Hungersnot der Hoffnungslosigkeit" von 1968 bis 1974 gab es noch viele Dürren und Hungersnöte, und Tausende starben. Viele Tuareg waren gezwungen, ihr nomadisches Leben aufzugeben und in Flüchtlingslager oder in die Städte zu ziehen, um zu überleben.

LEBEN IM ZELT

Unter der heißen Sonne schwingt Armud seine Hacke und jätet das Unkraut auf seinem Hirsefeld.

„Früher bearbeiteten Sklaven unsere Gärten, während wir mit unseren Kamelen, Herden und Familien durch die Wüste zogen", sagt er, „aber jetzt sind wir arm und haben keine Sklaven mehr. Wir müssen unsere Hirse und unser Gemüse selbst anbauen. Aber wenigstens habe ich noch ein Zelt."

Obwohl er so arm ist, trägt Armud ein silbernes Kreuz um den Hals. Es gehört schon seit Generationen seiner Familie. Üblicherweise tragen Tuareg Kreuze oder dekorieren ihre Sachen damit. Das könnte bedeuten, dass die Tuareg Christen waren, bevor sie vor mehr als 1000 Jahren zum Islam konvertierten.

Armuds schäbiges, ovales Zelt ist aus Leder und ungefähr 3 m x 3,5 m groß.

„In diesem Zelt wohne ich schon sehr lange", sagt er. „Meine Eltern luden unser Zelt und unseren ganzen Besitz auf Kamele, wenn wir von Ort zu Ort zogen. Sie waren stolz darauf, dass man die Tuareg ‚die Herren der Wüste' nannte."

GOTTVERLASSEN?

Die Tuareg sind Muslime. Weil sie so viel herumzogen, bauten sie normalerweise keine Moscheen. Aber an einen neuen Ort zog immer ein muslimischer Heiliger mit, um für sie zu beten.

Bis vor Kurzem hatten die meisten Tuareg noch nie von Jesus gehört.

Als Biga sich für Jesus entschied, wurde er ausgelacht, weil er die Religion der Weißen angenommen hatte. Aber bald sahen die Leute, wie Gott ihn veränderte. Es gibt nur sehr wenige Tuareg-Christen, aber sie wollen anderen zeigen, dass Gott sie liebt und sie niemals verlassen würde.

Als christliche Hilfsorganisationen den Tuareg Lebensmittel und andere Hilfsgüter sandten, sorgten die Christen dafür, dass auch die Bedürftigsten ihren Anteil bekamen.

„Wie können auch wir Jesus nachfolgen?", fragten einige. „Das Leben ist hart, aber jetzt wissen wir, dass Gott uns nicht verlassen hat."

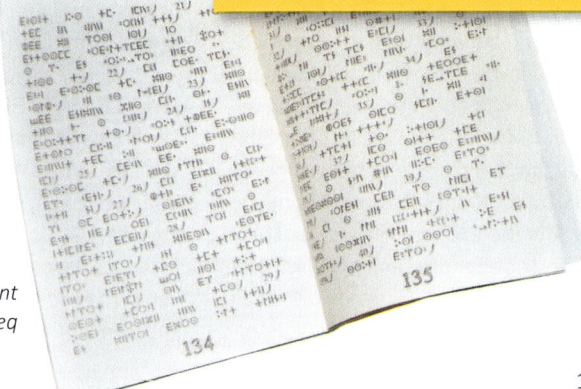

das Neue Testament auf Tamascheq

SO KANNST DU FÜR DIE TUAREG BETEN

DANKE GOTT FÜR:

* die kleine, aber wachsende Zahl an Tuareg, die Jesus nachfolgen.
* die Übersetzung des Neuen Testaments in Tamascheq, die Tuareg-Sprache.

BITTE GOTT:

* dass er den Tuareg im Kampf gegen Armut und Hunger beisteht.
* dass er mehr Christen zu den Tuareg sendet, die ihnen Gottes Liebe zeigen und sie lehren, Jesus nachzufolgen.
* um mehr Bibelgeschichten in den Tuareg-Dialekten, vor allem als Audio-Dateien. Die Tuareg lieben es, Geschichten zu hören.
* dass er den Tuareg zeigt, dass man Jesus nachfolgen und doch Tuareg bleiben kann. Sie müssen ihre Kultur nicht aufgeben, um ihm nachzufolgen.

TÜRKEI
Ein Land, zwei Kontinente

ERDBEBEN!

Vor einigen Jahren zerstörte ein schweres Erdbeben in der Türkei viele Häuser. Tausende Menschen starben oder wurden schwer verletzt. Viele Tage lang gruben die Rettungskräfte im Schutt. Schließlich gaben sie die Hoffnung auf, noch jemanden lebend zu finden. Aber als die Bagger die Trümmer beseitigten, fanden sie einen siebenjährigen Jungen namens Murat, der ganz tief unter einem riesigen Berg von Ziegelsteinen eingeklemmt war. Er hatte dort neun Tage lang gesteckt.

„Das ist ein Wunder!", sagten die Ärzte. „Es ist unerklärlich, wie ein Mensch bei der Hitze so lange ohne Wasser überleben konnte."

„Aber ich hatte doch Wasser!", erklärte Murat ganz bestimmt. „Jeden Abend ist ein netter Mann gekommen und hat mir Brot und Wasser gebracht."

Die Familie des Jungen war verblüfft. Niemand konnte ihn besucht haben, denn er war ja tief unter dem Schutt begraben gewesen. War das ein Wunder? Hatte ein Engel Murat besucht?

ZWISCHEN ZWEI WELTEN

Die Türkei sieht auf der Karte ungefähr rechteckig aus. Die Mitte ist eine weite Ebene, umgeben von einem Ring aus Hügeln und Bergen. Die meisten Menschen leben in der Nähe der Küsten, die die Türkei auf fast drei Seiten umgeben.

Istanbul ist die größte Stadt des Landes und die einzige Großstadt weltweit auf zwei Kontinenten. Die eine Hälfte von Istanbul liegt in Europa, die andere Hälfte in Asien. Eine Meerenge, der Bosporus, teilt die Stadt. Durch den Bosporus können Schiffe vom Schwarzen Meer ins Mittelmeer fahren. Täglich überqueren mehr als zwei Millionen Menschen auf dem Weg zur Arbeit oder zur Schule diese Wasserstraße – über Brücken, mit Fähren und durch Tunnel.

Der Unterschied zwischen dem Leben in der Stadt und auf dem Land ist gewaltig. Schulen, Krankenhäuser, Wohnungen und Arbeitsstellen sind in der Stadt alle viel besser, aber das Land ist sehr fruchtbar und ertragreich. Nirgendwo werden mehr Kirschen, Aprikosen, Haselnüsse, Feigen und Granatäpfel angebaut als in der Türkei, und kaum ein Land hat mehr Wassermelonen, Gurken, Tomaten, Kichererbsen und Pistazien.

Die meisten Einwohner sind Türken, aber es gibt auch viele andere Volksgruppen. Die Kurden sind die größte Minderheit mit einer langen und schwierigen Geschichte (siehe S. 86).

Heute ist die Türkei mit ihrer Mischung aus westlicher und nahöstlicher Kultur eine Art Brücke zwischen Europa und Asien. Aber die Menschen stehen auch vor großen Herausforderungen. Viele sehen ihre Freiheit bedroht und machen sich Sorgen um die Zukunft ihres Landes.

GÄSTE UND FLÜCHTLINGE

Der Tourismus ist für die Türkei sehr wichtig. Jedes Jahr kommen Millionen Menschen, vor allem wegen der Strände, der Geschichte und des guten Essens. Aber es sind auch Millionen Türken zum Arbeiten in europäische Länder gezogen, vor allem nach Deutschland,

ZAHLEN + FAKTEN

FLÄCHE: 783 500 km²

EINWOHNERZAHL: 82 Mio.

HAUPTSTADT: Ankara

HAUPTSPRACHEN: Türkisch, auch Kurdisch und andere Sprachen

HAUPTRELIGION: Islam

HAUPTEXPORTGÜTER: Autos und Autoteile, Textilien, Maschinen, Mineralien, Lebensmittel

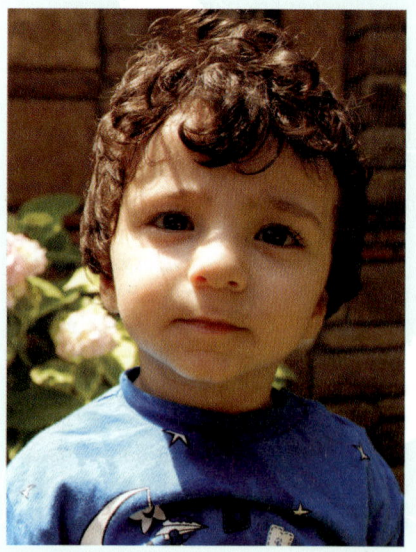

SCHON GEWUSST?

Die Flüsse Euphrat und Tigris entspringen in der Türkei. Manche sagen, dass die Arche Noah einst auf dem höchsten Berg, dem Ararat, landete. Viele der im NT erwähnten Städte liegen in der heutigen Türkei. Man kann heute noch die Überreste von Gebäuden sehen, die in der Apostelgeschichte und in der Offenbarung erwähnt werden.

wo es viel mehr Arbeit gibt. Sie senden Teile ihres Gehalts nach Hause, um ihre Familien zu unterstützen.

Wegen der Kriege in den Nachbarländern Syrien und Irak leben viele Flüchtlinge in der Türkei. Etliche sind auch aus dem Iran hierher geflohen. Einige Zeit lang gab es in der Türkei mehr ausländische Flüchtlinge als in jedem anderen Land, fast drei Millionen alleine aus Syrien. Viele möchten eines Tages in ihre Heimat zurückkehren, aber einige lassen sich auch in der Türkei nieder, und wieder andere wollen ein neues Leben in Europa beginnen.

„TÜRKE ZU SEIN HEISST, MUSLIM ZU SEIN!"

Mehr als 1000 Jahre lang war das Gebiet christlich geprägt. Nach der Invasion türkischer Stämme aus dem Osten wurde das Land jedoch nach und nach vollständig muslimisch. Heute sind fast alle Türken Muslime, auch wenn viele ihre Religion nicht allzu ernst nehmen.

Es gibt nur sehr wenige türkische Christen, aber ihre Zahl nimmt langsam

zu. Grundsätzlich ist es vor dem Gesetz zwar erlaubt, Christ zu werden, aber manche türkischen Christen werden doch daran gehindert, Gottesdienste zu besuchen. Einige wurden von ihren Familien verstoßen oder haben ihre Arbeit verloren, weil sie Jesus nachfolgen. Ein paar neubekehrte Christen wurden sogar ermordet.

Christen unterschiedlicher Abstammung – Türken, Kurden, Armenier, Assyrer – beten und lesen die Bibel gemeinsam. Das zeigt den anderen Menschen, dass Jesus Frieden bringt und aus Feinden Freunde macht.

Es gibt zwei christliche Fernsehsender sowie Radiosender, Internetseiten und christliche Verlage in türkischer Sprache, die den Türken mehr von Jesus erzählen. Aber bisher wurde das Evangelium nur schleppend angenommen. Nur wenn wir anhaltend beten und Gottes Liebe weitergeben, werden Herzen offen für Jesus.

antikes Theater, Ephesus

SO KANNST DU FÜR DIE TÜRKEI BETEN

DANKE GOTT FÜR:

* die Bibel und viel frei verfügbares christliches Material auf Türkisch.

* die Christen in der Türkei, die das Evangelium weitergeben, auch wenn es schwierig ist.

BITTE GOTT, DASS:

* er die Herzen der Türken für Jesus bereit macht.

* er türkische Christen ermutigt, die leiden müssen, weil sie Jesus nachfolgen.

* er türkischen Pastoren hilft, dass sie die Bibel recht lehren und ihren Gemeinden gut dienen.

* er Christen den Mut gibt, den Türken und den Millionen Flüchtlingen in der Türkei in Liebe zu begegnen.

Istanbul

UKRAINE
Wo zu Ostern die Glocken läuten

„*Kristos voskres!* (Christus ist auferstanden!)", rief der Priester in die Menschenmenge. „*Voistinu voskres!* (Er ist wahrhaftig auferstanden!) ", riefen sie zurück.

Die Sonne ging gerade auf, aber eine große Menschenmenge hatte sich bei der Kirche versammelt. Es war Ostermorgen, der Auferstehungssonntag. Die Menschen liefen dreimal um das Kirchengebäude herum und sangen dabei, um sich an den Weg der Jerusalemer Frauen zum Grab Jesu zu erinnern. Dann schlug der Priester mit seinem Kreuz gegen die Kirchentüren, und sie öffneten sich: Jesus hat den Tod überwunden und die Türen in den Himmel geöffnet. Die Menschenmenge ging hinein und feierte fröhlich Gottesdienst.

WEISSRUSSLAND

POLEN

RUSSLAND

■KIEW

Kharkiv

UKRAINE

SLOWAKEI

MOLDAWIEN

UNGARN

RUMÄNIEN

Odessa

Schwarzes Meer

Marichka staunte. Die Kirche hier in Kiew war ja so viel größer als die zu Hause! Innen glitzerte es vor lauter Verzierungen und Ikonen. Der große Chor der Priester klang wie Engelgesang.

Nach der Kirche gingen sie zu Onkel Juri. Er trug einen großen Weidenkorb. Viele Familien hatten zum Ostergottesdienst Körbe mit Ostergerichten gebracht, um sie segnen zu lassen. Onkel Juris Korb enthielt *Paska* (Brot, das mit Kreuzen aus Teig dekoriert war), *Pysanki* (verzierte hartgekochte Eier), Schinken,

Speck, Wurst, *Hrudka* (speziellen Oster-Käse), *Krain* (Meerrettich mit Beeren) und sogar Butter in Lamm-Form. Bald würden sie ein Festessen genießen.

„In welcher Sprache haben die Priester eigentlich gesungen?", fragte Marischka ihre *Babusya* (Großmutter) unterwegs. „Es klang ja sehr schön, aber ich habe kaum etwas verstanden."

„Das war Kirchenslawisch", antwortete ihre *Babusya*. „Eine alte Sprache, die meist nur noch in traditionellen Gottesdiensten verwendet wird. Heute wird

ZAHLEN + FAKTEN

FLÄCHE: 603 500 km²

HAUPTSTADT: Kiew

EINWOHNERZAHL: 44 Mio.

STAATSSPRACHE: Ukrainisch

HAUPTRELIGION: Christentum, die größte Konfession sind ukrainisch-orthodoxen Christen.

HAUPTEXPORTGÜTER: Metalle, Kraftstoffe, Chemikalien, Maschinen, Lebensmittel

St.-Andreas-Kirche, Kiew

oft auch Ukrainisch gesprochen, damit die Leute es verstehen können. Wir sind ukrainisch-katholisch und anders als die westlichen Katholiken, aber wir sind alle Teil der katholischen Familie."

„Die meisten Ukrainer gehören zur orthodoxen Kirche, die es schon sehr lange hier gibt", fügte Marichkas Mutter hinzu. „Manche gehören auch zu neueren protestantischen Kirchen, die meist von Deutschen oder Amerikanern gegründet wurden."

Onkel Juri lächelte. „Wir Ukrainer hatten auch mal unsere eigenen radikalen christlichen Gruppen, mit Namen wie ‚Geistesringer' oder ‚Ikonenkämpfer'. Die haben ein einfacheres Christentum praktiziert, ohne schöne Gebäude, Gemälde oder Priester in Roben."

Marichka war beeindruckt. Ihre Familie wusste so viele über die verschiedenen Kirchen.

FÜR DEN FRIEDEN EINSTEHEN

„Hier fanden die Demonstrationen statt", sagte Onkel Juri, als sie über einen großen Platz in der Stadtmitte liefen. Tausende Menschen hatten sich hier in Kiew darüber gestritten, wer die Ukraine in Zukunft regieren sollte, und ob das Land eher enge Verbindungen zum Westen oder zu Russland haben sollte.

„Es ist nicht wirklich wichtig, wer unsere Politiker sind", fuhr Onkel Juri fort. „So lange wir selbst nicht ehrlich sind und miteinander auskommen, gibt es keinen Fortschritt in unserem Land."

Er zeigte auf einen Punkt auf dem Platz. „Während der Proteste stellte man dort ein Zelt als Kirche auf. Zu jeder Stunde gab es Gebete, und die Priester der verschiedenen Kirchen wechselten sich ab – Orthodoxe, Katholiken und sogar Protestanten. Das war sehr schön. Als die Polizei eingriff,

stellten sich manche Priester zwischen die Gruppen. An diesem Tag wurde niemand verletzt. Diese tapferen Priester haben mir Hoffnung für die Zukunft unseres Landes gegeben!", sagte er.

VOM FASTEN ZUM FESTESSEN

Bei Onkel Juri stellten sie die Lebensmittel auf den Esstisch und zündeten eine Kerze an. Während der Heiligen Woche vor Ostern war viel gefastet und gebetet worden. Aber jetzt war es Zeit für ein Festessen. Juri brach ein wunderschön dekoriertes Ei auf und gab jedem ein Stück. *„Kristos voskres!"*, sagte er. *„Voistinu voskres!"*, antworteten sie und aßen ihr Stück Ei. Eier zu zerbrechen war ein Symbol dafür, wie Jesus aus seinem Grab „ausbrach", als er auferstand.

Es folgten noch viele andere Speisen, Bibel- und Familiengeschichten. Es wurden Lieder gesungen und Spiele gespielt. Ostern ist hier das wichtigste Fest, noch wichtiger als Weihnachten!

VEREINIGTE ARABISCHE EMIRATE
Mehr Ausländer als Einheimische

Früher gab es sieben arabische Scheichs am arabischen Golf, der jeder sein eigenes Scheichtum oder Emirat regierte. Aber in den frühen 1970er-Jahren schlossen sie sich zusammen und gründeten die Vereinigten Arabischen Emirate, kurz VAE. Jeder Scheich regiert immer noch seinen eigenen Landesteil, aber sie treffen sich regelmäßig und fällen Entscheidungen, die das gesamte Land betreffen. Abu Dhabi ist flächenmäßig das größte der Emirate, und seine Hauptstadt ist auch die Hauptstadt der VAE, aber Dubai hat die meisten Einwohner.

In den 1950er-Jahren wurde auf dem Gebiet der VAE Erdöl entdeckt, und das Geld aus dem Verkauf des Öls hat das Land völlig verändert. Was einst einfache Wüstendörfer waren, sind heute geschäftige, moderne Städte wie Dubai und Abu Dhabi, mit riesigen, klimatisierten Einkaufszentren voll Luxusläden. Es gibt dort die höchsten Wolkenkratzer der Welt, die größten klimatisierten Spaßbäder, sogar eine Indoor-Skipiste – mitten in der Wüste! Die Häfen waren einst das Versteck von Piraten und Schmugglern und die Heimat von Lastensegelschiffen, sogenannten *Dhaus*. Heute liegen hier riesige Öltanker oder Luxusjachten, die arabischen Milliardären gehören.

Zu den traditionellen Freizeitaktivitäten in den VAE gehören Kamelrennen, Stierkämpfe und Jagden mit Falken.

Einige machen das immer noch gern, aber heute sind die Menschen vor allem begeistert von moderner Technik. Es gibt Pläne für gewaltige Projekte: sich drehende Wolkenkratzer oder Raketenrucksäcke für Feuerwehrleute oder Drohnen, in denen man zur Arbeit geflogen wird. Doch auch so hat jeder Emirater ein Smartphone oder mehrere, und wer reich ist, kann auch Smartphones und Tablets aus purem Gold kaufen.

EIN FREMDES LAND
Die VAE sind sehr abhängig von ausländischen Arbeitskräften. Auf jeden Staatsbürger kommen sieben ausländische Arbeitskräfte. Mehr als die Hälfte

von ihnen stammt aus Südasien, also aus Indien, Bangladesch und Pakistan. Viele von ihnen erledigen niedrige Arbeiten, wie Toiletten putzen, andere dagegen leiten große Firmen in glänzenden Bürotürmen.

Für Ausländer ist die Arbeit in den VAE oft schwer. Sie verdienen zwar meist so viel, dass sie Geld an ihre Familien nach Hause schicken können, aber dafür müssen sie extrem hart arbeiten und leiden unter Heimweh. Ausländische Arbeiter werden oft ungerecht oder sogar grausam behandelt. Manchmal benehmen sich Chefs so, als seien ihre Arbeiter unwichtig und würden nicht zählen. Aber Gott sind sie wichtig.

WO MAN GOTT FINDEN KANN
Das Öl hat zwar die VAE reich, aber die Menschen nicht glücklich gemacht und

Dubai

ZAHLEN + FAKTEN

FLÄCHE: 83 500 km²

EINWOHNER: 9,5 Mio.

HAUPTSTADT: Abu Dhabi

HAUPTSPRACHEN: offiziell Arabisch, aber es wird auch viel Bengali, Englisch, Farsi, Hindi, Mandarin und Urdu gesprochen.

HAUPTRELIGIONEN: Die arabischen Staatsbürger sind fast alle Muslime. Die meisten ausländischen Arbeitskräfte sind auch Muslime, aber es gibt auch Hindus, Christen, Buddhisten oder Menschen ohne Religion.

INDUSTRIE: Öl, Erdgas, Tourismus und Banken

ihnen keine Hoffnung für die Zukunft gegeben. Selbst die treuesten Muslime können sich niemals sicher sein, dass Gott ihnen ihre Sünden vergibt. Christen dagegen wissen, dass Jesus alle ihre Sünden weggenommen hat.

Einige der ausländischen Arbeitskräfte, die in die VAE kommen, sind Christen. Andere, egal aus welchem Land, lernen Jesus kennen, während sie in den VAE arbeiten.

Ausländische Christen dürfen miteinander Gottesdienste feiern. Es gibt Dutzende Gruppen mit Menschen aus dem gleichen Land oder mit der gleichen Sprache. Selbst Muslime dürfen christliche Gottesdienste besuchen, aber es

ihnen verboten, selbst Christen werden. Der Abfall vom Islam wird offiziell mit dem Tod bestraft.

JUNGEN UND MÄDCHEN ZU HAUSE

Scharifa rückte ihr Kopftuch zurecht. Sie war jetzt neun Jahre alt und würde es heute zum ersten Mal in der Öffentlichkeit tragen.

„Bald muss ich ein schwarzes Gewand und einen Gesichtsschleier tragen, wenn ich nach draußen gehe", erzählte sie. So ist das eben, wenn man als Mädchen in den VAE aufwächst.

„Jungen haben viel mehr Spaß", fuhr sie fort. „Ich werde gleich von unserem Fahrer abgeholt und muss meine Tanten besuchen – während meine Brüder mit ihren Freunden Fußball spielen dürfen.

Aber immerhin dürfen wir wie die Jungen zur Schule gehen. Vielleicht haben sie mehr Spaß, aber ich habe die besten Noten in der Klasse, bessere als meine Brüder! Ich werde mal an einer guten Universität studieren und Wissenschaftlerin werden."

SO KANNST DU FÜR DIE VAE BETEN

DANKE GOTT FÜR:

* die vielen Ausländer, die während ihrer Arbeit in den VAE Jesus als ihren Retter kennengelernt haben.

* die Freiheit der Christen, sich offen zu treffen und Gottesdienste abzuhalten.

* christliche Radiosendungen, Satellitenfernsehen und Internetseiten, die man in den VAE empfangen kann, auf Arabisch und anderen Sprachen.

BITTE GOTT, DASS:

* er jedem Einheimischen und jedem Ausländer die Gelegenheit gibt, von Jesus zu hören.

* Christen ein Leben führen, an dem deutlich wird, wie es ist, Jesus nachzufolgen – gerade auch, wenn sie schlecht behandelt werden.

* er den Menschen zeigt, dass nicht Reichtum glücklich macht, sondern nur Jesus.

URUGUAY

Wo Weihnachten „Familientag" heißt

TOURISTEN UND *GAUCHOS*

Uruguay ist ein kleines Land, das zwischen zwei viel größeren Ländern, nämlich Brasilien und Argentinien, liegt. Hier kann man gut und in Frieden leben. Touristen aus der ganzen Welt kommen hierher, um die weißen Sandstrände und das angenehme Klima zu genießen.

Abseits der Küste liegt die Pampa, eine weite Grassteppe. Hier züchten *gauchos* (Cowboys) Rinder und Schafe auf riesigen Landgütern, den *estancias*. Uruguay exportiert sehr viel Fleisch, Wolle und Rindsleder. Aber viele Menschen verlassen die ländlichen Gebiete, weil sie meinen, in den Städten bessere Arbeit zu finden und mehr Geld zu verdienen.

Karneval

TAXI-EVANGELIST

Ricardo ließ sich auf den Rücksitz des Taxis fallen. Er war gerade entlassen worden und fühlte sich elend. Was sollte er jetzt machen? Es gab einfach nicht genug Jobs. Er hätte wohl doch nicht den Hof seines Vaters verlassen sollen, um in der Stadt zu arbeiten.

Der Taxifahrer schaltete das Radio ein. „Egal, was für ein Problem du hast", sagte die Stimme im Radio, „Gott will dir helfen. Er liebt dich und hat Jesus gesandt, damit er am Kreuz für dich stirbt und deine Sünden wegnimmt. Vertrau ihm, und du bekommst einen Freund, der immer bei dir ist."

Ricardo richtete sich auf und hörte zu.

„Das stimmt!", sagte der Taxifahrer. „Seit ich Jesus als meinen Retter angenommen habe, hat sich mein Leben völlig verändert."

Der Fahrer erklärte, wie sich sein Leben verändert hatte. Er hatte festgestellt, dass Gott seine Gebete erhörte. Mit Jesus in seinem Leben fühlte er neue Hoffnung.

Der Fahrer gab Ricardo eine Bibel, und der versprach, sie zu lesen. „Vielleicht gibt es ja doch noch Hoffnung", dachte er.

ZAHLEN + FAKTEN

FLÄCHE: 176 000 km²

EINWOHNERZAHL: 3,5 Mio., davon fast die Hälfte in der Hauptstadt

HAUPTSTADT: Montevideo

HAUPTSPRACHE: Spanisch

HAUPTRELIGION: Christentum, meist römisch-katholisch, aber sehr viele Uruguayer haben gar keine Religion.

HAUPTEXPORTGÜTER: Fleisch, Leder, Wolle, Textilien, Reis

EINE LEERE

Die meisten Uruguayer stammen von römisch-katholischen Siedlern ab, die vor Jahrhunderten aus Spanien und Italien kamen. Vor rund 100 Jahren wandten sich aber viele von der katholischen Kirche ab. Selbst Weihnachten hat einen neuen Namen bekommen, es heißt jetzt „Familientag". Viele Leute hielten Gott für unwichtig und beschlossen, gar keiner Religion anzugehören. Heute ist Uruguay das am wenigsten religiöse Land in Südamerika.

Alle Kinder in Uruguay gehen zur Schule, und viele gehen danach zur Universität. Die meisten Menschen glauben, dass eine gute Ausbildung, eine gute Arbeit und eine gute Rente das Wichtigste im Leben sind, und viele Menschen leben wirklich recht komfortabel. Aber es gibt nicht genug Arbeit für alle, und manche Uruguayer leben in Armut, sowohl auf dem Land als auch in den Slums der Hauptstadt Montevideo.

Ungefähr die Hälfte der Uruguayer bezeichnet sich als Katholiken, und mehr als die Hälfte glaubt an Gott, aber nur wenige gehen tatsächlich zum Gottesdienst. Wenn sie Hilfe bei Problemen oder Entscheidungen benötigen, dann gehen einige zu „Spiritisten", die die Geister um Rat fragen. Einige Kinder tragen Amulette, weil die Eltern glauben, dass böse Geister ihnen dann nicht schaden können. Aber den meisten Menschen sind geistliche Dinge völlig egal. Doch dann gibt es in ihrem Leben eine Leere, wenn sie nicht an Gott glauben.

ERHÖRTE GEBETE

Der zwölfjährige Gonzalo hörte, wie ein Mann von Jesus sprach, und er beschloss, dem Retter nachzufolgen. Er wollte ganz viel über Gott, Jesus und die Bibel erfahren. Die nächsten zwei Jahre ging er in eine christliche Kindergruppe.

Aber Gonzalos Vater war Atheist und mochte keine Christen. Daher wurde er böse auf Gonzalo und verbot ihm, je wieder zur Kirche zu gehen. Gonzalo beschloss, seinem Vater zu gehorchen, obwohl er das nicht wollte. Aber die Jungen in seiner Gruppe beteten für Gonzalo.

Drei Woche später änderte der Vater seine Meinung, und Gonzalo kam zurück in die Gruppe. Die Jungen dankten Gott, dass er ihre Gebete so schnell erhört hatte.

Christen in Uruguay arbeiten oft mit anderen südamerikanischen Missionaren zusammen. Sie leiten oft solche Gruppen wie die von Gonzalo, in denen von Jesus erzählt wird. *Fútbol,* Fußball, ist die beliebteste Sportart in Uruguay, deshalb sind *Fútbol*-Vereine eine gute Möglichkeit für Christen, Menschen, vor allem junge Leute, zu erreichen.

Einige christliche Gruppen gründen auch neue Gemeinden. Uruguay hat heute mehr als doppelt so viele evangelische Gemeinden wie noch vor 30 Jahren.

USBEKISTAN
Ausgetrockneter See – durstige Seelen

Aralsee

KASACHSTAN

USBEKISTAN

KIRGISTAN

TASCHKENT · Namangan

TURKMENISTAN

Samarkand ·

TADSCHIKISTAN

AFGHANISTAN

WER IST DENN JESUS?

Akmal und Timur hatten Langeweile. „Es ist zu heiß zum Fußballspielen", grummelte Akmal, „und es ist zu weit zum Fluss, um schwimmen zu gehen. Es gibt nichts zu tun!"

„Lass uns zum Haus meines Onkels gehen und einen Film auf DVD oder auf YouTube angucken", schlug Timur vor. „Er hat eine Klimaanlage."

Die beiden Jungen liefen die staubige Straße entlang. Timurs Tante schenkte den Jungen kalten grünen Tee ein. „Ihr könnt ein Video gucken, während ich hier fertig backe", sagte sie.

„Der hier heißt JESUS und ist auf Usbekisch. Worum es darin wohl geht?" Schweigend schauten sie ein paar Minuten zu.

„Eigentlich mag ich keine Filme ohne Gangster und Schießereien", meinte Akmal skeptisch.

„Hey, guck mal, der gelähmte Typ da kann wieder laufen", sagte Timur.

„Genau, und das tote Mädchen lebt wieder. Wäre das nicht cool, so was zu können? Wer dieser Jesus wohl ist? Gibt es den in echt?", fragte Akmal.

„Oh, guck mal! Warum nageln sie ihn denn an ein Kreuz? Was hat er denn gemacht? Spul mal zurück, ich will wissen, warum sie ihn umbringen wollen."

„Er hat nur gesagt, dass er König ist."

„Warum tut er dann nicht noch mal ein Wunder und steigt vom Kreuz?", fragte Akmal. „Ich verstehe nicht, warum sie ihn in dem Film sterben lassen. Ich dachte, er wäre ein Gott, der nicht sterben kann. Warte mal – da ist er ja wieder. Er ist wieder lebendig!"

„Warum musste er dann überhaupt erst sterben?", fragte Timur.

„Na ja, es wurde gesagt, dass er sterben musste, um unsere Schuld zu bezahlen und die Strafe auf sich zu nehmen für alles, was alle Menschen je falsch gemacht haben. Ob das auch uns betrifft?"

„Es hieß: ‚Alle Menschen'!", sagte Timur nachdenklich. „Ob das wohl wahr ist? Das wäre schön …"

Am Abend erzählte Timur seinem Vater von dem Film und fragte ihn nach Jesus. „Ach, das ist der Prophet der Christen", antwortete sein Vater. „Aber ich weiß nicht viel über ihn. Wenn du dich so sehr für Religion interessierst, frag deinen Großvater nach Mohammed, unseren Propheten. Wir Usbeken sind Muslime, keine Christen."

Timur beschloss, sich den Film am nächsten Tag noch einmal anzusehen. Er wollte mehr über Jesus wissen.

EIN SCHRUMPFENDER SEE

Ungefähr 80 % der Einwohner Usbekistans sind Usbeken, aber in den Städten leben auch viele Russen. Städte wie Samarkand und Taschkent liegen

ZAHLEN + FAKTEN

FLÄCHE: 449 000 km²

EINWOHNERZAHL: 32 Mio.

HAUPTSTADT: Taschkent

HAUPTSPRACHEN: Usbekisch, auch Russisch

HAUPTRELIGIONEN: Islam unter den Usbeken und den meisten Volksgruppen; orthodoxes Christentum unter den Russen

HAUPTEXPORTGÜTER: Gold, Erdgas, Baumwolle, Chemikalien

der Grund des ausgetrockneten Aralsees

SCHON GEWUSST?

Ulug Beg war ein berühmter Herrscher, Astronom und Mathematiker, der vor fast 600 Jahren in Usbekistan lebte. Er baute eine riesige Sternenwarte und entdeckte damit 1018 neue Sterne. In Samarkand man kann noch Teile seiner Sternwarte besichtigen.

an einer uralten Handelsstraße, der Seidenstraße. Vor vielen Jahrhunderten machten die durchziehenden Händler und ihre Waren diese Städte sehr reich, aber heute gibt es nur noch wenige Reiche. Das Gesundheitssystem ist schlecht, die Schulen auch, und es gibt kaum Arbeit. Deshalb ziehen Tausende junger Usbeken ins Ausland.

Usbekistan ist einer der größten Baumwoll-Produzenten der Welt. Bis vor Kurzem mussten während der Erntezeit auch Kinder auf den Baumwollfeldern mitarbeiten und konnten währenddessen nicht zur Schule gehen. Aber dann änderte der Präsident das Gesetz, und jetzt dürfen Kinder nicht mehr zur Arbeit gezwungen werden.

Baumwolle braucht viel Wasser. Der Aralsee im Norden Usbekistans war einmal der viertgrößte See der Welt und wurde für die Bewässerung der Felder genutzt. Aber der Verbrauch war so groß, dass heute praktisch kein Wasser mehr übrig ist. Einer der größten Seen der Welt ist inzwischen fast ausgetrocknet!

DIE RELIGIONEN KONTROLLIEREN

Fast 70 Jahre lang gehörte Usbekistan zur Sowjetunion und hatte eine kommunistische Regierung. Als die Sowjetunion 1991 zerbrach, wurde Usbekistan wieder ein unabhängiger Staat. Die Menschen hofften, dass die neue Freiheit auch zu einem besseren Leben führen würde. Aber es kann sehr gefährlich sein, etwas gegen die Regierung zu sagen. 2005 erschossen Regierungstruppen Hunderte von Menschen, die an einer Demonstration teilgenommen hatten.

Nach der Unabhängigkeit Usbekistans kehrten viele Usbeken zu ihrem muslimischen Glauben zurück. Aber die Regierung versucht, Moscheen und muslimische Prediger zu kontrollieren. Immer wieder werden Muslime verhaftet, weil sie „zu religiös" sind.

Die Regierung will verhindern, dass Menschen von Jesus hören. Fast alle ausländischen Christen wurden aus dem Land geworfen. Gemeinden werden verfolgt, vor allem die, die auch von Usbeken besucht werden. Bibeln werden verbrannt, christliche Studenten von den Hochschulen geworfen, christliche Angestellte entlassen und manche Gläubige sogar verhaftet. Christen treffen sich meistens in geheimen Hausgemeinden. Aber obwohl es so viel Verfolgung gibt, steigt die Zahl der Christen. Wir wissen von mindestens 10 000 Christen.

SO KANNST DU FÜR USBEKISTAN BETEN

DANKE GOTT FÜR:

* die wachsende Zahl der usbekischen Christen.
* christliches Material in Usbekisch, z. B. die Bibel, den *Jesus*-Film und andere Videos oder christliches Radio.

BITTE GOTT:

* um Politiker, die das Land gerecht und fair regieren.
* dass Usbeken den Frieden suchen, den Jesus gibt.
* dass er Christen hilft, keine Angst zu haben, wenn sie von Jesu Liebe weitererzählen.
* dass alle Usbeken von Jesus hören und viele sich entscheiden, ihm nachzufolgen.

Scher-Dor-Madrasa (eine islamische Hochschule), Samarkand

VENEZUELA
Land der Gnade

Karibik

Maracaibo · CARACAS

TRINIDAD UND TOBAGO

VENEZUELA

KOLUMBIEN

GUYANA

BRASILIEN

Venezuela liegt ganz im Norden Südamerikas. Angeblich erzählte Christoph Kolumbus dem König und der Königin von Spanien, er habe ein „Land der Gnade" gefunden, nachdem er das wunderschöne Venezuela entdeckt hatte. Das Land hat lange Sandstrände im Norden, schneebedeckte Berge im Westen und den Amazonas-Regenwald im Süden.

In Venezuela gibt es einen der größten Seen Südamerikas, den Maracaibo-See. Die dort ansässigen Goaro-Indios wohnen in Stelzenhäuser im See. Als die europäischen Entdecker das sahen, nannten sie die Gegend „Venezuela" – das heißt „Klein-Venedig", weil die italienische Stadt Venedig auch im Wasser gebaut ist.

VENEZUELA

SUCHE NACH FRIEDEN

Heute leben die meisten Venezolaner in Städten. Einige von ihnen sind sehr reich und haben riesige Häuser mit vergitterten Fenstern, Alarmanlagen und Wachhunden, um sich vor Dieben zu schützen. Aber Millionen Venezolaner leben sehr beengt, in Hütten aus Wellblech, Holzstücken und Plastik. Schulen und Universitäten sind kostenlos, deshalb gehen die meisten Kinder zur Schule. Aber Kinder aus armen Familien müssen oft früh mit der Schule aufhören, um Geld zu verdienen.

Venezuela hat mehr Erdöl als jedes andere Land der Welt. Die Regierung hat den reichen Erlös aus dem Erdöl-Verkauf dafür eingesetzt, den Armen zu helfen. Aber die Venezolaner sind sich uneins, wie das Land am besten regiert werden sollte, und die Einnahmen aus Ölverkäufen schwinden. Es gab massive Proteste und gewalttätige Zusammenstöße. Millionen flohen in die Nachbarländer. Die Zurückbleibenden leiden: Es gibt in den Läden nicht genug Lebensmittel, dass alle satt werden, und nicht genug Medikamente für die Kranken. Auch die Schulkinder leiden oft Hunger, weil es nicht genug zu essen gibt.

MISSIONARE IN AKTION

Carmen und ihre Familie leben in einem Stadtteil von Caracas. Sie sind nicht reich, aber sie kommen zurecht. Eines Sonntags bekamen sie nach dem Gottesdienst Besuch von Jacinto, einem venezolanischen Missionar, der im Amazonas-Regenwald unter indigenen Völkern arbeitet. Carmen hatte eine Menge Fragen an ihn: „Wie bist du Missionar geworden? Wie ist das, wenn man im Dschungel lebt?" Jacinto lächelte, denn er freute sich immer, wenn er junge Christen traf, die Interesse am Leben als Missionar hatten.

„Von Jesus hörte ich an der

Häuser an einem Hügel in Caracas

ZAHLEN + FAKTEN

FLÄCHE: 916 000 km²

EINWOHNERZAHL: 32 Mio.

HAUPTSTADT: Caracas

HAUPTSPRACHE: Spanisch

HAUPTRELIGION: Christentum, meist römisch-katholisch

HAUPTEXPORTGÜTER: Öl, Kaffee, Eisenerz, Aluminium

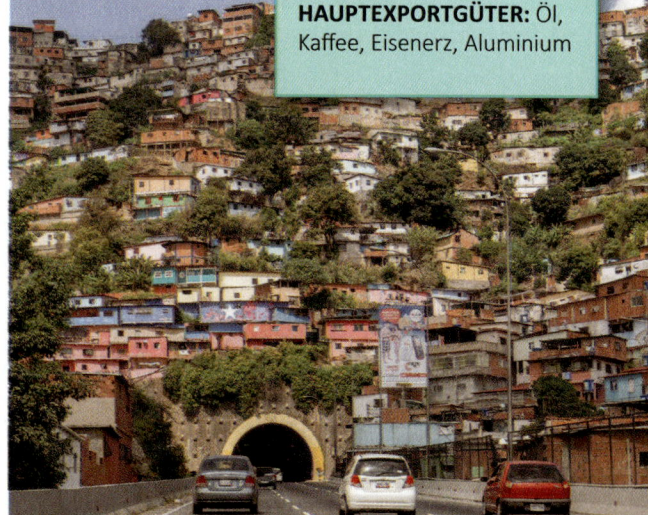

Tukan

Universität, und dann entschied ich mich, ihm nachzufolgen", sagte er. „Dann nahm ein Freund mich mit zu einer Freizeit, wo ich Missionare traf, die in unserem Land unter Indiostämmen arbeiten. Unsere Regierung lässt normalerweise keine ausländischen Missionare ins Land, aber als Venezolaner kann ich problemlos bei den Indios wohnen. Ich wollte den Armen helfen, und deshalb zog ich in eines ihrer Dörfer.

Ich bin nur einer von etlichen Christen, die dort leben. Wir verwenden christliche Audio-Kassetten und den Jesus-Film in verschiedenen Stammessprachen, um den Menschen von Gottes Liebe zu erzählen. Wir übersetzen auch die Bibel in ihre Sprachen. Manche dieser Gruppen vertrauen Fremden nicht wirklich, aber andere sind friedlich und freundlich. In diesem abgelegenen Teil von Venezuela wissen die Menschen fast nichts über die Welt jenseits ihrer strohgedeckten Hütten und Gemüsefelder, jenseits der Wildschweine, Affen und Vögel in ihrem Teil des Urwalds. Sie haben kaum oder gar keinen Internetzugang. Die meisten haben noch nie ein Auto oder einen Fernseher gesehen. Aber um ehrlich zu sein: Bevor ich dort hinzog, wusste ich auch nicht viel über ihre Art zu leben", sagte er.

DIE GUTE NACHRICHT

Jacinto fuhr fort: „Wir Venezolaner sind schon seltsam, wenn es um Religion geht. Fast jeder hier glaubt an Gott und Jesus, aber kaum jemand geht in den Gottesdienst. Ostern tragen die Leute Statuen von Jesus am Kreuz durch die Stadt und singen traurige Lieder dazu. Aber sie halten eine gute Arbeitsstelle, Geld und Gesundheit für das Wichtigste im Leben, und so kümmern sie sich vor allem darum. Einige versuchen, irgendwelche toten Heiligen zu bestechen. Reiche und Arme gehen zu Zauberdoktoren und kaufen Talismane, aber die helfen nicht. Nur wenige Menschen verstehen, wer Jesus wirklich ist – dass er nicht nur gestorben, sondern dass er von den Toten auferstanden ist und die Macht hat, denen zu helfen, die ihm vertrauen."

Carmens Vater hatte auch zugehört und sagte: „Gemeinden wie unsere sind zwar klein, wachsen aber schnell. Wir beten darum, dass mehr Menschen die gute Nachricht von Jesus hören."

„Und jetzt senden wir ja auch Missionare in andere Länder!", sagte Jacinto.

„Wenn ich groß bin, will ich auch Missionarin werden!", meinte Carmen.

„Amen!", lächelte Jacinto. „Aber weißt du, viele Menschen aus vielen Ländern leben in Caracas. Du kannst hier und jetzt schon anfangen, kannst sie kennenlernen, Freunde gewinnen und Kindern aus anderen Teilen der Welt von Jesus erzählen! Hier gibt es viele Libanesen, Chinesen, Inder und Haitianer."

Ferienort am Meer

VIETNAM
Gott ist treu

KEINE ANGST

So leise wie möglich kletterten die Gläubigen den Stamm mit den eingekerbten Stufen hinauf zu Nais Hütte aus Bambus und Stroh, um dort zu beten und den neuen Christen aus der Bibel zu erzählen. Sie wussten, dass sie mit Strafe rechnen mussten, wenn die Beamten der kommunistischen Regierung sie erwischten, wie sie in einem Privathaus und ohne Genehmigung Bibelstunden abhielten. Aber sie hatten keine Angst.

Plötzlich kamen zwei Männer in das Haus und schnappten sich Nai. Sie führten ihn weg in die Dunkelheit. „Sie sind verhaftet!", schrien sie. „Dieses Treffen war illegal!"

Die anderen Christen schlichen in die Dunkelheit und fragten sich, wer sie wohl verraten und der Polizei von ihrem Treffen erzählt hatte.

Laut Gesetz sind die Menschen zwar frei, jeder beliebigen Religion zu folgen, aber in Wirklichkeit werden die Christen häufig von der vietnamesischen Polizei verfolgt. Gerade in den Bergen Vietnams haben sich Tausende von Eingeborenen, die man *montagnards* nennt (das ist Französisch und heißt „Bergbewohner") zu Christus bekehrt. Aber man brannte ihre Häuser und Kirchen nieder, und viele von ihnen, selbst Kinder, kamen ins Gefängnis. Aber das hält sie nicht davon ab, anderen von Jesus zu erzählen. Auch in der größten Volksgruppe Vietnams, den Kinh oder Viet, gibt es immer mehr Christen, die die gute Nachricht verbreiten. Pastoren, die eingesperrt wurden, erzählen den anderen Gefangenen – und sogar den Gefängniswärtern – von Jesus.

Vietnam hat einen ganz speziellen Umriss – die Vietnamesen sagen, es

sähe aus wie ein Stab, an dem an beiden Enden ein Korb mit Reis hängt. Das passt, denn Reis ist das Haupt-Anbauprodukt in Vietnam. Das Land ist aber auch einer der größten Lieferanten von Cashew-Nüssen, Pfeffer und Kaffee. Viele Jahre war Vietnam sehr arm, aber heute nimmt der Wohlstand schnell zu.

GLAUBENSGEMISCH

Viele Vietnamesen beten zu ihren Ahnen und praktizieren gleichzeitig Buddhismus, Taoismus oder Konfuzianismus. Einige dieser neuen Mischreligionen aus lokalen Bräuchen, Buddhismus und katholischem Glauben gibt es nur in Vietnam. Viele jüngere Leute konzentrieren sich aber mehr aufs Geldverdienen und haben gar keine Religion.

CHINA

HANOI

LAOS

VIETNAM

Da Nang

KAMBODSCHA

Ho-Chi-Minh-Stadt

Südchinesisches Meer

Ho-Chi-Minh-Stadt

ZAHLEN + FAKTEN

FLÄCHE: 332 000 km²

EINWOHNERZAHL: 96,5 Mio.

HAUPTSTADT: Hanoi

HAUPTRELIGIONEN: Buddhismus, Animismus, Christentum. Manche Vietnamesen praktizieren Volksreligionen, und viele haben gar keine Religion.

HAUPTSPRACHEN: Vietnamesisch, auch Chinesisch, Khmer, Thai und fast 100 andere Sprachen

HAUPTEXPORTGÜTER: Elektronikprodukte, Maschinen, Schuhe, Textilien, Reis, Öl, Kaffee

SCHON GEWUSST?

Vietnamesisch ist sehr schwierig. Es gibt sechs verschiedene Tonhöhen und dadurch sechs verschiedene Aussprachen für das gleiche Wort, jede mit einer anderen Bedeutung. Z. B. bedeutet das Wort *ma* Mutter, Geist, Grabstein, aber, junge Reispflanze oder Pferd, je nachdem, wie hoch oder tief man es ausspricht.

Schon vor Jahrhunderten erzählten Missionare den Vietnamesen von Jesus. Im ganzen Land gab es Christen. Aber nach dem Zweiten Weltkrieg forderte die kommunistische Regierung bedingungslose Gefolgschaft, und es wurde sehr schwer, Christ zu sein. Viele Vietnamesen flohen aus dem Land.

Heute erlaubt die Regierung den Christen, Bibeln auf Vietnamesisch und in ein paar Stammessprachen zu drucken, und es gibt Ausbildungsprogramme für Pastoren und Leiter. In den großen Städten haben Christen jetzt mehr Freiheit, sich zum Gottesdienst zu treffen, aber nicht in Kleinstädten oder den Bergregionen. Die Regierung versucht immer noch, die Kirchen zu kontrollieren, und sie mag es gar nicht, wenn sich Christen in Privathäusern treffen. Immer noch werden Christen verhaftet, eingesperrt und geschlagen. Stammesangehörige und Neubekehrte leiden am meisten unter der Verfolgung.

Viele Christen müssen für ihren Glauben leiden, aber die Gemeinde in Vietnam wird größer und stärker. Es gibt neubekehrte Christen in katholischen und protestantischen Kirchen, in neuen und alten Gemeinden, in offiziell registrierten und von der Regierung erlaubten Kirchen sowie in inoffiziellen Gemeinden. Mehr und mehr vietnamesische Gemeinden wollen auch Missionare in andere Länder senden.

FREIGIEBIG

Danh schämte sich ein bisschen: Sein Vater hatte ihm gesagt, dass sie an diesem Wochenende doch nicht an den Strand fahren würden, und er war sauer geworden und hatte rumgeschrien. Er wäre so gerne baden gegangen. Stattdessen saß er jetzt bei einer Feier mit ein paar Pastoren im Büro seines Vaters.

Das kleine Bürogebäude gehörte Danhs Vater. Seine Firma würde in ein neues, größeres Gebäude umziehen, und das alte wollte er einer jungen und schnell wachsenden Gemeinde schenken. Er sagte immer: „Gott hat uns allen verschiedene Gaben gegeben. Meine Gabe ist nicht zu predigen, sondern eine Firma zu führen und dann großzügig an Gottes Gemeinde zu spenden."

Als Danh die Freude auf den Gesichtern der Pastoren sah, war er nicht mehr sauer wegen des Strandausflugs, sondern stolz auf seinen Vater. Er fragte sich, welche Begabungen Gott wohl ihm gegeben hatte.

Ha-Long-Bucht

SO KANNST DU FÜR VIETNAM BETEN

DANKE GOTT FÜR:

* die wachsende Gemeinde in Vietnam.
* die Treue vieler Christen, die Jesus nachfolgen – selbst im Gefängnis.

BITTE GOTT

* dass jede Volksgruppe und jeder Stamm in Vietnam von Jesus hört.
* dass alle Vietnamesen Gott ehren und anbeten können.
* dass die Regierung versteht, dass Christen sowohl Jesus nachfolgen als auch gute Bürger sein können.
* um gute Ausbildungsprogramme, damit neue Leiter für die wachsenden Gemeinden vorbereitet werden.
* dass er den Gemeinden in Vietnam hilft, gut zusammenzuarbeiten und viele Missionare in andere Länder zu senden.

WODAABE
Die schönen Nomaden aus dem Sahel

NIGERIA

TSCHAD

NIGERIA

ERZÄHL UNS VON JESUS!
An einem Sonntagmorgen liefen zwei junge Männer aus dem Stamm der Wodaabe in eine Kirche. Alle Gottesdienstbesucher fragten sich, was jetzt wohl passieren würde. Die Wodaabe waren als stolze Menschen bekannt, die niemals eine Kirche betreten würden. Aber diese beiden waren da, und sie wirkten bescheiden und demütig. Obwohl der Gottesdienst schon begonnen hatte, gingen sie ganz nach vorne und drehten sich zu der Versammlung um.

„Würdet ihr uns zeigen, wie man dem Weg der Christen folgt?", fragten sie die Gottesdienstbesucher. „Wir wollen, dass ihr uns und unseren Kindern von Jesus erzählt!"

Die Menschen in der Kirche waren ganz aufgeregt und begeistert. Einige Gemeindemitglieder gingen mit den Besuchern in ihr Lager und erzählten allen dort von Jesus. Etliche der Wodaabe, auch diese beiden Männer, wurden daraufhin Christen.

ZENTRALAFRIKANISCHE REPUBLIK

KAMERUN

IMMER UNTERWEGS
Das Leben der Wodaabe ist oft hart. Sie leben in Niger, in der Sahel-Region Afrikas, südlich der Sahara. Sie gehören zu der größeren Gruppe der Fulani und werden auch Bororo genannt, was „die aus den Rinderlagern" bedeutet.

Die Wodaabe sind Nomaden und ziehen mit ihren Rindern, Schafen und Ziegen von Ort zu Ort. Während der langen Trockenzeit müssen die Menschen oft jeden Tag bis zu fünf Stunden laufen, um Wasser und Weideland zu finden. Wenn die Wodaabe weiterziehen, packen sie ihren gesamten Besitz auf ihre Esel oder, wenn sie wohlhabend sind, auf ihre Kamele.

„Wir sind wie die Vögel im Busch", erklärt ein Dorfältester. „Wir lassen uns nirgendwo nieder und hinterlassen keine Spuren."

Ihr Essen ist einfach und besteht zumeist aus Hirsebrei. Der wichtigste Bestandteil ihrer Nahrung ist Milch. Wenn aber die Kühe nicht genug Futter finden, werden sie schwach und geben keine Milch mehr; und wenn die Menschen keine Milch mehr haben, werden sie hungrig und krank. Wenn es mehrere Jahre nicht regnet, sterben die Rinder, und die Menschen leiden Hunger.

Die Wodaabe halten Vieh, sind aber auch Händler. Sie verkaufen Milchprodukte und ihre berühmten bunten Stoffe in Westafrika und anderorts.

TABUS
Die Wodaabe sind fast alle Muslime, vermischen aber viele ihrer alten Traditionen mit dem islamischen Glauben. Ihre Überlieferungen verbieten den Wodaabe viele Dinge, das nennt man „Tabus". Manches davon wirkt auf uns merkwürdig. Wenn eine Frau

Fulani-Silberring

ZAHLEN + FAKTEN

HEIMATLAND: Niger

DURCHZOGENE LÄNDER: Nigeria, Kamerun, Zentralafrikanische Republik und der Tschad

ANZAHL: sehr schwer zu zählen, weil sie so viel herumziehen. Schätzungen gehen bis zu 3 Mio.

HAUPTSPRACHE: Wodaabe-Dialekt des Fula

HAUPTRELIGION: Islam

BERUF: nomadische Hirten

SCHON GEWUSST?

Die Wodaabe laufen auf der Suche nach Wasser und Weideland zusammen mit ihren Rindern, Ziegen, Schafen und Kamelen oft 1500 km pro Jahr.

ein Baby bekommt, dann wird sie als *boofeydo* bezeichnet, das bedeutet so viel wie „jemand, der einen Fehler gemacht hat". Die Wodaabe dürfen einem Kind erst dann einen Namen geben, wenn es zwölf Jahre alt geworden ist. Mütter dürfen nicht mit dem ältesten Kind ihrer Familie sprechen (diese werden deshalb von den Großeltern erzogen). Auch dürfen die Wodaabe anderen Menschen beim Reden nicht in die Augen schauen. Das sind nur ein paar Beispiele für die vielen Tabus, die sie befolgen. Das Wort *Wodaabe* bedeutet auch: „Menschen des Tabus".

SCHÖNHEIT

Die Wodaabe halten sich für die schönsten Menschen der Welt. Jedes Jahr führen sie Feste durch, um ihr gutes Aussehen zur Schau zu stellen.

Wie die anderen jungen Männer auch wollte Jebbi am Tag des Wodaabe-Fests besonders gut aussehen. Er rieb sich gelbes Puder auf die Haut, um sie heller zu machen. Dann versuchte er, seine Augen und Lippen optisch zu vergrößern, indem er sie mit schwarzen *kohl*-Puder umrandete. Die Wodaabe finden eine hohe Stirn besonders schön, deshalb rasierte sich Jebbi den Haaransatz. Danach malte er sich eine Linie über den Nasenrücken, damit sie länger aussah. Außerdem hängte er sich Beutel mit Zauberpulver um den Hals.

Jebbi legte seine handbestickte Robe an, setzte den Turban mit den Straußenfedern auf und zog seinen Schmuck aus Kupfer und Messing, Perlen und Kaurimuscheln an. Dann überprüfte er sein Aussehen in dem Taschenspiegel, den jeder junge Wodaabe-Mann immer bei sich hat. Jetzt war er bereit, zusammen mit den anderen Männern vor einem Publikum aus Bewunderern zu singen und zu tanzen. Vielleicht würde er ja als der schönste junge Mann ausgewählt. Das wäre eine große Ehre, und er könnte dann sicher sein, eine gute Ehefrau zu bekommen. Nichts ist wichtiger für junge Wodaabe-Männer, als von ihrem Stamm für schön gehalten zu werden.

DEN NOMADEN FOLGEN

Ein paar Wodaabe-Christen reisen von Lager zu Lager und erzählen den Menschen von Jesus. Andere sind in einer Bibelschule und lernen über Jesus und darüber, wie sie ihrem Volk von ihm erzählen können.

Hunderte Wodaabe haben sich zu Jesus bekehrt und wünschen sich, dass auch andere ihn kennenlernen, möglichst ganze Familien, damit sie sich in schweren Zeiten gegenseitig ermutigen können.

Seit 2015 gibt es das Neue Testament in der Wodaabe-Sprache.

SO KANNST DU FÜR DIE WODAABE BETEN

DANKE GOTT FÜR:

* alle Wodaabe-Christen – sie sind eine Minderheit in ihrem Volk.
* Wodaabe-Christen, die lernen, wie sie ihr eigenes Volk mit dem Evangelium erreichen können.
* das Neue Testament, das es in ihrer Sprache als Buch und Audiodatei gibt.

BITTE GOTT, DASS:

* er die Wodaabe von der Angst befreit, ihre Tabus zu brechen.
* er den Wodaabe zeigt, dass er sie alle schön findet und liebt.
* sich ganze Familien entscheiden, Jesus nachzufolgen.
* die Wodaabe Wege finden, wie sie Jesus nachfolgen und Gottesdienste feiern können, auch wenn sie mit ihren Tieren herumziehen.

XINJIANG

An der Seidenstraße

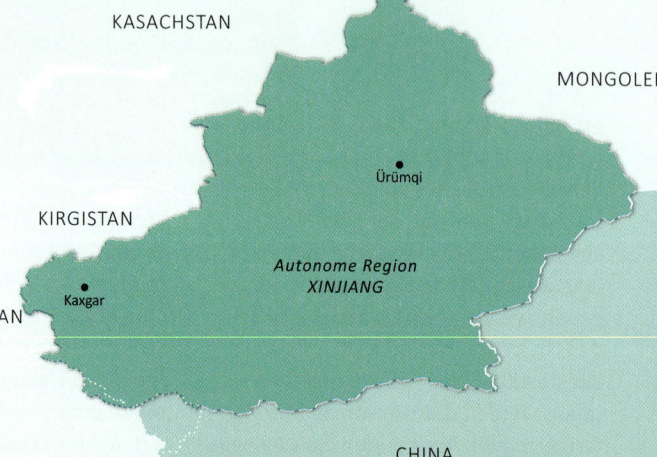

Xinjiang ist eine Provinz in Nordwestchina, und dort liegt auch die riesige Taklamakan-Wüste, eine der einsamsten Gegenden der Erde. Starke Winde heulen über große Dünen und nackte Felsformationen und wirbeln Wolken aus Sand auf. Im Winter ist es eisig kalt und im Sommer schrecklich heiß, und es gibt nahezu kein Wasser. Der Name Taklamakan bedeutet: „Wenn du hineingerätst, kommst du nie wieder raus."

Aber trotzdem gibt es in dieser Wüste große Vorräte an Kohle, Gas, Öl, Gold und Edelsteinen. Am Rand dieser Wüste werden diese Schätze von einer Reihe von Firmen abgebaut.

Xinjiang ist aber mehr als nur diese Wüste. Die Taklamakan ist von spektakulären Gebirgszügen umsäumt. Aus ihnen fließen Flüsse und bewässern große Weideflächen, sodass die Menschen in Xinjiang Schafe, Rinder und Pferde halten können. Auch in der Wüste gibt es fruchtbare Oasen, wo Obst und Gemüse gut wachsen.

SONNTAGSMARKT

Am westlichen Rand der Taklamakan-Wüste liegt die uralte Stadt Kaxgar (Kaschgar). An jedem Sonntagmorgen beladen Ayshem und ihr Bruder Aziz ihren flachen Eselskarren mit Obst und Gemüse und fahren zum Markt. Menschen kommen von nah und fern dort hin, auf Fahrrädern, Motorrädern, Traktoren oder Eselskarren, um ihre Produkte zu verkaufen und andere Dinge zu kaufen.

An dem bunten, lauten Marktplatz angekommen, breiten Ayshem und Aziz eine Decke aus und stellen darauf ihre Waren zur Schau. Auf dem Markt kann man viele Dinge kaufen: Obst und Gemüse, Blumen, wunderschöne Atlas-Seide, Decken, Naan-Brotfladen, Hühner, Pferde und sogar Kamele. Jeder will ein gutes Geschäft machen!

Ayshem läuft herum, um ihre Freundinnen zu treffen, und überlässt es ihrem Bruder, ihr Obst und Gemüse zu verkaufen. Sie trägt ein buntes, knielanges Kleid, eine lange Hose und eine bestickte Kappe. Ihre langen, schwarzen Haare sind schön geflochten. Sie ist froh, dass sie keinen schweren, braunen Schleier tragen muss, wie manche Frauen das aus Tradition tun.

MUSLIME UND CHRISTEN

Mehr als 50 % der Menschen, die in Xinjiang leben, sind Muslime. Die Uiguren bilden das größte der dort ansässigen neun muslimischen Völker. Früher bewilligte die Regierung Geld, damit Moscheen renoviert, muslimische Bücher gedruckt und sogar islamische Hochschulen gebaut werden konnten. Aber das hat sich geändert, und heute ist es sehr schwer für Muslime in Xinjiang, ihren Glauben zu leben. Manche Muslime in Xinjiang beten fünfmal am Tag, aber es ist sehr problematisch geworden, öffentlich den Islam zu praktizieren oder muslimische Kleidung zu tragen.

Das Christentum kam schon im 6. Jahrhundert zum ersten Mal nach Xinjiang. Als Marco Polo, der berühmte Reisende des 13. Jahrhunderts, auf der Seidenstraße durch Xinjiang kam, begleiteten ihn zwei katholische Ordensleute und erzählten den Menschen erneut vom christlichen Glauben. Die Seidenstraße war eine alte Handelsstraße, die Europa, den Nahen Osten und China verband.

Naan-Brot

Heute bereisen viele Christen als Touristen die alte Seidenstraße.

Anfang des 20. Jahrhunderts gab es immer noch einige Christen unter den Uiguren. Aber während einer Phase der Verfolgung und Gewalt wurden die meisten von ihnen getötet oder in andere Länder vertrieben. Heute hören Uiguren wieder von Jesus, und obwohl die Gemeinde noch klein ist, wächst sie. Es gibt einige Hundert uigurische Christen in Xinjiang, und das Neue Testament gibt es jetzt auch auf Uigurisch.

Christen sind schon zu drei bis fünf Jahren Gefängnis verurteilt worden, nur weil sie einen Bibelkreis geplant hatten.

MISSTRAUEN

Viele Han-Chinesen wurden von der Regierung nach Xinjiang geschickt, um sich dort anzusiedeln. Die Han und die Uiguren kamen aber nicht immer gut miteinander aus. Trotz der vielen Christen unter den Han vertrauen ihnen die Uiguren, selbst die uigurischen Christen, oft nicht. Doch langsam ändert sich das, und manche Han-Christen bemühen sich um ein gutes Verhältnis zu ihren uigurischen Nachbarn.

Die chinesische Regierung geht immer härter gegen religiöse Gruppen, besonders gegen Muslime, vor. Viele uigurische Muslime sind wegen „illegaler religiöser Aktivitäten" im Gefängnis. Auch uigurische

Ürümqi

FÜR JESUS NUDELN ESSEN

Genüsslich schlürfte Chen ihre Nudeln. Uigurisches Essen war ja so lecker! Sie aß *laghman,* das aus weichen Nudeln mit gebratenem Lammfleisch und Gemüse bestand. Chen und ihre Familie waren vor einem Jahr in die Stadt Ürümqi gezogen. Ihr Vater war von der chinesischen Regierung gesandt worden, um dort die Krankenhäuser zu verbessern. Chens Familie sind Han-Chinesen und Christen. Sie lieben Jesus und würden den Uiguren gerne von ihm erzählen, von denen die meisten gar nichts über ihn wissen. Aber es fällt Uiguren schwer, Han-Chinesen zu vertrauen oder gar Freunde zu werden. Was konnten sie tun?

Für den Anfang beschloss Chens Familie, dass sie uigurisches Essen, uigurische Musik und Tänze kennenlernen wollten. Sie lernten sogar die uigurische Sprache. Ihr uigurischer Koch sah Chen zu, wie sie ihre Nudeln genoss. Chen lächelte ihn an und sagte in seiner eigenen Sprache: *„Oschaptu!"* (total lecker!).

YANOMAMI
Kinder des Waldes

VENEZUELA

BRASILIEN

DEN HIMMEL HOCHHALTEN

Die Yanomami leben tief im Regenwald Südamerikas. Sie bewohnen einen Teil des Amazonas-Gebiets entlang der Grenze zwischen Brasilien und Venezuela. Es gibt zwischen 200 und 300 Yanomami-Gruppen, und sie leben hier seit Tausenden von Jahren.

Der Legende nach stürzte eines Tages der Himmel ein und drückte alle Bewohner der Erde in die Unterwelt. Nur Oman, der Gott der Yanomami, konnte sich schützen und überlebte. Die Rückseite des „alten", abgestürzten Himmels wurde zum Wald der Yanomami, und ein neuer Himmel wurde eingesetzt. Aber auch dieser ist ständig vom Chaos der Welt bedroht, und die Schamanen (Priester) müssen zusammen mit den Geistern schwer arbeiten, um ihn hochzuhalten. Täten sie das nicht, würde der Himmel wieder einstürzen, die gegenwärtige Welt würde enden, und auf der Rückseite des eingestürzten Himmels begänne eine neue Welt.

EIN GROSSES HAUS

Ein traditionelles Yanomami-Dorf ist wie ein großes, rundes Haus mit einem Hof in der Mitte. Man nennt es *Shabono*. Jede Familie baut mit Bäumen, Schlingpflanzen und Stroh aus dem Wald an dem *Shabono* mit und deckt das Dach ihres eigenen Abschnitts. Innenwände gibt es nicht. Der Innenhof wird für Feiern und Zusammenkünfte genutzt. Man betritt das Dorf durch kleine Löcher in der Außenwand. Die Größe des Rings ist unterschiedlich, aber in einigen wohnen bis zu 400 Menschen.

SCHADEN UND HILFE

Bis in die 1940er-Jahre hatten die Yanomami kaum Kontakt zur Außenwelt. Erst danach lernten sie Metalltöpfe und -pfannen, Werkzeuge usw. kennen. Einige Missionare und Regierungsmitarbeiter führten Schulen und Gesundheitsversorgung ein. Leider brachten sie auch bisher unbekannte

Krankheiten mit wie Masern, Grippe und Malaria, an denen viele Yanomami starben. Vor einigen Jahren wurde auf dem Land der Yanomami Gold entdeckt. Plötzlich stürmten Tausende Fremde in die Gegend und hofften, durch Goldschürfen reich zu werden. Einige von

ZAHLEN + FAKTEN

LÄNDER: Südvenezuela, Nordwestbrasilien

ANZAHL: Schätzungen schwanken zwischen 35 000 und 45 000, davon mehr in Brasilien als in Venezuela.

HAUPTRELIGION: Animismus

TYPISCHE BERUFE: Ackerbau, Jagd, Früchte im Wald sammeln

HAUPTSPRACHEN: vier verwandte Sprachen: Yanomae, Yanomami, Sanima und Ninam

SCHON GEWUSST?

Traditionell tragen die Yanomami kaum Kleidung. Im Regenwald ist es heiß, und sie leben schon seit Jahrtausenden so. Für spezielle Gelegenheiten, Zeremonien und Kämpfe bedecken sie Teile des Körpers mit Farbe, Blumen oder Federn. Sie schlafen in Hängematten – manche sogar noch in Hängematten aus Baumrinde.

ihnen ermordeten Yanomami, andere zerstörten ihre Dörfer. Außerdem brachten sie weitere tödliche Krankheiten mit.

Brasilien und Venezuela haben Bereiche des Amazonas-Gebiets festgelegt, in denen Bergbau und Metallgewinnung illegal sind. Doch nicht alle Goldsucher halten sich daran, und einige arbeiten mit Quecksilber, das in die Flüsse gelangt und die Menschen vergiftet. Die brasilianische Armee schickte Soldaten, um die illegale Goldsuche zu beenden. Das half zwar einerseits, aber die Soldaten brachten noch mehr Krankheiten mit.

Rund um das Yanomami-Gebiet werden viele Bäume gefällt, was dem Urwald und den Yanomami schadet. Wenn sie mit der Außenwelt in Kontakt treten und Kunstgegenstände oder andere Dinge verkaufen, werden sie oft betrogen und ausgenutzt. So wird verständlich, warum die Yanomami glauben, dass ihr Himmel bald wieder einstürzt.

Inzwischen leben einige Yanomami in Städten in Brasilien und Venezuela und einige sogar im Ausland. Aber die meisten Yanomami haben noch nie ihr Dorf oder gar das Amazonas-Gebiet verlassen.

DER GROSSE GEIST

Die ersten Missionare kamen 1950, um den Yanomami von Jesus zu erzählen.

Als die Menschen krank wurden, blieben die Missionaren, versuchten zu helfen und beteten mit ihnen.

Zu Anfang interessierten sich nur sehr wenige für Gott, den Großen Geist, der sie liebt. Ihre Schamanen pflegen intensiven Kontakt mit der Geisterwelt, und die Menschen sind schon immer zu ihnen gegangen, wenn sie Hilfe brauchten. Viele Yanomami müssen erst noch davon hören, dass Gott Macht über die Natur und alle Geister hat.

Heute gibt es in Venezuela und in Brasilien Yanomami-Christen.

Die ersten Missionare schrieben die schwierige Sprache der Yanomami auf, und heute gibt ein gedrucktes Neues Testament in Yanomami. Weil nicht alle Yanomami lesen können, gibt es auch eine Audio-Version. Einige Yanomami bringen ihren eigenen Landsleuten das Lesen bei, andere kümmern sich um medizinische Versorgung.

Andere, so wie Maloco, wollen die gute Nachricht von Jesus weitersagen. Er war erst acht Jahre alt, als er sich bekehrte.

„Lacht mich nicht aus, weil ich noch klein bin. Ich will allen von Jesus erzählen!", sagte er.

Doch manche Yanomami meinen, dass das Christentum nur eine Religion für weiße Menschen ist, nicht für sie.

SO KANNST DU FÜR DIE YANOMAMI BETEN

DANKE GOTT:

* dass er die Yanomami über Jahrtausende bewahrt hat.
* für das Neue Testament in der Yanomami-Sprache.
* für die Menschen, die den Yanomami medizinische Versorgung und Bildung ermöglichen.

BITTE GOTT, DASS:

* die Yanomami-Christen anderen von Jesus erzählen.
* wenn die Yanomami gegeneinander kämpfen, Christen ihnen den Weg zeigen, der Frieden bringt.
* er den Yanomami-Christen hilft, auch Frauen und Mädchen als Gottes Ebenbilder zu respektieren, denn manchmal werden sie nicht so behandelt.
* er die Yanomami davor schützt, ausgenutzt zu werden.
* die Verantwortlichen in Brasilien und Venezuela dafür sorgen, dass die Yanomami gerecht behandelt werden.

JESIDEN
Ein geheimnisvolles Volk

SYRIEN

IRAK

RELIGION, REGELN, RITUALE

Khansa blickte in Richtung der aufgehenden Sonne, küsste den Kragen ihrer Bluse und sprach die Worte des Sonnenaufgangs-Gebets. Es war Mittwoch, der heilige Tag, an dem Tawsi Melek erstmals auf die Erde gekommen war. Khansa entschloss sich, alle fünf Mittwochsgebete zu sprechen, nicht nur die beiden, die von den Jesiden am Morgen und am Abend aufgesagt werden. Sie war dankbar, dass sie noch lebte, und deshalb wollte sie Gott dadurch ehren, dass sie mehr betete.

Khansa gehört zu dem alten Volk der Jesiden, die aus den Bergen des Nordiraks und den benachbarten Teilen Syriens und der Türkei stammen. Die jesidische Religion und Kultur sind eine Art Geheimnis. Man kann kein Jeside werden, sondern muss von jesidischen Eltern geboren werden. Die Jesiden haben kein heiliges Buch wie die Bibel, sondern ihre Religion wird von einer Gruppe von Männern weitergegeben, die man die „Redner" oder die „Ältesten" nennt. Sie haben ihre Geschichten und ihre Regeln auswendig gelernt und geben sie der nächsten Generation weiter.

ZAHLEN + FAKTEN

HEIMATLAND: Im Irak leben 450 000 Jesiden, kleinere Gruppen in Deutschland, Russland, Iran, Armenien, Georgien und Syrien.

ANZAHL: bis zu einer Million weltweit, die Zahl nimmt aber ab.

HAUPTSPRACHE: Kurmandschi-Kurdisch

HAUPTRELIGION: Jesidisch

Die jesidische Religion ist eine Mischung aus einer alten Religion, dem Zoroastrismus, Islam, Christentum und anderen Religionen. Jesiden glauben an einen Gott, der die Welt durch sieben große Engel geschaffen hat. Der erste und größte von ihnen, Tawsi Melek, hat die Form eines Pfaus. Er gehorchte Gott nicht und wurde aus dem Himmel verjagt. Er weinte 7000 Jahre lang, sodass seine Tränen sogar das Feuer der Hölle löschten. Als er Reue zeigte, vergab Gott ihm. Der Pfauen-Engel zeigte Adam und Eva, wie man betet und Gott verehrt. Die Jesiden respektieren ihn als einen Gesandten Gottes.

Muslime meinen oft, die Jesiden würden den Teufel anbeten, daher griff auch z. B. der IS (der sogenannte „Islamische Staat") die Jesiden an. Doch sie sagen, dass sie niemals den Teufel anbeten und noch nicht einmal ihr Wort für Teufel aussprechen dürfen.

BERGE VOLL ERINNERUNGEN

In der Ferne konnte Khansa die Sinjar-Berge sehen. Sie erinnerte sich an den Tag, als sie mit Tausenden anderen Jesiden dorthin gerannt war, um den Angreifern des IS zu entkommen. Alte Leute, Frauen und Kinder ließen alles zurück, um zu entkommen. Tagelang saßen sie dort in der Hitze ohne Essen, Wasser oder ein Dach über dem Kopf fest. Khansa dachte, sie würde es nicht überleben. Aber dann kamen kurdische Soldaten aus Syrien und halfen ihnen, dort wegzukommen. Aber nicht alle schafften es. Khansas Vater und Bruder waren von den Angreifern getötet worden.

Sie weinte fast jeden Tag, weil sie sie so sehr

jesidische Freiheitskämpferin

jesidische Kinder hören von Jesus

vermisste. Jesiden glauben, dass ihre Seele nach dem Tod in einen anderen Körper umzieht – Mensch oder Tier. Jede Seele geht durch viele Leben, bis sie so rein ist, dass sie in den Himmel kommt. Khansa fragte sich, wie viele Leben man dafür wohl braucht.

Ihre Mutter hatte erzählt, dass schon 72-mal in der Geschichte andere Völker sie angegriffen und versucht hatten, sie zu vernichten. Khansas Cousine Ayma gehörte zu einer Gruppe von jesidischen Soldatinnen, die genauso gut kämpften wie die Männer!

„Gott hat uns unsere Religion gegeben", dachte Khansa. „Warum können sie uns nicht in Frieden leben lassen?"

IM STAMM VON JESUS

Marwan konnte es kaum erwarten, seiner Familie zu erzählen, was er gehört hatte: Sein amerikanischer Freund Jack hatte eine Bibel, und darin standen viele Geschichten von Jesus. Die Jesiden glauben an einen Gott und verehren Jesus als Propheten, glauben aber nicht, dass er der Retter der Welt ist. Doch mit der Bibel konnten die vielen Hundert Menschen in Marwans Stamm jetzt viel mehr über Jesus, den Propheten, erfahren.

Jesiden pflegen normalerweise keinen Kontakt mit anderen Menschen, aber manchmal durfte Marwan mit Jack spielen. Sie lebten in Duhok, wo Marwans Familie nach der Flucht vor dem IS untergekommen war. Jacks Eltern hatten ihnen und anderen Flüchtlingen geholfen, Unterkunft und Essen zu finden.

Heute hatte Jack ihm eine Geschichte aus der Bibel über das verachtete Volk der Samariter vorgelesen. „Die Samariter sind wie die Jesiden", sagte Marwan. „Die religiösen Menschen um uns herum verachten uns und missverstehen unseren Glauben ganz ähnlich."

Er war fasziniert, dass Jesus die Samariter besuchte, das verachtetste Volk in der ganzen Gegend. Jesus verbrachte Zeit in ihrem Dorf, aß mit ihnen und erzählte ihnen von Gott. Wenn Jesus die Samariter so wichtig waren, dass er sie besuchte, ob er dann auch ein Volk wie die Jesiden besuchen würde?

alter heiliger Ort, Lalisch, Irak

Wassertanks in einem Flüchtlingslager

JEMEN
Das Land der Königin von Saba

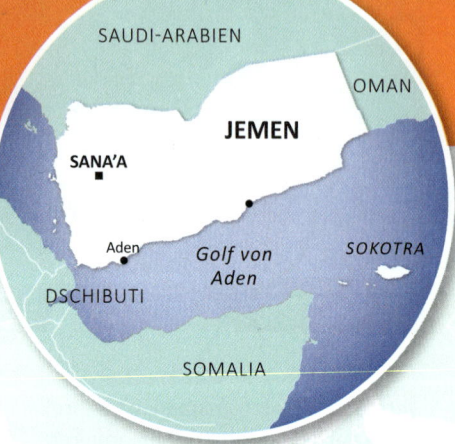

TERRASSEN UND HOHE HÄUSER

Der Jemen liegt an der Südspitze der arabischen Halbinsel und war einmal eines der geheimnisvollsten Länder der Welt. Nur ganz wenige Menschen bekamen die Erlaubnis, das Land zu besuchen.

Es ist ein sehr schönes Land, mit schroffen Bergen und steilen Tälern. Die Berghänge sind oft terrassiert, damit kleine Felder entstehen, auf denen etwas angebaut werden kann. Einige der Terrassen sind über 1000 Jahre alt, und doch werden dort immer noch Hirse, Kartoffeln, Obst und Kaffee angebaut. Jemeniten bauen auch viel von einer Pflanze namens *Khat* an. *Khat*-Blätter sind eine milde Droge. Manche Jemeniten kauen sie jeden Tag viele Stunden lang.

In den jemenitischen Städten gibt es bunte Märkte und schön dekorierte Lehmhäuser, manche sechs oder sieben Stockwerke hoch. Oft leben mehrere Generationen einer Familie in einem Haus. Die meisten Familien im Jemen gehören zu einer der Stammesgruppen, jede mit einem eigenen Anführer. Familie und Stamm sind sehr wichtig im Jemen. Einige Menschen gehören jedoch zu keinem Stamm. Sie nennt man *Achdam* oder *Abid,* und sie stammen von Dienern oder Sklaven ab.

ESSENSGÄSTE

Hassan war erst acht Jahre alt, als er zum ersten Mal einen *jambia* (einen Krummdolch, der als Schmuck von Männern getragen wird) um die Hüfte über seinem *thawb* (einem weißen, knöchellangem Gewand) tragen durfte. Sein Vater begrüßte die ankommenden Gäste. Jemeniten sind traditionell sehr gastfreundlich.

In der Küche knetete seine Schwester Teig und schlug ihn gegen die Wand des Lehmofens. Unten brannte ein Feuer, und wenn sie nicht aufpasste, würde das Fladenbrot ins Feuer fallen.

Hassans Vater führte die Gäste die Treppe hoch ins Mafraj-Zimmer, einen besonderen Raum mit Teppichen und Kissen, der speziell zum Empfangen von Gästen da ist. Die Gäste ließen ihre Schuhe am Eingang stehen. Ein alter Fernseher stand in der Ecke, an einem Nagel in der Wand hing ein Gewehr. Der Koran lag in einer Nische in der Wand, sorgfältig in ein sauberes Tuch eingewickelt.

Auf dem Boden lag eine Plastik-Tischdecke, auf der ein üppiges Mahl serviert wurde. Köstliche Gemüsegerichte, Saucen und frisches Fladenbrot wurden hereingebracht, danach Reis und Fleisch. Die Männer aßen direkt aus den Schüsseln und benutzten dafür ihre rechte Hand. Die Überreste wurden in die Küche zurückgebracht, wo die Frauen und Kinder sie essen durften.

ZAHLEN + FAKTEN

FLÄCHE: 528 000 km²

EINWOHNERZAHL: 29 Mio.

HAUPTSTADT: Sana'a

HAUPTSPRACHE: Arabisch

HAUPTRELIGION: Islam

HAUPTEXPORTGÜTER: Erdölprodukte und Fisch

Khat-Blätter

Nach dem Essen tranken die Männer Kaffee und sprachen darüber, wie schwer es war, die Felder zu bewässern, und wie teuer die Lebensmittel auf dem Markt waren.

Hassan ist jetzt älter, und leider gibt es diese Besuche und Mahlzeiten nicht mehr. Krieg, Gewalt und Hunger haben in praktisch allen Familien das normale Leben zerstört.

EIN LAND DES LEIDENS

Jahrhunderte lang herrschten Rivalitäten und Kämpfe zwischen den verschiedenen Stämmen. Dann gab es Bürgerkriege zwischen dem Norden und dem Süden. 2015 begannen schwere Kämpfe zwischen den sunnitischen und schiitischen Muslimen. Andere Länder aus der Region beteiligten sich und begannen, Städte im Jemen zu bombardieren. Muslimische Extremistengruppen schickten Kämpfer, die sich auch beteiligten.

Der Jemen war schon vor dem Krieg das ärmste arabische Land, aber heute ist es noch schlimmer. Millionen Menschen sind vor den Kämpfen aus ihrer Heimat geflohen. Es gibt bei Weitem nicht genug Essen und Trinken, und schreckliche Krankheiten, wie z. B. die Cholera, verbreiten sich schnell.

Viele jemenitische Kinder haben nie Lesen und Schreiben gelernt. Die meisten würden sehr gerne zur Schule gehen, aber wegen der Kämpfe sind fast alle Schulen geschlossen. Wie sollen Kinder lernen, wenn ihre Schulen geschlossen sind und ihre Häuser bombardiert werden? Die meisten Kinder haben nicht einmal genug zu essen oder zu trinken. Möge Gott sich der Kinder im Jemen erbarmen!

VERRAT UND GLAUBEN

Schon lange versuchen Christen, den Jemeniten die Liebe Jesu zu zeigen. Das ist schwierig, denn die Jemeniten sind sehr stolz auf ihren muslimischen Glauben. Wenn ein Jemenit eine andere Religion annimmt, halten seine Familienmitglieder dies für eine große Schande. Sie sehen diesen Menschen als einen Verräter an, der den Tod verdient hat.

Christen müssen sich im Geheimen treffen, in kleinen, unauffälligen Gruppen. Aber seit Krieg und Gewalt im Jemen immer schlimmer werden, wollen mehr und mehr Jemeniten Jesus nachfolgen. Sie sehen Muslime gegen Muslime kämpfen und glauben, dass Jesus ihre einzige Hoffnung auf Frieden ist.

Obwohl es sehr gefährlich ist, gibt es im Jemen mehr Christen als in den anderen sechs Ländern der arabischen Halbinsel zusammen.

Felsenschloss, Wadi Dahr

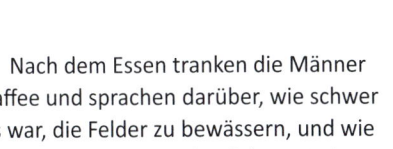

SIMBABWE
Die menschengemachte Katastrophe

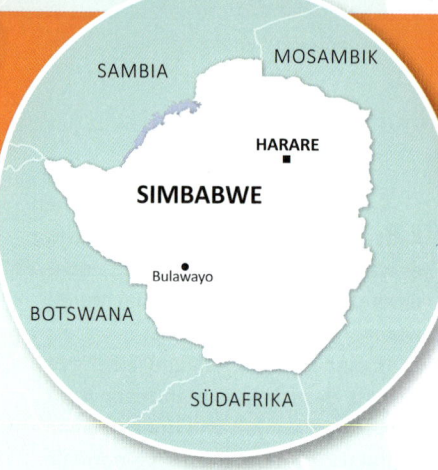

VERGEBEN!

Stephen Lungu traute seinen Ohren nicht.

„Einige Menschen sind so wütend, dass sie sogar Kerosinkocher umtreten!", sagte der Prediger.

Woher wusste er das nur? Gerade heute Morgen war Stephen so sauer gewesen, als sein Kocher nicht angehen wollte, dass er ihn über den Boden gekickt hatte.

Stephen und seine Freunde waren zu der Evangelisation gegangen, um dort zu stören. Doch nun entdeckte er auf einmal, dass Jesus real ist. Er bat Jesus, ihm seine Sünden zu vergeben und sein Herz zu ändern. Und da gab es viel zu ändern! Eine wirklich große Änderung!

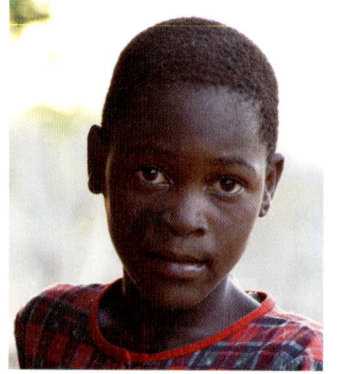

Als Stephen ein kleiner Junge gewesen war, hatte seine Mutter ihn verlassen. Er lebte bei seiner Großmutter, aber die war so arm, dass er den Abfall nach etwas Essbarem durchwühlen musste. Mit elf lebte er schon auf der Straße. Dann, als Teenager, wurde er Mitglied einer gewalttätigen Gang.

Stephen hasste seine Mutter, weil sie ihn verlassen hatte. Aber jetzt kannte er Jesus und wollte ihm ähnlicher werden. Er würde seiner Mutter vergeben.

Eines Tages traf Stephen seine Mutter wieder. Er erzählte ihr, wie Gott ihm geholfen hatte, ihr zu vergeben. Seiner Mutter tat es sehr leid, was sie ihm angetan hatte, und sie bat ihn und auch Gott um Vergebung. Stephen konnte ihr helfen, ebenfalls auf Jesus zu vertrauen.

DONNERNDER RAUCH

Teile von Simbabwe sind unglaublich schön. In den Nationalparks gibt es viele Elefanten, Löwen, Geparden, Hyänen und Nashörner. Im Nordwesten bildet der Fluss Sambesi die Grenze zu Sambia. Dort stürzt er die Viktoriafälle herunter und macht dabei so viel Sprühnebel und Lärm, dass man vom „donnernden Rauch" spricht. Unterhalb der Fälle wurde der Fluss zum Kariba-See gestaut, einem der größten künstlichen Seen der Erde. Seine Wasserkraft produziert Strom für Sambia und Simbabwe.

REIF FÜR VERÄNDERUNG

Simbabwe hat viele große Probleme. Wegen der politischen Situation und der Armut kommen immer weniger Touristen. Den größeren Teil des 20. Jahrhunderts wurde Simbabwe von weißen Europäern regiert. Sie machten

ZAHLEN + FAKTEN

FLÄCHE: 391 000 km²

EINWOHNERZAHL: 17 Mio.

HAUPTSTADT: Harare

HAUPTSPRACHEN: 16 offizielle Sprachen. Englisch ist Geschäftssprache. Shona ist die am meisten gesprochene Sprache

HAUPTRELIGIONEN: Christentum, Animismus

HAUPTEXPORTGÜTER: Tabak, Platin, Gold, Nickel, Stahl, Eisen, Diamanten

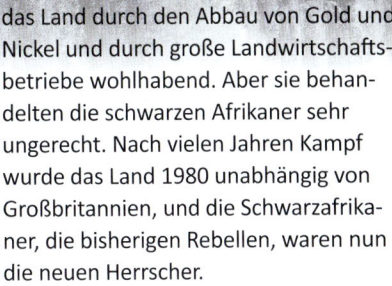

Viktoriafälle

das Land durch den Abbau von Gold und Nickel und durch große Landwirtschaftsbetriebe wohlhabend. Aber sie behandelten die schwarzen Afrikaner sehr ungerecht. Nach vielen Jahren Kampf wurde das Land 1980 unabhängig von Großbritannien, und die Schwarzafrikaner, die bisherigen Rebellen, waren nun die neuen Herrscher.

Die neue Regierung teilte die großen landwirtschaftlichen Güter auf und gab vielen ihrer eigenen Leute eigene Felder. Aber diese sind so winzig, dass viele Bauern gar nicht genug anbauen können, um ihre Familien zu ernähren. Früher wurde in Simbabwe so viel geerntet, dass Überschüsse als Hilfe in andere Länder geschickt wurden. Heute kann das Land nicht einmal mehr seine eigene Bevölkerung ernähren.

Die Menschen haben sehr unter den großen Problemen des Landes zu leiden. Riesige Ländereien werden gar nicht genutzt. Niemand hilft den armen Bauern und zeigt ihnen, wie sie mehr anbauen können; und in den Städten gibt es keine Arbeit. 90 % der Menschen sind arbeitslos. Millionen haben das Land verlassen, und die Zurückgebliebenen sind oft extrem arm. Die schreckliche Krankheit AIDS hat viele Menschen getötet. Mehr als eine Million Kinder haben einen oder beide Elternteile an diese Krankheit verloren. Viele dieser Kinder leben jetzt auf der Straße.

2017 kam nach 37 Jahren ein neuer Präsident an die Macht. Die Menschen in Simbabwe hoffen jetzt darauf, dass sich die Lage ihres Landes verbessert.

ANDEREN HELFEN

Viele Simbabwer sind durch christliche Veranstaltungen an Schulen und Universitäten oder bei Jugendfreizeiten zum Glauben gekommen. Andere haben Jesus in der Kirche oder durch christliche Freunde kennengelernt.

Macmillan wurde ausgelacht, als er auf die Landwirtschaftsschule ging. „Du verschwendest das Geld deines Vaters!", sagten seine Freunde. Inzwischen lachen sie nicht mehr, denn seine Ernten sind besser als ihre. Macmillan hat ihnen den Spott vergeben und hilft ihnen jetzt, ihre Höfe zu verbessern.

„Gott liebt sie doch genau so wie mich!", sagt er, „Ich kann ihnen seine Liebe zeigen, indem ich ihnen helfe."

Trotz aller Probleme haben Simbabwer wie Stephen und Macmillan Jesus kennengelernt und helfen jetzt anderen. Christen in Simbabwe beten für einen Neuanfang, der den Menschen neue Hoffnung gibt. In den letzten Jahren wurden viele neue Gemeinden gegründet. Christen in Simbabwe wünschen sich eine weise Regierung, damit jeder genug hat, und dass die Menschen einander die Fehler der Vergangenheit vergeben.

SO KANNST DU FÜR SIMBABWE BETEN

DANKE GOTT FÜR:

* jeden Christen in Simbabwe – und es gibt viele Christen dort!
* Christen, die den Armen helfen, Kranke pflegen und sich um Waisenkinder kümmern.
* Organisationen, die effektiv junge Menschen und Schüler und Studenten erreichen.

BITTE GOTT:

* um noch mehr Christen, die sich um die eine Million Waisenkinder kümmern.
* dass er Christen hilft, ihm zu vertrauen, selbst wenn sie kein Geld und keine Arbeit haben.
* dass er christliches Fernsehen und Radio benutzt, damit Menschen lernen, wie sie Jesus in schwierigen Zeiten richtig nachfolgen können.
* um weise Verantwortliche, die das tun, was für ihr Land das Beste ist.

Küche auf dem Land – ein offenes Feuer

ANIMISMUS

Animismus ist ein Ausdruck für Religionen, die es schon vor dem Entstehen der großen Weltreligionen (wie Hinduismus, Buddhismus, Christentum und Islam) gab. Normalerweise haben sie keine niedergeschriebenen Glaubenssätze oder heiligen Bücher. Jeder animistische Stamm oder jede Volksgruppe hat ihre eigenen Glaubensvorstellungen und Rituale.

Im Alten Testament wird unter anderen von den Ägyptern, Philistern und Babyloniern berichtet, die alle ihre eigenen Götter und Religionen hatten. Ebenso war es mit den Griechen und Römern, über die im Neuen Testament berichtet wird. Viele der Volksgruppen in diesem Buch, z. B. die Bijagos (S. 24), die Dogon (S. 40), die Navajos (S. 104) und die Yanomami (S. 186) waren früher Animisten, aber heute gibt es unter ihnen auch ein paar Christen.

EINE WELT VOLLER GEISTER

Die Götter und Geister dieser animistischen Gruppen sind normalerweise unsichtbar, aber die Menschen machen sich oft Bilder oder Statuen von ihnen. Sie sind normalerweise mit bestimmten Orten, z. B. einem Wald, einem Fluss oder einem Berg verbunden. Manche gehören auch zu einem ganz speziellen Baum, einer Höhle oder einem Felsen.

Manche dieser Geister gelten als freundlich, andere als böse. Letztere können dafür sorgen, dass schlimme Dinge passieren. Deshalb leben die Menschen in ständiger Angst. Sie bringen Gaben und Opfer, damit die bösen Geister ihnen und ihren Familien nichts tun oder damit die guten Geister ihnen helfen. Z. B. stellen sie Essen vor ein Götterbild, um Erfolg bei der Jagd zu haben, oder sie opfern ein Huhn, um eine gute Ernte zu bekommen. Bei Naturkatastrophen wie Dürren, Hungersnöten, Krankheiten, Feuer, Erdbeben, Stürmen und Hochwasser glauben sie, dass sie von den bösen Geistern verursacht werden.

Animisten tragen oft spezielle Armreifen oder Amulette, die man manchmal als „Fetische" bezeichnet. Sie glauben, dass diese ihnen magischen Schutz vor Übel oder übernatürliche Kräfte über andere Menschen verleihen.

EIN SCHÖPFER-GOTT

Viele Animisten glauben, dass es einen Schöpfer-Gott oder Himmels-Gott gibt. Sie wissen aber nicht viel über ihn, weil er so geheimnisvoll und weit weg ist, dass man ihn nicht erreichen kann. Sie denken, dass dieser Gott, nachdem er die Welt und die Menschen erschaffen hat, nicht mehr daran interessiert ist und sie vergessen hat. Sie beschäftigen sich daher viel mehr mit den Geistern, die ihr alltägliches Leben bestimmen.

maskierte Schamanen des Mah Meri-Volks, Malaysia

Medizinmänner, Lesotho, Afrika

AHNENVEREHRUNG

Animisten glauben oft, dass, wenn Menschen sterben, ihre Geister weiterleben und ihnen helfen oder schaden können. Deshalb ist es für Animisten sehr wichtig, ihre Vorfahren zu respektieren. Das tun sie, indem sie Schreine für sie bauen, ihnen Gaben bringen und sie um Hilfe bitten. Wenn es trotzdem Probleme gibt, denken die Menschen vielleicht, dass irgendjemand anderes in der Familie die Geister der Vorfahren verärgert hat.

PRIESTER UND RITUALE

Wie in anderen Religionen gibt es auch bei den Animisten Menschen mit speziellen Aufgaben oder besonderem Wissen über spirituelle Dinge. Man nennt sie z. B. „Schamanen", „Medizinmänner" oder „Zauberdoktoren". Ihre Aufgabe ist es, Omen und Zeichen zu interpretieren und den Menschen zu sagen, was sie tun müssen, um sich mit den Geistern gut zu stellen. Es gibt auch Priester, die sich um die Schreine kümmern und wichtige Feste und Aktionen organisieren. Diese Rituale wirken auf uns merkwürdig und angsteinflößend, aber oft gibt es auch interessante bunte Kostüme, Masken, Tänze und Lieder. Wie schön ist es doch, wenn diese Stämme beginnen, ihre große Kreativität zu nutzen, um den wahren Schöpfer-Gott anzubeten!

FREI IN JESUS

Animistische Stämme sind meist sehr offen für die Botschaft von Jesus. Auch fast alle Stämme und Völker Europas waren Animisten, bevor sie Christen wurden. Durch Missionare wie Bonifatius unter den Germanen im heutigen Deutschland begannen viele Animisten, Jesus nachzufolgen. Sie merkten, dass der Gott der Bibel viel mächtiger war als ihre alten Götter und Geister.

Aber Animisten, die sich zu einer anderen Religion bekehren, bleiben oft

Vodun-Tanz, Togo, Afrika

in ihrem alten Denken verhaftet und versuchen, alten und neuen Glauben zu vermischen. Christen mit animistischem Hintergrund gehen vielleicht am Sonntag zum Pastor in den Gottesdienst und am Montag zum Zauberdoktor. Sie beten zu Jesus, bringen aber auch den Geistern Opfer dar, um sicherzugehen, dass irgendjemand ihre Gebete erhört.

Als Christen wissen wir, dass Jesus größer ist als alle Geister. Wir lesen in der Bibel, dass er Stürme und Wellen gestoppt und bösen Geistern geboten hat zu verschwinden. Sie alle mussten ihm gehorchen. Kein Christ braucht sich mehr vor der Macht der Geister zu fürchten. Jesus sagte ja in Johannes 8,36: „Wenn euch der Sohn Gottes frei macht, dann seid ihr wirklich frei."

Schamane, Peru, Südamerika

BUDDHISMUS

DIE ANFÄNGE DES BUDDHISMUS

Prinz Siddhartha Gautama wurde vor etwa 2500 Jahren in Indien geboren. Ihm wurde vorausgesagt, dass er einmal die Welt erobern würde – vielleicht als großer Militärführer oder als der Erste, der den Sinn des Lebens verstünde. Sein Vater, der König, wollte, dass er ein bedeutender Militärführer würde, und überhäufte ihn mit Luxus. Gautama heiratete eine wunderschöne Frau und bekam einen Sohn. Aber eines Tages sah er bei einem Jagdausflug vier Dinge, die ihn sehr schockierten: Er sah einen schwerkranken Mann, einen alten und gebrechlichen Mann, einen toten Mann

goldene Buddhas, Bangkok, Thailand

und einen Mann, der alles aufgegeben hatte, um den Sinn des Lebens zu suchen. Gautama verließ seine Eltern, seine Frau und sein Kind, wanderte sechs Jahre lang durch Indien und versuchte, den Sinn von Leben und Tod zu verstehen.

Gautama hatte gelernt, dass jeder Mensch viele Male stirbt und Tausende Leben hat. Das nennt man „Reinkarnation". Wie Menschen leben, beeinflusst ihr nächstes Leben. Wer viel Gutes tut, wird als Reicher oder Weiser oder als Mönch wiedergeboren. Böse Menschen sind im nächsten Leben wahrscheinlich arm und müssen viel leiden. Vielleicht werden sie als Tier wiedergeboren oder sogar als Insekt. Gautama wollte wissen, wie man diesem Kreislauf aus Geburt und Wiedergeburt entkommen kann. Er lernte bei verschiedenen heiligen Männern in Indien, fand aber keine Antwort, auch nicht durch Fasten oder dadurch, dass er all seinen Luxus aufgab. Schließlich entschied er sich, nach innen zu schauen – durch Meditation, also durch sehr tiefes Nachdenken. Dabei wurde sein Geist erleuchtet, und er sah alles auf eine völlig neue Art und Weise. Gautama wurde bekannt als „der Buddha", das bedeutet: „der Erleuchtete".

DER WEG DER ERLEUCHTUNG

Buddha verbrachte den Rest seines Lebens damit, herumzureisen und seinen Weg der Erleuchtung zu lehren. Leid sei nur das Ergebnis unserer Begierden und unseres Unwissens, weil wir Befriedigung in Dingen suchen. Für wahre Befriedigung müsse man begreifen, dass die Welt nur eine Illusion ist – wie bei einem Film, der uns real vorkommt, von dem aber nur Erinnerungen bleiben. Seine Nachfolger, die Buddhisten, lehrte er, als Mönche zu leben und zu meditieren. Dadurch könnten sie das „Nirvana" – die Leere – erreichen, das Nicht-Sein und damit das Ende des Kreislaufs aus Geburt, Tod und Wiedergeburt.

Keramik-Buddha

buddhistischer Schrein, Tokio, Japan

VERDIENSTE ERWERBEN

Nicht jeder kann Mönch werden und ein Leben der Meditation führen. Gewöhnliche Buddhisten können sich Verdienste erwerben, indem sie ein paar Wochen als Mönche oder Nonnen leben, Mönchen Geld oder Essen spenden und Opfer im Tempel bringen. Verdienste zu erwerben ist so etwas wie Punkte zu sammeln, um im nächsten Zyklus als jemand wiedergeboren zu werden, der der Erleuchtung näher ist.

Der Buddhismus breitete sich in andere asiatische Länder aus, wo er unterschiedlich praktiziert wird. In den südlicheren Ländern wie Thailand, Myanmar oder Sri Lanka tragen Mönche gelbe Roben und versuchen, die ursprünglichen Lehren des Buddha zu befolgen. In den nördlicheren Ländern, wie China, Korea und Japan, sind ihre Roben grau, und die Tempel enthalten Bilder von erleuchteten Wesen. Menschen beten zu diesen um Hilfe, wenn sie in Not sind.

In Zentralasien, z. B. in Tibet oder der Mongolei, tragen die Mönche dunkelrote Roben, und praktizieren neben Meditation auch Gesang. Menschen bringen auf ihren Hausdächern und auf Bergen Gebetsfahnen an und drehen kleine Gebetsmühlen. Außerhalb der Tempel sind große Gebetsmühlen angebracht, die die Menschen im Vorbeigehen drehen. Auf den Gebetsmühlen sind Mantras, heilige Sprüche, angebracht, und die Menschen glauben, dass dies ihre Gebete bis in die fernsten Enden des Universums trägt.

EIN ANDERES ENDE

Der Dalai-Lama ist der am meisten respektierte Anführer der Buddhisten. Sie sagen, dass er das Nirvana bereits durch Erleuchtung erreicht hatte, aber freiwillig zurückkam, um andere anzuleiten. Er soll gesagt haben, dass Buddhismus und Christentum das Gleiche seien. Die beiden Religionen haben zwar ein paar Gemeinsamkeiten – z. B., dass man die Wahrheit sagen, nach Weisheit streben und recht leben soll –, aber in Wirklichkeit sind sie doch sehr verschieden.

Buddhisten wollen dem Schmerz und Leid der Existenz entkommen und die Leere des Nirvana erreichen. Jesus dagegen hat uns Leben und volle Genüge jetzt und in Ewigkeit versprochen. Der Himmel wird in der Bibel nicht als Leere beschrieben, sondern als Ort der Gemeinschaft mit Gott. Die meisten Buddhisten versuchen, das Nirvana durch Meditation und Verdienste zu erreichen. Christen dagegen wissen, dass unsere eigenen Anstrengungen niemals ausreichen, um uns ewiges Leben zu verdienen, sondern dass Jesus es allen schenkt, die an ihn glauben.

Räucherstäbchen

CHRISTENTUM

JESUS – VON GOTT GESANDT

Jahrhunderte lang wartete das jüdische Volk darauf, dass ihr Messias, der von Gott gesandte Retter, kommen und ihr Herrscher werden würde. Dieser Messias sollte Frieden und Gerechtigkeit bringen und sie vor ihren Feinden retten. Vor rund 2000 Jahren erwählte Gott Maria, ein frommes, junges jüdisches Mädchen. Er sagte ihr, dass sie ein Baby bekommen würde – Gottes eigenen Sohn, den versprochenen Retter. Das Baby wurde in Bethlehem geboren, und sie nannte ihn Jesus.

Jesus wuchs ohne Sünden auf und hatte eine perfekte, enge Beziehung zu Gott, seinem himmlischen Vater.

Als er etwa 30 Jahre alt war, wählte Jesus zwölf Männer als seine ersten Nachfolger aus. Drei Jahre lang zog Jesus mit ihnen herum, heilte Kranke und lehrte die Menschen über das Reich Gottes und wie Gott will, dass wir leben. Immer mehr Männer und Frauen folgten ihm nach, und manche von ihnen verstanden, dass Jesus der Messias war, auf den die Juden warteten.

Viele Menschen hörten Jesus gerne zu und sahen seine Wunder, aber einige jüdische Religionsführer wurden deswegen neidisch. Jesus behauptete, der Messias und der Sohn Gottes zu sein, aber sie glaubten ihm nicht. Sie verhafteten ihn und beschuldigten ihn, Gott zu lästern. Die römischen Herrscher sahen, dass dies eine Menge Unruhe in Jerusalem verursachte. Obwohl sie nicht glaubten, dass Jesus ein Verbrechen begangen hatte, erlaubten sie trotzdem, dass er hingerichtet wurde.

Jesus wurde an ein großes Holzkreuz genagelt, wo er nach wenigen Stunden starb. Aber das war nicht das Ende. Drei Tage später stand er durch die Kraft Gottes von den Toten auf. Die nächsten 40 Tage lang sahen ihn viele Menschen und verbrachten Zeit mit ihm. Dann kehrte Jesus in den Himmel zurück. Vorher erteilte er seinen Nachfolgern noch Anweisungen: Sie sollten in die ganze Welt gehen und überall das tun, was er getan hatte, nämlich den Menschen vom Reich Gottes erzählen sowie davon, wie sie Jesus nachfolgen können.

Außerdem versprach Jesus, ihnen den Heiligen Geist zu senden, der für immer bei ihnen sein sollte. Zehn Tage später, an Pfingsten, kam dieser auf seine Nachfolger. Seither empfängt jeder Mensch, der Jesus annimmt, diesen Heiligen Geist. Er ermutigt sie, lehrt sie, wie sie Gott gefallen können, und gibt ihnen die Kraft, mutig von Jesus zu erzählen und sein Werk fortzuführen.

WAS CHRISTEN GLAUBEN

Als Gott die Menschen erschuf, machte er sie sehr gut. Er wollte sie als seine Freunde haben und versprach, sich um sie zu kümmern. Aber weil die Menschen Gott nicht glaubten und ihm nicht gehorchten, kam die Sünde in Gottes perfekte Welt. Wir alle sündigen: Wir sagen und tun Dinge, die gegen Gottes Willen sind, und wollen unseren Willen durchsetzen. Unsere Sünde ist wie eine große Mauer, die uns von Gott trennt. Aber Gott liebt uns zu sehr, um es dabei zu belassen.

Jesus war ohne jede Sünde, und als er am Kreuz starb, nahm sein Opfer die

Christus-Statue, Rio de Janeiro, Brasilien

Sünden der ganzen Welt weg. Durch dieses Opfer hat Jesus die trennende Mauer zerstört. Jetzt ist der Weg zu Gott für jeden offen, der Jesus vertraut. Weil Jesus perfekt war, hat er auch die Macht der Sünde und des Todes gebrochen. Das Böse wurde besiegt, und Jesus regiert das ganze Universum.

DIE BIBEL

Die Bibel ist eine Sammlung von 66 Büchern über Gottes Beziehung mit den Menschen und über seinen Plan für uns alle. Sie wurde über einen Zeitraum von

Petersdom, Rom, Italien

ungefähr 1500 Jahren von 40 verschiedenen Autoren geschrieben. Sie enthält historische Berichte, Geschichten, Gedichte, Gebete, Lieder, Prophetie und Briefe. Christen glauben, dass die ganze Bibel von Gott inspiriert ist und dass sie in ihrer Gesamtheit den Menschen hilft, ihn zu kennen und ihm zu dienen. Durch die Bibel wissen wir, wie sehr Gott alle Menschen liebt und wie wir leben sollen.

GEMEINDEN

In allen Ländern der Erde gibt es Christen, die sich zum Gottesdienst treffen. Es gibt viele unterschiedliche Kirchen in unterschiedlichen Konfessionen, z. B. verschiedene orthodoxe, katholische, protestantische, anglikanische und freie Kirchen. Bei so vielen Kulturen, Nationalitäten und Traditionen ist es kein Wunder, dass Gottesdienste sehr unterschiedlich gefeiert werden. Christen singen unterschiedliche Lieder in unterschiedlichen Musikstilen. Manche tragen zum Gottesdienst ihre Alltagskleidung, andere ihre besten Kleider. Manche Gemeinden werden von Priestern geleitet, andere von Pastoren, andere von der Gemeinschaft der Mitglieder. Die meisten treffen sich am Sonntag, einige am Samstag oder am Freitag, wieder andere

äthiopisch-orthodoxe Pilger, Jerusalem

an jedem Tag. Manche Christen feiern ihren Gottesdienst in großen Kathedralen mit prächtigen Statuen und Dekorationen, andere treffen sich in sehr einfachen Gebäuden oder in einem Raum oder sogar unter einem Baum. Aber die wahre Gemeinde besteht nicht aus Gebäuden, sondern aus den Menschen, die an Jesus glauben und ihm folgen.

Die meisten Gemeinden machen im Gottesdienst Ähnliches: Sie beten zu Gott, hören auf sein Wort, die Bibel, und sie singen Lieder, um Gott zu ehren. Jesus hat seine Jünger gelehrt, in seinem Namen zu taufen (Matthäus 28,19) und an ihn zu denken, wenn sie gemeinsam das Abendmahl feiern (Lukas 22,19).

Die ersten Gemeinden sandten Menschen als Missionare in die ganze Welt, damit sie von Jesus und dem Reich Gottes erzählten. Seither haben viele Gemeinden das Gleiche getan.

Weihnachten und Ostern sind die bekanntesten christlichen Feiertage. An Weihnachten wird die Geburt von Jesus gefeiert, an Ostern seine Auferstehung. Aber auch andere Tage sind wichtig, z. B. Karfreitag, als Jesus gekreuzigt wurde, Himmelfahrt, als er zu Gott zurückkehrte, oder Pfingsten. Die Gemeinden in aller Welt begehen diese Feiertage so, wie es ihrer Kultur entspricht.

EWIGKEIT

Christen wissen, dass Jesus lebt. Auch wenn wir ihn nicht sehen können, lebt er doch durch den Heiligen Geist in uns. Er ist immer da, um uns zu helfen, in schlechten und in guten Zeiten. Christen glauben, dass unser Leben nicht endet, wenn unser Körper stirbt. Jesus hat uns versprochen, dass alle, die an ihn glauben, am Ende auferstehen werden, um in Gottes Familie ewig zu leben.

Jesus hat gesagt, dass er eines Tages wiederkommt und die Erde als König der Könige regiert. Dann bringt er Gerechtigkeit und macht alles so gut, wie Gott es ursprünglich haben wollte. Die Bibel sagt uns, dass es im Himmel wie bei einer großen Feier sein wird, die wir gemeinsam begehen. Sie lehrt auch, dass alle Menschen, die an Jesus glauben, vor seinem Thron anbeten werden – aus jedem Stamm, jeder Nation und jeder Sprache. Was für eine Vielfalt!

HINDUISMUS

Der Hinduismus entstand vor mehr als 3500 Jahren aus der Art und Weise, wie die Menschen in Indien damals lebten und beteten. Über die Jahrhunderte überlieferten sie ihren Glauben in Geschichten, Liedern, Gedichten und Gebeten. Viele davon wurden in hinduistischen Schriften aufgezeichnet. Die Traditionen und Rituale werden in den Familien und Gemeinschaften von Generation zu Generation weitergegeben.

Rund 75 bis 80 % der Menschen, die in Indien leben, sind Hindus. Indien ist eines der größten Länder der Welt mit Einwohnern aus Hunderten Volksgruppen und Sprachen. Hindus in den verschiedenen Teilen Indiens leben ihren Glauben unterschiedlich und feiern unterschiedliche Feste. Auch die Tempel in Nord- und in Südindien sehen meist verschieden aus.

WER IST GOTT?

Für Außenstehende ist der Hinduismus oft schwer zu verstehen. Einerseits glauben Hindus an Millionen von Göttern und Göttinnen. Andererseits sagen sie, dass es nur ein höheres Wesen gibt und alle Götter und Göttinnen nur Erscheinungsformen des einen Gottes sind. Nur über wenige dieser Götter und Göttinnen gibt es Schriften. Besonders populär sind Vishnu, der Erhalter der Welt; Kali, die Zerstörerin des Bösen; der lebenslustige Krishna, der oft als eine Art großer Bruder angesehen wird; und der elefantenköpfige Ganesha, der Gott von Glück und Wohlstand. Hindus glauben, dass alle Menschen eine ewige Seele, *atman*, haben. Manche Hindus sagen, dass alle

atmans und alles Leben Teil des höheren Wesens sind. Andere dagegen meinen, dass dieses höhere Wesen unabhängig von den irdischen Lebewesen existiert. Manche Hindus glauben sogar, dass es gar keinen Gott gibt.

Man kann also an gar keinen Gott glauben oder an einen Gott oder an ganz viele Götter und doch in jedem Fall ein gläubiger Hindu sein.

GÖTTERBILDER ANBETEN

Hindus können sich aussuchen, welchen Gott oder welche Göttin sie anbeten. Viele bleiben ihrem ausgewählten Gott ihr ganzes Leben lang treu. Überall in Indien, auch in Büros, Läden und Wohnhäusern, sieht man Tempel und

Pilger, Nepal

Pilger am Fluss Ganges, Varanasi, Indien

Haus-Götterbilder

Schreine, wo die Menschen beten. Zu diesen Schreinen gehört meist auch ein Götterbild, also eine Statue des Gottes oder der Göttin. Sogar manche Taxis haben kleine Schreine.

Oft baden Hindus ihre Götterstatuen und kleiden sie dann in edlen Stoff oder in Gold. Sie bringen ihnen Gebete, Parfüm, Blumen, Räucherwerk und Essen dar und bitten sie um Hilfe im Alltag.

KASTEN

Alle Hindus werden in eine soziale Gruppe hineingeboren, die „Kaste". Manche gelten als höherwertiger als andere. Ganz oben ist die Priesterkaste, darunter kommen die Herrscher und Soldaten, dann die Handwerker, Händler und Bauern. Menschen in den untersten Kasten können Diener der höheren Kasten sein. Die *Dalits* oder Unberührbaren gelten als so niedrig, dass sie noch unter der untersten Kaste stehen. Sie müssen die Arbeiten verrichten, die sonst niemand machen will, wie Straßen fegen oder Toiletten reinigen.

Es gibt keine Möglichkeit, in eine höhere Kaste aufzusteigen. Die Kaste der Eltern bestimmt das ganze Leben lang die eigene Kaste.

Hindus aus höheren Kasten verkehren meist nicht mit Menschen aus niedrigen Kasten, denn sie halten diese für unrein. Diese Denkweise ist fest in der Hindu-Kultur verankert. Allerdings haben junge Hindus, viel mehr als frühere Generationen, in den großen, modernen Städten oft auch Umgang mit Menschen aus anderen Kasten.

LEBEN NACH DIESEM LEBEN

Hindus glauben, dass Menschen nach ihrem Tod als anderer Mensch oder gar als Tier wiedergeboren werden. Dies nennt man „Reinkarnation". Hindus glauben auch an „Karma" – das bedeutet, dass ihr jetziges Leben davon beeinflusst wird, wie sie sich in einem früheren Leben verhalten haben. Ebenso bestimmt ihr Verhalten im jetzigen Leben, in welcher Position sie im nächsten Leben wiedergeboren werden. Wenn sie sich in allem so verhalten, wie sie sollten, dann, so glauben sie, werden sie in ein besseres Leben wiedergeboren.

Hindus verbrennen ihre Verstorbenen. Das soll der Seele helfen, schnell in ein nächstes Leben überzugehen. Sie verstreuen die Asche oft in einem der heiligen Flüsse.

Der Kreislauf der Wiedergeburt kann ewig weitergehen, denn die Menschen können sich nie sicher sein, alles richtig gemacht zu haben. Manche Hindus geben alles auf – Haus, Familie, Besitz – und widmen ihr ganzes Leben der Meditation und dem Gebet. Das letztendliche Ziel aller Hindus ist es, *moksha* zu erreichen, das ist die Freiheit vom Zyklus der Wiedergeburt.

PILGERFAHRTEN

Die größte Festversammlung der ganzen Welt ist das Hindu-Fest *Kumbh Mela*. Hindus machen eine Pilgerreise zu einem heiligen Ort und versammeln sich oft am Ufer eines Flusses wie dem heiligen Ganges. Das Hauptereignis ist das Bad im Fluss an einem bestimmten Tag. In einem Jahr besuchten mehr als 30 Millionen Menschen das Fest an diesem Tag. Aber insgesamt kann das Fest viele Tage oder sogar Monate dauern.

Hindus kommen, um einen bestimmten Gott oder eine Göttin anzubeten oder für etwas Gutes zu danken. Die meisten baden dann im Fluss, während sie beten, um sich so auch von ihren bösen Taten zu reinigen. Manche nehmen sogar in Flaschen abgefülltes Wasser aus dem Fluss mit nach Hause, wo sie es dann zur Reinigung über ihre Lieben oder über ihren Besitz sprenkeln.

Christen wissen, dass nur das Blut Jesu unsere bösen Taten für immer abwaschen kann und dass nur der Glaube an ihn uns wirklich rein macht.

ISLAM

Muslime glauben, dass Gott sich vor ca. 1400 Jahren in der Stadt Mekka (heutiges Saudi-Arabien) dem Propheten Mohammed offenbarte. Mohammed behauptete, der Erzengel Gabriel habe ihm Botschaften von Allah (das ist das arabische Wort für Gott) gegeben. Diese Botschaften begannen mit dem Aufruf, sich von der Sünde abzuwenden und allein Allah anzubeten. Weiter enthielten sie eine Mischung aus Geschichte, Lehren über Allah und Anweisungen, wie Muslime leben sollen. Für die Muslime sind diese Botschaften die Vollendung von all dem, was Gott durch seine Propheten offenbart hat. Zu diesen zählen sie auch Abraham, Moses, David und Jesus. Nach dem Tod Mohammeds stellten seine engsten Vertrauten diese Botschaften zum Koran zusammen, dem heiligen Buch der Muslime.

Es gibt heute fast zwei Milliarden Muslime. Der Islam besteht aus zwei Hauptrichtungen, dem sunnitischen Islam (ca. 80 bis 90 % der Muslime) und dem schiitischen Islam, sowie etlichen kleineren Gruppierungen.

GEBET

Muslime dürfen überall beten, tun es aber meist in Moscheen. Diese sind oft wunderschön geschmückt, doch man findet darin keine Bilder oder Statuen. Mohammed wollte nämlich vermeiden, dass die Menschen Bilder anbeten statt Allah. Fünfmal am Tag hört man von den Minaretten, den hohen, schmalen Türmen neben vielen Moscheen, den Ruf zum Gebet. Dabei wird auch jedes Mal gerufen: „Gott ist größer!" *(Allahu akbar)* und „Eilt zum Gebet!". Außerdem wird die sogenannte *Schahada* gerufen, nach der es keinen Gott außer Allah gibt und Mohammed der Bote Allahs ist.

Beim Beten sollen Muslime in Richtung von Mekka, der heiligsten Stadt des Islam, blicken. Anm Freitag, dem heiligen Tag der Muslime, wird kurz nach Mittag in den Moscheen gebetet. Alle Frauen müssen ein Kopftuch oder einen Schleier tragen und alle Männer eine Kappe, als Zeichen ihres Respekts vor Allah. Vor dem Beten waschen sich Muslime, beim Beten knien sie auf speziellen Matten oder Teppichen. Manche verwenden auch eine Perlenschnur, um sich an die 99 Namen Allahs im Koran zu erinnern.

DIE FÜNF SÄULEN DES ISLAM

Alle Muslime sollen fünf wichtige Pflichten, die „fünf Säulen des Islam", erfüllen. Als Erstes müssen sie die *Schahada* sprechen, das muslimische Glaubensbekenntnis. Dann sollen sie fünfmal am Tag beten. Sie sollen Geld für wohltätige

heiliger Ort des Islam,
Felsendom, Jerusalem

Gebete an der Dschāma-Moschee, Delhi, Indien

Zwecke spenden. Jedes Jahr im Monat Ramadan des islamischen Kalenders sollen Muslime den ganzen Tag fasten und nur zwischen Sonnenuntergang und Sonnenaufgang essen und trinken, mit Ausnahme von Alten, Kindern, Kranken, Schwangeren und Reisenden. Und schließlich sollen Muslime, sofern sie dazu in der Lage sind, mindestens einmal im Leben eine Pilgerfahrt *(Hadsch)* nach Mekka unternehmen.

KINDER

Sobald ein Baby geboren ist, wird es gewaschen, und man flüstert ihm die *Schahada* ins rechte Ohr. Dann gibt ein angesehenes Mitglied der Familie etwas Honig oder eine weiche Dattel auf die Zunge des Babys. Am siebten Tag wird ihm normalerweise das Köpfchen rasiert.

Im Alter von ungefähr sieben Jahren lernen muslimische Jungen (in wenigen Ländern auch die Mädchen), den Koran auf Arabisch zu lesen. Zu Hause bringt man ihnen bei, was sie essen dürfen, wie das Essen zubereitet wird und wie sie sich kleiden sollen.

KLEIDUNG

Muslime sollen sich sittsam kleiden. Körperbetonte Kleidung gilt als unschicklich, vor allem für Frauen. Frauen tragen oft knöchellange Hosen und darüber einen Rock und langärmelige Oberteile oder Kleider, und sie bedecken ihren Kopf ganz oder teilweise. In manchen Ländern verhüllen Frauen, wenn sie das Haus verlassen, ihren ganzen Körper mit einem langen Schleier.

MUSLIME UND DIE BIBEL

Mohammed lehrte, dass es nur einen Gott gibt, nämlich Allah. Auch Christen glauben nur an einen Gott, aber Muslime verstehen nicht, wie ein Gott auf ewig als Vater, Sohn und Heiliger Geist existieren kann.

Muslime lernen, die Bibel zu respektieren, behaupten aber, die ursprüngliche Bibel sei verändert und verfälscht worden. Dennoch sind sie oft bereit, Geschichten über Jesus im Neuen Testament zu lesen, das sie *Indschil* nennen.

Wir können Muslimen von Jesus erzählen und wie wir durch ihn Gott nahekommen können. Muslime erkennen Jesus als Propheten, Messias und Gottes Wort an, verstehen aber nicht, wie Jesus zugleich wahrer Mensch und wahrer Gott sein kann. Christen glauben, dass Jesus sein Leben für die Sünden der Welt gegeben hat, danach auferstanden ist und dadurch den Tod besiegt hat.

Muslime jedoch bestreiten, dass Jesus am Kreuz gestorben ist.

Muslime glauben, dass Allah jeden Menschen am Ende seines Lebens nach seinen guten und schlechten Taten richten wird. Daher geben sich die meisten viel Mühe, damit am Ende ihre guten Taten die schlechten Taten überwiegen. Sie hoffen, dass Allah ihnen gnädig sein wird und sie ins Paradies lässt, statt sie in die Hölle zu schicken. Die Bibel aber lehrt uns, dass wir ganz auf Jesus vertrauen dürfen. Er hat für alle, die an ihn glauben, den Weg frei gemacht, sodass sie bei ihm im Himmel sein werden.

JUDENTUM

Das Judentum basiert auf der *Thora,* was „Weisheit" oder „Lehre" bedeutet. Juden bezeichnen damit auch die ersten fünf Bücher der hebräischen Bibel (die fünf Bücher Mose).

Juden glauben, dass Gott der Schöpfer von allem ist, dass er auch alle Menschen in seinem Bild geschaffen hat, und dass er Israel – also das jüdische Volk – auserwählt hat, um in einer besonderen Beziehung zu ihm zu leben.

DER ANFANG

Gott hatte die Welt gut gemacht, aber durch die Sünde wurde sie unvollkommen. Gott berief Abraham und seine Familie, sein Volk zu sein. Er forderte Abraham auf, sein Land zu verlassen (1. Mose 12,1-3) und an einen neuen Ort zu ziehen, den er ihm zeigen würde. Gott versprach Abraham, ihn zu segnen, ihm ein neues Land und viele Nachkommen zu geben. Auch würde er durch Abraham alle Völker der Welt segnen. Abraham gehorchte Gott.

EIN AUSERWÄHLTES VOLK

Jahrhunderte vergingen, und Abrahams Nachkommen, die Hebräer (ein anderes Wort für „Israel" oder „die Juden"), wurden Sklaven in Ägypten. Gott erwählte Mose, um sie aus Ägypten und in das Gelobte Land zu führen (vgl. 2. Mose 1–19.) Gott sagte Mose, dass Israel sein erwähltes Volk sein solle. Er wollte, dass sie allein ihn anbeteten und sich so von den anderen Völkern unterschieden, die alle viele Götter anbeteten.

Gott wollte, dass sie heilig waren wie er selbst, deshalb gab er ihnen sein Gesetz. Dort stehen auch die bekannten „Zehn Gebote". Wenn die Menschen Gottes Gesetz befolgten, würden sie gut miteinander auskommen und ein gutes Verhältnis zu Gott haben. Gott versprach ihnen, sie zu segnen und zu unterstützen, wenn sie ihm gehorchten. Wenn sie

aber Gottes Regeln nicht hielten, würde er sie bestrafen. Dennoch würde Gott sie niemals verlassen.

Die Juden sehen alles, was ihnen in ihrer langen Geschichte zugestoßen ist, als Werk Gottes. Er schenkte ihnen seine Liebe und Fürsorge, führte sie, half ihnen, bestrafte sie aber auch. Gott ließ zu, dass sie aufblühten, aber auch, dass sie litten. Aber wo auch immer sie lebten und wie schwer sie auch litten – und sie mussten sehr viel und sehr schwer leiden –, das jüdische Volk hat bis heute überlebt.

DER VERSPROCHENE MESSIAS

Die Juden erwarten seit jeher Gottes versprochenen Erlöser, den Messias. Er soll Frieden und Gerechtigkeit auf Erden bringen und sie in ihr eigenes Land zurückführen. Religiöse Juden beten täglich für sein Kom-

jüdischer Junge, der sich auf seine Bar Mitzwa vorbereitet

jüdische Kippa (Kopfbedeckung) und Gebetsschal

men. Manche Juden zu der Zeit Jesu erkannten, dass er der versprochene Messias war, und folgten ihm nach. Im Laufe der Zeit wurden sie zusammen mit den Nachfolgern Jesu aus anderen Völkern als „Christen" bekannt.

ANBETUNG

Das erste Gebet, das jüdische Kinder lernen, stammt aus 5. Mose 6: „Höre, Israel: Der HERR ist unser Gott, der HERR allein! Und du sollst den HERRN, deinen Gott, lieben mit deinem ganzen Herzen und mit deiner ganzen Seele und mit deiner ganzen Kraft." Manche Juden sprechen diesen Vers jeden Morgen und jeden Abend.

Es gibt über das Jahr verteilt viele jüdische Feiertage, die an die jüdische Geschichte erinnern. Wer sich an die Glaubensregeln hält, begeht jede Woche den Sabbat. Der Sabbat beginnt am Freitagabend und endet am Samstagabend, jeweils bei Sonnenuntergang. Er ist jüdischen Familien sehr wichtig und ihr heiliger Tag und Ruhetag. Viele Familien gehen am Freitagabend und am Samstagmorgen zum Gottesdienst in die Synagoge.

Am Freitagabend gibt es ein Sabbat-Brot. Vor Sonnenuntergang zündet die Mutter der Familie zwei Kerzen an und

Anzünden der Chanukka-Menora

dankt Gott. Der Vater nimmt einen Becher mit Wein und spricht einen Segen für seine Familie. Dann isst jeder ein Stück Brot mit Salz als Erinnerung daran, wie Gott die Juden auf dem Weg aus Ägypten zum Gelobten Land versorgte, indem er ihnen Manna zu essen gab.

IN DER GANZEN WELT

Es gibt mehr als 16 Millionen Juden, und sie leben in vielen Ländern in der ganzen Welt. Manche sind sehr religiös; manche glauben zwar an Gott, praktizieren aber ihren Glauben nicht; und manche glauben gar nicht mehr an Gott oder seinen Messias. Ungefähr 6,5 Millionen Juden leben im Staat Israel, einem Land, das ungefähr dem Gelobten Land

entspricht. Viele Juden aus der ganzen Welt reisen nach Jerusalem, um dort zu beten. Für sie ist Jerusalem Gottes heilige Stadt.

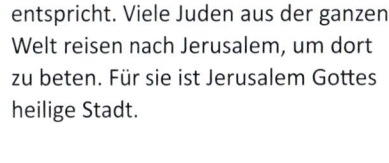

hebräische Schriftrolle

WIE GEHT'S WEITER?

LERNE JESUS KENNEN!

Gott liebt dich und hat einen guten Plan für dein Leben. Er weiß, was er an Gutem für dich geplant hat und was du tun sollst. Also bitte ihn doch, es dir zu zeigen!

Vielleicht bist du dir gar nicht ganz sicher, ob du Jesus wirklich kennst. Gott ist der Schöpfer der ganzen Welt. Er hat auch dich geschaffen, und deshalb weiß er bereits alles über dich. Er sehnt sich danach, dass du ihn bittest, dein Freund zu werden. Jesus liebt dich, und er ist für die ganze Welt – auch für dich! – gestorben, weil das die einzige Möglichkeit war, wie alles Böse weggenommen werden konnte, was zwischen uns und Gott geraten war. Sag ihm, dass du das alles loswerden möchtest. Und dann sag ihm, dass du so leben willst, wie er es will, und das tun willst, was er will. Du kannst dir sicher sein: Er wird dir helfen!

Nimm dir Zeit, um Jesus kennenzulernen. Sprich mit ihm, hör auf ihn und lerne, ihm zu gehorchen. Lies in der Bibel und lerne Gottes Wort auswendig. Gottes Heiliger Geist wird dir helfen, zu beten und mit anderen über ihn zu sprechen. Du kannst dir ganz sicher sein, dass Jesus niemals so böse auf dich ist, dass er dich nicht mehr liebt, egal, was passiert. Er wird an jedem Tag deines Lebens für dich da sein.

LIES!

* Lies Bücher aus der Bücherei oder Artikel im Internet über die Länder in diesem Buch. Finde heraus, wie die Menschen dort leben, wer die Christen dort sind, wie sie ihre Gottesdienste feiern, ob sie verfolgt werden usw.
* Du kannst viele interessante Geschichten über Missionare in der ganzen Welt finden; viele sind auch speziell für Kinder geschrieben worden.

* Missionsgesellschaften veröffentlichen online Geschichten und Updates. So kannst du mehr darüber lernen, wie es ist, als Christ oder Missionar in Teilen der Welt zu leben, die ganz anders sind als deine Heimat.
* Du kannst auch mehr über bestimmte Volksgruppen herausfinden. Frag bei Missionsgesellschaften, die in den entsprechenden Ländern arbeiten, einfach nach den Volksgruppen, die dich interessieren.

SIEH!

* Sieh dir im Fernsehen und auf YouTube Nachrichten, Reiseberichte oder Reportagen über die Welt an.
* Es gibt Gebetsvideos über bestimmte Länder, allerdings meist nur auf Englisch *(prayercasts)*. Wenn dir jemand übersetzt, kannst du mitbeten.
* Such nach Bildern über das Land und die Menschen, die dich interessieren. Versuche, sowohl Bilder vom Leben in den Städten als auch auf dem Land zu finden, und welche, die das Leben der Reichen und der Armen zeigen. Oder such nach Bildern von berühmten Sehenswürdigkeiten.
* Geh auf die Internetseiten von Missionsgesellschaften, die in den Ländern arbeiten, die dich interessieren. Sie haben sicher viele spannende Informationen und Gebetsanliegen. Manchmal bieten sie auch Material speziell für Familien und Kinder an. Die Länder selbst haben auch Internetauftritte, in denen sie der Welt zeigen wollen, wie interessant ihr Land und ihre Menschen sind.

HÖRE!

* In fast jedem Land gibt es interessante Musik, verschiedene Rhythmen, Melodien, Sprachen und Tänze. Vielleicht findest du sogar Lieder, die dir besser gefallen als die Musik aus deiner eigenen Heimat. Es gibt auch eine Menge guter christlicher Musik aus anderen Ländern.

SCHMECKE!

* Probier mal Essen aus verschiedenen Ländern. Du wirst erstaunt sein, was für unterschiedliche Gerichte es gibt. Du wirst sicher nicht alles mögen, aber du wirst sicher auch Essen entdecken, das dir schmeckt.
* Versuch mal, eins dieser Essen zusammen mit deiner Familie zu kochen.

SCHLIESS FREUNDSCHAFTEN!

* Wenn Missionare in deine Gemeinde kommen, hör ihnen zu, stell Fragen und finde heraus, wie du, deine Gemeinde und deine Kindergottesdienst-Gruppe sie unterstützen und für sie beten können. Wenn diese Missionare Kinder haben, dann versuche, sie kennenzulernen und

Kontakt mit ihnen zu halten, wenn sie wieder weg sind.

* Vielleicht gibt es Menschen in deiner Gemeinde, die vor Kurzem aus einem anderen Land gekommen sind. Versuche, sie kennenzulernen und ihnen zu helfen, sich in dem für sie neuen Land wohlzufühlen. Wenn sie Deutsch lernen, hilf ihnen dabei. Vielleicht bringen sie dir auch ein paar Wörter und Sätze ihrer Sprache bei.

* Wenn es in deiner Nachbarschaft Ausländer gibt, kannst du auch versuchen, sie kennenzulernen. Vielleicht berichten sie dir etwas über ihr Land, ihre Religion und ihre Kultur. Und vielleicht hast du auch die Gelegenheit, ihnen von Jesus zu erzählen.

Gibt es in deiner Stadt christliche Gemeinden aus anderen Kulturen? Du kannst mal in ihren Gottesdienst gehen und sie kennenlernen – schließlich gehören wir alle zu Gottes Familie!

Vielleicht weißt du auch von Missionaren, die von ihren Gemeinden im Ausland in dein Land entsandt wurden. Auch für sie kannst du beten und sie unterstützen.

BETE!

Gott möchte, dass wir uns durch Gebet an seinem Werk beteiligen. Das kann auf Dauer mühsam werden, aber vielleicht helfen dir diese Vorschläge:

* Such dir sieben Themen, Länder, Volksgruppen oder Einzelpersonen aus. Schreib sie dir auf und bete an jedem Tag der Woche für eines dieser Themen.

* Wenn du erfährst, dass eines deiner Gebete

erhört wurde, schreib das auch auf.

* Besorge dir eine Weltkarte. Markiere dir die Orte, für die du betest. Bring darauf oder daneben Bilder von den Menschen an, für die du betest.

* Es hilft, mit anderen zusammen zu beten, vielleicht mit Freunden, deiner Familie oder deiner Kindergottesdienst-Gruppe. Du könntest sogar einen Gebet-für-die-Welt-Club starten.

* Im Internet gibt es weitere Ideen, wie Gebet Kindern Spaß machen kann. Such online nach Stichworten wie „Kinder beten für die Welt".

GIB!

* Missionsgesellschaften haben oft spezielle Projekte. Finde heraus, worum es da genau geht, dann kannst du etwas von deinem Geld dafür geben. Deine Familie, Freunde oder Kindergottesdienst-Gruppe wollen das vielleicht unterstützen, und deine Eltern oder Kindergottesdienst-Mitarbeiter haben vielleicht Ideen, wie du Geld dafür sammeln kannst.

* Unterstütze Missionare, die in einem der Länder oder Völker aus diesem Buch arbeiten, mit einen kleinen monatlichen Betrag. Denk daran, dass Missionare aus vielen Ländern der

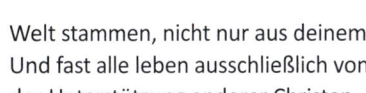

Welt stammen, nicht nur aus deinem. Und fast alle leben ausschließlich von der Unterstützung anderer Christen.

GEH!

* Manche Missionsgesellschaften bieten Freizeiten für Kinder an, wo es natürlich ein Programm mit viel Spaß gibt, du aber auch Missionarsfamilien kennenlernen und etwas über ihre Arbeit erfahren kannst.

* Vielleicht kannst du oder könnt Ihr als Familie sogar mal befreundete Missionare im Ausland besuchen und so noch viel besser herausfinden, wie es ist, in dieser Kultur zu leben.

* Manche Missionsgesellschaften bieten spezielle Missionseinsätze für Teenager an.

* Wenn ihr einen Urlaub im Ausland macht, bete für die Menschen in diesem Land, und zwar ganz besonders für die, die du kennenlernst. Überleg dir, wie du ihnen von Jesus erzählen kannst. Bete für die Christen dort. Wenn du dort eine Gemeinde findest, dann kannst du mit deiner Familie dort zum Gottesdienst gehen. Christen feiern auf viele verschiedene und interessante Weisen Gottesdienst.

Denk aber daran, dass du mit deinen Eltern sprichst, bevor du diese Ideen ausprobierst. Du brauchst ihre Zustimmung, und außerdem haben sie vielleicht auch noch weitere gute Ideen!

WORTERKLÄRUNGEN

Aberglaube: eine Vorstellung oder Handlung, die auf einem Glauben an Geister, gute und schlechte Vorzeichen oder übernatürlichem Geschehen basiert.

Adlige: Menschen, die von Geburt einen hohen Rang haben, wie zum Beispiel eine Herzogin oder ein Graf.

Agnostiker: Menschen, die glauben, dass wir nichts über Gott wissen können, nicht einmal, ob er überhaupt existiert.

Alpaka: ein Tier in Südamerika, das ähnlich wie ein Lama aussieht und mit dem Kamel verwandt ist. Meist werden sie wegen ihrer Wolle gehalten.

Altar: 1. der Tisch vorne in einer Kirche; 2. ein Block aus Holz oder Stein, auf dem man Opfer und Gaben für Götter darbringt (auch die Opfer für Gott im Alten Testament).

Amulett: etwas, das man trägt und das Glück bringen und Böses abwehren soll. Siehe auch „Talisman".

Animisten: siehe „Animismus", S. 194.

Armut: wenn Menschen nicht genug Geld haben, um ihre Grundbedürfnisse zu stillen.

Aschermittwoch: der erste Tag der Fastenzeit (der 40 Tage vor Ostern). In manchen Kirchen bekommen die Besucher an diesem Tag ein Aschekreuz auf die Stirn als Zeichen, dass sie ihre Sünden bereuen.

Atheisten: Menschen, die glauben, dass es keinen Gott gibt.

auswandern: das eigene Land verlassen, um auf Dauer in einem anderen Land zu leben.

Bibelschule: eine Schule oder Hochschule, an der man die Bibel studiert und an der man sich (manchmal) zum Pastor oder Missionar ausbilden lassen

kann. Die Abschlüsse mancher Bibelschulen sind auch staatlich anerkannt. Manchmal bieten Gemeinden auch Kurzbibelschulen für eine oder mehrere Wochen an.

Buddhisten: siehe „Buddhismus", S. 196.

Bürgerkrieg: Krieg zwischen verschiedenen Gruppen im gleichen Land.

Demokratie: Staatsform, bei der die erwachsenen Bürger eines Landes die Regierung wählen.

Dialekt: die Art, wie die Menschen in einem bestimmten Teil eines Landes ihre Sprache sprechen. Das beinhaltet die verwendeten Wörter und die Aussprache. Eine Sprache kann viele Dialekte haben.

Diktator: Herrscher, der die volle Macht über alles hat, was in seinem Land geschieht.

Dreieinigkeit: Gott der Vater, Gott der Sohn und Gott der Heilige Geist werden zusammen die Dreieinigkeit oder Dreieinheit genannt, drei Personen in einem Gott. Vater, Sohn und Heiliger Geist sind alle gleichermaßen Gott, sie sind ewig und ändern sich nie. Sie haben alle bei der Schöpfung mitgewirkt. Jesus ist der Sohn Gottes, der auf die Erde kam, lebte und starb, um uns von unseren Sünden zu erlösen. Nachdem Jesus in den Himmel zurückgekehrt war, sandte Gott den Heiligen Geist, der im Leben der Christen wirkt und für immer bei ihnen ist.

Dschinn: übernatürliche Wesen, an die Muslime glauben. Dschinns sind weder Menschen noch Engel, und sie können gut oder böse sein.

Dürre: eine lange Zeit ohne Regen, die zu Wassermangel führt.

Evangelikale: Menschen, die glauben, dass die Bibel Gottes Wort ist und uns von Jesu Geburt und seinem sündlosen

Leben berichtet; dass er für unsere Sünden gestorben ist, damit Gott uns vergeben kann; und dass er von den Toten auferstanden ist. Evangelikale Christen glauben, dass unsere Sünden nur durch Vertrauen in Jesus vergeben werden und unsere Beziehung zu Gott wiederhergestellt wird, weil wir uns unseren Weg zu Gott nicht durch gute Werke verdienen können. Das Wort „Evangelikale" (oder „Evangelische") bedeutet eigentlich: „Leute der guten Nachricht".

Evangelisten: Menschen, die anderen die gute Nachricht von Jesu Liebe weitergeben.

Exil: 1. das Land, in dem Menschen leben, die gezwungen werden, ihr eigenes Land zu verlassen; 2. der Zeitraum, in dem ein Mensch oder eine Gruppe gezwungen ist, in einem anderen Land zu leben.

Export: der Verkauf von Dingen, die im eigenen Land entstanden oder gemacht worden sind, in ein anderes Land.

Extremismus: wenn man sehr starke Überzeugungen hat und diese in einer Weise auslebt, die die meisten Menschen falsch finden. Meist beziehen sich extremistische Ansichten auf Religion oder Politik.

fasten: eine Weile freiwillig nichts essen, oft aus religiösen Gründen. Meist in Kombination mit Gebet.

Fastenzeit: vierzigtägige Fasten- und Bußzeit zwischen Aschermittwoch und Ostern. Manche Kirchen halten diese Fastenzeit ein. Menschen lassen während der Fastenzeit z. B. eine Mahlzeit am Tag ausfallen oder verzichten auf etwas, das sie sehr gerne mögen, zum Beispiel auf Schokolade, und spenden das Geld, das sie sonst dafür ausgegeben hätten, für einen wohltätigen Zweck.

Fetisch: Gegenstand, der angeblich spirituelle Macht hat oder in dem angeblich ein Geist wohnt. Fetische werden meist in animistischen Religionen verwendet.

Flüchtlinge: Menschen, die aus ihrer Heimat fliehen müssen – vor Krieg, Armut oder Verfolgung. Flüchtlinge leben oft in Lagern, wo sie auf Nahrung, Unterkunft und Sicherheit hoffen, bis sie wieder in ihre Heimat zurückkehren können. Oft lassen sie sich auch in einem anderen Land nieder.

Gebetskette: Schnur mit Perlen, die Menschen helfen soll, bestimmte Gebete zu wiederholen. Viele Religionen haben solche Gebetsketten (z. B. der „Rosenkranz" bei den Katholiken).

Gebetsmühle: zylinderförmiges Gefäß, das innen und außen mit Gebeten beschrieben ist. Es gibt kleine, handliche und größere, die auf einer zentralen Achse sitzen. Bei jeder Umdrehung werden die Gebete angeblich in den Himmel transportiert. Sie werden von tibetischen Buddhisten verwendet.

Geist: übernatürliches Wesen. Animisten glauben, dass Objekte und Orte in der Natur von Geistern bewohnt werden. Die Bibel sagt, dass Engel Geister sind (Hebräer 1,13-14) und dass Gott Geist ist (Johannes 4,24).

Götterbild: Statue oder Bild von etwas, das als Gott verehrt wird. Ein abwertendes Wort für die gleiche Sache, das betonen soll, dass es diesen Gott oder diese Göttin gar nicht gibt, ist „Götzenbild".

Hadsch: Pilgerfahrt der Muslime nach Mekka, der heiligen Stadt in Saudi-Arabien. Alle Muslime sollen sie wenigstens einmal in ihrem Leben unternehmen.

Häretiker: Menschen, die Dinge glauben, die von der allgemeinen Lehre ihrer Religion abweichen. Ein altes und abwertendes Wort dafür ist „Ketzer".

Hebräisch: die Sprache, in der das Alte Testament ursprünglich geschrieben wurde. Eine moderne Form des Hebräischen wird heute in Israel gesprochen.

heilig: in Religionen etwas, das speziell für einen Gott ausgesondert und für die Anhänger der Religion wichtig ist.

Heilige: Menschen, die ihrem Gott besonders nahestehen und Vorbild für andere Menschen sind.

Hindus: siehe „Hinduismus", S. 200.

Hochebene: hoch gelegenes und trotzdem mehr oder minder ebenes Land.

Hungersnot: Zeit, in der Nahrung so knapp ist, dass Menschen und Tiere nicht satt werden oder sogar vor Hunger sterben.

Ikone: ein heiliges Kunstwerk, oft ein Gemälde. Christliche Ikonen sind oft Bilder von Jesus, seiner Mutter Maria, Heiligen oder Engeln.

Jains: Anhänger des Jainismus, einer kleinen, alten Religion aus Indien. Jains glauben, dass sie nichts Lebendes verletzen oder gar töten dürfen, und sind strikte Vegetarier.

***Jesus*-Film:** ein Film aus dem Jahr 1979, der in mehr als 1500 Sprachen übersetzt wurde. Er zeigt das Leben Jesu nach dem Lukasevangelium. Millionen von Menschen haben ihn gesehen. Er wurde in vielen Gemeinden und Häusern in der ganzen Welt gezeigt, um den Zuschauern deutlich zu machen, wer Jesus ist. Viele Menschen sind durch diesen Film zum Glauben an ihn gekommen.

Juden: siehe „Judentum", S. 204.

Kaste: eine Gruppe, in die man hineingeboren wird, vor allem im Hinduismus bzw. in manchen Ländern Südasiens. Die wichtigste, höchste Kaste ist die Priesterkaste, dann kommt die der Herrscher und Soldaten, dann die der Händler und Handwerker. Es gibt weitere, niedrigere Kasten und die „Kastenlosen" (manchmal „Unberührbare" genannt), die oft niedrige Arbeiten für die Menschen aus höheren Kasten tun müssen, z. B. Straßen fegen, Toiletten reinigen, Wäsche waschen etc.

katholisch: 1. „katholisch" bedeutet eigentlich „universell" (allgemein, weltweit) und bezeichnet manchmal alle Christen in der ganzen Welt; 2. Die römisch-katholische Kirche ist eine der christlichen Konfessionen, und es gibt in praktisch jedem Land römisch-katholische Kirchen (meist nur „katholische Kirchen" genannt). Wie die anderen Christen glauben Katholiken, dass Jesus der Sohn Gottes und die Bibel Gottes Wort ist. Aber für sie sind auch andere Traditionen wichtig, und sie ehren Maria als „Mutter Gottes". Sie glauben, dass Jesus dem Apostel Petrus eine spezielle Vollmacht gab, die an die Bischöfe von Rom weitergegeben wurde. Der Papst ist der Bischof von Rom und das Oberhaupt der römisch-katholischen Kirche.

Kirche: 1. der gesamte „Leib Christi" oder alle Christen an einem Ort, egal, welcher Konfession oder Volksgruppe sie angehören; 2. Teil des Namens einer Tradition oder Konfession (z. B. die orthodoxe Kirche oder die lutherische Kirche); 3. eine Gemeinschaft/Gemeinde/Versammlung von Christen, die eine lokale Organisation bilden, sich meist am Sonntag zum Gottesdienst treffen, sich umeinander kümmern, ihrem Ort dienen und Menschen aussenden, die anderen Menschen von Gottes Liebe erzählen; 4. das Gebäude, in dem sich Christen zum Gottesdienst treffen.

Kloster: Gebäude, wo Mönche oder Nonnen leben, arbeiten, anbeten und in Ruhe ihren Glauben studieren.

Kolonie: ein Gebiet/Land, das von einem anderen Land übernommen, beherrscht und manchmal auch besiedelt wird. Menschen, die ein anderes Land kolonialisieren, zwingen manchmal den Menschen, die bereits dort leben, ihre fremde Kultur, Religion und Werte auf.

Kommunismus: eine politische Bewegung. Die ursprüngliche Idee war, eine Gesellschaft zu formen, in der niemand sehr reich und niemand sehr arm sein sollte, sondern wo Arbeit und Wohlstand gleich verteilt werden. Daraus wurde eine Regierungsform in Ländern wie Russland, China, Vietnam oder Kuba, wo der Staat alles kontrollierte. Heute wandeln sich die meisten verbliebenen kommunistischen Länder und erlauben manchen Menschen, selbständig Firmen zu gründen.

Kontinent: große Landmasse. Meist zählt man fünf Kontinente: Afrika, Amerika, Asien, Australien und Europa. Manche rechnen die Antarktis als sechsten Kontinent oder zählen Nord- und Südamerika als zwei Kontinente und kommen so auf bis zu sieben.

Koran: das heilige Buch der Muslime

Kult: religiöse Gruppe, typischerweise kleiner als die großen Religionen, die ihre eigenen Gegenstände der Anbetung und ihre eigenen Zeremonien haben und oft geheimnistuerisch sind. Kulte können ganz unabhängig sein oder sich als Teil einer Religion wie Christentum oder Islam sehen (dann siehe auch „Sekte"), aber in der Regel werden sie von den größeren Religionen als falsch angesehen.

Kultur: Sitten, Gebräuche, Werte und Lebensweise eines Volkes.

Landarbeiter: Menschen, die auf dem Land leben und als angestellte Arbeiter in der Landwirtschaft arbeiten

Legende: Geschichte über etwas, das vor langer Zeit passiert ist, und von einer Generation zur nächsten weitererzählt wird. Die Geschichte kann wahr sein oder auch nicht.

Malaria: schwere Krankheit, die von Mücken verbreitet wird. Erkrankte bekommen hohes Fieber und Schüttelfrost, und viele sterben daran.

Märtyrer: Menschen, die für ihren Glauben getötet werden.

Medizinmann: im Animismus eine Person, die Heilkräfte hat. Diese können entweder durch Kontakt mit Geistern entstehen oder durch Heilpflanzen oder andere natürlich vorkommende Dinge, die den Kranken helfen können. (Siehe auch: „Schamanismus" und „Zauberdoktor".)

Messe: in manchen Konfessionen (besonders in der römisch-katholischen Kirche) der Haupt-Gottesdienst.

Messianische Juden: Juden, die Jesus nachfolgen und glauben, dass Jesus der von Gott gesandte Messias ist, und die ihn als ihren Retter angenommen haben.

Missionare: Menschen, die an einen anderen Ort gesandt werden, um dort von ihrem Glauben zu erzählen.

Mönch: ein Mann, der zu einer bestimmten religiösen Gruppe gehört und oft in einem Kloster lebt. Frauen, die das Gleiche tun, heißen Nonnen.

Moschee: muslimischer Ort für Gebet, Gemeinschaft und Gottesdienst.

Muslime: Anhänger des Islam (siehe „Islam", S. 202).

Nachfahren/Nachkommen: die Menschen, die von einem bestimmten anderen Menschen abstammen: Du bist ein Nachfahre deiner Eltern, Großeltern und Urgroßeltern.

Nomaden: Mitglieder einer Volksgruppe, die von Ort zu Ort ziehen, um zum Beispiel Futter und Weideland für ihre Tiere zu finden.

Ochsenkarren: zwei- oder vierrädriger Karren, mit dem man Waren transportiert und der von Ochsen gezogen wird. Solche Karren gibt es seit uralten Zeiten, und mancherorts, vor allem in Südasien, werden sie heute noch verwendet.

Omen: ein Geschehen, dass als Vorzeichen angesehen wird, dass etwas anderes geschehen wird. Manche Omen deuten angeblich auf etwas Gutes, andere auf etwas Schlechtes hin.

Opfer/Opfergabe: 1. ein Tier töten und opfern als Gabe an einen Gott oder eine Göttin; 2. ein Geschenk, Essen oder etwas anderes, für einen Gott oder eine Göttin; 3. ein Geschenk, Geld oder etwas anderes, für eine religiöse Einrichtung und ihre Aufgaben, das als Zeichen der Hingabe gegeben wird.

orthodoxe Kirchen: Konfessionen/Zweige der christlichen Kirche, die es in vielen Ländern gibt. Die größten sind aus Russland, Griechenland, Armenien, Äthiopien und Ägypten. Ihr Glaube basiert auf der Bibel, dem Glaubensbekenntnis und Traditionen. Sie haben in ihren Kirchen viele Ikonen von Heiligen. Typischerweise gibt es keine Musikinstrumente, aber der ganze Gottesdienst wird gesungen. Oft gibt es in den Kirchen nur wenige Sitze an der Wand; die Gläubigen stehen während des Gottesdienstes oder gehen umher, um vor den Ikonen zu beten.

Pfingsten: der Tag, an dem Christen das Kommen des Heiligen Geistes feiern (Apostelgeschichte 2). Pfingsten ist der siebte Sonntag nach Ostern.

Pilgerreise: eine Reise, um an einem heiligen Ort zu beten. Menschen auf einer Pilgerreise nennt man Pilger.

Plantage: ein großer Landwirtschaftsbetrieb, auf dem Bäume oder andere Nutzpflanzen wie Tee, Kaffee, Baumwolle oder Zucker angebaut werden. Auf Plantagen arbeiten viele angestellte Menschen.

Plündern: während eines Aufruhrs, eines Krieges oder einer anderen Katastrophe Dinge aus Häusern oder Geschäften stehlen.

Poncho: Kleidungsstück ähnlich einem Cape, das vor allem in Südamerika getragen wird. Es besteht aus einem Stück Stoff mit einem Loch in der Mitte, sodass man es über den Kopf ziehen kann.

Protestanten: Menschen, die zu einer der Kirchen gehören, die sich während der Reformation im Europa des 16. Jahrhunderts von der römisch-katholischen Kirche abspalteten. Diese Kirchen gehören zu den evangelischen Kirchen. (Siehe auch „Evangelikale".)

Putsch: plötzliche, oft mit Gewalt verbundene Übernahme der Regierung durch eine kleine Gruppe von Menschen.

Ramadan: der Fastenmonat im islamischen Kalender. Während dieser Zeit essen und trinken Muslime von Sonnenaufgang bis Sonnenuntergang nichts.

Rationierung: Beschränkung, wie viel jeder von einer bestimmten Sache haben kann, z. B. Essen während einer Hungersnot.

Räucherwerk: eine Substanz – z. B. Gewürze, Holz oder Öl –, die verbrannt wird, weil sie gut riecht und Rauch produziert, normalerweise als Teil eines Gottesdienstes.

Rebellen: Menschen, die sich weigern, den Herrschenden zu gehorchen, und deshalb gegen sie kämpfen.

Retter: Menschen, die andere aus Not und Schwierigkeiten retten. Jesus ist unser Retter, weil er für uns starb, um uns von unseren Sünden und der Macht des Bösen zu retten.

Revolte/Revolution: eine Rebellion mit dem Ziel, die Regierung zu stürzen.

Sabbat: der siebte Tag der jüdischen Woche, von Sonnenuntergang am Freitag bis zum Sonnenuntergang am Samstag. Es ist der heilige Tag der Juden und ein Ruhetag.

Schamanismus: eine Form des Animismus, die man vor allem in Sibirien, in anderen Teilen Asiens und unter amerikanischen Ureinwohnern findet. Das Wort „Schamane" bedeutet „einer, der es weiß". Ein Schamane behauptet, in Kontakt mit den Geistern zu stehen und so den Menschen zeigen zu können, was die Geister von ihnen wollen. (Siehe auch „Medizinmann" und „Zauberdoktor".)

Scheich: der Führer eines arabischen Stammes oder Dorfes.

Schiiten: Muslime, die glauben, dass ihre Anführer Nachkommen von Ali, dem Vetter und Schwiegersohn von Mohammed, sein müssen.

Schrein: Kasten, Ort oder Gebäude, wo heilige Gegenstände aufbewahrt werden.

Sekte: Menschen, die sich zu einer bestimmten Religion zählen, aber andere Glaubensgrundsätze haben als die Mehrheit dieser Religion.

Siedler: Menschen, die sich in einem neuen Land niederlassen – manchmal in Gegenden, die vorher noch nicht besiedelt waren; manchmal aber leben bereits Menschen dort.

Sikhs: Angehörige des Sikhismus, einer Religion, die vor etwa 500 Jahren von einem Mann namens Guru Nanak im heutigen Nordindien und Pakistan gegründet wurde. Sikhs glauben an einen einzigen Gott und dass alle Menschen gleich wichtig sind. Sikhs schneiden sich meist die Haare nicht. Männer halten sie mit einem hölzernen Kamm zusammen und tragen einen Turban. Das Gebäude, in dem Sikhs ihre Gottesdienste

feiern, heißt *Gurdwara*, und ihr heiliges Buch heißt *Guru Granth Sahib*.

Sitten und Gebräuche: Meinungen oder Überzeugungen, die von einer Generation zur nächsten weitergegeben werden; die übliche Art, Dinge zu machen.

Slum: überfüllter und oft schmutziger Teil einer Stadt, oft ohne die Grundversorgung mit Wasser, Abwasser, Elektrizität, Müllabfuhr, Schulen, Krankenhäusern. Die meisten Menschen, die in solchen Slums leben, sind zu arm, um anderswo hinzuziehen.

Spiritisten: Menschen, die glauben, dass sie mit Geistern, typischerweise mit denen verstorbener Menschen, Kontakt aufnehmen können.

Stamm: Menschen, die zu der gleichen, meist eher kleinen Gruppe gehören und von einem Häuptling regiert werden.

Strohdach: das Dach eines Gebäudes, das nicht mit Ziegeln, sondern mit Stroh, also trockenen Halmen von Getreide oder anderen Pflanzen, gedeckt wird.

Sunniten: die meisten Muslime gehören dem sunnitischen Zweig des Islam an und wollen möglichst genau den Lehren des Propheten Mohammed folgen.

Tabu: etwas, das aus religiösen oder gesellschaftlichen Gründen verboten oder nicht akzeptiert ist.

Talisman: etwas, das man trägt und das Glück bringen soll. (Siehe auch „Amulett".)

Tempel: ein Gebäude, in dem Gottesdienste stattfinden.

Terrassenfelder: künstlich angelegte, ebene Felder an einem Hang. Die Außenseiten der Felder werden von Mauern gehalten. Terrassenfelder ziehen sich wie riesige Treppenstufen einen Hang hinauf.

Terrorismus: der Einsatz von Gewalt, um damit Angst zu erzeugen, was wiederum politischen oder religiösen Zielen dienen soll. Terroristen greifen normale, unbeteiligte Menschen an, nicht nur Soldaten oder Polizisten.

Traditionen: Meinungen, Sitten und Gebräuche, Glaubenssätze und die Art und Weise, Dinge zu tun, die von einer Generation zur nächsten weitergegeben werden.

traditionelle Religionen: Religionen oder Formen der Verehrung, die innerhalb eines Stammes oder einer Volksgruppe von einer Generation zur nächsten weitergegeben werden. Sie werden als die ursprüngliche Religion dieser Gruppe angesehen.

Überfall: ein plötzlicher Angriff auf eine andere Gruppe von Menschen.

Übersetzung: die Worte einer Sprache in den Worten einer anderen Sprache wiedergeben, sodass beide Texte die gleiche Bedeutung haben. Menschen, die das tun, werden Übersetzer genannt. Eine Bibelübersetzung ist eine Bibel in einer anderen Sprache, die aber das Gleiche bedeutet wie in der Sprache, in der die biblischen Bücher zuerst geschrieben wurden, nämlich Griechisch, Hebräisch und Aramäisch.

Verdienst: im Buddhismus eine zukünftige Belohnung für das, was man Gutes getan hat. Buddhisten glauben, dass sie, wenn sie genug Verdienste angesammelt haben, nach ihrem Tod in ein besseres Leben wiedergeboren werden.

Vereinte Nationen (UN): internationale Organisation, der mehr als 190 Länder angehören, die versuchen, zusammenzuarbeiten und Frieden zu fördern. Sie wurde 1945 nach dem Zweiten Weltkrieg gegründet. Sie will Streit zwischen Ländern oder innerhalb eines Landes schlichten, Freundschaft zwischen Nationen fördern und dazu beitragen, einige der schwerwiegendsten Probleme der Welt zu lösen wie Armut, Terrorismus und Klimawandel.

Verfolgung: wenn Menschen angegriffen, getötet oder aus ihren Häusern oder Gebetsstätten vertrieben werden, weil sie andere politische oder religiöse Ansichten haben oder zu einer anderen Volksgruppe gehören.

Visum (Mehrzahl: Visa): ein offizielles Regierungsdokument, das oft in einen Reisepass gestempelt wird und Menschen die Erlaubnis gibt, in ein bestimmtes Land einzureisen oder es zu verlassen.

Voodoo: eine aus der Karibik stammende Religion, die aus dem Glauben der aus Afrika eingeschleppten Sklaven entstand.

Vorfahren: die Menschen, von denen du abstammst. Deine Eltern, Großeltern, Urgroßeltern etc. sind deine Vorfahren.

weltlich: 1. nicht heilig, sondern zu den alltäglichen Dingen dieser Welt gehörend; 2. nicht religiös oder in keiner Weise zu einer Religion gehörend.

Yaks: langhaarige tibetische Rinder.

Zauberdoktor: im Animismus ein Mensch, der Kontakt zu Geistern hat und Zeichen und Omen deuten kann. (Siehe auch „Medizinmann" und „Schamanismus".)

DANKSAGUNGEN

Viele Menschen und viele christliche Werke haben bei der Neufassung der englischen Ausgabe von „Window on the World" mitgewirkt, und wir möchten allen danken, die ihre Zeit zur Verfügung gestellt haben, um dieses Werk herzustellen, das Familien beim Gebet unterstützen soll. Wir glauben, dass Gott Gebete hört und erhört, und wir sind überzeugt davon, dass es etwas Besonderes und sehr wichtig ist, wenn Kinder für die Welt beten, in der sie leben.

Wir möchten auch allen danken, die für dieses Projekt gebetet haben: unseren Familien und Freunden, den anderen Mitgliedern des *Operation World*-Teams (besonders John Bardsley, der die ersten Entwürfe erstellt hat), unseren Kollegen im WEC und dem *Lausanne Movement* sowie unserem treuen und über die ganze Welt verstreuten *Operation World*-Gebetsteam.

Besonders wollen wir den Menschen aus den vorgestellten Ländern und Volksgruppen danken, die uns korrigiert und beraten haben, vor allem dort, wo unsere Informationen oder unser Tonfall überarbeitet werden mussten. Wir versuchen zwar, eine gute Balance zwischen lokalen und globalen Perspektiven zu finden, aber sicherlich ist uns dies nicht immer gelungen. Unsere Freunde, alte wie auch neue, haben dankenswerterweise unsere Fragen beantwortet, und sie haben Informationen, Geschichten und Fotos zur Verfügung gestellt und die Ergebnisse überprüft. Unsere Kommunikation mit ihnen war für uns eine großartige Quelle der Inspiration. Viele haben uns auch dadurch ermutigt, dass sie uns davon erzählt haben, welch positiven Effekt frühere Ausgaben dieses Buches auf ihre Familien und ihre Gemeinden hatten.

Das *All Nations Christian College* hat uns dankenswerterweise in ihre Gemeinschaft aufgenommen. Wir sind dankbar für unser Büro auf dem Campus und für die herzliche Gemeinschaft, die wir hier erleben können.

Nach wie vor sind wir dankbar für Pieter Kwant von der Piquant-Agentur, der unser langjähriger Agent und Partner ist. Und wir wissen, dass wir dadurch gesegnet sind, wieder von der Expertise, Partnerschaft und Freundschaft von Jeff Crosby, Al Hsu, Justin Lawrence und dem ganzen Team bei InterVarsity Press profitieren zu dürfen.

Aber der größte Ermutiger ist Gott selbst, dessen Gnade wirklich jeden Morgen neu ist (Klagelieder 3,22-23). Bei unserer Arbeit konnten wir feststellen, dass Gott wirklich viele der Gebetsanliegen aus den früheren Ausgaben erhört hat, die ja so sorgfältig und gewissenhaft zunächst von Jill Johnstone dann von Daphne Spraggett geschrieben wurden. Wir loben Gott für seine Liebe und Treue, und wir danken ihm für das Vorrecht, die Welt durch unser Gebet verändern zu dürfen!

Molly Wall und Jason Mandryk

Wir, die Übersetzer dieses Buches, danken für alle Unterstützung, die wir erfahren haben. Besonders danken wir Anna Knopf von der Christlichen Verlagsgesellschaft Dillenburg, deren Unterstützung diese Übersetzung besser gemacht hat. Wir danken dem WEC Deutschland in Eppstein, der uns diese Arbeit ermöglicht und uns in jeder Weise praktisch und im Gebet unterstützt hat. Weiter danken wir den Teenagern und Mitarbeitern von zwei Kindergottesdienstgruppen der Baptistengemeinde Weinheim, besonders Sophie Lutzi und Elisabeth Kohn, die uns bei der Übersetzung unterstützt, beraten und ermutigt haben.

Vor allem aber wollen wir auch Gott danken. Wir sind ihm dankbar, an der Entstehung dieses Buches mitgewirkt haben zu dürfen!

Johannes Böker und Dierk Evers

QUELLENANGABEN

S. 4 (Junge) Pixabay / (Mönche) Pixabay
S. 5 (Mädchen-Farbe) Pixabay / (Kind) Pixabay / (Mädchen-Buch) Pixabay
S. 8 (Kinder) Pixabay
S. 9 (Stadt) Pixabay / (Berge) Pixabay
S. 10 (Wagen) von Andrey Shevchenko bei Dreamstime / (Ochse) von malik 5 bei Dreamstime
S. 11 (Mutter Theresa) von Meunierd bei Megapixl
S. 12 (Baku) Dreamstime
S. 13 (Schulmädchen) von Bazruh bei Dreamstime / (Flamme) von dinozzaver bei 123RF / (Schlammvulkane) Pixabay
S. 14 (Kleiner Junge) Vilondo.com / (Reis) von Tatiana Morozova bei Dreamstime
S. 15 (Tempeltänzerin) von Denis Voskvinov bei Dreamstime / (Hindu-Statue) Vilondo.com
S. 16 (Familie) von Smandy bei Dreamstime / (Essen) von Haseeb Qasim bei Dreamstime
S. 17 (Markt) Paop bei Dreamstime / (Berg) von Shahbanobaloch bei Dreamtime / (Suroz) Diego Mor
S. 18 (Junge) Pixabay
S. 19 (Braut) Pixabay / (Fluss) Pixabay
S. 20 (Junge) Carsten ten Brink, (Zelt) von Bertramz bei Wikimedia Commons / (Wüste) Pixabay
S. 21 (Frauen) Carsten ten Brink Carsten, (Mann) anonym, Joshua Project / (Schild) von *Walters Art Museum* bei Wikimedia Commons
S. 22 (Familie) Pixabay / (Kinder) Pixabay / (Stadt) Pixabay
S. 23 (Kloster) Pixabay / (Götze) Pixabay
S. 24 (Dorf) Pixabay / (Mädchen) Pixabay
S. 25 (Frau) Rea Finlay / (Mädchen) Rea Finlay
S. 26 (Rio de Janeiro) Pixabay / (Vater und Sohn) Pixabay
S. 27 (Fußballjungen) Pixabay
S. 28 Dreamstime, Pixabay
S. 29 Pixabay
S. 30 Megapixl
S. 31 Megapixl
S. 32 Megapixl
S. 33 (Markt) Megapixl / (Kamelkarawane) iStock.com/ giancarlo salvador

S. 34 Dreamstime, Creative Commons
S. 35 Dreamstime, Allfree
S. 36 (Kinder) Norlen Perez
S. 37 Tim Dowley Associates, Creative Commons, Pixabay
S. 38 USAFE
S. 39 Megapixl, Francisco Anzola
S. 40 Dreamstime, Pixabay
S. 41 Wikimedia Commons: Ferdinand Reus
S. 42 Dreamstime
S. 43 Dreamstime, visitisrael
S. 44 Antoine Vasse Nicolas, Pixabay
S. 45 Pixabay, Megapixl
S. 46 Pixabay, Allfree
S. 47 (Felsenkirche) Dreamstime / (Gebäude der AU) Jason Mandryk
S. 48 Dreamstime
S. 49 Pixabay, Allfree
S. 50 (Papagei) Pixabay / (Umzug) IMG00591 © Ted Obermayer
S. 51 Dreamstime
S. 52 Wikimedia Commons, Dreamstime
S. 53 (Menschen) flikr / (Tiger) Pixabay
S. 54 Pixabay
S. 55 Tim Dowley Associates, Pixabay
S. 56 Allfree
S. 57 Dreamstime, Pixabay
S. 58 Pixabay, Wikimedia Commons
S. 59 (Guineische Moschee) Jenny Koelbing / Arnoldmm Wiki
S. 60 Megapixl
S. 61 Allfree, Pixabay, Creative Commons
S. 62 Wikimedia Commons
S. 63 Megapixl, Wikimedia Commons
S. 64 Dreamstime
S. 65 Megapixl
S. 66 (Kirche) Pixabay / (Boote) Pixabay
S. 67 Pixabay
S. 68 Dreamstime
S. 69 (Kinder) royalkids.org / (Schulmädchen) Pexels
S. 70 (Gebäude) Pixabay / (Junge) Dreamstime
S. 71 (Sari) Pixabay / (Töpferei) Dreamstime
S. 72 Mehmit Canli, Wikimedia Commons
S. 73 Allfree, Wikimedia Commons
S. 74 Pixabay, Allfree
S. 75 (Ziggurat) anonym, (Dattelernte, Moschee) Allfree, Megapixl
S. 76 Allfree
S. 77 (jüdischer Vater und Sohn) Pixabay / (palästinensische Kinder) Pixabay

S. 78 Pixabay
S. 79 Pixabay, Wikimedia Commons
S. 80 (Mädchen) Allfree, Pixabay / (Tokio) von Jazeal Melgoza bei Unsplash
S. 81 (Schulkinder) Pixabay / (Sushi) Pakutaso / (Restaurant) Allfree
S. 82 flickr izicono
S. 83 (Berge) Ali Arhab / flickr izicono
S. 84 Megapixl, Pixabay
S. 85 (Moschee) Pixabay, (Adler-Beizjäger) von Edwardje bei Dreamstime
S. 86 Dreamstime
S. 87 Pixabay, Megapixl
S. 88 Pixabay
S. 89 Allfree, Dreamstime
S. 90 Wikimedia Commons
S. 91 (Kind) (Götze) Dreamstime / (Kornspeicher) Dilwyn Roderick
S. 92 (Mädchen) Faly Ravoahangy / (Stadt) Pixabay
S. 93 (Lemur) Allfree / (Frau) Faly Ravoahangy
S. 94 (Kochen) Allfree / (Minarett) iStock.com/vau902
S. 95 (Flugzeug) Allfree / (Strand) Pixabay / (Korallen) Pixabay
S. 96 Dreamstime
S. 97 (Kora) © nathalie_r Neverdie225/ Wikimedia Commons
S. 98 Pixabay, Pixagram
S. 99 (Maske) Pixabay / (Kinder) Pixabay / (Stadt) Pixabay
S. 100 Dreamstime, Pixabay
S. 101 Allfree, Pixabay
S. 102 (Junge) S & A Biro / (Stadt) Pixabay
S. 103 (Jurte) Elizabeth Benn
S. 104 Pixabay, Allfree
S. 105 Allfree, Pixabay, Dreamstime
S. 106 (Männer) Allfree / (Mädchen) Pixabay
S. 107 (Berg) Pixabay / (Hindu-Heiliger) Pixabay / (Kinder) Pixabay
S. 108 Tourism New Zealand
S. 109 (Schafe) Pixabay / (Geysir) Chris McClennan/Tourism New Zealand / (Kiwi-Vogel) iStock.com/GlobalP
S. 110 Dreamstime
S. 111 (Friedhof) Pixabay / (Moschee) Dreamstime, Pixabay
S. 112 Megapixl

S. 113 (Statuen) Wikimedia / Bjørn
   Christian Tørrissen,
   (Kinder) anonym
S. 114 Pixabay
S. 115 Pixabay, Allfree
S. 116 (Berge) Allfree, Pixabay /
   (Jungen) Pixabay
S. 117 (Hochzeit) Anita Azeem /
   (Moschee) Pixabay
S. 118 Pixabay
S. 119 Pixabay
S. 120 Pixabay
S. 121 (Frau) Pixabay /
   (Essen) iStock.com/velveteye /
   (Stadt) Pixabay
S. 122 (Menschen) Stephen McGoldrick /
   (Frau) Pixabay, Dreamstime
S. 123 Dreamstime
S. 124 Megapixl
S. 125 Pixabay
S. 126 Allfree, Megapixl
S. 127 Dreamstime, Allfree
S. 128 (Mutter und Tochter) Pixabay,
   Allfree / (Flüchtlingslager) US DOS/
   public domain-US Govt work
S. 129 Pixabay
S. 130 Megapixl
S. 131 Dreamstime/Suphapong
   Eiamvorasombat, Wikimedia
   Commons
S. 132 Pixabay
S. 133 (Gruppe) Melody Wachsmuth /
   (Musiker) Pixabay
S. 134 (Tänzer) Pixabay
S. 135 Pixabay
S. 136 Allfree, Pixabay
S. 137 Creative Commons John Abel,
   Allfree
S. 138 Megapixl
S. 139 Wikimedia Commons/Isewell,
   Dreamstime
S. 140 (Höhle) anonym / (Kamel) Pixabay
S. 141 (Kaaba) Dreamstime / (Jungen)
   anonym
S. 142 (Kinder) anonym / (Kamele)
   anonym
S. 143 (Stadt) anonym / (Hütten) anonym
S. 144 (Kinder) Asher Josiah Pardey
S. 145 (Haus) Crosswinds Prayer Trust /
   (Schule) Pixabay / (Statue) Pixabay /
   (Jungen) Crosswinds Prayer Trust
S. 146 Pixabay, Wikimedia Commons /
   Emmanuelmalish

S. 147 Wikimedia Commons / geoffpugh.
   com, Robert Stansfield /
   Department for International
   Development
S. 148 (Paella) Pixabay / (Stadt) Pixabay
S. 149 Megapixl, Pixabay
S. 150 Pixabay
S. 151 Allfree, Pixabay
S. 152 Pixabay / (Junge) iStock.com /
   bodnarchuk / (Jungen) © Viva
S. 153 (helfende Hand) Pixabay /
   (Straßenjunge) © iStock
S. 154 (Musiker) John Bardsley /
   (Scheunen) Creative Commons /
   Wibowo Djatmiko
S. 155 Creative Commons /
   Oki Erie Rinaldi, Creative Commons /
   Zul Rosie
S. 156 Dreamstime, Pixabay
S. 157 Pixabay, Creative Commons /
   Mstyslav Chernov
S. 158 (Mönche) anonym /
   (Dämon) Dreamstime
S. 159 (Brunnen) anonym /
   (Feld) Dreamstime
S. 160 Pixabay / Ty Swartz, Pixabay
S. 161 (Tanzgruppe) US Consulate/public
   domain-CC0 1.0 /
   (Tauziehen) von Anna Samoylova
   bei Unsplash
S. 162 Pixabay, Allfree
S. 163 Allfree, Pixabay
S. 164 (Essen) Deborah Dowlath /
   (Strand) Creative Commons/Kp93,
   Dreamstime
S. 165 (Karneval) Dreamstime /
   (Lichter) Pixabay
S. 166 Dreamstime, Megapixl
S. 167 (Gebet) Megapixl /
   (Das Neue Testament) Jenny Hall
S. 168 Pixabay
S. 169 Dreamstime, Allfree, Pixabay
S. 170 Pixabay, Megapixl
S. 171 Allfree, Pixabay
S. 172 Pixabay
S. 173 Pixabay
S. 174 Megapixl
S. 175 (gegrilltes Essen) iStock.com /
   Donyanedomam / (Familie) Pixabay
S. 176 Creative Commons/dpm
S. 177 Dreamstime, Megapixl
S. 178 Pixabay
S. 179 Pixabay

S. 180 (Nudeln) Pixabay /
   (Straßenverkehr) Foto von
   Matthew Nolan bei Unsplash
S. 181 (Frau) Pixabay / (Bucht) Pixabay
S. 182 Pixabay, Dreamstime
S. 183 (Kinder) Augustin Longa /
   (Mann) Dreamstime ©Grodza
S. 184 Pixabay
S. 185 (Naan-Brot) anonym /
   (Landschaft) Pixabay
S. 186 Alamy
S. 187 Alamy, Megapixl
S. 188 (Soldat) Yezidi YBŞ Fighter
   © Kurdishstruggle /
   (Kinder) Wikimedia Commons
S. 189 (Gruppe) Zalallife.org /
   (alter heiliger Ort) (Wassertanks)
   Dreamstime
S. 190 Depositphotos, Dreamstime
S. 191 Dreamstime, Allfree
S. 192 Pixabay
S. 193 (Victoria Falls) Pixabay /
   (Haus) Simon Marijani
S. 194 Dreamstime, flickr/Dan Sloan
S. 195 flickr/Dan Sloan, flickr/Savage
   McKay
S. 196 Pixabay, PhotoDisc
S. 197 Pixabay, Dreamstime
S. 198 (Anbetung) Dreamstime /
   (Statue) Pixabay
S. 199 Pixabay, Dreamstime
S. 200 Pixabay, Dreamstime
S. 201 Pixabay
S. 202 (Jungen) iStock.com/
   DistinctiveImages /
   (Kuppel) Pixabay
S. 203 (Moschee) iStock.com/
   IndiaImages /
   (Gebet) Pixabay, Wikimedia
   Commons/Dan Searle
S. 204 Israel Tourism, PhotoDisc
S. 205 (Menora) iStock.com/
   chameleonseye / Israel Tourism /
   D Friedlander, Pixabay, Tim Dowley
   Associates
S. 206 Dreamstime
S. 207 Dreamstime

Frances Blankenbaker
Auf Entdeckertour
Bibel-Handbuch für Kinder
Gb., 352 S., 15 x 22,6 cm
Best.-Nr. 271 063
ISBN 978-3-86353-063-1

Ein Buch für Kinder, die auf Entdeckertour durch die Bibel gehen –
und natürlich auch für Erwachsene, die sich schlaumachen wollen.
Mit Hintergrundinformationen zu jedem Buch der Bibel sowie zum
jeweiligen Verfasser. Außerdem gibt es Hinweise auf den heilsge-
schichtlichen Zusammenhang jedes Buches. Mit Illustrationen, Zeit-
tafeln und Landkarten, die deutlich machen, was wann wo passiert
ist. Zudem sind Informationen zu archäologischen Entdeckungen
und dem Leben in biblischen Zeiten enthalten, die helfen, Aussa-
gen der Bibel besser einzuordnen.

NeÜ bibel.heute
Motiv „Schuhe"
1762 S.
Best.-Nr. 271 316
ISBN 978-3-86353-316-8

Die sinngenaue Bibelübersetzung mit klarer Orientierung am
Grundtext und einer prägnanten Sprache. Durch ihre gute Ver-
ständlichkeit lässt die NeÜ die Welt der Bibel und ihre berührende
Botschaft lebendig werden.

Das Projekt Operation World ist ein Teil des *WEC International (Weltweiter Einsatz für Christus)* und möchte Menschen mit aktuellen und konkreten Informationen zum Gebet für die Weltmission motivieren.

WEC-Mitarbeiter setzen sich auf allen Kontinenten dafür ein, dass Menschen die gute Nachricht von Jesus erfahren, besonders dort, wo bisher wenig Möglichkeit dazu besteht. Die Arbeit des WEC begann 1913 durch den Engländer **Charles Thomas Studd.** Heute sind 1800 Mitarbeiter aus 50 verschiedenen Ländern unterwegs, um Menschen auf Jesus hinzuweisen.

Der *WEC International* sendet nicht nur Missionare aus, sondern unterhält auch eigene interkulturelle Missionsbibelschulen. Die Ausbildungsstätte in Europa ist das englischsprachige *Cornerstone College* in den Niederlanden.

In der Mission gibt es immer Mitarbeiterbedarf. Alle erdenklichen Fähigkeiten und Berufe werden gebraucht, um den großen Auftrag von Jesus umzusetzen.

Wir freuen uns über Anfragen von Interessenten, die sich als Kurz- oder Langzeitmitarbeiter, Beter oder Unterstützer engagieren wollen.

WEC International
Hof Häusel 4
65817 Eppstein
Deutschland

Tel. +49 6198 5859 0
info@wi-de.de
www.wec-international.de

WEC International Schweiz
Falkenstrasse 10
8630 Rüti ZH
Schweiz

Tel. +41 55 251 52 60
info@wec-international.ch
www.wec-international.ch

cornerstone
Bible College Mission Training
Hagelkruisstraat 19
5835 BD Beugen
Niederlande

Tel. +31 485 369130
info@cornerstonecollge.eu
www.cornerstonecollege.eu